Public Private Partnerships

Gestaltung aus ökonomischer und juristischer Sicht

herausgegeben von
Mag. Dr. Franz Mittendorfer, LL.M.
Univ.-Prof. Dr. Stefan Weber, LL.M.

LexisNexis™
ARD Orac

Wien 2004

SCWP
SAXINGER CHALUPSKY WEBER & PARTNER
RECHTSANWÄLTE GMBH

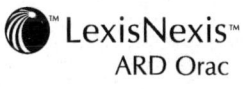

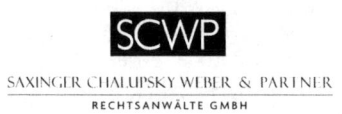

Bibliografische Information Der Deutschen Bibliothek
Die Deutsche Bibliothek verzeichnet diese Publikation in der Deutschen Nationalbibliografie; detaillierte bibliografische Daten sind im Internet über **http://dnb.ddb.de** abrufbar.

Information an unsere Leser

Das vorliegende Buch wurde auf **chlorfrei gebleichtem Umweltschutzpapier Bio Top 3** gedruckt. Auch die Plastikfolie, in die unsere Bücher eingeschweißt sind, ist ein **umweltfreundliches Produkt**. Sie ist aus Polyäthylen **chlor- und schwefelfrei** hergestellt und verbrennt in Müllverbrennungsanlagen **völlig ungiftig**; sie zerfällt unter Lichteinfluss langsam, verhält sich auf Mülldeponien grundwasserneutral und ist **voll recyclingfähig**.

ISBN 3-7007-2222-2

LexisNexis Verlag ARD ORAC GmbH & Co KG, Wien
http://www.lexisnexis.at
Best.-Nr. 31.79.00

Alle Rechte, insbesondere das Recht der Vervielfältigung und Verbreitung sowie der Übersetzung, vorbehalten. Kein Teil des Werkes darf in irgendeiner Form (durch Fotokopie, Mikrofilm oder anderes Verfahren) ohne schriftliche Genehmigung des Verlags reproduziert oder unter Verwendung elektronischer Systeme gespeichert, verarbeitet, vervielfältigt oder verbreitet werden. Es wird darauf verwiesen, dass alle Angaben in diesem Fachbuch trotz sorgfältiger Bearbeitung ohne Gewähr erfolgen und eine Haftung der Autoren oder des Verlags ausgeschlossen ist.

Hersteller: Druckerei Robitschek & Co. Ges.m.b.H., Wien

Vorwort der Herausgeber

Das Thema Public Private Partnerships (PPP) führt uns an die Schnittstelle von Wirtschaft und Politik, zu Partnerschaften zwischen der öffentlichen Hand und der privaten Wirtschaft. Zur Sicherung des Wirtschaftsstandortes Österreich ist es notwendig, zukunftsorientierte Konzepte für die Erfüllung von öffentlichen Aufgaben, insbesondere für die Errichtung, den Betrieb und die Finanzierung von Infrastruktureinrichtungen zu entwickeln. Eine Symbiose von öffentlicher Hand und privater Wirtschaft – darüber besteht Einigkeit – kann beflügeln; zugleich besteht Skepsis, ob es bei Public Private Partnerships um mehr geht als um ein neudeutsches Modewort, einen Marketing-Begriff, unter dem alte Hüte als neu verkauft werden.

Das Symposion „Public Private Partnerships", das am 29. April 2002 von der Industriellenvereinigung und der Saxinger Chalupsky Weber & Partner Rechtsanwälte GmbH gemeinsam im Haus der Industrie in Wien veranstaltet wurde, widmete sich den vielfältigen ökonomischen und rechtlichen Fragen von Public Private Partnerships. Dieser Sammelband enthält die in Schriftform bereitgestellten Beiträge des Symposions, ergänzt durch weitere Beiträge, die zur umfassenden Behandlung des Themas wesentlich sind (insbesondere zur „Maastricht"-Relevanz sowie zum UNCITRAL Legislative Guide on Privately Financed Infrastructure Projects). Wir danken allen Autorinnen und Autoren aus Politik, Wirtschaft und Jurisprudenz, die die Tagung und diesen Sammelband mit uns gestaltet haben, für die gute interdisziplinäre Zusammenarbeit.

Zweck dieses Sammelbandes ist es, die Einsatzmöglichkeiten von Public Private Partnerships aus der Sicht der wesentlichen betroffenen Themen auszuloten. Die Beiträge behandeln typische Strukturelemente von Public Private Partnerships, deren Einsatzgebiete und zeigen deren Grenzen auf. Gestaltungsempfehlungen werden einerseits von ökonomischen und juristischen Experten andererseits aus der „öffentlich-privaten Partnerpraxis" heraus formuliert.

Wir danken *Generalsekretär Dkfm. Lorenz Fritz* und seinem Team bei der Industriellenvereinigung für die gute Zusammenarbeit bei der Vorbereitung des Symposions. Ebenso danken wir *Dott. Ewald Oberhammer, LL.M.* und *Dr. Dieter Duursma, LL.M., M.A.S.*, die den vorliegenden Sammelband druckfertig gestaltet haben.

Dezember 2003 *Franz Mittendorfer*
Stefan Weber

Inhaltsübersicht

Vorwort der Herausgeber	III
Inhaltsverzeichnis	VII
Abkürzungsverzeichnis	XVII
Autorenverzeichnis	XXIII
Einleitung des Generalsekretärs der Industriellenvereinigung	1

Alfred Finz
Impulsreferat zum Symposium „Public Private Partnerships – Business meets Administration" 3

Stefan Weber
Public Private Partnerships – ein unbekanntes Wesen? 7

Finanzielle Strukturen von Public Private Partnerships

Peter R. Haiss
Integrated Corporate Finance am Beispiel Projektfinanzierung, Corporate Bonds und PPP 17

Ian Andrews
Public Private Partnerships: Finanzierungsmodelle 47

Mark Gray
Internationaler Benchmark: Australian Public Private Partnership-Models ... 53

Rechtliche Strukturen von Public Private Partnerships

Franz Mittendorfer
PPP und Vertragsrecht: Grundsätzliches und ausgewählte vertragsrechtliche Fragen 103

Peter Mooslechner
„The Thin Red Line": Public Private Partnerships und die schwierige Abgrenzung zwischen Staat und privatem Sektor in Zeiten von Maastricht 129

Kurt Oberhuber
Steuerrecht und Public Private Partnerships 143

Martin Schiefer
Vergaberechtliche Überlegungen zur Realisierung von PPP-Projekten 153

Gerhard Schafelner
Anwendung des EG-Beihilfenrechts auf Infrastrukturprojekte und Erschließungsmaßnahmen 169

Dieter Duursma
Kartellrechtliche Aspekte bei der Konzeption von PPP-Strukturen 185

Maria Lang
Rechtliche Rahmenbedingungen für Schienen- und Straßenprojekte 207

Meinhard Lukas
UNCITRAL Legislative Guide on Privately Financed Infrastructure Projects ... 227

Bruce Lawrence
International Models 267

Praktische Anwendung von Public Private Partnerships

Bernhard Sagmeister
Praktische Anwendungen von Public Private Partnerships bei Abwasser 283

Gert Schweiger/Heidrun Sölkner
Praktische Umsetzung eines PPP-Modells in der Abfallwirtschaft 287

Walter Troger
Praktische Anwendungen von Public Private Partnerships im Gesundheitswesen 293

Inhaltsverzeichnis

Abkürzungsverzeichnis XVII
Autorenverzeichnis XXIII
Einleitung des Generalsekretärs der Industriellenvereinigung 1

Alfred Finz
Impulsreferat zum Symposium „Public Private Partnerships – Business meets Administration"
1. Definition von „PPP" 3
2. Woher stammt die Idee? 3
3. Eigene Position 4
4. Erfahrungen mit PPP in Österreich 4
5. Internationale Erfahrungen mit PPP 4
   5.1. Vereinigtes Königreich 4
   5.2. Frankreich 5
   5.3. Ungarn 5
6. Erfolgsfaktoren für PPP-Projekte 6

Stefan Weber
Public Private Partnerships – ein unbekanntes Wesen?
1. Zum Begriff Public Private Partnership 7
2. Die Charakteristik von Public Private Partnerships 10
3. Die Gegenstandsbereiche von Public Private Partnerships 11
4. Die Beteiligten und ihre Aufgaben 12
5. Die Strukturen von Public Private Partnerships 13

Finanzielle Strukturen von Public Private Partnerships

Peter R. Haiss
Integrated Corporate Finance am Beispiel Projektfinanzierung, Corporate Bonds und PPP
1. Einleitende Bemerkungen 17
2. Der österreichische Finanzmarkt am Weg zum „Integrated Corporate Finance" .. 18
   2.1. Strukturdeterminanten 18
   2.2. Parameteränderungen am Finanzmarkt 20
3. Projektfinanzierung 22
   3.1. Merkmale und Anwendungsbereiche 22
   3.2. Potential-Management im Rahmen der Projektfinanzierung 25
   3.3. Prozessmanagement bei strukturierten Finanzierungen 27
4. Corporate Bonds 31
5. Public Private Partnership-Finanzierungen 33
   5.1. Aufgabenstellungen in der Finanzierung öffentlicher Infrastruktur 33
   5.2. PPP-Modelle 36
      5.2.1. Betreibermodelle 37
      5.2.2. Konzessionsmodelle 38
      5.2.3. Leasingmodelle 38
      5.2.4. Value Capture Arrangements 39
   5.3. Einsatzbereiche und Marktchancen für PPP 39
6. Zusammenfassung und Resümee 42

Ian Andrews
Public Private Partnerships: Finanzierungsmodelle
1. Struktur einer PPP 47
2. Kommerzielle Finanzierungen 48
3. Konsortialkredite 49
4. Project Bonds im Vergleich zum Bankkredit 50
5. Equity Funds 52
6. Steuerfinanzierungen 52

Mark Gray
Internationaler Benchmark: Australian Public Private Partnership-Models
1. Introduction to Public Private Partnerships (PPP's) 55
   1.1. What are the benefits of PPP's? 55
   1.2. Why the increasing push towards the use of PPP's? 56
   1.3. Value for Money 57
   1.4. Project Delivery Options 59
2. UK PFI Model 63
   2.1. Overview 63
   2.2. Lessons learnt from UK Experience 64
      2.2.1. First Bates Review 65
      2.2.2. Second Bates Review 65
      2.2.3. Report by the Comptroller and Auditor-General ... 66
3. Australian PPP Models 66
   3.1. Overview 66
   3.2. Issues with State Infrastructure PPP Policies 68
      3.2.1. The Public Sector Comparator 68
      3.2.2. Reflecting the Risk Allocation in the Contract 71
4. Risk Identification and Allocation 71
   4.1. Construction Phase Risks 72
   4.2. Market and Revenue Risk 73
   4.3. Operating Risks 73
   4.4. Financial Risks 74
   4.5. Legal Risks 74
   4.6. Political Risks 74
   4.7. Interface Risk 74
   4.8. Risk Allocation Under Typical Project Delivery Options ... 75
   4.9. Debt Financier's Approach to Key Credit Issues 76
5. Commercial Structures and Payment Mechanisms 77
   5.1. Commercial Structures 77
   5.2. Payment Mechanisms 79
      5.2.1. User Charges 80
      5.2.2. Usage Based Payments 80
      5.2.3. Availability Based Payments 81
      5.2.4. Other Government Support Mechanisms 82
6. Financial Structuring 82
   6.1. Debt Funding 83
      6.1.1. Commercial Bank Debt 84
      6.1.2. Subordinated Debt 84
      6.1.3. Bond Issues 85
      6.1.4. Inflation-indexed Bonds 86
      6.1.5. Securitisation 87

	6.1.6. Leasing	87
	6.1.7. Commercial Debt vs Bonds	88
6.2.	Equity Funding	89
	6.2.1. Sponsor Equity	89
	6.2.2. Institutional and Retail Equity	89
	6.2.3. Direct Investment	91
6.3.	Past and Present Project Finance Markets in Australia	91
6.4.	Taxation Issues	92
	6.4.1. Section 51AD	92
	6.4.2. Division 16D	92
	6.4.3. Opportunities – Use of Tax Concessions	93
6.5.	The Role of Government	94
	6.5.1. Loans from Government	94
	6.5.2. Grants	95
	6.5.3. Guarantees	95
	6.5.4. Tax Benefits	95
6.6.	Optimising the Funding Structure	95
6.7.	Key Success Factors	97
	6.7.1. Certainty of Delivery	97
	6.7.2. Price of Finance	97
	6.7.3. Flexibility	97
	6.7.4. Recognise nature of assets	98
	6.7.5. Legal Issues	98
	6.7.6. Taxation	98
7.	Future of PPP's in Australia – a Financial Perspective	98
8.	Conclusions	99

Rechtliche Strukturen von Public Private Partnerships

Franz Mittendorfer
PPP und Vertragsrecht: Grundsätzliches und ausgewählte vertragsrechtliche Fragen

1.	Strukturen von PPP-Modellen	104
	1.1. Übliche Definitionen – PPP als juristischer Fachbegriff?	104
	1.2. PPP-Modelle im Infrastrukturbereich	105
	1.2.1. Vertragsrechtliche Strukturierungsmodelle	105
	1.2.2. Das Verhältnis privater Projektproponenten zueinander	105
	1.2.3. Typische Vertragsstruktur eines PPP-Modells im Infrastrukturbereich	106
	1.3. Zivilrechtliche Einordnung von PPP-Verträgen – internationale Entwicklungen einer Standardisierung	107
	1.4. Erfordernis der Einbeziehung einer Sondergesellschaft („NewCo"/„SPV")?	109
2.	Ausgangspunkt und Motivlagen für PPP-Projekte	109
3.	Risikomanagement von PPP-Projekten	110
	3.1. Systematisierung der Projektrisken	110
	3.2. Risikoanalyse und -zuordnung	112
	3.2.1. Technische Risken	112
	3.2.2. Wirtschaftliche Risken	117
	3.2.3. Globale Risken	119
4.	Ausgewählte vertragsrechtliche Fragen im Verhältnis öffentlicher Bereich/ privater Partner	120
	4.1. Sicherheiten	120
	4.1.1. Sicherheiten zugunsten der öffentlichen Hand	120

4.1.2. Erforderliche Enthaftung der privaten Investoren im Fall des Exit bzw Heimfalls 121
4.1.3. Sicherheiten während der Projektierungs-, Bau- und Betriebsphase .. 122
4.1.4. Patronatserklärungen 122
4.2. Vertragsdauer 123
  4.2.1. Ordentliche Vertragsbeendigung, Verlängerungsoption für die öffentliche Hand 123
  4.2.2. Außerordentliche/vorzeitige Vertragsbeendigung 123
  4.2.3. Folgen der Vertragsbeendigung – Exit Regelung 124
4.3. Definition des Leistungsgegenstandes/Informationspflichten/Kontroll- und Überwachungsrechte durch die öffentliche Hand 124
  4.3.1. Einrichtung von Projektausschüssen und -beiräten 124
  4.3.2. Entscheidung über Änderungsleistungen und Zusatzleistungen 125
  4.3.3. „Value-Engineering" – „Allianz-Verträge" 125
4.4. Festlegung von Eskalationsmechanismen – Streitbeilegung 126
  4.4.1. Entscheidung im Projektausschuss bzw -beirat 126
  4.4.2. Schiedsgutachter 126
  4.4.3. Schiedsverfahren 127
  4.4.4. Ordentliche Gerichtsbarkeit 127
5. Zusammenfassung 127

Peter Mooslechner
„The Thin Red Line": Public Private Partnerships und die schwierige Abgrenzung zwischen Staat und privatem Sektor in Zeiten von Maastricht

1. Der Staat und seine Funktionen – ein Konzept und seine Veränderungen in historischer Perspektive 130
2. Public Private Partnerships: Synthese aus weniger Staat und mehr Privat? 131
3. Das System des Volkswirtschaftlichen Rechnungswesens und die Unterscheidung zwischen Staat und Privat im Zusammenhang der Währungsunion 132
4. Drei entscheidende und einige kritische Fragen zur Grenzziehung zwischen staatlichem und privatem Sektor 134
5. Drei Illustrationen zur Abgrenzung zwischen Staat und privatem Sektor in der Praxis: UMTS – BIG – Securitisation 137
  5.1. Die Verbuchung der Einnahmen aus der Vergabe der UMTS-Mobilfunklizenzen 137
  5.2. Die Restrukturierung der österreichischen Bundesimmobiliengesellschaft (BIG) 137
  5.3. Securitisation – Verbriefung staatlicher Forderungen durch eine spezielle institutionelle Einheit 138
6. Die Grenzlinie zwischen dem Staat und dem privaten Sektor im Fall von PPPs: Versuch einiger einfacher Schlussfolgerungen zu einem komplizierten Thema .. 139
7. Literaturübersicht 140

Kurt Oberhuber
Steuerrecht und Public Private Partnerships

1. Einleitung 143
2. Begriffserläuterungen 144
  2.1. Ausgliederung 144
  2.2. Privatisierung 144
  2.3. Beleihung 145
  2.4. Heranziehung von Verwaltungshelfern zur unselbständigen Aufgabenbesorgung 145

3. PPP-Modelle ... 145
　3.1. Betriebsführungsmodell ... 145
　　3.1.1. Gestaltung ... 145
　　3.1.2. Gründung ... 146
　　3.1.3. Laufender Betrieb ... 146
　　3.1.4. Beendigung ... 146
　3.2. Betreibermodell ... 146
　　3.2.1. Gestaltung ... 146
　　3.2.2. Gründung ... 147
　　3.2.3. Laufender Betrieb ... 147
　　3.2.4. Beendigung ... 148
　3.3. Kooperationsmodell ... 148
　　3.3.1. Gestaltung ... 148
　　3.3.2. Gründung ... 148
　　3.3.3. Laufender Betrieb ... 149
　　3.3.4. Beendigung ... 150
　3.4. Abgabenrechtliche Sonderfragen in Zusammenhang mit PPP-Modellen ... 151
　　3.4.1. Eintritt in die unbeschränkte Ertragsteuerpflicht ... 151
　　3.4.2. Personalgestellung ... 151
4. Zusammenfassung ... 152

Martin Schiefer
Vergaberechtliche Überlegungen zur Realisierung von PPP-Projekten

1. Einleitung ... 153
2. Aufträge ... 155
3. Konzessionen ... 158
　3.1. Baukonzession ... 159
　3.2. Dienstleistungskonzession ... 161
4. Die Abgrenzung von Bau- und Dienstleistungskonzessionen ... 164
5. Die funktionale Ausschreibung ... 165
6. Zusammenfassung ... 167

Gerhard Schafelner
Anwendung des EG-Beihilfenrechts auf Infrastrukturprojekte und Erschließungsmaßnahmen

1. Grundsätze des Beihilfenrechts ... 169
　1.1. Einleitung ... 169
　1.2. Beihilfebegriff ... 170
　1.3. Verfahren der Beihilfeaufsicht ... 170
2. Öffentliche Infrastruktur- und Erschließungsmaßnahmen ... 171
　2.1. Einleitung ... 171
　2.2. Kommissionsstandpunkt ... 172
　2.3. Allgemeine Infrastrukturmaßnahmen ... 172
　2.4. Innere Erschließungsmaßnahmen ... 174
　2.5. Äußere Erschließungsmaßnahmen ... 174
　2.6. Sonstige allgemeine Infrastrukturmaßnahmen ... 176
　2.7. Verkauf von Bauten oder Grundstücken durch die öffentliche Hand ... 176
　2.8. Beteiligung Privater an Infrastrukturmaßnahmen ... 177
　　2.8.1. Privatisierung ... 178
　　2.8.2. Beurteilung durch die Kommission ... 179
　　2.8.3. Konsequenzen ... 179

3. Zulässige Beihilfen gemäß Art 73 im Verkehrsbereich 180
   3.1. Verordnung 1191/69, 1192/69 und 1107/70 180
   3.2. Richtlinie 91/440 181
   3.3. Vorhaben der Kommission 182
4. Zusammenfassung 183

Dieter Duursma
Kartellrechtliche Aspekte bei der Konzeption von PPP-Strukturen
1. Adressaten des Kartellrechts 187
   1.1. Funktionales Unternehmensverständnis 188
   1.2. Mit Dienstleistungen von allgemeinem wirtschaftlichen Interesse
        betraute Unternehmen 189
        1.1.1. Wirtschaftliche Tätigkeit von allgemeinem Interesse 190
        1.1.2. Betrauung durch Hoheitsakt 190
        1.1.3. Aufgabenverhinderung durch Anwendung der Wettbewerbs-
               regeln 190
        1.1.4. Judikaturbeispiele 191
2. Zusammenschlusskontrolle 192
   2.1. Gründung eines Gemeinschaftsunternehmens 193
        2.1.1. Gemeinsame Kontrolle 194
        2.1.2. Vollfunktionseigenschaft 194
        2.1.3. Keine Koordinierung des Wettbewerbsverhaltens 198
   2.2. Anmerkungen zur materiellen Prüfung des Zusammenschlusses 198
3. Kartellverbot 199
   3.1. Problemabgrenzung 199
   3.2. Bieter- und Arbeitsgemeinschaften zwischen Wettbewerbern 201
        3.2.1. Grundsätzliches 201
        3.2.2. Selbstständige Legung eines Erfolg versprechenden Angebots ... 202
   3.3. Exkurs: Freistellung für Arbeitsgemeinschaften im österreichischen
        Kartellgesetz 204
4. Ergebnisse 205

Maria Lang
Rechtliche Rahmenbedingungen für Schienen- und Straßenprojekte
1. Gemeinschaftsrecht 207
   1.1. Grundsätze 207
   1.2. Transeuropäische Netze 210
        1.2.1. Grundlagen 210
        1.2.2. Leitlinien 210
        1.2.3. TEN-Zuschüsse 211
   1.3. Eisenbahnen 212
        1.3.1. Liberalisierung des Eisenbahnmarktes 212
        1.3.2. Nutzung der Eisenbahninfrastruktur 213
        1.3.3. Infrastrukturbetreiber und Eisenbahnunternehmen 214
        1.3.4. Zuweisung von Fahrwegkapazität 216
        1.3.5. Entgelt 216
   1.4. Straßen 218
        1.4.1. Marktzugang 218
        1.4.2. Straßenbenutzungsgebühren 219

2. Innerstaatliche Vorschriften 220
   2.1. Eisenbahnen 220
      2.1.1. Hochleistungsstrecken 220
      2.1.2. Planung, Bau und Übergabe von Hochleistungsstrecken 221
      2.1.3. Konzessionen und Genehmigungen nach dem EisenbahnG 223
      2.1.4. Finanzierung und Nutzung der Schieneninfrastruktur 223
   2.2. Straßen 224
      2.2.1. Bundesstraßen 224
      2.2.3. Bundesstraßen-Maut 225
      2.2.4. Sonstige Straßen 226

Meinhard Lukas
UNCITRAL Legislative Guide on Privately Financed Infrastructure Projects
1. Entstehungsgeschichte 227
2. Rechtsnatur und Struktur des Guide 230
   2.1. Abgrenzung von Abkommen und Modellgesetzen 230
   2.2. Anwendungsbereich des Guide 231
3. Terminologie 232
4. Die Empfehlungen im Überblick 234
   4.1. Gliederung 234
   4.2. Gesetzliche Rahmenbedingungen für PFI-Projekte 234
      4.2.1. Allgemeine Grundsätze 234
      4.2.2. Verfassungsrechtliche Fragen 235
      4.2.3. Zuständigkeitsvorschriften 236
      4.2.4. Zweck und Reichweite der Konzession 236
      4.2.5. Koordinierung der zuständigen staatlichen Stellen 237
      4.2.6. Regulierungsbehörde 237
      4.2.7. Verfahren 238
   4.3. Projektrisiken und staatliche Unterstützung 239
      4.3.1. Projektrisiken 239
      4.3.2. Staatliche Unterstützung 239
   4.4. Auswahl des Konzessionärs – Vergaberecht 240
      4.4.1. Vergleich mit der europäischen/österreichischen Rechtslage 240
      4.4.2. Notwendigkeit spezifischer vergaberechtlicher Vorschriften 242
   4.5. Errichtung und Betrieb der Anlage 243
      4.5.1. Besondere Bedeutung der Projektvereinbarung 243
      4.5.2. Struktur des Konzessionärs/Projektunternehmens 244
      4.5.3. Sachenrechtliche Stellung der Parteien 244
      4.5.4. Finanzielle Vereinbarungen 245
      4.5.5. Sicherungsrechte 246
      4.5.6. Übertragung der Konzession 248
      4.5.7. Bauarbeiten 248
      4.5.8. Betrieb der Anlagen 248
      4.5.9. Subverträge des Konzessionärs 249
      4.5.10. Allgemeine vertragliche Bestimmungen 249
   4.6. Dauer, Verlängerung und Auflösung der Projektvereinbarung 250
      4.6.1. Konzessionsdauer 250
      4.6.2. Verlängerung der Konzession 251
      4.6.3. Vorzeitige Auflösung der Projektvereinbarung 251
      4.6.4. Rechtsfolgen bei Beendigung der Projektvereinbarung 252
   4.7. Streitschlichtung 253
5. Weitere Entwicklung 253

Bruce Lawrence
International Models
1. Overview of PPP/PFI in the UK 267
    1.1. What are "PFI/PPP" projects in the UK? 267
        1.1.1. Structure 268
        1.1.2. The use of private capital for public projects 268
        1.1.3. The procurement of services leaving the risks of ownership and operation of the asset with the private sector 268
        1.1.4. Value for Money 269
    1.2. Brief History of the PFI/PPP 269
    1.3. Some Facts and Figures 271
2. Current Issues in the UK 271
    2.1. EU Developments 271
    2.2. Bundling 273
    2.3. Government Regulation 274
    2.4. Trade Unions 275
    2.5. Refinancing 276
3. Some examples of the development of PFI/PPP Internationally 276
    3.1. Ireland 277
    3.2. Japan 278
    3.3. South Africa 279
    3.4. Portugal 280

Praktische Anwendung von Public Private Partnerships

Bernhard Sagmeister
Praktische Anwendungen von Public Private Partnerships bei Abwasser
1. Aktueller Stand in Österreich 283
2. Motive zur Privatisierung 284
3. Kriterien für die Modellauswahl und Entscheidungsweg 285
4. Beraterrolle 285
5. Voraussetzungen vor dem Start 285
6. Zukunftstrends 286

Gert Schweiger/Heidrun Sölkner
Praktische Umsetzung eines PPP-Modells in der Abfallwirtschaft
1. Einleitung 287
2. Begriff PPP 287
3. Charakteristika eines PPP-Modells 288
    3.1. Merkmale eines PPP-Modells 288
    3.2. Ziel eines PPP-Modells 288
4. Entsorgungsmodelle – Arten der Zusammenarbeit 288
    4.1. Öffentlich-rechtliche Modelle 288
    4.2. Privatrechtliche Modelle 289
        4.2.1. Formelle Privatisierung 289
        4.2.2. Materielle Privatisierung 289
5. Praktische Umsetzung eines PPP-Modells in der Abfallwirtschaft 290
6. Zusammenfassung 291

Walter Troger
Praktische Anwendungen von Public Private Partnerships im Gesundheitswesen
1. PPP im Gesundheitswesen 293
2. Angewandte PPP-Modelle der VAMED im Gesundheitswesen 293
   2.1. Privates Totalunternehmermodell 293
   2.2. Dienstleistungskonzessionsmodell 294
   2.3. Mietvertragsmodell 295
   2.4. Bauauftrags- und Konzessionsmodell 295
3. Ausblick 296

Abkürzungsverzeichnis

aaO	am angegebenen Ort
Abb	Abbildung
ABGB	Allgemeines Bürgerliches Gesetzbuch
ABlEG	Amtsblatt der Europäischen Gemeinschaften
Abs	Absatz
Abt	Abteilung
AEIF	Europäische Vereinigung für die Interoperabilität im Bereich Bahn
AG	Aktiengesellschaft
AlSAG	Altlastensanierungsgesetz
Anm	Anmerkungen
A.Ö.	Allgemein Öffentlich
APA	Austria Presse Agentur
Art	Artikel
ASAG	Alpen Straßen AG
ASFINAG	Autobahnen- und Schnellstraßen-Finanzierungsaktiengesellschaft
AUD	Australian Dollar
BA-CA	Bank Austria Creditanstalt AG
BBAG	Österreichische Brau-Beteiligungs AG
BBodSchG	Bundesbodenschutzgesetz
BDE	Bundesverband der Deutschen Entsorgungswirtschaft
BDLF	Blue Danube Loan Funding
BEG BG	Bundesgesetz zur Errichtung einer Brenner Eisenbahn GmbH
BgA	Betrieb gewerblicher Art
BGBl	Bundesgesetzblatt
BGH	Bundesgerichtshof
BIG	Bundesimmobiliengesellschaft
BIP	Bruttoinlandsprodukt
Blg	Beilagen
BLOT	Build Lease Operate Transfer
BMF	Bundesministerium für Finanzen
BMLFUW	Österreichisches Bundesministerium für Land- und Forstwirtschaft, Umwelt und Wasserwirtschaft
BMWi	Bundesministerium für Wirtschaft
bn	billion
BOO	Build Own Operate
BOOT	Built Own Operate Transfer
BOT	Build Operate Transfer
bp	basis point
BROT	Build Rent Operate Transfer
BTO	Build Transfer Operate
BVA	Bundesvergabeamt
BVergG	Bundesvergabegesetz
B-VG	Bundes-Verfassungsgesetz
B-VKK	Bundes-Vergabekontrollkommission
bzw	beziehungsweise
C	Case
ca	circa
CCG	Cargo Center Graz

CISG	Convention on International Sale of Goods
CMFB	Committee on Monetary, Financial and Balance of Payments Statistics
CMLRev	Common Market Law Review
CPI	Consumer Price Index
DB	Der Betrieb
DBFO	Design Build Finance Operate
DBW	Die Betriebswirtschaft
DCF	Discounted Cash Flow
dgl	dergleichen
dh	das heißt
div	divers
DM	Deutsche Mark
DÖV	Die Öffentliche Verwaltung
Dr	Doktor
ds	das sind
DSCR	Debt Service Coverage Ratio
DVBl	Deutsches Verwaltungsblatt
DVO	Durchführungsverordnung
DWir	Deutsche Zeitschrift für Wirtschaftsrecht
EB	Erläuternde Bemerkungen
EBS	Entsorgungsbetriebe Simmering GmbH
ECB	European Central Bank
ECJ	European Court of Justice
E-Commerce	Electronic Commerce
ECR	European Court Reports
ed	editor
eds	editors
EFTA	European Free Trade Association
EG	Europäische Gemeinschaft
EGKS	Europäische Gemeinschaft für Kohle und Stahl
EGV	Vertrag zur Gründung der Europäischen Gemeinschaft
EIB	Europäische Investitionsbank
EisenbahnG	Eisenbahngesetz
EO	Exekutionsordnung
ESA	EFTA Surveillance Authority
ESVG	Europäisches System Volkswirtschaftlicher Gesamtrechnungen
etc	et cetera
EU	Europäische Union
EuGH	Europäischer Gerichtshof
EUR	Euro
EUV	Vertrag über die Europäische Union
EuZW	Europäische Zeitschrift für Wirtschaftsrecht
ev	eventuell
EVÜ	Das Europäische Vertragsrechtsübereinkommen
EWE	Energieversorgungsunternehmen Weser-Ems Aktiengesellschaft
EWG	Europäische Wirtschaftsgemeinschaft
EWGV	Vertrag zur Gründung der Europäischen Wirtschaftsgemeinschaft
EWIV	Europäische Wirtschaftliche Interessenvereinigung
EWR	Europäischer Wirtschaftsraum
EWS	Zeitschrift für europäisches Wirtschafts- und Steuerrecht
EZB	Europäische Zentralbank

Abkürzungsverzeichnis

f	folgende
F	Force
ff	fortfolgende
FKVO	Fusionskontrollverordnung
FN	Fußnote
FS	Festschrift
GA	Generalanwalt
GBP	Great Britain Pound
GDB	Gross Domestic Product
GebG	Gebührengesetz
GesBR	Gesellschaft bürgerlichen Rechts
GesRZ	Gesellschaftsrechts-Zeitung
GmbH	Gesellschaft mit beschränkter Haftung
GmbHG	Gesetz über Gesellschaften mit beschränkter Haftung
GP	Gesetzgebungsperiode
GrESt	Grunderwerbsteuer
GrEStG	Grunderwerbsteuergesetz
GSD	Gestaltung des Straßennetzes im Donaueuropäischen Raum unter besonderer Beachtung des Wirtschaftsstandortes Österreich (Studie)
GTE	Gröben/Thiesing/Ehlermann
GWB	Gesetz gegen Wettbewerbsbeschränkungen
HGB	Handelsgesetzbuch
HlG	Hochleistungsstreckengesetz
HL-AG	Eisenbahn Hochleistungsstrecken AG
Hrsg	Herausgeber
IBRD	International Bank for Reconstruction and Development
ICF	Integrated Corporate Finance Ansatz
IDA	International Development Association
idF	in der Fassung
ie	id est
iHv	in Höhe von
Ing	Ingenieur
ink	inklusive
insb	insbesondere
IPO	Initial Public Offerings
IPR	Internationales Privatrecht
IRB	Internal Rating-Based
IRR	Internal Rate of Return
iSd	im Sinne des
iSv	im Sinne von
IT	Informationstechnology
iVm	in Verbindung mit
JBl	Juristische Blätter
KAGes	Steiermärkische Krankenanstaltengesellschaft m.b.H.
Kap	Kapitel
KartG	Kartellgesetz
KFG	Kraftfahrgesetz
KfW	Kreditanstalt für Wiederaufbau

KG	Kommanditgesellschaft
km	Kilometer
KMU	Kleine und mittlere Unternehmen
KOG	Kartellobergericht
KOM	Kommissionsdokumente
KommStG	Kommunalsteuergesetz
KStG	Körperschaftsteuergesetz
LBO	Land and Binding Offer
LGBl	Landesgesetzblatt
lit	litera
LKF	Leistungsorientierte Krankenanstaltenfinanzierung
LKW	Lastkraftwagen
LOI	Letter of Intent
LSE	London School of Economics and Political Science
m	Million
Mag	Magister
MAG	Macquarie Airports Group
mE	meines Erachtens
MIG	Macquarie Infrastructure Group
Mio	Millionen
MOEL	Mittel- und Osteuropäische Länder
MOO	Modernize Own Operate
MOT	Modernize Operate Transfer
MPs	Members of Parliament
Mrd	Milliarden
MUT	Ingenieurgesellschaft für Umweltschutz und Risikoabschätzung mbH
mwN	mit weiteren Nachweisen
Nat	National
NBFI	Non Bank Financial Institutions
NewCo	New Company
NHS	National Health Service
NJW	Neue Juristische Wochenschrift
No	Number
NÖ	Niederösterreich
NPV	Net Present Value
NR	Nationalrat
Nr	Nummer
NSW	North South Wales
n.v.	nicht vorhanden
NZ	Österreichische Notariatszeitung
NZBau	Neue Zeitschrift für Baurecht und Vergaberecht
NZG	Neue Zeitschrift für Gesellschaftsrecht
ÖBA	Österreichisches Bankarchiv
ÖBB	Österreichische Bundesbahnen
ÖBl	Österreichische Blätter für gewerblichen Rechtsschutz und Urheberrecht
OECD	Organisation for Economic Cooperation and Development
OeKB	Oesterreichische Kontrollbank AG
OeNB	Oesterreichische Nationalbank

Abkürzungsverzeichnis

OGC	Office of Government Commerce
OGH	Oberster Gerichtshof
ÖJZ	Österreichische Juristenzeitschrift
OLG	Oberlandesgericht
OÖ	Oberösterreich
ÖSAG	Österreichische Autobahnen- und Schnellstraßen AG
OTS	Originaltext Service
ÖWAV	Österreichischer Wasser- und Abfallwirtschaftsverband
ÖZW	Österreichische Zeitschrift für Wirtschaftsrecht
pa	per annum
para	paragraph
PFI	Private Finance Initiative
PKW	Personenkraftwagen
PPP	Public Private Partnership
PSC	Public Sector Comparator
PSP	Private Sector Participation
PUK	Partnership UK
PwC	PriceWaterhouseCoopers
RAA	Rechtsanwaltsanwärter
RabelsZ	Rabels Zeitschrift für ausländisches und internationales Privatrecht
rd	rund
RdW	Recht der Wirtschaft
REM	Retention of Employment
RIW	Recht der Internationalen Wirtschaft
RL	Richtlinie
Rn	Randnummer
ROI	Return-on-Investment
ROO	Refurbish Own Operate
ROT	Refurbish Operate Transfer
RPA	Recht & Praxis der öffentlichen Auftragsvergabe
Rs	Rechtssache
RTA	Rail Tec Arsenal
RTA	Roads and Traffic Authority/NSW
RV	Regierungsvorlage
RZ	Richterzeitung
Rz	Randziffer
SCHIG	Schieneninfrastrukturfinanzierungs-Gesellschaft mbH
Slg	Sammlung
SNA	System of National Accounts
SPV	Special Purpose Vehicle
SWI	Steuer- und Wirtschaft International
SZ	Entscheidungen des österreichischen Obersten Gerichtshofes in Zivil- (und Justizverwaltungs-)sachen.
TCA	Tender Club Austria
TEN	Transeuropäische Netze, Transeuropäisches Transportnetz
TP	Tarifpost
TSI	Technische Spezifikationen für die Interoperabilität
TTF	Treasury Task Force

UK	United Kingdom
UMTS	Universal Mobile Telecommunication System
UN	United Nations
UNICTRAL	United Nations Commission of International Trade Law
UNIDO	United Nations Industrial Government Organization
UNO	United Nations Organisation
US	United States
USA	United States of America
USD	US Dollar
UStG	Umsatzsteuergesetz
usw	und so weiter
UVP	Umweltverträglichkeitsprüfung
va	vor allem
VerfVO	Verfahrensverordnung
Verg	Vergabenachprüfungsverfahren
VergabeR	Vergaberecht
VfGH	Verfassungsgerichtshof
vgl	vergleiche
VO	Verordnung
VOB	Verdingungsordnung für Bauleistungen
Vorbem	Vorbemerkungen
VÜA	Verein zur Überwachung technischer Anlagen
VwGH	Verwaltungsgerichthof
wbl	Wirtschaftsrechtliche Blätter
WiSt	Wirtschaftswissenschaftliches Studium
WMI	Wider Markets Initiative
WuW	Wirtschaft und Wettbewerb
WWU	Wirtschafts- und Währungsunion
Z	Ziffer
zB	zum Beispiel
ZfgK	Zeitschrift für das gesamte Kreditwesen
ZfV	Zeitschrift für Verwaltung
ZGR	Zeitschrift für Unternehmens- und Gesellschaftsrecht
ZGV	Zeitschrift für Gebühren und Verkehrsteuern
ZHR	Zeitschrift für das gesamte Handels- und Wirtschaftsrecht
ZPO	Zivilprozessordnung
ZRP	Zeitschrift für Rechtspolitik
ZVB	Zeitschrift für Vergaberecht und Beschaffungspraxis
ZVgR	Zeitschrift für deutsches und internationales Vergaberecht
ZVR	Zeitschrift für Verkehrsrecht

Autorenverzeichnis

Ian Andrews
Rechtsanwalt und Partner, Linklaters Oppenhoff & Rädler in Berlin

Lawrence Bruce
Rechtsanwalt und Partner, Field Fisher Waterhouse in London; Universitätslektor am King's College London

Mag. Dr. Dieter Duursma, LL.M., MAS (European Law)
Rechtsanwaltsanwärter, Saxinger Chalupsky Weber & Partner Rechtsanwälte GmbH

Dr. Alfred Finz
Staatssekretär im Bundesministerium für Finanzen

Dkfm. Lorenz Fritz
Generalsekretär der Industriellenvereinigung

Univ.-Doz. Mark Gray
Division Director, Macquarie Bank Ltd.

Mag. Dr. Peter R. Haiss, MBA (UIUC)
Mitarbeiter der Abteilung Unternehmensfinanzierung und öffentlicher Sektor Österreich in der Bank Austria Creditanstalt, Wien; Lektor am Institute of European Studies/Wirtschaftsuniversität Wien

Dr. Maria Lang
Rechtsanwältin und Partnerin, Saxinger Chalupsky Weber & Partner Rechtsanwälte GmbH

Univ.-Ass. Dr. Meinhard Lukas
Univ.-Ass. am Institut für Zivilrecht der Universität Linz (Abt Prof. Rummel); Delegierter Österreichs bei Sitzungen der United Nations Commission on International Trade Law (UNCITRAL)

Dr. Franz Mittendorfer, Mag. rer.soc.oec., LL.M. (Emory)
Rechtsanwalt und Partner, Saxinger Chalupsky Weber & Partner Rechtsanwälte GmbH

Mag. Dr. Peter Mooslechner
Hauptabteilungsleiter für Volkswirtschaft der Österreichischen Nationalbank, Vertreter der Österreichischen Nationalbank im Staatsschuldenausschuss

Mag. Kurt Oberhuber
Steuerberater, KPMG Alpen-Treuhand GmbH Wirtschaftsprüfungs- und Steuerberatungsgesellschaft

Dipl.-Ing. Bernhard Sagmeister
Direktor und Leiter der Abteilung Treuhandmanagement, Kommunalkredit Austria AG

Ing. Mag. Gerhard Schafelner
Rechtsanwaltsanwärter, Saxinger Chalupsky Weber & Partner Rechtsanwälte GmbH

Mag. Martin Schiefer
Rechtsanwalt und Partner, Rechtsanwaltskanzlei Heid & Partner

Mag. Gert Schweiger
Prokurist und Vertriebsleiter bei .A.S.A. Abfall Service AG

Mag. Heidrun Sölkner
Pankl Racing Systems AG (davor: Saubermacher Dienstleistungs-Aktiengesellschaft

Ing. Walter Troger
Geschäftsführer, VAMED Standortentwicklung und Engineering GmbH & CO KG

Univ.-Prof. Dr. Stefan Weber, LL.M. (Harvard)
Rechtsanwalt und Partner, Saxinger Chalupsky Weber & Partner Rechtsanwälte GmbH; Universitätsprofessor für Internationales Wirtschaftsrecht am Europa-Institut der Universität des Saarlandes.

Einleitung

In den vergangenen Jahren hat der Bedarf an Infrastruktureinrichtungen und -dienstleistungen sowohl national als auch international deutlich zugenommen. Die EU-Erweiterung wird diesen Bedarf noch weiter massiv erhöhen. Gleichzeitig haben sich die Finanzierungsmöglichkeiten der öffentlichen Haushalte deutlich verringert.

Politische Entscheidungsträger stehen somit vor einer großen Herausforderung: Investitionen in die Infrastruktur sind nicht nur für den Wirtschaftsstandort und damit den Wohlstand eines Landes, sondern auch für jede einzelne Bürgerin, jeden einzelnen Bürger von entscheidender und täglich erlebbarer Bedeutung. In Zeiten einer sich öffnenden Schere zwischen dem Bedarf an modernen Infrastruktureinrichtungen auf der einen und begrenzten finanziellen Handlungsmöglichkeiten der öffentlichen Hand auf der anderen Seite müssen Wege gefunden werden, die beiden Anforderungen gerecht werden. Die Suche nach neuen Finanzierungsmodellen liegt dabei nahe.

In engem Zusammenhang mit diesen Herausforderungen steht auch die aktuelle Diskussion über die Reform des Staates und ein sich entwickelnder Paradigmenwechsel im Staatsverständnis. Neben staatlichen Kernaufgaben, wie beispielsweise Innere Sicherheit, Justiz und Landesverteidigung, die der Staat selbst und aus eigenen Ressourcen zu erfüllen hat, existieren eine hohe Anzahl von so genannten „Gewährleistungsaufgaben", die der Staat zwar sichern, aber nicht leisten muss. In diesem Kontext sind vor allem die Bereiche Abfall, Wasserver- und Abwasserentsorgung, Straßen- und Schieneninfrastruktur sowie Krankenanstalten zu nennen. Ziel muss es sein, neue und effiziente Leistungspartnerschaften zwischen öffentlicher Hand und Wirtschaft zu forcieren und damit eine Win-Win Situation zu schaffen.

Das Modell der Public Private Partnerships (PPP) rückt dabei in den Mittelpunkt eines neuen Verhältnisses zwischen dem Staat und privaten Anbietern. Public Private Partnership-Modelle (PPP-Modelle) sind spezifische Kooperationsformen zwischen öffentlichen Institutionen und privaten Unternehmen. Ihr zentrales Merkmal liegt in einer Risikoteilung zwischen den genannten Bereichen. Damit stellen PPP-Modelle einen vielversprechenden Weg dar, neue Finanzierungsquellen für Infrastrukturprojekte zu erschließen und folglich budgetäre Restriktionen zu lockern. Insbesondere die frühzeitige Abstimmung zwischen Planung und Ausführung ermöglicht eine rasche Verwirklichung von Investitionsvorhaben. Darüber hinaus können, durch eine Verknüpfung der jeweiligen Stärken des öffentlichen Sektors einerseits und der privaten Wirtschaft andererseits, Synergieeffekte lukriert werden, die erhebliche Effizienzsteigerungen bei der Realisierung von Infrastrukturprojekten mit sich bringen und so letztlich auch zu einer Entlastung der öffentlichen Haushalte beitragen. Zusätzlich entstehen erweiterte Spielräume für unternehmerische Innovation und Initiative. Vor allem in Hinblick auf die bevorstehende EU-Erweiterung und die Umsetzung des Generalverkehrsplans ist insbesondere im Bereich Verkehrsinfrastruktur das enorme Potenzial für den Einsatz derartiger Kooperationsmodelle erkennbar.

Einleitung

Von „best practices" lernen – Österreich hat Potenzial!

In den EU-Mitgliedstaaten können PPP-Partnerschaften auf eine lange und erfolgreiche Geschichte zurückblicken. Trotz einer steigenden Anzahl inländischer Projekte, wie der Güterterminal Werndorf oder der Neubau des „Klima-Windkanals", die ein Indiz für eine schwindende Scheu gegenüber PPP-Modellen darstellen, haben wir in Österreich erheblichen Aufklärungs- und Nachholbedarf.

Noch sind nicht alle Voraussetzungen für funktionierende PPP-Modelle in Österreich geschaffen: Aufgrund der Komplexität dieser Materie sind klare rechtliche Rahmenbedingungen essenziell für das Funktionieren von Public Private Partnerships. Das österreichische Verwaltungsrecht bietet für derartige Mischformen öffentlich-privater Verträge keine ausreichende Grundlage. Eine Initiative zur Schaffung einer einheitlichen Verfahrensordnung, wie sie in Deutschland ergriffen wurde, fehlt derzeit in Österreich noch.

Die Industriellenvereinigung hat sich daher zum Ziel gesetzt, sowohl die Entwicklung institutioneller Rahmenbedingungen als auch den politischen Willen zu erfolgreichen Leistungspartnerschaften zwischen öffentlicher Hand und privaten Unternehmen voranzutreiben. Gerade in Zeiten knapper Staatskassen ist es notwendig, über neue, effiziente Errichtungs-, Betreibungs- und Finanzierungsmöglichkeiten für moderne Infrastruktureinrichtungen zu diskutieren und zukunftsorientierte Konzepte zu liefern. Die Industrie ist bereit, diesen Weg zu gehen. Zur Sicherung des Lebens- und des Wirtschaftsstandortes Österreich!

Dkfm. Lorenz Fritz
Generalsekretär der Industriellenvereinigung

Impulsreferat zum Symposium „Public Private Partnerships – Business meets Administration"

Alfred Finz

Inhalt
1. Definition von „PPP"
2. Woher stammt die Idee?
3. Eigene Position
4. Erfahrungen mit PPP in Österreich
5. Internationale Erfahrungen mit PPP
   5.1. Vereinigtes Königreich
   5.2. Frankreich
   5.3. Ungarn
6. Erfolgsfaktoren für PPP-Projekte

Gerne leite ich diese Veranstaltung zum Thema „Public Private Partnerships – Business meets Administration" ein. Als Vertreter der österreichischen Bundesregierung begrüße ich die verstärkten Initiativen der Industriellenvereinigung zu diesem Thema in jüngster Zeit. Ziel der heutigen Veranstaltung ist es, neue Organisationsformen für die Vereinigung öffentlicher und privater Elemente zu präsentieren und die entsprechenden Finanzierungsstrukturen auszuarbeiten. Als Regierungsvertreter bin ich an diesen Themengebieten sehr interessiert.

Lassen Sie mich kurz erklären, was ich unter Public Private Partnerships verstehe.

1. Definition von „PPP"

PPPs sind eine spezifische Kooperationsform zwischen öffentlicher Hand und privaten Unternehmen. Diese Kooperationsform weist folgende zentrale Merkmale auf:
– Risikoteilung
– Finanzierungsmix
– Kombination der jeweiligen Stärken

Der Anwendungsbereich dieser Modelle besteht in der Entwicklung, Finanzierung und Errichtung von Infrastruktureinrichtungen oder von gemeinwirtschaftlichen Ver- und Entsorgungsbetrieben sowie im Betrieb dieser Einrichtungen.

2. Woher stammt die Idee?

– Finanzierungsspielräume der öffentlichen Hände in Europa haben sich stark verengt,
– gleichzeitig ist Bedarf an Infrastruktureinrichtungen gestiegen (PPP-Projekte kamen insbesondere im Zusammenhang mit dem EU-Projekt „Transeuropäische Netze" ins Gespräch).

Daraus ergibt sich insbesondere auch für Österreich ein enormes Potential für PPP-Modelle.

In ihrem aktuellen Strategiepapier „Das politische Strategie-Dreieck: Staat modernisieren – Bürger und Unternehmer entlasten – In die Zukunft investieren" nimmt die Industriellenvereinigung im Zusammenhang mit Verkehrsinfrastruktur auf PPP-Modelle Bezug. Zur raschen Beseitigung von Engpässen und Lücken im Zusammenhang mit dem Gesamtverkehrswegeplan fordert darin die Industriellenvereinigung auch die Nutzung von PPP-Modellen in der Finanzierung.

3. Eigene Position

Ich unterstütze diese Forderung, weil durch PPP-Modelle Finanzierungsengpässe der öffentlichen Hand schneller überbrückt und damit Infrastrukturprojekte schneller realisiert werden können. Ganz sicher sind PPP-Modelle jedoch kein Patentrezept zur wundersamen Lösung aller Probleme, die mit der Realisierung von großen Infrastrukturprojekten verbunden sind.

4. Erfahrungen mit PPP in Österreich

Ein Rückblick auf die bisherigen Erfahrungen in Österreich mit PPP-Modellen fällt gemischt aus. Als ältestes Negativbeispiel wäre das „Austria Center Vienna" (Konferenzzentrum bei der UNO-City in Wien) anzuführen, das letztlich sehr hohe langfristige Kosten verursacht hat. Die unendliche Geschichte des Semmeringbasistunnels für die Eisenbahn und auch die angedachte Semmeringquerung im Rahmen der Schnellstraße S 6 wären als unrealisierte Beispiele anzuführen.

Als Anzeichen für einen neuen, positiven Aufbruch will ich das Projekt des Güterterminals Werndorf in der Steiermark anführen. Ich gehe davon aus, dass der für das Projekt zuständige Vertreter der SchieneninfrastrukturfinanzierungsgesmbH (kurz: SCHIG), Herr Dr. Falschlehner, das Projekt heute noch näher präsentieren wird. Baubeginn des Güterterminals war im Frühjahr 2001, die Fertigstellung ist für Dezember 2002 geplant. (Anmerkung: planmäßig fertiggestellt worden und in Betrieb)

5. Internationale Erfahrungen mit PPP

Von großem Interesse sind auch die internationalen Erfahrungen mit PPP-Projekten. Ich will drei Länder kurz herausgreifen.

5.1. Vereinigtes Königreich

Die konservativen Regierungen der Jahre 1979 bis 1997 waren bemüht, verstaatlichte Industrien und Versorgungsbetriebe zu privatisieren. Als offensichtlich wurde, dass sich nicht alle Betriebe zur Privatisierung eigneten, beschloss die britische Regierung, Lösungen in Form von PPP-Modellen zu suchen. Dazu wurde die so genannte „Private Finance Initiative" entwickelt. Dieses Projekt wurde von der Labourregierung im Jahr 1997 aufgegriffen und weiterentwickelt. Wesentliche Projekte in diesem Zusammenhang sind derzeit das Channel Tunnel Rail Link als britischer Teil der Eurostar-Zugsverbindung Paris – Brüssel – Köln – Amsterdam – London. Dafür sind insgesamt 108 km doppelgleisige Strecke zu errichten. Die zweite Bauphase dieses Projekts ist gerade in Gang. Sie hat ein Auftragsvolumen von 3,3 Mrd Pfund und soll bis 2006 abgeschlossen werden. Im Jahr 1998 brachten Finanzierungsprobleme dieses langfristige Projekt nahezu zum Scheitern.

Geplant ist ferner ein PPP für das Londoner U-Bahnsystem, in dem private Partner langfristige Konzessionen für die Modernisierung der Infrastruktur erhalten sollen. Geschätzte 8 Mrd britische Pfund sollen in den ersten 15 Jahren investiert werden. Ein weit reichendes Regelwerk soll sicherstellen, dass diese Investitionen zu besserem Service führen.

Weithin bekanntes Negativbeispiel war der Channel Tunnel.

5.2. Frankreich

In Frankreich haben PPP-Partnerschaften eine lange Tradition und zwar auf den Gebieten der öffentlichen Versorgungsaufgaben für Gemeinden und der Straßenverkehrsinfrastruktur. Auf Gemeindeebene war die Übertragung der Trinkwasserversorgung an Betreiberfirmen der Ausgangspunkt. Angesichts des Erfolgs wurde dies auf andere Gebiete wie zB Abwasseraufbereitung, Müllentsorgung, etc. ausgeweitet.

Auf dem Gebiet der Verkehrsinfrastruktur werden PPP insbesondere von Autobahngesellschaften betrieben, die in Frankreich rund 6.000 km Mautstrecken bewirtschaften. Nach einer Anlaufphase war es diesen Autobahngesellschaften möglich, ohne öffentliche Unterstützung auszukommen. Der Cash-flow aus älteren Teilstücken ermöglicht die Baufinanzierung neuer Teilstücke. In den Siebzigerjahren mussten jedoch drei private Autobahngesellschaften angesichts des in Folge des Erdölschocks stark zurückbleibenden Verkehrsaufkommens von der öffentlichen Hand aufgefangen werden.

5.3. Ungarn

Österreichische Bauunternehmen haben Erfahrungen mit zwei PPP-Autobahnprojekten in Ungarn. Ein Autobahnteilstück von Györ zur österreichischen Grenze wurde 1993 an einen Konzessionswerber vergeben, an dem auch österreichische Unternehmen beteiligt waren. 1995 konnte das Projekt bereits dem Verkehr übergeben werden. Auf Grund der rasch angehobenen Mautgebühren ist zunächst jedoch ein erheblicher Anteil der Autofahrer auf die gebührenfreie Bundesstraße ausgewichen. Ein zweites Teilstück verbindet Budapest über Szeged mit dem Südosten Ungarns. Baubeginn war 1996. In diesem Projekt hat der ungarische Staat erheblich mehr Risken zugunsten der privaten Investoren übernommen.

6. Erfolgsfaktoren für PPP-Projekte

Lassen Sie mich nach der Beschreibung der Erfahrungen in Österreich und im Ausland auf einige kritische Erfolgsfaktoren für PPP-Projekte bzw die nicht zu vernachlässigenden Nachteile von PPP-Projekten zu sprechen kommen:

- Jedes Projekt ist getrennt im Vorfeld einer sorgfältigen Prüfung zu unterziehen. Die Projektvorbereitung ist für beide Seiten (öffentliche und private Partner) zeit- und kostenmäßig aufwendig.
- Es sind komplexe Regelungen über die Aufteilung von Risken, über Tarife, das Mindestangebot an Dienstleistungen, die Aufschließungs- und Umfeldmaßnahmen der öffentlichen Hand, allfälliger Subventionen, ... zu treffen.
- Im Vergleich zu Projekten, die direkt durch die öffentliche Hand finanziert werden, haben PPP-Projekte höhere Finanzierungskosten.
- Es entsteht die Problematik der politischen Rechtfertigung von staatlichen Subventionen für private Projekte.

Demgegenüber steht eine Reihe von Vorteilen:

- Budgetentlastung für die öffentliche Hand,
- Möglichkeit zur Kombination der relativen Stärken von öffentlicher Hand und privaten Partnern,
- mögliche Übertragung von Kosten auf die Nutzer,
- mögliche Übertragung von Risken auf die privaten Partner,
- Spielraum für unternehmerische Innovation und Initiative,
- Nutzung der Konkurrenz zur Senkung von Projektkosten,
- über variable „Nutzungsgebühren" ist die Optimierung der Nutzung von Projekten möglich.

Gerade vor dem Hintergrund der Aufbruchsstimmung und der Förderung unternehmerischer Initiative, für die diese Regierung steht und eintritt, halte ich die verstärkte Nutzung von PPP-Modellen für einen sinnvollen und innovativen Weg zur Realisierung von Infrastrukturprojekten. Gleichzeitig betone ich, dass wir von den bisherigen Erfahrungen in Österreich und auch im Ausland lernen sollten, um langfristig tragfähige Lösungen zu entwickeln.

Public Private Partnerships – ein unbekanntes Wesen?

Stefan Weber

Inhalt
1. Zum Begriff Public Private Partnership
2. Die Charakteristik von Public Private Partnerships
3. Die Gegenstandsbereiche von Public Private Partnerships
4. Die Beteiligten und ihre Aufgaben
5. Die Strukturen von Public Private Partnerships

1. Zum Begriff Public Private Partnership

Der Begriff Public Private Partnership strahlt eine Faszination aus, der man sich nur schwer entziehen kann. Zwei als Gegenpole definierte Begriffe, nämlich „öffentlich" und „privat", oder auch „politisch" und „ökonomisch" finden sich gleichsam in einer Synthese wieder. Dies fasziniert ökonomisch und politisch denkende Menschen und ist geeignet, andere zu beunruhigen. Österreich wurde im letzten Jahrhundert „politisch" dominiert; die von Initiativen Einzelner („Privater") gesteuerte Ökonomie wurde oft skeptisch beäugt. Unter anderem aus diesem Grund sind Public Private Partnerships – anders als etwa im Vereinigten Königreich oder den USA, aber auch anders als in Deutschland – erst seit kurzem Gegenstand einer breiteren Diskussion.

Eine allgemein anerkannte Definition des Konzepts Public Private Partnerships besteht nicht; Annäherungen an diesen Begriff (etwa ökonomische, politische, sozialwissenschaftliche oder juristische) gibt es jede Menge.[1]) In einem weiten Sinn ist jedes Gemeinschaftsunternehmen, jede Struktur, jeder Vertrag und jede Geschäftsverbindung, die den öffentlichen und den privaten Sektor in eine wirtschaftliche Struktur bindet, eine Public Private Partnership.[2])

---

[1]) *Bauer*, Public-Private-Partnerships als Erscheinungsform der kooperativen Verwaltung – Zugleich ein Beitrag zu Police-Private-Partnership, in *Stober* (Hrsg), Public-Private-Partnerships und Sicherheitspartnerschaften (2000), 23-27; *Becker*, Rechtsrahmen für Public Private Partnership, ZRP 2002, 303 ff; *Hartmann*, Beziehungen zwischen Staat und Wirtschaft – Unter besonderer Berücksichtigung neuartiger Kooperationsformen im Bereich der regionalen und kommunalen Wirtschaftspolitik (1994), 37; *Stern/Harding*, Profits and perils of public private partnerships, Euromoney 2/2002, 127; *Bauer*, Verwaltungsrechtliche und verwaltungswissenschaftliche Aspekte der Gestaltung von Kooperationsverträgen bei Public Private Partnership, DÖV 1998, 89; *Tettinger*, Die rechtliche Ausgestaltung von Public Private Partnership, DÖV 1996, 764; *Gerrard*, Public-Private Partnerships – What are public-private partnerships, and how do they differ from privatisations?, Finance & Development 9/2001, 49; *Habersack*, Private public partnership: Gemeinschaftsunternehmen zwischen Privaten und der öffentlichen Hand – Gesellschaftsrechtliche Analyse, ZGR 1996, 545 f; *Roggencamp*, Public Private Partnerships – Entstehung und Funktionsweise kooperativer Arrangements zwischen öffentlichem Sektor und Privatwirtschaft (1999), 26.

[2] *Habersack*, FN 1, 545 f; *Bauer*, FN 1, 89 f.

Legen wir diesen weiten Sinn unserer Analyse zugrunde, so finden wir in Österreich zahlreiche Beispiele von Public Private Partnerships, etwa:
- der Vertrag zwischen dem Bundesheer (Bund) und dem örtlichen Bäcker in Landeck über die Lieferung von Brot und Semmeln für die örtliche Kaserne,
- die Betrauung eines privaten Rettungsdienstes durch eine Gemeinde,
- Errichtung von Bundesgebäuden durch private Bauunternehmer.

Derartige Beispiele betreffen letztlich große Bereiche der Privatwirtschaftsverwaltung.[3])

In der Geschichte können wir zumindest bis zu den alten Römern zurückgehen. Beispiele finden wir schon bei Ulpian und insbesondere Livius. Dazu gehören die Errichtung, Renovierung und Pflege von öffentlichen Gebäuden wie Stadtmauern, Straßen, Tempel, fora, portici, basilicae, Aquadukte und Statuen.[4]) Auch die Amphitheater und Häfen wurden von der öffentlichen Hand gemeinsam mit Privaten betrieben.[5])

Für die Zwecke dieses Betrags sind diese Beispiele zwar illustrativ und verringern die Hemmschwelle, sich mit Partnerschaften zwischen der öffentlichen Hand und Privatkonsortien zu beschäftigen. Sie haben aber den Nachteil, dass sie nicht den Public Private Partnerships aktueller Prägung entsprechen. In einem aktuellen Sinn beschreibt der Begriff Public Private Partnership eine längerfristige Beziehung zwischen der öffentlichen Hand und privaten Unternehmen, wobei jede Seite im Sinne einer Teilung von Risiken, Chancen und Verantwortung bestimmte Aufgaben übernimmt.[6])

Erste Ansätze von Public Private Partnerships heutiger Prägung gehen auf die Politik des New Deal von Präsident Franklin Roosevelt zurück, wodurch ein Klima gemeinsamer Verantwortung von Staat und Wirtschaft erzeugt wurde.[7]) Diesen Public Private Partnerships kommen auch bei uns – inzwischen – übliche Konzessionsmodelle und Betreibermodelle am nächsten.[8])

---

[3]) Dazu *Korinek/Holoubek*, Grundlagen staatlicher Privatwirtschaftsverwaltung (1993), insb 227 ff; siehe dazu auch *Bauer* in *Stober*, FN 1, 29 ff.

[4]) Ulpian in D 39,4,1,1 (55 ad ed): „publicani autem sunt, qui publico fruuntur (nam inde nomen habent"). Cic, sec in Verr 1,49,128 (Tempelpflege). Livius 4,22,7 (Errichtung der villa pubblica); 5,23,7 (Bau des Tempels der Mater Matuta am Forum Boarium und der Iuno Regina auf dem Aventin); 6,32,1 (Instandhaltung der Stadtmauern); 24,18,10 (Tempelpflege); 29,37,2 (Reparatur von Straßenbelägen); 40,51,3-5 (Renovierung von Foren und Theatern); siehe auch *Malmendier*, Societas publicanorum (2002), 28 ff; *Pieler*, Römisches Vergaberecht, *Krejci-FS* (2001), 1479 ff.

[5]) Livius 40,51,3-5 (Renovierung von Foren und Theatern).

[6]) *Roggencamp*, FN 1, 55 ff; *Habersack*, FN 1, 545; *Becker*, FN 1, 304; siehe auch *Stern/Harding*, FN 1, 127 ff.

[7]) *Roggencamp*, FN 1, 59 f.

[8]) *Roggencamp*, FN 1, 65. Bei dieser Gelegenheit sei auf einige Vokabel verweisen, die in der Diskussion verwendet werden, und bei denen es zweckmäßig ist, sie zu kennen:

PPP	Public Private Partnership
PSP	Private Sector Participation
PFI	Private Finance Initative
BOT	Build Operate Transfer
BOOT	Build Own Operate Transfer
WMI	Wider Markets Initiative

Mit Public Private Partnerships leben wir seit Jahrzehnten, ohne dass sie weiter als Public Private Partnerships definiert wurden. Hervorstechendstes Beispiel ist die Oesterreichische Kontrollbank AG (OeKB). Die Kontrollbank betreut seit 1950 als Bevollmächtigte des Bundes (Bundesministerium für Finanzen) die Exportgarantien nach dem Ausfuhrförderungsgesetz. Der Bund (als Public Partner) übernimmt Haftungen in Form von Garantien für die ordnungsgemäße Erfüllung von Rechtsgeschäften durch ausländische Vertragspartner oder in Form von Bürgschaftszusagen für Wechsel, die zur Finanzierung von Ausfuhrgeschäften dienen. Die Kontrollbank (als Private Partner) behandelt die Anträge auf Übernahme von Haftungen gemäß Ausfuhrförderungsgesetz banktechnisch (bankkaufmännische Beurteilung durch Bonitätsprüfung und Bearbeitung). Sie ist mit der Ausfertigung und administrativ-technischen Abwicklung der Haftungsverträge sowie mit der Wahrnehmung der Rechte des Bundes aus den Haftungsverträgen betraut. Die Kontrollbank handelt in diesem Geschäftsbereich auf Rechnung des Bundes.[9])

Insoweit haben Public Private Partnerships also Tradition. Weitere Analysen von Public Private Partnerships zeigen, dass auch die einzelnen Elemente der Public Private Partnerships nichts Neues sind. Trotz der Tradition der Idee und trotz der Bekanntheit sämtlicher Elemente gelten Public Private Partnerships als innovative Organisationsmodelle, als eine neue Organisationsform zur Wahrnehmung öffentlicher Aufgaben. Das bei genauer Betrachtung Neue ergibt sich dabei insbesondere durch den neuartigen „Mix" der einzelnen Elemente. Die Arten der Einbeziehung der einzelnen Interessen sowie die Formen der Risikoverteilung ergeben eine moderne ökonomische Struktur. Die Entwicklung dabei ist noch lange nicht abgeschlossen.

Ebenfalls noch nicht abschließend diskutiert sind „Fluch" und „Segen" von Public Private Partnerships.[10]) Befürworter von Public Private Partnerships haben insbesondere folgende Argumente:[11])

– Komplementarität der Fähigkeiten und Aufgaben,
– wechselseitige Unterstützung beim Zutritt zu neuen Märkten,
– Beschleunigungseffekt,
– besseres Management durch politikferne Personen,
– Überwindung der politischen und wirtschaftlichen Kurzfristigkeit,
– rationalere und effizientere Entscheidungen über Errichtungs- und Erhaltungskosten[12]),
– öffentliche Hand kann sich auf ihre eigentlichen Aufgaben konzentrieren.

Kritiker von Public Private Partnerships bringen dagegen vor:[13])
– schlechtere Leistungen für die Öffentlichkeit,
– höhere Kosten für die Öffentlichkeit („Abcashen der Privaten"),

---

[9]) Oesterreichische Kontrollbank AG, Geschäftsbericht 2002, 12 ff.
[10]) *Roggencamp*, FN 1, 146 ff; *Bauer* in *Stober*, FN 1, 28; *Stern/Harding*, FN 1, 126 ff.
[11]) *Bauer*, FN 1, 90; *Habersack*, FN 1, 545; *Meeder*, Public Private Partnership zur Finanzierung von Flughafenprojekten in Europa (2000), 5; *Bauer* in *Stober*, FN 1, 26 f.
[12]) *Stern/Harding*, FN 1, 128.
[13]) *Boardman/Vining*, Research in Law and Economics 14 (1991), 223-250; siehe *Bös/Schneider*, Private public partnership: Gemeinschaftsunternehmen zwischen Privaten und der öffentlichen Hand, ZGR 1996, 527, 534 ff; *Bauer* in *Stober*, FN 1, 27; *Stern/Harding*, FN 1, 127.

- Kontrollverlust der öffentlichen Hand,
- Verlust der (politischen) Zurechenbarkeit,
- Langfristigkeit nicht kalkulierbar,
- besseres Management durch Private ist nicht erwiesen.

In diesem Rahmen sollen die Vor- und Nachteile von Public Private Partnerships nicht weiter diskutiert werden. Unsere Erfahrungen haben aber gezeigt, dass sorgfältig vorbereitete Public Private Partnerships zu optimierten Ergebnissen führen. Public Private Partnerships sind aber weder leicht zu errichten noch bieten sie eine Universallösung. Unbestritten scheint jedoch zu sein, dass es Einsatzbereiche gibt, in denen Public Private Partnerships die beste Lösung sind.

2. Die Charakteristik von Public Private Partnerships

Die Charakteristik von Public Private Partnerships ist insoferne schwer zu umschreiben, als weder aus wirtschaftlicher, noch aus politischer und schon gar nicht aus rechtlicher Sicht ein einheitlicher Typus besteht.[14]) Public Private Partnerships sind Strukturen, in denen eine besondere Art der Arbeitsteilung zwischen der öffentlichen Hand und Privaten besteht. Public Private Partnerships sind jedenfalls keine juristische Kategorie (Public Private Partnerships sind also nicht als Vertragstypus im ABGB oder im HGB geregelt, etwa wie ein Bestandvertrag oder die Offene Handelsgesellschaft). Als Struktur folgen sie freilich bestimmten rechtlichen Regeln und sind einer juristischen Analyse zugänglich.

Aus ökonomischer Sicht, etwa im Sinne der Neuen Institutionenökonomik, sind Public Private Partnerships Institutionen, und zusammen mit den beteiligten Personen Organisationen.[15]) Institutionen bezeichnen ein System formgebundener (formaler) und/oder formloser (informeller) Regeln.[16]) Bei Public Private Partnerships werden die Aufgaben, die Risikoverteilung und die Finanzierung im Rahmen eines Vertrags oder einer Mehrzahl von Verträgen zwischen den Partnern geregelt. Public Private Partnerships sind institutionalisierte Kooperationen. Der Institutionalisierungsgrad, das ist der Grad der Formalisierung, erreicht typischerweise den größtmöglichen Grad nicht, da Public Private Partnerships (bloß) auf gemeinsam ausgehandelten Vereinbarungen bestehen, nicht jedoch gesetzlich institutionalisiert sind.[17])

Im Rahmen der institutionalisierten Kooperation einigen sich die öffentliche Hand und Private über die Art der Bereitstellung einer Leistung („Policy"),[18] insbesondere
- in welchem Umfang und
- in welcher Beschaffenheit die Leistung zur Verfügung gestellt werden soll und
- welche Ressourcen dafür eingesetzt werden sollen.

---

[14]) *Bauer*, FN 1, 92; *Meeder*, FN 11, 9; *Bauer* in *Stober*, FN 1, 28.
[15]) *Williamson*, Die ökonomischen Institutionen des Kapitalismus: Unternehmen, Märkte, Kooperationen (1990), 6; *Roggencamp*, FN 1, 48.
[16]) *Roggencamp*, FN 1, 48.
[17]) *Linklaters & Alliance*, Public Private Partnerships in Germany, November 2001, 2 f.
[18]) *Roggencamp*, FN 1, 50 f.

Im Kern geht es um eine langfristige Definition von Zielen und Umsetzungskriterien. Entscheidend ist, dass die öffentliche Hand letztverantwortlich bleibt, die Leistung zu erbringen.[19] Die Regelung der Letztverantwortung für das Unternehmen (die Leistung) unterscheidet Public Private Partnerships auch von der Privatisierung. Bei Privatisierungen liegt die Letztverantwortung für das Unternehmen (die Leistung) beim Privaten (etwa im Bereich der Telekommunikation).

Im Rahmen der Kooperation werden Menge und Qualität der Leistung festgelegt und damit auch die erforderliche Finanzierungslast sowie die Art der Finanzierung.[20] Es wird aber auch eine Entscheidung über das erforderliche Personal und andere für die Herstellung einzusetzende Ressourcen getroffen. Oft werden dabei Errichtung, Erhaltung, Betrieb (Facilities Management) vom eigentlichen öffentlichen Ziel (etwa Krankenversorgung, Schulbildung) abgekoppelt. All dies gibt den Betroffenen die Voraussetzungen, sich auf das Wesentliche zu konzentrieren.

Diese institutionalisierte Kooperation hat im Sinne einer strategischen Allianz typischerweise folgende Merkmale:[21]
– Forum, die Fähigkeiten der privaten Wirtschaft und der öffentlichen Hand optimal zu mobilisieren und aufeinander abzustimmen[22],
– Komplementarität der Rollen und Fähigkeiten,
– Teilung von Chancen und Risiken,
– Return on Capital als Management Incentive,
– Finanzierung zur Gänze oder zu einem erheblichen Teil privat,
– wechselseitiger Zutritt zu neuen Märkten,
– Beschleunigungseffekt.

Richtig strukturiert und im richtigen Bereich eingesetzt, gewährleisten Public Private Partnerships ein hohes Qualitätsniveau, Nachhaltigkeit und Kosteneffizienz. Die öffentliche Hand erhält „Value for Money" (Wert für Geld).

3. Die Gegenstandsbereiche von Public Private Partnerships

Grundsätzlich können Public Private Partnerships in sämtlichen Bereichen errichtet werden, in denen die öffentliche Hand tätig ist.[23] Ausgeschlossen ist allerdings jener Kernbereich, der ausschließlich der Hoheitsverwaltung vorbehalten ist und nicht an beliehene Unternehmen ausgelagert werden darf.[24]

---

[19] *Gerrard*, FN 1, 49; *Becker*, FN 1, 304; siehe auch Beitrag von *Oberhuber* in diesem Buch.
[20] *Bauer*, FN 1, DÖV 1998, 93; *Roggencamp*, FN 1, 51; *Habersack*, FN 1, 549 f.
[21] *Roggencamp*, FN 1, 26 ff, 57; *Bauer* in *Stober*, FN 1, 26; *Gerrard*, FN 1, 49; *Stern/Harding*, FN 1, 127 ff; siehe auch *Habersack*, FN 1, 546.
[22] IdS *Lemmink*: „When we are looking at schools there is a real need for a party that organizes everything – building, maintenance and facilities management – so that teachers and parents can focus on providing good education instead of dealing with maintenance and cleaning issues. ... The same arguments go for hospitals, government offices and prisons."
[23] *Bauer*, FN 1, 90; *Meeder*, FN 11, 3 ff; *Roggencamp*, FN 1, 41 ff.
[24] *Korinek/Holoubek*, FN 2, 184 ff, 187.

Üblicherweise werden die Gegenstandsbereiche von Public Private Partnerships in wirtschaftlichen Sektoren dargestellt. Sektoral gesehen werden Public Private Partnerships in Österreich in folgenden Bereichen praktiziert und diskutiert:[25])
- Schieneninfrastruktur[26]),
- Straßeninfrastruktur[27]),
- Krankenanstalten[28]),
- Abfallwirtschaft[29]),
- Abwasserbeseitigung[30]).

In anderen Staaten bestehen Erfahrungen oder Überlegungen überdies in folgenden Bereichen[31]:
- Verteidigung[32]),
- Kultur,
- Forschung und Entwicklung,
- Bildung,
- Gefängnisse,
- Trinkwasserversorgung,
- Kinder- und Jugendhilfe.

Wie schon vorher ausgeführt, bieten Public Private Partnerships keine Universallösung. Ein Einsatz von Public Private Partnerships ist typischerweise dann nicht möglich, wenn
- die Interessenlage langfristig nicht konsistent ist oder
- die Aufgaben eine zu hohe Komplexität haben oder
- nicht kalkulierbare Risiken bestehen.

4. Die Beteiligten und ihre Aufgaben

Beteiligte eines Public Private Partnership-Projekts (die Partner) sind öffentliche Partner auf der einen Seite und private Partner auf der anderen Seite. Daneben können auch die Nutzer (Bürger) in den Mechanismus von Public Private Partnership-Strukturen eingebunden werden.

---

[25]) Siehe den Beitrag von *Haiss* in diesem Buch; *Meeder*, FN 11, 7.
[26]) Güterterminal Graz-Süd/Werndorf; siehe dazu im Detail den Beitrag von *Lang* in diesem Buch.
[27]) Siehe dazu im Detail die Beiträge von *Hecke* und *Lang* in diesem Buch; siehe auch *Carola*, Road craft?, Project Finance 10/2001, 41 ff.
[28]) Siehe dazu den Beitrag von *Troger* in diesem Buch.
[29]) Siehe dazu im Detail den Beitrag von *Schweiger/Sölkner* in diesem Buch; dazu auch *Stober*, Möglichkeiten und Grenzen einer Privatisierung der kommunalen Abfallentsorgung, in *Tettinger*, Rechtlicher Rahmen für Public-Private-Partnerships auf dem Gebiet der Entsorgung (1994), Band 22, 25 ff.
[30]) Siehe dazu im Detail den Beitrag von *Sagmeister* in diesem Buch.
[31]) *Roggencamp*, FN 1, 39 ff.
[32]) *Nicholson*, PFI and Public Private Partnerships in the defence sector, Project Finance International Jan/2002, 54 ff; *Koh*, Military PFI shows that it can fly, Euromoney 2/2002, 130 f; *Linklaters & Alliance*, FN 17, 1; siehe auch *Bauer* in *Stober*, FN 1, 38.

Öffentliche Partner einer Public Private Partnership-Struktur können
- sämtliche Körperschaften öffentlichen Rechts, insbesondere Gebietskörperschaften (Bund, Länder oder Gemeinden), sowie
- ausgelagerte Rechtsträger

sein. Als öffentlicher Partner tritt typischerweise bloß eine Körperschaft öffentlichen Rechts auf.[33])

Die Aufgaben des öffentlichen Partners sind insbesondere[34])
- die Definition des Leistungsrahmens,
- die Festlegung der Prioritäten,
- die Festlegung der Ziele und Ergebnisse,
- regelmäßige (etwa jährliche) Qualitätsabnahme,
- Teil der Finanzierung.

Private Partner[35]) sind die
- Finanzierer, etwa ein Kreditinstitut,
- Betreibergesellschaft, und
- Träger- oder Konzessionsgesellschaft.

Die Aufgaben des Privaten[36]) sind es,
- die Geschäftsziele zu erreichen,
- die Lieferung von „value for money" an die öffentliche Hand.[37])

Als dritte Gruppe sind noch die *Nutzer* anzuführen. Diese sind insoweit relevant, als sie als Wähler für die politische Legitimität und Kontrolle der öffentlichen Hand sorgen und – bei bestimmten Public Private Partnership-Strukturen – über Nutzungsentgelte (Gebühren) zur Finanzierung der Public Private Partnerships beitragen.

5. Die Strukturen von Public Private Partnerships

Abschließend einige Gedanken zur Strukturierung von Public Private Partnerships.[38]) Im Grunde geht es bei der Strukturierung einer Public Private Partnership um die Verteilung der Aufgaben zwischen den Partnern, die Übernahme der Risiken sowie die Regelung der Finanzierung.[39]) Jede Public Private Partnership hat ihre eigene Struktur und Mechanik, die in einem komplexen Vertragswerk abgebildet ist. Aufgaben, Risiko und Finanzierung sind im Rahmen eines Vertrags oder einer Mehrzahl von Verträgen zu regeln und zwischen den Partnern aufzuteilen. Ein bestimmter Typus hat sich bisher in Österreich nicht herausentwickelt. Ebenso wurden standardisierte Public Private Partnerships in Österreich bisher nicht geschaffen. Ansätze einer

---

[33]) Siehe *Roggencamp*, FN 1, 31 ff.
[34]) *Gerrard*, FN 1, 49.
[35]) *Stern/Harding*, FN 1, 126 f.
[36]) *Gerrard*, FN 1, 49.
[37]) *Stern/Harding*, FN 1, 128.
[38]) Dazu im Detail die Beiträge von *Mittendorfer* und *Andrews* in diesem Buch.
[39]) *Roggencamp*, FN 1, 51.

Standardisierung gibt es etwa im Vereinigten Königreich im Rahmen der Private Finance Initiative (PFI)[40]) sowie im Rahmen der UNCITRAL, die im Jahre 2001 eine Empfehlung an den Gesetzgeber für die Ausgestaltung von Public Private Partnerships herausgegeben hat.[41])

Auf der Grundlage der gängigen Vertrags- und Gesellschaftstypen sind bei der Strukturierung der Public Private Partnership-Verträge[42]) vor allem folgende Elemente zu berücksichtigen:

– der steuerliche Rahmen[43]),
– die Europäische Volkswirtschaftliche Gesamtrechnung („Maastricht-Kriterien")[44]),
– das Beihilfeverbot (Art 87 EGV)[45]),
– österreichisches und europäisches Wettbewerbsrecht[46]),
– Vergabebeschränkungen (etwa Bundesvergabegesetz, Vergaberichtlinien der EG)[47]),
– Aufsichts- und lenkungsrechtliche Maßnahmen (etwa in Bezug auf Eisenbahnen oder Krankenanstalten)[48]).

Durch die Public Private Partnership-Verträge wird eine Struktur geschaffen, die eine eigene Mechanik hat, in der die Interessenlage der Partner und die Risikoverteilung zwischen den Partnern abgebildet wird.

Ziel der Public Private Partnership-Verträge ist es sicherzustellen, dass die privaten Partner mit der öffentlichen Hand *Value for Money* (Wert gegen Geld) auf ausgewogene Weise austauschen. Richtig strukturiert gewähren Public Private Partnerships eine hohe Qualität von Leistungen, die Nachhaltigkeit der Leistungen sowie Kosteneffizienz. Grenzen von Public Private Partnerships bestehen etwa dort und der Einsatz von Public Private Partnerships ist insbesondere dort nicht möglich, wo die Interessenlage der Beteiligten unverhältnismäßig komplex ist oder nicht kalkulierbare Risiken bestehen.[49])

---

[40]) Dazu *Gray* und *Bruce* in diesem Buch; *Stern/Harding*, FN 1, 126 ff; *Gerrard*, FN 1, 48 ff; *Calvert*, The shape of PFI to come, Project Finance 4/2001, 34 ff.
[41]) UNCITRAL, Legislative Guide on Privately Financed Infrastructure Projects, A/CN.9/SER.B/4 (2001); siehe dazu den Beitrag von *Lukas* in diesem Buch.
[42]) Dazu siehe den Beitrag von *Mittendorfer* in diesem Buch; siehe auch *Becker*, FN 1, 305 ff.
[43]) Siehe dazu den Beitrag von *Oberhuber* in diesem Buch.
[44]) Siehe den Beitrag von *Haiss* und *Mooslechner* in diesem Buch; auch *Bandilla*, in *Grabitz/Hilf*, das Recht der Europäischen Union (2001), Art 104 EGV, Rz 1 ff.
[45]) Siehe den Beitrag von *Schafelner* in diesem Buch.
[46]) Dazu im Detail der Beitrag von *Duursma* in diesem Buch.
[47]) Das öffentliche Vergaberecht (Public Procurement Law) regelt die Grundsätze der Vergabe von Aufträgen durch öffentliche Stellen und weitere besonders definierte Auftraggeber an private Bieter. Das Vergaberecht beinhaltet nationale Bestimmungen eine Vielzahl europäischer Richtlinien und nationaler Vorschriften. Diesen Rechtsvorschriften gemeinsam ist die Festlegung des Vergabeverfahrens und von Schwellenwerten, ab denen die Bestimmungen Anwendung finden; siehe *Meeder*, FN 11, 238; siehe auch den Beitrag von *Schiefer* in diesem Buch.
[48] Siehe den Beitrag von *Troger* in diesem Buch.
[49] Siehe *Gerrard*, FN 1, 49.

Finanzielle Strukturen
von Public Private Partnerships

Integrated Corporate Finance am Beispiel Projektfinanzierung, Corporate Bonds und PPP

*Peter R. Haiss**

Inhalt

1. Einleitende Bemerkungen
2. Der österreichische Finanzmarkt am Weg zum „Integrated Corporate Finance"
   2.1. Strukturdeterminanten
   2.2. Parameteränderungen am Finanzmarkt
3. Projektfinanzierung
   3.1. Merkmale und Anwendungsbereiche
   3.2. Potential-Management im Rahmen der Projektfinanzierung
   3.3. Prozessmanagement bei strukturierten Finanzierungen
4. Corporate Bonds
5. Public Private Partnership-Finanzierungen
   5.1. Aufgabenstellungen in der Finanzierung öffentlicher Infrastruktur
   5.2. PPP-Modelle
      5.2.1. Betreibermodelle
      5.2.2. Konzessionsmodelle
      5.2.3. Leasingmodelle
      5.2.4. Value Capture Arrangements
   5.3. Einsatzbereiche und Marktchancen für PPP
6. Zusammenfassung und Resumée

1. Einleitende Bemerkungen

Die Schaffung des europäischen Binnenmarktes und der Wirtschafts- und Währungsunion (WWU) hat den Wandel am europäischen und damit auch am österreichischen Finanzmarkt beschleunigt.[1]) Als Beispiel sei hier nur auf die Maastricht-Kriterien verwiesen: die Begrenzung der öffentlichen (Neu)Verschuldung hatte vielfache Auswirkungen. Zur Finanzierung der verschiedenen Infrastruktur-Aufgaben wurden verstärkt alternative Quellen gesucht, die das öffentliche Budget weniger belasten – ein Weg dazu sind Private-Public Partnerships. Der „Deckel" auf der öffentlichen Verschuldung führt auch zu einer relativen Reduktion des Emissionsvolumens an Anleihen der öffentlichen Hand. Institutionelle Anleger investieren daher vermehrt in Unternehmensanleihen – ein Segment das bis zur Euro-Einführung 1999 in Kontinentaleuropa eher ein Schattendasein führte. Der nunmehr große und liquide Finanz-Binnenmarkt sowie neue Entwicklungen in der Bankregulierung (Stichwort „Basel II") führen zu einer Umorientierung zu verstärkten Finanzierungen über den Kapitalmarkt, beispielsweise über die angesprochenen Corporate Bonds. Finanzierungen für Projekte mittelständischer Unternehmen, der

---

* *Der Beitrag gibt ausschließlich die persönliche Meinung des Autors wieder.*
[1]) Vgl *Stadler*, Unternehmensfinanzierungen nach neuen Spielregeln: Instrumente – Märkte – Perspektiven, in *Kolbeck/Wimmer* (Hrsg), Finanzierung für den Mittelstand – Trends, Unternehmensratings, Praxisfälle (2002), 111.

Großindustrie und des öffentlichen Sektors erfolgen daher verstärkt in Kombination aus Kredit- und Kapitalmärkten. Investitionen werden stärker projekthaft gesehen, die Finanzmärkte folgend dem „Integrated Corporate Finance Ansatz" (ICF).

Der Beitrag ist in folgender Weise aufgebaut. Im ersten Abschnitt werden Finanzierungsstrukturen in Österreich und der Integrated Corporate Finance Ansatz (ICF) skizziert. Im zweiten Abschnitt werden die Grundsätze der Projektfinanzierung dargestellt. Die nächsten Abschnitte sind Corporate Bonds sowie den Public Private Partnerships (PPP) gewidmet. Ein kurzer Ausblick fasst den Beitrag zusammen.

2. Der österreichische Finanzmarkt am Weg zum „Integrated Corporate Finance"

2.1. Strukturdeterminanten

Banken und Kapitalmarkt sind Träger einer Reihe von Servicefunktionen für die gesamte Wirtschaft. Beide sind geprägt durch die Struktur der Kunden, denen sie dienen (Wirtschafts-, Unternehmens-, Größen-, Finanzierungs-, Eigenkapital-, Branchenstrukturen, Privat/Öffentlicher Sektor usw), durch Konjunkturzyklen und Kostenänderungen in den Produktionsfaktoren (Mitarbeiter, Kapital, Technologie) und durch technische und rechtliche Rahmenbedingungen.[2])

Die Struktur österreichischer Unternehmungen ist im internationalen Vergleich durch geringe Eigenkapitalausstattung sowie durch einen hohen Anteil von Klein- und Mittelbetrieben gekennzeichnet. Der Bankwettbewerb um die „Top 500" bzw den oberen „Middle Market" ist daher in Österreich dementsprechend intensiv, die Margen dünner als in Deutschland. Umsatzfinanzierungen bzw Finanzierungen des working capital sowie laufender Investitionen und Ersatzinvestitionen werden darüber hinaus weitgehend über konventionelle Kreditgewährungen des österreichischen Bankenapparates – oftmals mit erheblicher Verschuldung der betroffenen Unternehmungen – dargestellt. In Österreich werden immer noch mehr als $^2/_3$ aller Investitionen durch Kredite finanziert, dies ist im internationalen Vergleich nach wie vor hoch. Der Wandel ist aber schon ersichtlich. Die Finanzierung durch Eigenkapital verzeichnete im Zeitraum 1995 bis 1999 einen Zuwachs von einem Anteil von 17,4 % (1995) auf 21 % (1999) der gesamten Finanzierung österreichischer Unternehmen; die Finanzierung durch verzinsliche Wertpapiere stieg von 5,1 % auf 7,1 % per Ende 1999. Gegenverkehrt entwickelte sich der Anteil der in Österreich noch immer dominierenden Finanzierungsform, des Kredits: von rund 74 % im Jahr 1995 auf 68 % im Jahr 1999. Neuere Entwicklungen verstärken diesen Trend.

---

[2]) Vgl dazu in der Folge: *OECD*, Banks under Stress, Organisation for Economic Cooperation and Development (1992); *Haiss/Marin*, Corporate Bonds: Entwicklungen in Österreich und Euroland, ÖBA 2002, 847 ff.

	1995	1996	1997	1998	1999[a]	2000[a][b]	2001[b]
Anteilsrechte (Aktien)	17,4%	18,1%	20,1%	22,3%	21,0%	19,68%	42,13%
Verzinsliche Wertpapiere (va Anleihen)	5,1%	4,3%	6,8%	6,3%	7,1%	9,51%	12,31%
Kredite	73,5%	74,3%	70,0%	68,3%	68,0%	80,59%	47,78%
Sonstige Verbindlichkeiten	4,0%	3,3%	3,0%	3,1%	3,8%	9,79%	2,21%

[a]) nur bedingt vergleichbare Bestands- bzw Transaktionsdaten; [b]) vorläufige Daten.

Tab. 1: Außenfinanzierung von Unternehmen nach Finanzierungsinstrumenten
Quelle: Haiss/Marin (2002).

Kürzere Produktlebenszeiten, Produktionsverlagerungen, Outsourcing und Reengineering auf Seite der Firmenkunden finden auch im Bankgeschäft ihren Niederschlag. Großprojekte im privatwirtschaftlichen Anlagenbau sowie bei öffentlichen Infrastrukturmaßnahmen sind vor dem Hintergrund erhöhter Return-on-Investment-(ROI)-Erwartungen aufgrund weltweit offener Kapitalmärkte bzw aufgrund restriktiver Gebarung öffentlicher Budgets zu beurteilen und zu finanzieren.

Aufgrund der Überbesetzung des Bankenmarktes waren entsprechende Risikomargen in der konventionellen Finanzierung – anders als in benachbarten Märkten – bisher schwer durchsetzbar. Die Vorschläge für die neue Eigenkapitalvereinbarung des Basler Ausschusses mit den Mindestanforderungen bei der Unterlegung von gewährten Krediten mit Eigenkapital wird den Fokus verstärkt auf das einer Ausleihung immanente Risiko legen, aber auch das Mix an Finanzierungsinstrumenten neu definieren. Die Hauptauswirkungen von „Basel II" lassen sich wie folgt zusammenfassen[3]):

– Kredite bleiben das wichtigste Instrument zur Außenfinanzierung, Finanzierungen werden aber verstärkt direkt über Kapitalmärkte aufgenommen (zB durch Emission von Corporate Bonds oder den Gang an die Börse);
– es wird zu einer stärkeren Spreizung der Kreditkonditionen kommen, da sich die unterschiedliche Bonität von Kreditnehmern künftig in unterschiedlich hohen Risikogewichtungen und damit Eigenkapitalanforderungen niederschlagen wird;
– langfristige Kredite werden tendenziell verteuert und durch (formal) kurzfristige ersetzt;
– die Höhe der Kreditmargen richtet sich nach Bonität und Besicherung, dh Ausleihungen an Unternehmen mit schlechterem Rating werden teurer;
– Banken werden in ein pro-zyklisches Verhalten gedrängt;
– am Kreditmarkt werden die Kalküle der Wertpapiermärkte einziehen;
– über einheitliche Standards wird der internationale Handel von Kreditrisiken ermöglicht, syndizierte Finanzierungen nehmen zu.

---

[3]) Vgl *EZB*, The new capital adequacy regime – the ECB perspective, ECB Monthly Bulletin May 2001, 59 ff; *Lawrenz/Schwaiger*, Basel II: Quantitative Impact-Study für Österreich, ÖBA 2002, 77 ff; *Schwaiger*, Auswirkungen von Basel II auf den österreichischen Mittelstand nach Branchen und Bundesländern, ÖBA 2002, 433 ff; *Stadler*, in *Kolbeck/Wimmer*, Finanzierung, 112.

Hinter Basel II steht somit nicht eine pauschale Erhöhung der Finanzierungskosten, sondern eine risikoadäquate Differenzierung.[4]) Dies erfordert einen konstruktiven Dialog über Möglichkeiten der Bonitätsverbesserung und führt zu vermehrten Angeboten von Banken zur Rating-Beratung.[5]) Über die Risiko- bzw Bonitätsdifferenzierung gewinnt die Struktur der Kapitalausstattung für Unternehmen an Bedeutung.[6]) Bis dato wiesen die Zinsmargen der Banken nur eine begrenzte Korrelation zum Ausfallsrisiko im Unternehmenssektor auf.[7]) Durch die Einführung der je nach Rating und Laufzeit höheren Mindesteigenkapital-Anforderungen wird die Zeit dieser undifferenzierten Kreditkonditionen vorüber sein.

2.2. Parameteränderungen am Finanzmarkt

Die Änderung der Finanzmarktstrukturen durch die Wirtschafts- und Währungsunion (ie größere Liquidität der Finanzmärkte), durch die Liberalisierung und Privatisierung bisher abgeschotteter Sektoren und damit einhergehender plötzlicher großer Finanzströme (insbesondere bei Telecom und Utilities) und durch neue ordnungspolitische Rahmenbedingungen (ie Basel II) bieten eine besondere Chance für Banken, eine neudefinierte Vermittlerrolle zwischen Kapitalmarkt und Kunden einzunehmen. Banken wandeln sich dadurch bis zu einem gewissen Grad in eine Kombination aus Rating Agentur, Kapitalmarkt-Platzierer und Kreditgeber. Der Integrated Corporate Finance-Ansatz verbindet „Relationship-Banking" mit „Transaction Banking", „traditional relationship banking built on a bank-driven loyalty has weakened and ... been replaced by a customer-oriented relationship banking."[8]) In diesem neuen Selbstverständnis der „Banken als Investoren"[9]) kommt professionellen Risiko-Ertragsprofilen (Ratings) eine Schlüsselrolle zu, sind „Kredite ... nichts anderes als Investitionen zu genau festgesetzten Bedingungen".[10]) Corporate Bonds stellen hier ein besonderes Wachstumssegment dar, vor allem in Ländern in denen Telecom und Utilities als „Inkubatoren" den Markt mit großvolumigen Emissionen zu einer Änderung des unternehmerischen Finanzierungsmix und konventioneller Finanzierungsstrukturen brachten. Auch syndizierte

---

[4]) Vgl *Lawrenz/Schwaiger*, ÖBA 2002, 89.

[5]) Die angeführten Auswirkungen sind allerdings nur dann von Relevanz, wenn die Banken vom derzeitigen Standardansatz (8 % Eigenkapitalunterlegung) zum bankinternen Ratingansatz (IRB – internal rating-based approach) übergehen. Vgl dazu *EZB*, Monthly Bulletin 2001, 79.

[6]) *BA-CA*, Unternehmensfinanzierung im Wandel – Der Weg vom Kreditmarkt zum Kapitalmarkt, (2002), 35.

[7]) *Amann/Bissinger*, Sind deutsche Investitionsgüterunternehmen bereit für neue Wege der Mittelbeschaffung und für eine Konsolidierung? (2002), 2.

[8]) *Bergendahl/Lindblom*, The future of Relationship Banking, in *Gardener/Falzen* (eds), Strategic Challenges in European Banking (2000), 152 ff, 154; zur empirischen Basis siehe *Elsas/Krahnen*, Is relationship lending special? Evidence from credit-file data in Germany, Journal of Banking & Finance 1998, 1283 ff.

[9]) Vgl *Hansell/Olsen*, Treating Investors Like Customers, The Boston Consulting Group – Perspectives 3/2002 (abrufbar im Internet unter *http://www.bcg.com*).

[10]) *Prehofer* in *Scheibl*, Wir sind Investoren, Die Wirtschaft 6/2002, 74.

Kredite bieten hier Möglichkeiten, da sie aufgrund von speziellen Besicherungsinstrumenten (Covenants) und risikoabhängigen Zinssätzen eine andere Struktur als herkömmliche Bankkredite aufweisen.[11]) Unternehmen können beispielsweise auch durch ABS-Transaktionen (Ausgliederung von Forderungen in eine Zweckgesellschaft und Emission von Anleihen auf dieses Portfolio) eine größere Unabhängigkeit von den Kreditkonditionen der Banken erzielen.

Die Zukunft des Unternehmenskredits liegt verstärkt in dessen Handelbarkeit.[12]) Kredite als Wertpapiere, als Kapitalmarktprodukte wie Corporate Bonds, Commercial Papers, Asset Backed Securites etc zu verpacken wird ein entscheidender Parameter für den Erfolg integrierter Corporate Finance-Banken werden.[13]) In diesen „debt products" sind Kommerzbanken gegenüber reinen Investmentbanken auch am stärksten.[14]) Bankseitig werden Forderungen bzw Risikobestandteile von Forderungen zunehmend als Handelsobjekt verstanden, beispielsweise auch über Credit Default Swaps. Deren rascher Volumenszuwachs liegt in der Trennung von Kreditrisiko und zugrunde liegendem Kredit begründet, dh die einzelne Bank kann als Sicherungsnehmer Bonitätsrisiken von zB Krediten abtreten[15]). Risk Origination und Risk Placement rücken näher aneinander, Projektrisiken werden vergleichbarer und bewertbarer. Die zunehmende Bedeutung von Unternehmensanleihen beschleunigt diesen Prozess. Wenn externe und bankinterne Ratings flächendeckend verfügbar sind, werden zwangsläufig auch Bonitäten transparent[16]). Dies sollte sich auch in einer realistischeren Bepreisung des Risikos (etwa höheren Margen für schlechtere Bonitäten) niederschlagen.[17]) Jedenfalls ändert sich sowohl der Wertschöpfungsprozess als auch das Anforderungsprofil an Corporate-Finance-Bankmitarbeiter.

In Summe wird damit die europäische Finanzstruktur ähnlich der amerikanischen: Die Langfrist-Finanzierung großer Unternehmen („Corporates") und Versorger („Utilities") wird über den Kapitalmarkt und nur mehr eingeschränkt über Bankbilanzen laufen. Das bedeutet für Banken einen Funktionswandel hin zum Arrangeur, Platzierer und Händler. Neben der direkten Bereitstellung von Kapital rückt damit zunehmend die Beratungs- und Strukturierungskompetenz sowie eine entsprechende Platzierungskraft in den Mittelpunkt der Parameter von Strategieüberlegungen zum Firmenkundengeschäft.[18])

Bisher von Investment Banking-Töchtern und Treasury-Abteilungen betreute Finanzierungsprodukte für Großkunden und mittelständische Unternehmen (Mid/Large Corporates) werden zunehmend in die Produktpalette der bankseitigen Unter-

---

[11]) *Amann/Bissinger*, Investitionsgüterunternehmen, 2.
[12]) Vgl *Pleister*, Neue Wege der Finanzierung für den Mittelstand, ZfgK 2000, 510 ff, 512.
[13]) Vgl *Rampl*, Die integrierte Corporate Finance-Bank – ein Ansatz für das Firmenkundengeschäft der Zukunft, Die Bank 2001, 398 ff, 404.
[14]) *Cairns/Davidson/Kiselevitz*, The limits of bank convergence, The McKinsey Quarterly 2/2002, 41 ff, 44.
[15]) Vgl *Ackermann*, Kapitalmarktprodukte: Erzwingt der Wettbewerb einen kürzeren Innovationszyklus?, ZfgK 2000, 27.
[16]) Vgl *Pleister*, ZfgK 2000, 510.
[17]) *Lawrenz/Schwaiger*, ÖBA 2002, 89.
[18]) Vgl *Rampl*, Die Bank 2001, 398 ff.

nehmensfinanzierung reintegriert bzw Kredite als Wertpapiere verpackt. Im Integrated Corporate Finance-Ansatz liegt der funktionale Fokus auf der Beratungsleistung und einer breiten Produktpalette. So entstehen neue Produkte zB durch Bonitäts- und Controlling-Beratung. Universalbanken europäischen Typs haben hier durch den Zugang zu einem bestehenden Kundenstock („Relationship Banking") gegenüber als Investmentbanken agierenden Einheiten wesentliche Startvorteile. Beide werden im Wesentlichen als „Risikoeinkäufer" agieren. „In the end, commercial banks may be better off by cutting their loan portfolio and concentrating their efforts on the middle market – clients that are already heavy users of products which commercial banks excel, such as cash-management, credit, and structured debt products".[19]) Das Integrated Corporate Finance wird als Antwort für kapitalmarktfähige Unternehmen verstanden. Erfolg kann dieses Konzept jedoch nur haben, wenn es dem Management gelingt, alle heterogenen Einzelteile dieser Integrierten Corporate Finance-Bank miteinander zu verknüpfen, sie zu koordinieren und zu kombinieren.[20])

Die sich gewandelten Finanzierungsbedürfnisse erfordern somit von den Banken, ihr Leistungsangebot über Standard- hinaus zu Spezialleistungen auf die neuen Anforderungen auszurichten.[21]) Soweit das tradierte Kreditgeschäft an seine Grenzen stößt, gilt es zur Optimierung der Finanzierungskosten – bei gleichzeitiger Begrenzung des Risikos – neue Wege einzuschlagen. Komplexe, beratungsintensive Strukturierungs- und Finanzierungsfragen, die häufig das Unternehmen als Ganzes betreffen, verlangen von den Banken kreative, individuell strukturierte Problemlösungen, die über die klassische Investitions- und Betriebsmittelfinanzierung hinausgehen und primär auf die künftige Unternehmens- und Projektentwicklung abstellen: *cash-flow based* statt *asset-backed* lending. Einer der wesentlichen Ansätze dazu ist die Projektfinanzierung. Diese wird im folgenden Abschnitt dargestellt.

3. Projektfinanzierung

3.1. Merkmale und Anwendungsbereiche

Obwohl Projektfinanzierungen für die kontinentaleuropäische Industrie- und Bankenwelt kein Neuland darstellen,[22]) kommt es immer wieder zu Fehlinterpretationen bei der Abgrenzung und den Anwendungsbereichen. Da der Begriff „Projekt" im deutschen Sprachraum für Interpretationen Spielraum lässt, kann es auch

---

[19]) *Cairns/Davidson/Kisilevitz*, The McKinsey Quarterly 2/2002, 51.
[20]) *Rampl*, Die Bank 2001, 400.
[21]) Vgl dazu *Haiss/Schicklgruber,* Bankstrategien unter geänderten Rahmenbedingungen, ÖBA 1992, 871 ff; *Juncker*, Firmenkundengeschäft: Den Wandel managen, in *Juncker/Priewasser* (Hrsg), Handbuch Firmenkundengeschäft (1995), 73 ff, 80; *Walter*, Financial Engineering: Strukturierung von unternehmerischen Finanzierungen und Off-balance-Sheet-Finanzierungen, in *Juncker/Priewasser*, Handbuch Firmenkundengeschäft, 513 ff, 515.
[22]) Historiker verweisen gerne auf die Finanzierung der britischen Devon-Silberminen durch die Banca Frescobaldi im Jahr 1299. Frescobaldi als Kreditgeber wurde anstelle eines Zinssatzes vertraglich ein ein-jähriges Nutzungsrecht mit unbeschränkter Erzentnahme eingeräumt, was heute als „production payment loan" beschrieben würde. Vgl dazu *Finnerty*, Project Financing (1996), 4.

zur Verwechslung zwischen Projektfinanzierung und der Finanzierung eines Vorhabens (Projektes) kommen. Projektfinanzierung lässt sich kurz als *„asset-based off-balance cash-flow engineering"* beschreiben, also eine Off-balance-sheet-Finanzierung die primär auf den zukünftigen Cash-flow sowie die Vermögensgegenstände eines wirtschaftlich eigenständigen Projekts abstellt.[23])

- *Asset-based*, weil jede Finanzierung um ein separierbares und wirtschaftlich sich selbst tragendes Investitionsvorhaben (asset) aufgebaut wird. Ohne (oder nur mit begrenzter) Rückgriffsmöglichkeit auf die am Projekt beteiligten Sponsoren werden Arrangements zur Durchführung von in sich geschlossenen Investitionsvorhaben getroffen, die von neu errichteten Tochtergesellschaften (NewCo = new company; société ad hoc, special purpose company) bestehender Unternehmen vorgenommen werden.

- *Off-balance*: In der puristischen Form der Projektfinanzierung (non recourse) besteht keine Rückgriffsmöglichkeit auf die Sponsoren, die kreditgewährende Bank stellt allein auf den Cash-flow ab, das Projekt schlägt sich – wenn überhaupt – nur als Beteiligungsansatz in den Büchern der Proponenten nieder. Inwieweit der Sponsor für die Finanzierung haften muss, hängt jedoch in der Realität vom Risiko der künftigen Cash-flow-Generierung des Projektes ab.[24]) Die häufigste Form ist die bedingte Entlassung des Sponsors bzw der übrigen Investoren aus der Haftung und die Übernahme bestimmter, klar definierter Risiken durch die Banken (limited recourse). Sofern eine Rückgriffseinräumung auf den Sponsor in der Projektkonstruktion nötig ist, hat dieser gegebenenfalls in Höhe der Haftung eine Eventualverbindlichkeit „unter dem Strich" seiner Bilanz auszuweisen (dh off-balance). Dabei kann sich die Haftung des Sponsors auf unterschiedliche Parameter beziehen:

- Zeitraum: Der Sponsor haftet nur über einen fest definierten Zeitraum, zB bis zur Fertigstellung.

- Betrag: Die Haftung ist auf Teilbeträge limitiert; zusätzliche konditionierte Nachschusspflichten sind üblich.

- Qualität: Einhaltung bestimmter Auflagen, bei deren Nichterfüllung wird eine Schadenersatzpflicht ausgelöst.

- *Cash-flow:* Basis der Kreditvergabe im Rahmen der Projektfinanzierung ist der zukünftig zu erwirtschaftende Cash-flow aus einer abgegrenzten Investition, deren Barwert belehnt wird. Zins- und Tilgungsleistungen sind daher aus den Einnahmen des Projektes darzustellen. Die Sachanlagen des Projektes werden üblicherweise mit Sicherungsrechten belegt.

---

[23]) Vgl dazu im Folgenden: *Basle Committe on Banking Supervision*, Working Paper on the Internal Ratings-Based Approach to Specialised Lending Exposures, Bank for International Settlements, (2001), 2; *Finnerty*, Project Financing (1996); *Schepp*, Praxis der Projektfinanzierung, Die Bank 1996, 526 ff; *Viney*, Financial Institutions, Instruments and Markets, I³, (2000), 285 f; *Walter*, Financial Engineering: Strukturierung von unternehmerischen Finanzierungen und Off-balance-Sheet-Finanzierungen, in *Juncker/Priewasser*, Handbuch Firmenkundengeschäft, 513 ff sowie in der Folge generell *Randa*, Strukturierte Finanzierungen: Problemlösungskraft durch individuelle und innovative Finanzierungskonzepte, in *Süchting/Heitmüller* (Hrsg), Handbuch des Bankmarketing³ (1998), 514 ff.

[24]) Vgl *Walter* in *Juncker/Priewasser*, Handbuch Firmenkundengeschäft, 534.

– *Financial engineering*: Projektfinanzierung bedingt financial engineering, weil die Finanzierungsstruktur für jedes Projekt – wenn auch aus bekannten Modulen – maßgeschneidert werden muss. Beispielsweise können auch Private Equity Fonds als Eigenkapitalgeber eingebunden werden,[25]) werden auch derivative Instrumente in der Risikoabsicherung herangezogen.[26])

Zur Klarstellung hilft auch eine Negativabgrenzung was Projektfinanzierung *nicht* ist. Projektfinanzierung ist *nicht* eine Finanzierungsart für Projekte, die zu ertragsschwach sind, um die Schulden aus eigener Kraft zu bedienen oder zu niedrige Eigenkapitalrendite aufweisen würden. Projektfinanzierung beinhaltet die Entscheidung für eine alternative Organisationsform und unterscheidet sich damit fundamental in der „corporate governance" vom „normalen" Unternehmenskonzept mit unbeschränkter Lebens/Fortführungsdauer. In „normalen" Unternehmen haben Cash-flows ihren Ursprung in verschiedenen Geschäftsfeldern bzw. Geschäftseinheiten, die häufig nur schwach abgegrenzt sind. Damit hat das Management häufig einen großen „freien" Handlungsspielraum in der Wiederverwendung der Cash-flows.[27]) Die Projektfinanzierung ist hingegen auf ein einzelnes, sich selbst tragendes, gegebenenfalls mit Beginn- und Endzeitpunkten ausgestattetes Geschäftsfeld mit separater Organisationsform (NewCo) abgestellt. Eigen- und Fremdkapitalinvestoren, nicht allein das Management, steuern die Wiederverwendung der Cash-flows und können so einen effizienten Mitteleinsatz bewirken.

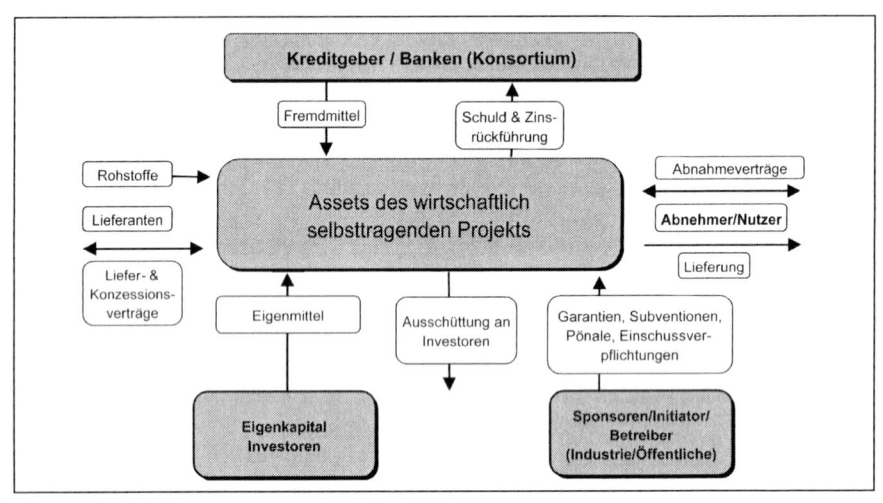

Abb. 1: Basiselemente der Projektfinanzierung
Quelle: Randa (1998), nach Finnerty (1996)

---

[25]) Vgl *Rey/Röver*, Private Equity ergänzt die globale Projektfinanzierung, Die Bank 2001, 626.

[26]) Vgl *Priemeier*, Steuerung von Finanzrisiken in der Projektfinanzierung, Die Bank 2002, 392 ff, 395.

[27]) Vgl *Laux*, Projektfinanzierung – Vorteile auch für kapitalkräftige Unternehmen?, DBW 57 (1997) 6, 840 ff, 847 f.

Unabhängig von der Zusammensetzung der Projektträger (privat/öffentlich) gibt es somit eine Reihe von grundsätzlichen Voraussetzungen für die Projektfinanzierung. Um beispielsweise die Erstellung und den Betrieb öffentlicher Infrastruktur-Einrichtungen (zB Straßen/Schienenbau, öffentliche Verwaltungseinrichtungen, etc) mittels Projektfinanzierung durch private Träger als sinnvolle Alternative zu einer Finanzierung aus einem öffentlichen Budget darstellen zu können, sollten folgende grundsätzliche Anforderungen erfüllt werden:

– *Wirtschaftlichkeit*, dh hinreichende Ertragskraft in Höhe marktüblicher Eigenkapitalverzinsung;
– *Schuldendienstfähigkeit*, dh Zinsen- und Kapitaldienst müssen aus eigener Kraft vom Projekt erbracht werden können;
– *akzeptables Risikoprofil*, dh Verteilung der Risiken entsprechend den Einflussmöglichkeiten der Beteiligten.

Projektfinanzierungen und andere Finanzinnovationen tragen den unterschiedlichen Bedürfnissen der Kunden bezüglich Finanz-, Liquiditäts- und Risikomanagement Rechnung. Die dadurch gewonnene Flexibilität sollte sich auf die Finanzstruktur eines Unternehmens positiv auswirken. Das zentrale Moment für die Attraktivität des Geschäftsfeldes liegt in der Möglichkeit für die Banken, sich mit anspruchsvollen, maßgeschneiderten Problemlösungen im Wettbewerb zu profilieren und auf diese Weise in attraktiven Kundengruppen die Kundenbindung zu stärken und neue Kunden zu gewinnen. Es liegt auf der Hand, dass hierzu auch immer wieder innovative Konstruktionen gefunden und umgesetzt werden müssen, um den unterschiedlichen Bedürfnissen der Kunden bezüglich ihres Finanz-, Liquiditäts- und Risikomanagements Rechnung tragen zu können. Die dadurch gewonnene Flexibilität sollte sich schließlich auf die Finanzierungsstruktur eines Unternehmens positiv auswirken und damit auch den Interessen der Banken in ihrer Rolle als Finanzvermittler zugute kommen.

3.2. Potential-Management im Rahmen der Projektfinanzierung

Projektfinanzierung bietet sich insbesondere im Industrieanlagenbau, im Immobiliendevelopement, in den Bereichen Energie (zB Kraftwerke und Pipelines), Telecom (zB Mobiltelefon-Netze) sowie bei (öffentlichen) Infrastrukturfinanzierungen an. Es kann dem Darlehensnehmer somit aus verschiedenen Gründen (Steuerliche Optimierung, lange Projektlaufzeit, Risikooptimierung usw) daran gelegen sein, das besondere Projekt mit dem damit verbundenen Finanzierungsbedarf und den Risiken von der Geschäftsbilanz zu trennen, auch wenn eine Finanzierung im Rahmen der Bilanz an sich möglich wäre. Insbesondere bei Großprojekten, bei denen das Finanzierungsvolumen die Bilanzverhältnisse und das Verschuldungspotential eines Unternehmens über Gebühr beanspruchen könnte, wird regelmäßig eine neue Projektgesellschaft gegründet. Der Initiator (auch Sponsor des Projektes genannt) erhält die Möglichkeit, durch Vermeidung einer Mehrheitsgesellschafterstellung, die Finanzierung der Projektgesellschaft nicht konsolidieren zu müssen und damit die finanzielle Flexibilität seines Unternehmens zu erhalten.

Die Hauptaufgabe im Rahmen des Potentialmanagements besteht darin, die verschiedenen Potentiale der beteiligen Sponsoren und Partner zu strukturieren und zu verbinden. Die Projektrisiken sollen so auf die Projektbeteiligten (Sponsoren, Lieferanten, Abnehmer, Kreditgeber, staatliche Institutionen etc, vgl Abb 2) verteilt werden. Insbesondere ist im Sinne der „Community of Interests"[28]) sicherzustellen, dass die Interessen aller langfristig am Projekt Beteiligten, dh Betreiber, Kapitalgeber, staatliche Stellen, Abnehmer/Nutzer, auch unter wechselnden wirtschaftlichen Bedingungen in die gleiche Richtung gehen. Die maßgeblichen Projektträger sind die Sponsoren, bei denen die Projektinitiative liegt bzw die beabsichtigen, das operative Geschäft zu betreiben. Die Sponsoren müssen die technischen, kaufmännischen und finanziellen Voraussetzungen schaffen, damit das Projekt fertig gestellt und betrieben werden kann. Das Kommitment muss durch das Einbringen eines erheblichen Teils des Eigenkapitals oder eigenkapitalähnlicher Mittel dokumentiert sein. Zur Gruppe der Sponsoren können – wie im obigen Strukturbeispiel gezeigt – auch Lieferanten und Abnehmer sowie staatliche Institutionen zählen.

Anlagen- und Infrastrukturbauer und -betreiber einerseits und Bankenkonsortien andererseits bilden in diesem Sinne eine Interessens- und Risikogemeinschaft. Zu einer Schicksalsgemeinschaft wird diese erst, wenn das Projekt nicht erwartungsgemäß läuft, wenn bei einem Fehlschlag vorhandene Sicherheiten verwertet werden müssen. Ein allfälliger Rückgriff auf die Sponsoren wird mittels „covenants" vom Eintritt bestimmter Ereignisse bzw für einzelne Bereiche, wie Fertigstellung, Transfer von Betreiber-Know-how, Mindestmengen für Beschaffung und Absatz usw beschränkt. Diese Finanzierungsentscheidungen legen fest, wer wann welche Entscheidungsbefugnisse und damit Handlungsspielräume innehat,[29]) sodass die Fremdkapitalgeber gegen Moral Hazard-Risiken geschützt sind.[30]) Über diese „covenants" werden der Projektgesellschaft von den Kreditgebern also in der Regel weitgehende rechtliche Verpflichtungen bzw Beschränkungen auferlegt.[31]) Wenn sich ein entsprechender Projekterfolg einstellt, wird häufig auch ein freiwilliger „Exit" nach etwa 40 bis 70 Prozent der Kreditlaufzeit angestrebt. Die ursprüngliche Projektfinanzierung wird damit abgelöst.

Wenn auch der Cash-flow des wirtschaftlich eigenständigen Investitionsprojektes die Basis der Kreditvergabe darstellt, so hat die involvierte Bank dennoch in der Praxis den Sponsorhintergrund, dh die Bonität und Qualität der Sponsoren sehr genau zu prüfen, um sicherzugehen, dass zB Sponsoren auch unter Langfrist-Aspekten (Kreditlaufzeit!) in der Lage sind, das Projekt entsprechend zu unterstüt-

---

[28]) Vgl dazu im Folgenden: *Schepp*, Die Bank 1996, 527 ff.

[29]) Vgl *Breuer*, Financial Engineering und die Theorie der Unternehmensfinanzierung, ÖBA 2002, 447 ff, 450.

[30]) Während „Geschäftsrisiko" mit einer gegebenen Investitionspolitik verbunden ist, wird die Gefahr, dass der Sponsor die Ansprüche der sonstigen Kapitalgeber durch einen Vermögenstransfer, Risikoübernahmen oder Ähnliches verringert, als „Moral Hazard-Risiko bezeichnet". Vgl *Laux*, DBW 57 (1997) 6, 847.

[31]) *Huber*, Projektfinanzierung – Rechtliche Risiken und potentielle Haftungen für die finanzierenden Banken, ÖBA 1996, 264 ff, 271, argumentiert sogar, dass Projektfinanzierer aufgrund der weit reichenden Zustimmungs- bzw Gestaltungsrechte eine Position zukommt, die der eines Gesellschafters zumindest ähnelt. Zur Bedeutung von Covenants als Anlegerschutzklauseln siehe *Menz*, Moral Hazard und Covenants am Euro-Unternehmensanleihemarkt, Die Bank 2002, 774 ff.

zen. Entsprechende Fertigstellungs- und Performancegarantien, Anlaufsubventionen (zB im Verkehrsektor), Nachschussverpflichtungen, Zuliefer- und Abnahmegarantien Dritter usw ergeben ein Beziehungsgeflecht zwischen Sponsoren, Banken und Dritten wie in Abb 2 dargestellt.

Kernkonzept der Projektfinanzierung ist, dass die Zuordnung des jeweiligen Risikos bei dem Partner erfolgen sollte, der es am besten beurteilen, steuern, gestalten und tragen kann. „The principle attraction of project finance is that it permits risks inherent within a project to be transferred to those most able to absorb the risk."[32]) Die Aufteilung der Risiken zwischen öffentlichem und privatem Sektor ist daher einer der Schlüsselpunkte für die erfolgreiche Umsetzung von PPP.[33]) Beispielsweise könnte man argumentieren, dass die Bau- und Betriebsrisiken die Sponsoren tragen, die finanziellen Risiken das finanzierende Bankenkonsortium übernimmt, mittels öffentlicher Garantien ev Teile davon rückversichert werden und das langfristige Preis- und Absatzrisiko möglichst auf Abnehmer verlagert wird. In „take-and-pay-Verträgen" gewährleisten beispielsweise die Käufer die Abnahme der Produktion zu Preisen, die die Deckung des Schuldendienstes sichern. Die Interessensgemeinschaft von Sponsoren, Banken und Dritten hat somit insbesondere eine Risikominimierungs-Funktion. Aufgabe der Bank in der Projektfinanzierung ist es, durch entsprechende Risikostrukturierung und -verteilung eine Interessengleichheit zu schaffen, sodass die Projektbeteiligten – wenn auch aus unterschiedlichen Gründen – am gemeinsamen Ziel, das Projekt durchzuführen, festhalten, auch wenn sich Rahmenbedingungen im Projektverlauf ändern sollten.

Der Blickwinkel der Banken und der Sponsoren in der Beurteilung von Projekten kann naturgemäß unterschiedlich ausfallen. Sponsoren werden in ihren eigenen Projektionen eher von dem ihrer Ansicht nach eher positiv-wahrscheinlichsten Szenario hinsichtlich zB Bauzeiten und -kosten, Betriebskosten, Markt- und Konkurrenzentwicklung, Absatzchancen etc ausgehen. Die Bank wird die wirtschaftliche Robustheit und Tragfähigkeit vor allem auch unter der Annahme konservativerer, aber in ihrem Zusammenwirken nicht weniger wahrscheinlichen „business-case-Szenarien" rechnen.

3.3. Prozessmanagement bei strukturierten Finanzierungen

Am Anfang einer jeden Projektentwicklung steht eine Idee/Vision, der in konkreter Umsetzung eine Bestandsaufnahme potentieller Risiken und Chancen folgt. Beispielsweise sind Infrastrukturinvestitionen erhebliche Risiken eigen; es sind große Investitionen mit langer Nutzungsdauer und einer nur allmählich ansteigenden Ertragskraft. Fehleinschätzungen bezüglich Baukosten und Inanspruchnahme durch Nutzer sowie Veränderungen in den wirtschaftlichen und politischen Umweltbedingungen können zu erheblichen Abweichungen von der einem Projekt zugrunde gelegten Ertragskraft führen. Derartige Development-Rechnungen zB von Bauträgern

---

[32]) *Viney*, Financial Institutions, Instruments and Markets, I³, (1997), 538.

[33]) Vgl *Beirat für Wirtschafts- und Sozialfragen*, Innovative Kooperationen für eine leistungsfähige Infrastruktur – Eine Bewertung des Potentials von Public Private Partnership, Studien des Beirats für Wirtschaft und Sozialfragen Nr 73 (1998), 15.

bei Einkaufszentren, Hotels, Seniorenheimen, Krankenhäusern etc enthalten eine Fülle von komplexen, mit vielfältigen Risiken behaftete Elementen, da oft[34])
- Investitionsdaten nur teilweise objektiv feststehen,
- wesentliche Entscheidungsparameter, wie zB Mieten und Renditeansprüche, Einflüssen Dritter unterliegen,
- erhebliche Durchführungsrisiken bestehen können,
- trotz hoher Volumina das objektbezogene Research des Bauträgers häufig zu schwach ausgeprägt ist,
- sich eine Vielzahl der Risiken kumulieren und/oder Fehleinschätzungen den Investitionserfolg gefährden können.

Dennoch kann es sich um ein für Risikoträger, Sponsor usw lukratives Projekt handeln. Die damit verbundenen Risiken können in überschaubaren und vertretbaren Grenzen gehalten werden, sofern man sich zB im Rahmen obigen Immobilien-Developments die notwendige Transparenz über die aktuellen Grundstücks-, Vermietungs- und Anlagemärkte und deren Tendenz verschafft sowie die zu finanzierenden Objekttypen risikoadäquat einordnet. Ferner hat eine fundierte Analyse unter Beiziehung baulicher, rechtlicher, betriebswirtschaftlicher und steuerrechtlicher Experten zu erfolgen. Verschiedene Kooperationsformen wie zB Konzessionsmodelle oder Public Private Partnerships kommen vor allem bei großen Infrastrukturprojekten zum Einsatz und versprechen den meist öffentlichen Investoren eine attraktive Form der Projektfinanzierung.[35]) In prozessualer Betrachtung ergeben sich aus Sicht des Projektsponsors etwa folgende, teils überlappende Abläufe im Zusammenhang mit der Planung und Realisation eines Betreibermodells (Build-Own-Operate-Transfer) im Anlagebereich:

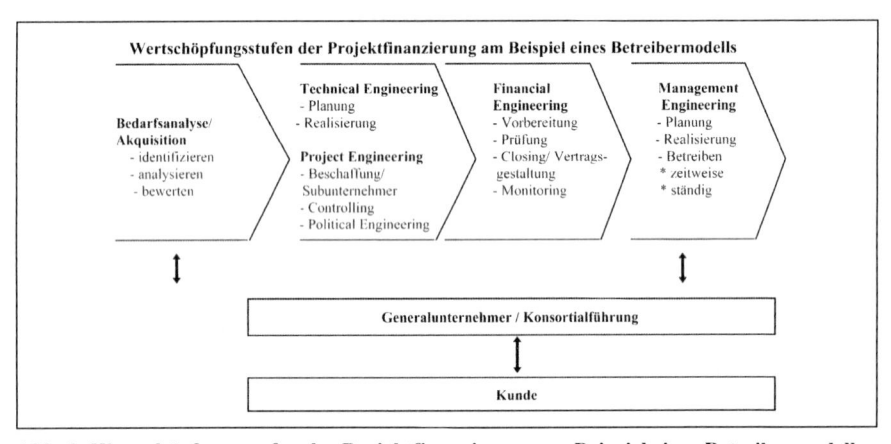

Abb. 2: Wertschöpfungsstufen der Projektfinanzierung am Beispiel eines Betreibermodells
Quelle: *Zorn* (1996)

---

[34]) Vgl *Nahlik*, Finanzierung von Immobilien-Developments, Die Bank 1994, 391.

[35]) Vgl *Bendlinger/Schopper*, Organisations- und Kooperationsformen im internationalen Projektgeschäft, SWI 2000, 259.

- Phase 1: Festlegung der BO(O)T-Projektstrategie auf Basis einer Feasibility-Studie und Auswahl geeigneter Betreiberorganisationen durch den Auftraggeber.
- Phase 2: Bewertung der wirtschaftlichen Lebensfähigkeit des Projektes, nötiger öffentlicher Garantien usw durch die Betreiber und Erstellung eines detaillierten Angebotes.
- Phase 3: Abschluss von Konzessions-(Vor)Verträgen auf Basis der Auswertung abgegebener Angebote von potentiellen Betreibern.
- Phase 4 (Build): Erstellung und (Vor-)Finanzierung der Anlage bis zur nutzungsreifen Fertigstellung (Details aus Banksicht siehe weiter unten).
- Phase 5 (Own/Operate): Betrieb der Anlage durch den/die Betreiber und Abwicklung der (Vor)Finanzierung.
- Phase 6: Nutzung des Outputs der Anlage auf Basis von Abnahmeverträgen mit den Verbrauchern der Produkte/Dienstleistungen der nach dem Betreibermodell erstellten Anlage.
- Phase 7 (Transfer): Übergabe der Anlage an den Auftraggeber nach Ablauf der im Betreiber- und Betriebsvertrag vorgesehenen Fristen sowie Erfüllung der dort genannten Bedingungen.

Aufgabe der involvierten Bank in der Projektfinanzierung ist die Prüfung und Strukturierung der involvierten Risiken.[36]) Kernaspekt jeder Risikostrukturierung ist das Erkennen der Risiken (= Phase 1). Eine Feasibility-Studie sollte alle Investitions- und Betriebszahlen, eine Markt- und Konkurrenzanalyse, Vermarktungspläne, eine detaillierte Zeitplanung, die strategische Positionierung des Projektes und mögliche Transaktionsalternativen enthalten. Für alle Daten sind ihre jeweiligen Abhängigkeiten von anderen Einflussgrößen aufzuzeigen.

Hat man die Risiken in ihrer Höhe und ihren Auswirkungen bewertet (Phase 2), rechtliche und steuerrechtliche Konstellationen optimiert, sind Überlegungen bezüglich der Auswirkungen auf der Aktiv- und auf der Passivseite der Bilanz der NewCo (Special Purpose Company) bzw des/der Sponsoren anzustellen. Derartige Corporate-Finance-Beratung auf der Aktivseite wird immer in Restrukturierungs-, Kauf- oder Verkaufsentscheidungen resultieren und sichert eine erhöhte Wertschöpfung des Projektes. In der passivseitigen Corporate-Finance-Beratung steht die Optimierung der eingesetzten Finanzierungsinstrumente im Vordergrund. Im Zuge der weiteren Konkretisierung des Projektes ist die bankseitige Abgabe eines „Letter of Intent", dh einer mit Vorbehalten versehenen Absichtserklärung zur Finanzierungsübernahme im Zuge der Vorverhandlungen üblich.

Basierend auf einer detaillierten Analyse und Beurteilung von Projekt und involvierten Partnern (Phase 3) werden die ökonomischen Auswirkungen verschiedener Risiken auf den Cash-flow mit Hilfe von Simulationsrechnungen überprüft. Durch Sensitivitätsanalysen, bei der einzelne für die Ertragskraft wichtige Faktoren verändert werden, und durch Szenarioanalysen bei der unter der Annahme alternativer Änderungen der Umfeldbedingungen mehrere Faktoren variiert werden,

---

[36]) Vgl *Dambach*, Structured Finance als Strategie, Die Bank 1995, 532 ff.

wird das Projekt getestet, werden optimistische, realistische und pessimistische Varianten erstellt und die Auswirkung auf die Projektparteien berechnet. Die wirtschaftliche Robustheit und Tragfähigkeit des Projektes über die Kreditlaufzeit werden dabei anhand von Deckungsrelationen beurteilt. Beispielsweise betrachtet man das Verhältnis der Netto-Cash-flows vor Schuldendienst (Zinsen zuzüglich Tilgungen) zum fälligen Schuldendienst bzw die DSCR (Debt Service Coverage Ratio etc). Jede Bewertung ist natürlich auf die im Einzelfall relevanten Verhältnisse in der Auswahl einer optimalen Finanzierungskonstruktion anzupassen. Hier bietet sich die Chance aktiven Risikomanagements in Form von Eingrenzung, Verlagerung und Abdeckung/Vorsorge von Risiken.

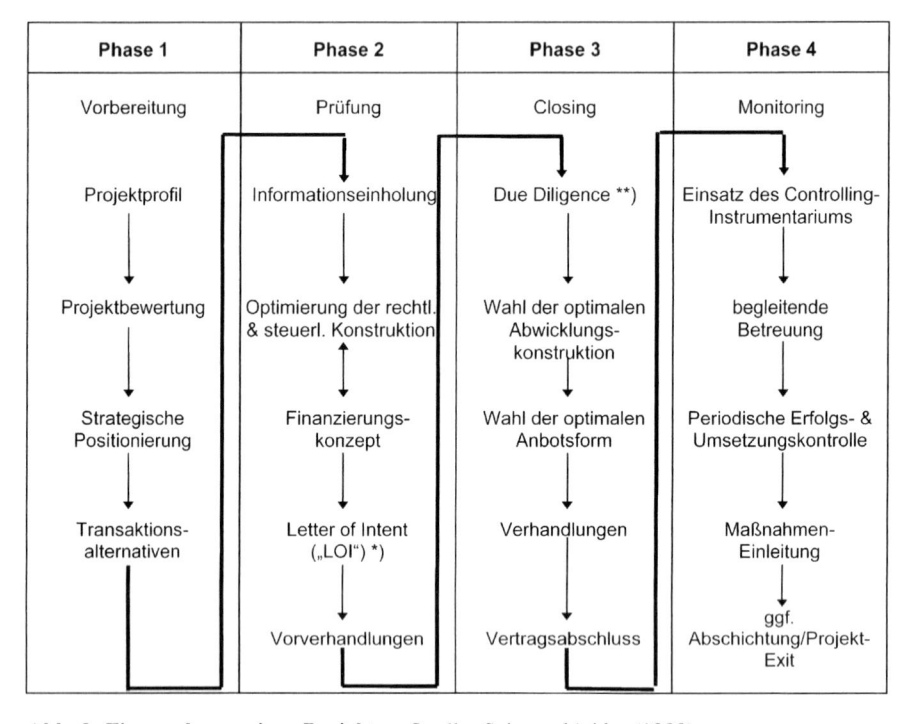

Phase 1	Phase 2	Phase 3	Phase 4
Vorbereitung	Prüfung	Closing	Monitoring
Projektprofil	Informationseinholung	Due Diligence **)	Einsatz des Controlling-Instrumentariums
Projektbewertung	Optimierung der rechtl. & steuerl. Konstruktion	Wahl der optimalen Abwicklungskonstruktion	begleitende Betreuung
Strategische Positionierung	Finanzierungskonzept	Wahl der optimalen Anbotsform	Periodische Erfolgs- & Umsetzungskontrolle
Transaktionsalternativen	Letter of Intent („LOI") *)	Verhandlungen	Maßnahmen-Einleitung
	Vorverhandlungen	Vertragsabschluss	ggf. Abschichtung/Projekt-Exit

Abb. 3: Finanzphasen eines Projektes. Quelle: *Schwarzbichler* (1999).
 *) Letter of Intent (LOI): nicht standardisierte Absichtserklärung, deren rechtliche Verbindlichkeit sich auf Basis der konkreten Ausgestaltung (dh Formulierung der Vorbehaltsklauseln) ergibt
 **) Due Diligence: detaillierte Analyse und Beurteilung von Projekten und Unternehmen, beinhaltet die Prüfung betriebswirtschaftlicher, zivil- und steuerrechtlicher Aspekte

Die Bank, die als „financial advisor" eine Risikoanalyse und Strukturierung durchgeführt hat, versucht üblicherweise auch, die lukrative Führungsposition als „lead arranger/overall coordinator" bei der Umsetzung der vorgeschlagenen Finanzierung zu erhalten. Abhängig vom Kreditvolumen kann eine Gruppe von Konsortialbanken eingeladen werden, sich an der Projektfinanzierung zu beteiligen. Hat die Bank das „walk-away-Risiko" (der Kunde finanziert sich anderweitig) überwunden, dh ist es zum Vertragsabschluss gekommen, setzt das Monitoring der Projektumsetzung ein (Phase 4). Unter Einsatz des herkömmlichen Controlling-Instrumentariums ist eine begleitende Projektbetreuung unter periodischer Erfolgs- und Zahlungsstromkontrolle zu installieren, sind gegebenenfalls Begleitmaßnahmen einzuleiten. Bei erfolgreichen Projekten können sich aus dem „Exit" des/der Sponsoren zB über Beteiligungsverkauf nötige Anschluss-Finanzierungen, Umschuldungen oder Kapitalmarkttransaktionen (Börseneinführungen usw) weitere Corporate-Finance-Aufgabenstellungen für die involvierten Banken ergeben. Auch „Project Bonds" als Sonderform der Unternehmensanleihen werden verstärkt als Finanzierungsinstrument herangezogen. Der nächste Abschnitt ist daher Unternehmensanleihen gewidmet.

4. Corporate Bonds

Neuemissionen an Unternehmensanleihen sind seit der Euro-Einführung stark angewachsen und entsprechen in etwa dem amerikanischen Niveau.[37]) In der Unternehmensfinanzierung ist auch in Österreich der Wandel weg vom Kredit hin zur Finanzierung über den Kapitalmarkt sichtbar; 2001 hat sich dieser Trend beschleunigt.[38]) Neben der Finanzierung über die Börse sehen Utilities (Versorger) und Unternehmen zunehmend auch Corporate Bonds als Finanzierungsmöglichkeit an. Der österreichische Markt für Unternehmensanleihen besteht aus zwei sehr unterschiedlichen Segmenten. Einerseits ist die Anzahl der Unternehmen die einen Finanzierungsbedarf aufweisen, der es rechtfertigen würde eine Anleihe öffentlich zu platzieren, beschränkt. Andererseits hat sich ein lebhafter Markt für privat platzierte Anleihen entwickelt.

Wie Abbildung 4 zeigt ist der Markt für Corporate Bonds in Österreich vor allem seit Jahresbeginn 2001 dynamischer geworden. Waren in den vergangenen Jahren fast ausschließlich Energieversorger oder staatsnahe Unternehmen Emittenten so wurden im Jahr 2001 verstärkt auch von Unternehmen aus anderen Branchen Anleihen begeben, wie die Beispiele von Spar, BBAG, Egger, Andritz oder auch Bau Holding zeigen. So wurden im ersten Halbjahr 2002 bereits rund die Hälfte des Volumens des Vorjahres emittiert (bezogen auf öffentliche Anleihen) und Emissionsbanken wie die Bank Austria Creditanstalt-Gruppe kündigen noch weitere Unternehmensanleihen für die Zukunft an.[39])

---

[37]) Vgl *Bichlmaier*, Europäische Unternehmensanleihen, ZfgK 2002, 822.
[38]) Vgl dazu in der Folge generell *Haiss/Marin*, ÖBA 2002, 847 ff.
[39]) Vgl *Höller*, Anleihen-Boom an der Wiener Börse, Wirtschaftsblatt, 13. 6. 2002, 15.

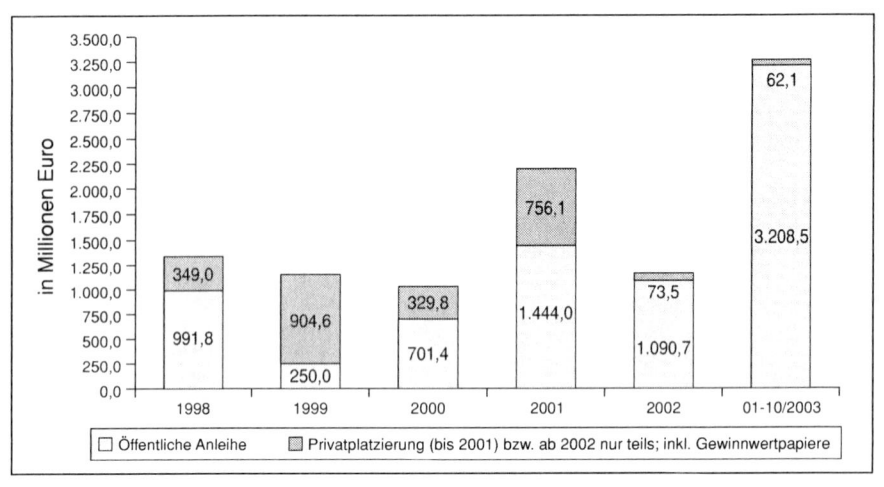

Abb. 4: Corporate Bond-Emissionsvolumen österreichischer Unternehmen, 1998–2003
Datenquelle: 1998–2001: Haiss/Marin (2002), ab 2002 (Privatplatzierungen nur teils enthalten): Wiener Börse (2003).

Nach einem eher verhaltenen Start ist der Markt für Unternehmensanleihen in Österreich somit 2001–2003 wesentlich dynamischer geworden. Im Zeitraum 1998 bis 2000 verblieb das gesamte Emissionsvolumen in einer eher engen Bandbreite von EUR 1.030 Mio bis EUR 1.340 Mio. Im Jahr 2001 hat sich das Emissionsvolumen an Corporate Bonds gegenüber dem Vorjahr auf rd EUR 2.200 Mio mehr als verdoppelt. Nach einem „Ausreißer" 1999, als auf Privatplatzierungen rund 80 % des Emissionsvolumens entfiel, haben sich die Relationen wieder gedreht, rund 66 % (EUR 1.444 Mio) entfielen 2001 auf öffentliche, rund 34 % (EUR 756 Mio) auf private Corporate Bond Emissionen. Dieser im internationalen Vergleich hohe Anteil an Privatplatzierungen spiegelt das große Gewicht von mittelständischen Unternehmen in Österreich wieder, die aufgrund der international geringen Unternehmensgröße auch kein Rating einer Ratingagentur aufweisen.

Die Unterschiedlichkeit der beiden Platzierungs-Segmente wird anhand des durchschnittlichen Emissionsvolumens deutlich: bei öffentlich platzierten Unternehmensanleihen lag dieses 2001 bei EUR 180,5 Mio (2000: EUR 140 Mio),[40] bei privat platzierten bei EUR 47,3 Mio (2000: EUR 21 Mio). Damit wird deutlich, dass hier eindeutig Finanzierungsmöglichkeiten auch für größere mittelständische Unternehmen über Corporate Bonds bestehen und diese bereits stärker genutzt werden.

Voraussetzungen für eine weitere positive Entwicklung beinhalten auch das institutionelle Umfeld mit der Wiener Börse, die für „Beteiligungskapital, Unternehmensanleihen und andere Finanzinstrumente weiter benötigt wird."[41] Auch die

---

[40] Der Anstieg im Jahr 2001 ist vor allem auf das hohe Volumen der Anleihe der Bundesimmobiliengesellschaft zurückzuführen.
[41] *Der Standard*, 2-3-4. 6. 2001, 15.

Nationalbank betont die Notwendigkeit eines funktionierenden Kapitalmarktes: „Ohne Belebung des Kapitalmarktes bleiben langfristig Wachstumspotenziale zum Schaden der Volkswirtschaft ungenutzt."[42]) Im Jahr 2002 fiel das Emissionsvolumen öffentlicher Anleihen wieder. Als Hauptgrund für die Zurückhaltung der österreichischen Unternehmen bei Initial Public Offerings (IPO) – eine Analogie kann sicher für Corporate Bonds hergestellt werden – wurde in einer Untersuchung die „Stimmung am Kapitalmarkt", die einen Börsengang derzeit nicht zulässt (66,7 %), die hinter den Erwartungen zurückgebliebene eigenen Markt- und Umsatzentwicklungen (60,0 %) sowie die erzielbaren Bewertungen (46,7 %) und interne Aufgabenstellungen wie Organisation, etc (46,7 %) genannt.[43]) Der 2002 aufgestaute Finanzierungsbedarf führte 2003 bei wieder verbesserter Kapitalmarktsituation zu einer Verdreifachung des Emissionsvolumens öffentlicher Anleihen auf EUR 3.209 Mio per 10/2003. Wie sich die Finanzierungsseite der Unternehmen künftig weiterentwickeln wird ist daher schwer prognostizierbar, alternative Finanzierungsformen wie zB Unternehmensanleihen, Asset Backed Securities, Leasing, Factoring oder Private-Public Partnerships (PPP) sind gefragt. Letztere werden in der Folge dargestellt.

5. Public Private Partnership-Finanzierungen

5.1. Aufgabenstellungen in der Finanzierung öffentlicher Infrastruktur

Die Bereitstellung einer leistungsfähigen und modernen Infrastruktur zählt im europäischen Kontext gemeinhin zu den Aufgaben von Gemeinden, Ländern und Staaten.[44]) Es handelt sich hierbei häufig um Ausgaben, die ein Vielfaches an privaten Investitionen nach sich ziehen können und von entscheidender Bedeutung für unternehmerische Standortentscheidungen sein können. Umweg- und private Folgeinvestitionen können sich zB bei der Bereitstellung und Anbindung von Gewerbeflächen oder bei Investitionen in die Verkehrsinfrastruktur ergeben.[45]) Während rechtzeitiges Investieren zugleich die volkswirtschaftliche Entwicklung beschleunigen und die Finanzkraft der Gebietskörperschaften stärken kann, sind derartige Versäumnisse möglicherweise nur schwer und zu hohen Kosten wieder aufzuholen. Diese Frage ist hochaktuell, da in verschiedensten europäischen Staaten für Teile der kommunalen Infrastruktur ein erheblicher Modernisierungs- und Erneuerungsbedarf besteht. Die Schaffung des EU-Binnenmarktes stellte erhöhte Anforderungen an die innereuropäischen Verkehrs- und Kommunikationseinrichtungen, gleichzeitig verleiht die EU-Osterweiterung dem Ausbau bislang unbedeuten-

---

[42]) *Tumpel-Gugerell* in *Der Standard*, 13-14. 6. 2001, 19.
[43]) *Oleownik/Groschupp*, IPO-Klima 2002, Kurzumfrage (2002), 6 f (*www.wieselhuber.de*).
[44]) Vgl dazu in der Folge generell *Randa/Haiss* in *Süchting/Heitmüller*, Bankmarketing³ 514 ff, sowie *Laaser/Sichelschmidt*, Möglichkeiten und Grenzen einer Privatfinanzierung von Verkehrsinfrastruktur, Die Weltwirtschaft 2000, 117 ff.
[45]) *Saß*, Bankenmarkt Ost: Bilanz nach zehn Jahren Einheit, Die Bank 2000, 696 ff, 699.

der grenzüberschreitender Ost-West-Verbindungen Priorität.[46]) Gerade bei den Beitrittskandidaten zur Europäischen Union erfordert die Umsetzung notwendiger Infrastrukturprojekte umfangreiche finanzielle Mittel.[47]) Die Liberalisierung in Europa löst bestehende Monopolstrukturen auf, sektorübergreifende Konsortien bieten einen umfassenden Produktmix an, die Trennung von Infrastruktur und Betrieb gewinnt an Bedeutung.[48])

Darüber hinaus stehen viele europäische Staaten vor dem Problem, anstehende Infrastrukturinvestitionen nicht mehr ausschließlich aus dem öffentlichen Haushalt und damit über eine zusätzliche Staatsverschuldung finanzieren zu können. Wichtige Infrastrukturvorhaben werden daher weniger durch klassische Kommunalkredite, sondern in wachsendem Maße mit Hilfe alternativer Finanzierungen aus dem privaten Kapitalmarkt dargestellt.[49]) Angesichts der potentiellen volkswirtschaftlichen Auswirkungen einer unzureichenden Infrastruktur infolge enger werdender Finanzierungsspielräume der öffentlichen Haushalte wird im zunehmenden Maß versucht, durch private Finanzierungen zusätzliche Projekte in kürzeren Realisierungszeiträumen zu verwirklichen, um damit „Zeit einzukaufen", neue Finanzierungsquellen zu erschließen und die budgetären Restriktionen zu lockern und aus Koppelung der jeweiligen Stärken von Projektsponsoren Synergien zu erzielen.[50]) Besonders deutlich ist dies bei grenzüberschreitenden, internationalen Infrastrukturlösungen, bei denen eine (noch) ungewohnte Trennung von Netz und Betrieb bzw eine durch Liberalisierung neue Konkurrenzsituation den Zeitdruck verschärft. Derartige langfristige Finanzierungen sind unter anderem die Basis für eine wettbewerbsfähige Tarifstruktur, robuste Projekt-Cash flows und akzeptable Eigenkapitalrenditen für die Sponsoren.[51])

Neben der Finanzierung von Neuprojekten ohne Zuwächse bei der öffentlichen Verschuldung steht auch die Möglichkeit der Entschuldung bereits bestehender öf-

---

[46]) Vgl *Beirat für Wirtschafts- und Sozialfragen*, Infrastruktur, 12.

[47]) Vgl *Rosenmayer*, Der Beitrag der IPP-Strukturen zur Finanzierung des Energiesektors in den MOE-Ländern, Central European Quarterly II/1998, 94 ff, 95; *Platzer*, Public Private Partnerships in der Siedlungswasserwirtschaft (2002), 7 (im Internet abrufbar unter *www.kommunalkredit.at/up-media/246_endversion_ppp.doc*).

[48]) Vgl *Roland Berger & Partner* (1996), Public Private Partnership in Mitteleuropa – Positionspapier, Roland Berger & Partner GmbH, Präsentation anlässlich der Enquete „PPP in Mitteleuropa", veranstaltet von Roland Berger & Partner, Deutsche Morgan Grenfell, Weiss-Tessbach und Geoconsult (1996), 57 f; zu möglichen PPP-Nachteilen siehe *Platzer*, Siedlungswasserwirtschaft, 3.

[49]) *Saß*, Die Bank 2000, 698. Kritisch dazu *Jettmar*, Finanzierungskonzepte für die Verkehrsinfrastruktur, in *Aiginger/Farnleitner/Koren/Raidl/Stadler* (Hrsg), Impulse für das Unternehmen Österreich (1999), 464 ff, 465, der vermerkt dass man bereits in den 70er Jahren mit formalrechtlichen Ausgliederungen, deren materielle Wirkung jedoch weiterhin beim öffentlichen Haushalt in seiner Gesamtheit geblieben sind, versuchte die Explosion von Haushaltsdefiziten zu verschleiern.

[50]) Vgl *Priewasser*, Zukünftige Rahmenbedingungen des Firmenkundengeschäfts, in *Juncker/Priewasser*, Handbuch Firmenkundengeschäft, 57 ff, 61; *Beirat für Wirtschafts- und Sozialfragen*, Infrastruktur, 12 f, 37 f; *Saß*, Die Bank 2002, 698.

[51]) *Kaidel*, Projektfinanzierung: Multi-Sourcing, Treasury Log 4/2001, 20.

fentlich-rechtlicher Gesellschaften via Schuldübernahme durch eine neue Gesellschaft im Vordergrund der Überlegungen. Kann diese NewCo mehr als die Hälfte ihrer Aufwendungen durch private Einnahmen abdecken (zB aus Gebühren, Mauteinnahmen etc), besteht die Möglichkeit zur Herausnahme aus der öffentlichen Verschuldungsrechnung gemäß Maastricht-Kriterien. Weiters werden durch die Partnerschaft zwischen öffentlich-rechtlichen Betrieben und der Privatwirtschaft auch betriebswirtschaftliche Methoden wie Kostenrechnung und Bilanzierung automatisch eingeführt, die Organisation ist dann nicht mehr Teil des Haushaltsplanverfahrens und damit der Kameralistik.[52]) Dies bildet eine gute Basis für eine verbesserte betriebswirtschaftliche Transparenz und Selbständigkeit.

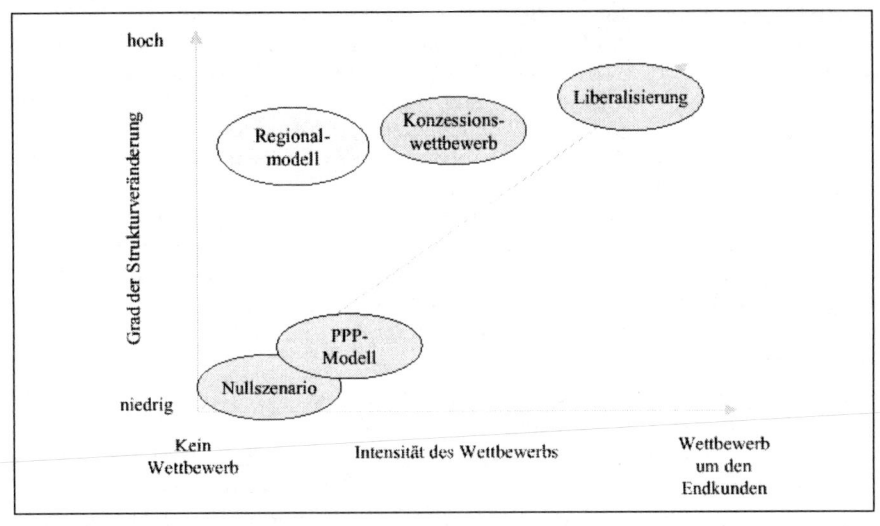

Abb. 5: Portfolio Wettbewerb-Strukturveränderung bei verschiedenen gemischtwirtschaftlichen Modellen in der Wasserwirtschaft
Quelle: *PwC* (2001), Abwasserwirtschaft, 58.

Um obige Zielsetzungen umzusetzen, stehen neben PPPs im engeren Sinn auch weitere Varianten der Einbringung marktwirtschaftlicher Elemente in bisher öffentlich oder gemeinwirtschaftlich bewirtschaftete Sektoren. Für die kommunale Wasserver- und Abwasserentsorgung wurden beispielsweise auftrags des zuständigen Bundesministeriums Überlegungen anhand der Parameter „Wettbewerbsintensität" und „Ausmaß der Strukturveränderung" angestellt.[53]) Dabei wurden klein-

---

[52]) Vgl *PwC*, Optimierung der kommunalen Wasserver- und Abwasserentsorgung im Rahmen einer nachhaltigen Wasserpolitik, Endbericht im Auftrag des Bundesministeriums für Land- und Forstwirtschaft, Umwelt und Wasserwirtschaft, Coopers & Lybrand Management Consulting GmbH (2002), 47 (im Internet *http://staedtebund.wien.at/service/pwc-endbericht.pdf*).
[53]) Vgl *PwC*, Abwasserentsorgung, 57 f.

räumige PPPs auf lokaler Ebene verglichen mit mehrfachem Vergabewettbewerb zwischen Ver- und Entsorger im Konzessionsmodell, einer regionalen Konsolidierung und breitflächiger Liberalisierung. In dieser Ausprägung können PPP zwar Infrastruktur kostengünstig bereitstellen, sonstige strukturelle Verbesserungen zB bezüglich Wettbewerbsfähigkeit, Anreize zur Bildung größerer Einheiten fehlen.

5.2. PPP-Modelle

In dem Bemühen, eine zumindest teilweise privatwirtschaftliche Finanzierung zu ermöglichen, werden eine Reihe von öffentlich-privaten Finanzierungsmodellen (Public-Private Partnership – PPP) Modellen diskutiert.[54] Grundüberlegung hiebei ist, dass zB die Republik Österreich einem privaten Konzessionär auf Basis eines so genannten Konzessions-Vertrags das Recht zur Errichtung und den Betrieb eines Infrastrukturprojektes verleiht und nach 25-35 Jahren ein Heimfall an die Republik erfolgt. Die dabei zugrunde gelegten Modelle sind als so genannte Betreiber/Konzessionsmodelle bekannt, ebenso werden Mischmodelle sowie Leasingmodelle eingesetzt. Diese Modelle haben gemeinsam, dass der Konzessionär die Finanzierung, die Errichtung, den Betrieb und die Instandhaltung des Projektes auf die Laufzeit des Konzessionsvertrages übernimmt. Die Unterscheidungsmerkmale der genannten Modelle liegen im Umstand, wer für den Konzessionär das Entgelt für die Benützung der Infrastruktur bezahlt:[55]

- beim *Betreibermodell* wird die Gebühr durch den einzelnen Individualbenutzer bezahlt (zB im Falle des Road Pricing);
- beim *Konzessionsmodell* wird das Entgelt durch die öffentliche Hand in Form von jährlichen Mietraten bezahlt;
- bei *Mischmodellen* wird das Entgelt durch die öffentliche Hand bezahlt, allerdings abhängig von den jeweiligen Frequenzen in der Nutzung des Projektes;
- bei *Leasingmodellen* werden die jährlichen Leasingraten von der öffentlichen Hand bezahlt.

In der internationalen Projektfinanzierung haben diese Modelle ihren praktischen Ausfluss bereits in den so genannten BOOT-Modellen (build, own, operate, transfer) genommen, deren Feasibility in der Regel auf die Bonität entsprechender Staatsgarantien abgestellt ist. Im Falle der PPP im engeren Sinn werden derartige Betreiber-Konzessionsmodelle und dergleichen auf Basis eines Risk-Sharing und eines Finanzierungsmix zwischen privaten Investoren (dazu gehören auch die fremdfinanzierenden Kreditinstitute) und zB der Republik Österreich dargestellt.

---

[54] Vgl *Greiling*, Public Private Partnership, WiST Heft 6/Juni 2002, 339 sowie *Rupf*, Public Private Partnership – Perspektiven im europäischen Markt, in *Rolfes/Fischer* (Hrsg), Handbuch der europäischen Finanzdienstleistungsindustrie (2001), 497 ff, 501.

[55] Vgl im Folgenden: *Gölles*, Wie weit ist Deutschland mit der privaten Finanzierung öffentlicher Infrastruktur?, bau-intern 12/1992, 37 ff.

	Leistung des Konzessionärs	Entgelt für Konzessionär
Betreibermodell	eventuell Planung, private Finanzierung, private Errichtung, private Betreibung und Erhaltung	Gebührenzahlung durch Benützer
Konzessionsmodell	private Finanzierung, private Errichtung, eventuell private Betreibung und Erhaltung	jährliche Mietraten von der öffentlichen Hand
Mischmodell	private Finanzierung, private Errichtung, eventuell private Betreibung und Erhaltung	Zahlung der öffentlichen Hand in Abhängigkeit vom Verkehrsaufkommen
Leasingmodell	private Finanzierung, private Errichtung, eventuell private Betreibung und Erhaltung	jährliche Leasingraten von öffentlicher Hand

Abb. 6: Systematik der privaten Finanzierungsmodelle öffentlicher Infrastruktur

5.2.1. Betreibermodelle

Betreibermodelle sind durch private Unternehmen finanzierte und betriebene Infrastrukturprojekte, die nur gegen Entrichtung einer individuellen Benützungsgebühr (zB road-pricing) genutzt werden können.[56] Das überwiegend angewendete Finanzierungsmodell ist die Konzessionsvergabe über Planung, Bau, Finanzierung, Betrieb und Erhaltung zB bestimmter Autobahnabschnitte an eigens dafür gegründete private, öffentliche oder gemischtwirtschaftliche Gesellschaften. Die Gebühreneinnahmen derartiger Modelle decken in der Regel die Kosten für Betrieb, und Erhaltung ab, reichen jedoch häufig nicht aus, um die Kapitalrückzahlung zu finanzieren. Die entstehenden Fehlbeträge werden überwiegend mit staatlicher Hilfe abgedeckt (zB via staatlicher Haftungsgarantien). Bei PPP-Finanzierungen europäischer Verkehrsinfrastruktur-Projekte spielt auch die Europäische Investitionsbank (EIB) eine bedeutende Rolle.[57]

---

[56] Vgl *Riener*, Betreibermodelle ein lohnendes Konzept für Kommunen?, ZfgK 1996, 662 ff; *Zorn*, Betreibermodelle: Risiken und Chancen aus Sicht der Industrie, Kreditpraxis 4/1996, 25 ff.

[57] Vgl *Trömel*, Netzwerke, PPPs und Europäische Investitionsbank, Vortrag gehalten anlässlich der Alpbacher Technologiegespräche 22.-24. 8. 2002, Arbeitskreis 6, Alpbach/Tirol 2002, 23.

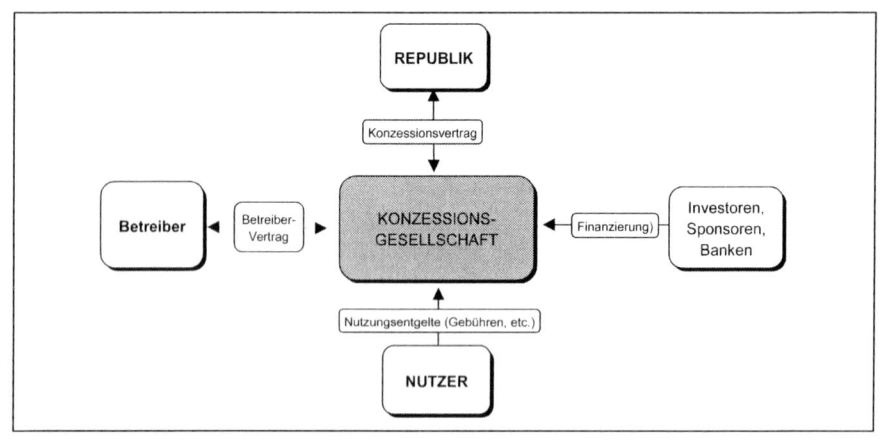

Abb. 7: Betreibermodell – Organisationsdiagramm

5.2.2. Konzessionsmodelle

Konzessionsmodelle stellen die Abgeltung privat erstellter und privat finanzierter Verkehrswege durch jährliche feste Mietraten dar. Durch die Verknüpfung der Zahlungen mit dem Betriebsbeginn ergibt sich ein wirtschaftlicher Anreiz für den Konzessionsnehmer zu verzögerungsfreier Baudurchführung. Nach Ablauf der Konzessionszeit geht das Nutzungsrecht an dem Verkehrsweg uneingeschränkt an den öffentlichen Träger über, ohne dass Regelungen für einen etwaigen privatwirtschaftlichen Betrieb wie beim Leasingmodell erforderlich sind.

5.2.3. Leasingmodelle

Leasingmodelle sind besondere Formen des Mietgeschäftes, bei denen eine Leasing-Gesellschaft zB der Republik Österreich oder der Österreichischen Bundesbahnen (ÖBB) als Leasingnehmer die Nutzungsmöglichkeit an einer Infrastrukturinvestition über einen im Voraus vereinbarten längeren Zeitraum einräumt – unter Festlegung eines am Ende der Laufzeit des Leasingvertrages gültigen Restwertes. Die Finanzierungskosten fallen durch Leasing möglicherweise höher aus, als bei einer öffentlichen Kreditaufnahme, da iS einer „Totalrechnung" aus der Sicht des Staatshaushaltes auch ein Steuerentgang durch leasingspezifische Steueroptimierungen zu berücksichtigen ist. Optimierungen im Refinanzierungsbereich bieten sich gegebenenfalls für die Darstellung ausländischer Investorenmodelle an, sowie sie steuerliche Investorenanreize begründen.

Im Falle von Eisenbahnstrecken-Leasing ist beispielsweise aus steuerlicher Sicht von Spezial-Leasing auszugehen, weshalb die Investition dem Leasingnehmer (dem Bund) und nicht dem Leasinggeber (Objektgesellschaft) zugerechnet werden muss. Damit kann die Vorteilhaftigkeit einer derartigen Finanzierung tendenziell sinken. Die Zuordnung des Leasinggutes begründet sich durch die Tatsache, dass ein Verwertungs- und Restwertrisiko nach Ablauf der Grundmietzeit beim Leasinggeber nicht zu erkennen ist.

Für die Finanzierung über Leasing-Modelle auf dem Immobilien-Sektor erscheinen derzeit vor allem Objekte, die dem Bereich der Hoheitsverwaltung zuzuordnen sind, geeignet. Dies sind wesentliche Bereiche der kommunalen Ver- und Entsorgungsinfrastruktur (zB Klär- und Abwasseranlagen) und wesentliche Teile der kommunal genutzten Bauten (Schulen, Kindergärten, Amtsgebäude, Altenheime, Feuerwehrzentralen bzw Feuerwehrdepots, Mehrzweckhallen bzw Veranstaltungsräume, Spitäler etc).[58])

5.2.4. Value Capture Arrangements

So genannte „Value-Capture-Arrangements" sind Modelle, in denen private Wertsteigerungen (insbesondere Wertsteigerungen von Grundstücken, Standortvorteile durch kostengünstigere Verkehrsanbindungen von Gewerbegebieten, etc) in die Finanzierung von Verkehrswegen eingebunden werden. Problematisch können derartige Konstruktionen infolge „konfliktträchtiger" Kompetenzverteilungen betreffend Planungsverfahren, Grundstückserwerb zwischen Bund/Land/Kommune erscheinen.

5.3. Einsatzbereiche und Marktchancen für PPP

Weltweit stellt sich das Problem, dass dringend benötigte Infrastruktur-Projekte durch überforderte öffentliche Budgets nicht oder nicht mehr finanziert werden können, weshalb zunehmend gemischtwirtschaftliche Modelle (Public-Private Partnerships) realisiert oder zumindest diskutiert werden. Die Umsetzungsmöglichkeit hängt nicht nur von der besonderen Projekteignung ab, sondern auch vom Interesse, dem Informationsstand und der Motivation der Entscheidungsträger.[59]) Bei der Umsetzung können sich insbesondere dann Schwierigkeiten ergeben, wenn ein Projekt nach privatwirtschaftlichen Regeln keine ausreichende Wirtschaftlichkeit aufweisen sollte. Ebenso ist das „Herauslösen" eines einzelnen Infrastrukturelements (zB eines Streckenabschnittes) aus einem Gesamtnetz auch bezüglich Rückwirkungen auf die Preisgestaltung der andockenden Bereiche zu überprüfen.[60]) In diesem Fall wäre sehr wohl von der öffentlichen Hand ein Beitrag – und sei es in Form von Garantien – zu leisten, um die Realisierung zu ermöglichen.

Einige sehr positive bereits umgesetzte Beispiele alternativer Finanzierungskonzepte für die private Finanzierung öffentlicher Investitionen zeigen die dennoch gegebenen Möglichkeiten auf.[61]) Einer Studie der Beratungsfirma Pricewaterhouse-

---

[58]) Vgl *Beirat für Wirtschafts- und Sozialfragen,* Infrastruktur, 13. Bezüglich weiterer Einsatzgebiete für PPPs vgl *Wojda,* Ein Rahmenmodell für Public Private Partnership und dessen Anwendung in der Wirtschaftsentwicklung, Vortrag gehalten anlässlich der Alpbacher Technologiegespräche 22.-24. 8. 2002, Arbeitskreis 6, Alpbach/Tirol 2002, 5.

[59]) Vgl *Platzer,* Siedlungswasserwirtschaft, 2.

[60]) Vgl *Jettmar* in *Aiginger/Farnleitner/Koren/Raidl/Stadler,* Unternehmen Österreich, 467.

[61]) Vgl *Bungarten,* Alternative Finanzierungskonzepte für die private Finanzierung öffentlicher Investitionen, ZfgK 1996, 666 ff, 668 ff. Einen internationalen Überblick bietet zB *PwC,* Public Private Partnerships: Argument Turns to Action (2002), 3 f (im Internet *http://www.pwcglobal.com/uk/eng/about/svcs/pfb/ppp_middleton.pdf*).

Coopers (PwC) zufolge sind in Österreich Projekte um zumindest EUR 8,2 Mrd für PPP-Modelle geeignet.[62]) Anhand der Erfahrungen aus Großbritannien könnte sich – bei einer durchschnittlichen Investitionsdauer von 20 Jahren – daraus eine Ersparnis für den öffentlichen Haushalt von 5,5 Mrd Euro für den gesamten Investitionszeitraum ergeben. Noch nicht berücksichtigt sind dabei Investitionen durch den Generalverkehrsplan (rund EUR 17 Mrd) und Projekte von Bundesländern, Städten oder Gemeinden. Die Liste PPP-fähiger Projekte reicht von Straßen und Lebensmittel, Untersuchungsanstalten über Flugsimulatoren bis hin zu Justizanstalten und Schulausbauten. Die britischen Erfahrungen, wo bisher rund 450 Einzelprojekte mit 20,03 Mrd Pfund (EUR 31,25 Mrd) Investitionswert als PPP-Modelle durchgeführt wurden, verlangen laut PwC jedoch nach einer spezifischen legistischen und politischen Unterstützung, um auch in Österreich anwendbar zu sein.

Public-Private Partnership-Projekte in Österreich	Bund/ Land	Volumen EUR Mio	Quelle
Güterterminal Werndorf: Das ganze Projekt wird zunächst von der bundeseigenen Schieneninfrastrukturgesellschaft realisiert. Dann wird das Projekt auf 30 Jahre an den privaten Betreiber CCG verpachtet, die es über die jährlich zu leistende Pacht refinanziert. Nach den 30 Jahren ist der Verkauf an CCG vorgesehen.	Bund	76,3	APA – OTS Service 30.3.2001
Dianabad (erste PPP-Finanzierung in Wien): Umfasst ein 5400 m² Schwimmbad, 14.000 m² Büroflächen und 1000 m² Geschäfte. Die Gemeinde Wien vergibt einen Baukostenzuschuss von 14 Mill. Euro, wofür sich die Konstruktiva verpflichtet, das Bad 20 Jahre zu betreiben.	Land	45,0	Die Presse 2.12.1997
Klima – Wind Kanal: Wird finanziert von der bundeseigenen Schieneninfrastrukturgesellschaft und der RTA als privaten Partner (die wichtigsten Schienenfahrzeug-Hersteller sind daran beteiligt). RTA übernimmt den Betrieb und die Vermarktung.	Bund	59, 6	Der Standard 11.7.2000
Neues Bahnhofsviertel Linz	Land	317,0	WB 28.6.2000; WP 13.09.2002
„Donau Stationen": Gemeinsamer Betrieb der Schiffanlegestellen an der Donau von Linz bis Hainburg durch die Brandner Schiffahrt, das Land Niederösterreich und der Stadtgemeinde Korneuburg (inkl. Renovierung).	Land	2,4 5	APA OTS Service 22.6.1999
300 Interaktive Litfasssäulen in Wien: PPP zwischen Stadt Wien, Entwickler acp und GEWISTA.	Land	n.v.	APA OTS Service 7.12.2000
Stadtumfahrung Linz-Ebelsberg: Finanzierende Bank erhält von der Stadt Linz 23 Jahre lang eine Schattenmaut. Nach Ablauf der 23 Jahre geht die Straße in das Eigentum der Stadt Linz über.	Land	100,0	Wirtschaftsblatt 6.6.2000 Wirtschaftsblatt 25.5.2002

---

[62]) Vgl *Haider*, Private Public Partnership Möglichkeiten in Österreich, Studie von PricewaterhouseCoopers (2002), zitiert nach: Die Presse 29. 8. 2002 sowie Der Standard 29. 8. 2002; *Haider*, Presseinformation PwC-Studie „Private Public Partnership" – Alternative Modelle zur staatlichen Infrastrukturfinanzierung, Wien, 27. 8. 2002.

Public-Private Partnership-Projekte in Österreich	Bund/ Land	Volumen EUR Mio	Quelle
Amtsgebäude Land OÖ	Land	130,8	www.ooe. gv.at/ presse 12.12.2000
Kläranlage Ernsthofen	Land/ Bund	14,3	Wirtschaftsblatt 24.10.1997
Strahlentherapieeinheiten in Krems: Land NÖ übernimmt 90 % der Kosten, die Stadt Krems 10 %. Die Finanzierung erfolgt durch Leasing über 20 Jahre.	Land	22,0	www.noel. gv.at/ presse/ 2002051 602.htm
Abwasserentsorgung der Gemeinden Ernsthofen, Kötschach-Mauthen, Magdalensberg, Ruden und Zellerbecken	Gemeinden	n.v.	Platzer (2002), 2.
Software-Campus: Softwarepark Hagenberg	Land	72,0	WB 13.09.2002
Therme Geinberg	Land	80,0	WB 13.09.2002

Tabelle 2: Beispiele für realisierte PPP-Projekte in Österreich

Geplante Public-Private Partnership-Projekte in Österreich	Bund/ Land	Volumen EUR Mio	Quelle
Geplant: Semmering Basistunnel Vorgesehen wurde die Aufteilung der Investitionen zu 55 Prozent auf Private und 45 auf den Staat. Für die Benützung des Tunnels bekäme das private Konsortium 29 Mio Euro pa.	Bund	87, 2 bis 1.090	Der Standard 19.3.1998
Geplant: Musiktheater OÖ	Land	109,0	www.ooe. gv.at/ alz2001/ 19/24.htm
Geplant: Autobahnen- und Schnellstraßen eine bei der Autobahnfinanzierungs AG Asfinag eingerichtete Arbeitsgruppe soll prüfen, ob der Neubau von Nordautobahn (A5), Inntalautobahn plus Tschirgant-Tunnel (A12), Linzer Autobahn (A26), Umfahrung Wien (S1), Fürstenfelder Schnellstraße (S7) und Mühlviertler Schnellstraße (S10) PPP-fähig ist. Davon: Nordautobahn/Asfinag rd EUR 150 Mio.	Bund	n.v.	Der Standard 16.09.2002
Geplant: fünf Bahnstrecken des Generalverkehrsplans Im Bahnbereich wird für Brenner-Basistunnel, Summerau-Phyrn-Schober bis Spielfeld, Flughafenanbindung an Wien, die Bahnhöfe Linz, Innsbruck, Salzburg und Wien, den Güterterminals im Hafen Freudenau und Wien-Inzersdorf dringend nach Geldquellen gesucht.	Bund	n.v.	Der Standard 16.09.2002
In Österreich PPP-geeignete Projekte (gemäß PwC): Straßen, Lebensmitteluntersuchungsanstalten, Flugsimulatoren, Justizanstalten, Schulausbauten.	Bund, Länder, Gemeinden	8.200	Presse/ Standard 29/08/ 2002

Tab. 3: Beispiele für geplante PPP-Projekte in Österreich

Langfristige privatwirtschaftliche Projektfinanzierungen im Bereich der öffentlichen Infrastruktur erscheinen nur dann möglich, wenn neben den rechtlich-organisatorischen Voraussetzungen und den Wettbewerbsverhältnissen auf den für die privaten Partner relevanten Märkten auch die notwendigen technischen Lösungen vorhanden sind.[63]) Die wesentlichen internationalen Erfahrungen von derartigen Finanzierungen zeigen: es müssen die grundsätzlichen Anforderungen – ds Wirtschaftlichkeit, Schuldendienstfähigkeit, akzeptables Risikoprofil – an eine Projektfinanzierung erfüllt werden, um eine Finanzierung und den Betrieb durch private Träger als eine sinnvolle Alternative zu einer Finanzierung aus einem öffentlichen Budget darstellen zu können. In der Projektdefinition sind klare Abgrenzungen zu bereits vorhandener oder von der öffentlichen Hand bereitzustellender Infrastruktur zu treffen (zB Rechte zur Trassennutzung, Regelung bezüglich Anschlussstellen etc). Quellen und Berechnungsmodi für Nutzungsgebühren, die Roller der beteiligten Sponsoren (Errichter, Betreiber, Konzessionär etc) und Szenarien des Rückfalls der Infrastruktureinrichtung an die öffentliche Hand sind festzulegen. Eine private Leistungserstellung schneidet hinsichtlich Kosten, Produktivität und Qualität potentiell besser ab, sofern dies im Wettbewerb geschieht (dh durch eine vorherige Ausschreibung des Projektes). Verstärkt kommt dabei ein Mix von Kredit- und Kapitalmarktfinanzierungen zum Tragen.

6. Zusammenfassung und Resümee

Im vorliegenden Beitrag wird die Finanzierung in Österreich am Weg zum Integrated Corporate Finance anhand der Beispiele Projektfinanzierung, Corporate Bonds und Private Public Partnership (PPP) dargestellt. Der erste Teil beschreibt Strukturdeterminanten und Wandlungsauslöser. Während der Anteil der Finanzierung durch Eigenkapital und durch verzinsliche Wertpapiere in den letzten Jahren anstieg, sank der Anteil der in Österreich noch immer dominierenden Finanzierungsform, des Kredits. Die Änderung der Risikokapital-Unterlegungspflichten („Basel II") und die Auswirkungen der Wirtschafts- und Währungsunion (WWU) verändern diesen Status Quo: die Höhe der Kreditmargen wird sich stärker nach Bonität und Besicherung ausrichten, Banken werden eine neu definierte Vermittlerrolle zwischen dem tieferen und liquideren Kapitalmarkt und Kunden einnehmen. Dieser Integrated Corporate Finance Ansatz verbindet „Relationship Banking" mit „Transaction Banking". Langfrist-Finanzierungen großer Unternehmen („Corporates") und Versorger („Utilities") werden verstärkt über den Kapitalmarkt und nur mehr eingeschränkt über Bankbilanzen laufen. Soweit das tradierte Kreditgeschäft an seine Grenzen stößt, gilt es zur Optimierung der Finanzierungskosten neue Wege einzuschlagen, die primär auf die künftige Investoren- und Projektentwicklung abstellen. Einer der wesentlichen Ansätze dazu ist die Projektfinanzierung, dieser ist der zweite Teil gewidmet.

Projektfinanzierung wird als „asset-based off-balance cash-flow engineering" charakterisiert, dh stellt auf den künftigen Cash-flows sowie die Vermögensgegen-

---

[63]) Vgl *Beirat für Wirtschafts- und Sozialfragen*, Infrastruktur, 13 f.

stände eines vom Sponsor getrennt betrachteten, wirtschaftlich eigenständigen Projekts ab. Die Hauptaufgabe im Rahmen des Potentialmanagements im Rahmen der Projektfinanzierungen besteht darin, die verschiedenen Potentiale der beteiligten Sponsoren und Partner zu strukturieren und zu verbinden. Die Projektrisiken sollen so auf die Projektbeteiligten (Sponsoren, Lieferanten, Abnehmer, Kredit- bzw Eigenkapitalgeber, staatliche Institutionen etc) verteilt werden, dass die Zuordnung des jeweiligen Risikos bei dem Partner erfolgt, der es am besten beurteilen, steuern, gestalten und tragen kann. Dem Erkennen der Risiken mittels Sensitivitätsanalysen und Feasibility-Studien kommt entsprechende Bedeutung im Wertschöpfungsprozess zu.

Der nächste Abschnitt ist den Corporate Bonds gewidmet. Anhand dieses Segments ist auch in Österreich der Wandel weg vom Kredit hin zur Finanzierung über den Kapitalmarkt ersichtlich, und zwar sowohl für Utilities (Versorger) als auch für sonstige Unternehmen. Nach einem verhaltenen Start ist der Markt für Unternehmensanleihen in Österreich 2001/2002 wesentlich dynamischer geworden. Austriacum dabei ist ein im internationalen Vergleich hoher Anteil an Privatplatzierungen, der das große Gewicht von mittelständischen Unternehmen widerspiegelt. Damit wird deutlich, dass hier Finanzierungsmöglichkeiten auch für größere mittelständische Unternehmen bestehen und diese bereits stärker genutzt werden. Wie sich die Finanzierungsseite von Unternehmen, Versorgern und gemeinwirtschaftlichen Institutionen künftig entwickeln wird ist schwer zu prognostizieren, alternative Finanzierungsformen wie beispielsweise Private Public Partnerships (PPP) dürften jedoch weiter Terrain gewinnen.

Wichtige Infrastrukturvorhaben werden künftig weniger durch klassische Kommunalkredite, sondern in wachsendem Ausmaß mit Hilfe alternativer Finanzierungen aus dem privaten Kapitalmarkt dargestellt. Angesichts des innerhalb der EU und den Beitrittskandidaten bestehenden erheblichen Modernisierungs- und Erneuerungsbedarfs bei der Infrastruktur kommt PPP besondere Bedeutung zu. Anstehende Infrastrukturinvestitionen können aufgrund des Regelwerkes der Wirtschafts- und Währungsunion (etwa Maastricht Verschuldungskriterien) nicht mehr ausschließlich aus dem öffentlichen Haushalt finanziert werden. Studien sprechen für Österreich von einem Potential von über EUR 8,2 Mia. Die Liberalisierung löst bestehende Monopolstrukturen auf, sektorübergreifende Konsortien bieten einen umfassenden Produktmix an, die Trennung von Infrastruktur und Betrieb ist im Vormarsch. Die dabei zugrunde gelegten PPP-Finanzierungsmodelle sind als so genannte Betreiber/Konzessionsmodelle bekannt, ebenso werden Mischmodelle, Leasing und Value Capture Arrangements eingesetzt. Die Umsetzungsmöglichkeit für PPP hängt nicht nur von der besonderen Projekteignung und ausreichender Cash-flows ab, sondern auch vom Interesse, dem Informationsstand und der Motivation der Entscheidungsträger. Eine Liste bereits in Österreich umgesetzter PPP zeigt die gegebenen Möglichkeiten auf. Langfristige privatwirtschaftliche Projektfinanzierungen im Bereich der öffentlichen Infrastruktur erscheinen möglich, wenn neben den rechtlich-organisatorischen Voraussetzungen und den Wettbewerbsverhältnissen für private Partner auch die notwendigen technischen Lösungen vorhanden sind. Verstärkt kommt dabei ein Mix von Kredit- und Kapitalmarktfinanzierungen zum Tragen.

Literaturverzeichnis

Ackermann, Kapitalmarktprodukte: Erzwingt der Wettbewerb einen kürzeren Innovationszyklus?, ZfgK 2000, 25-27

Amann/Bissinger, Sind deutsche Investitionsgüterunternehmen bereit für neue Wege der Mittelbeschaffung und für eine Konsolidierung? (2002), http://www.standardpoors.com

APA-OTS-Service, 22. 6. 1999; 30. 3. 2001

BA-CA, Unternehmensfinanzierung im Wandel – Der Weg vom Kreditmarkt zum Kapitalmarkt, April 2002

Basel Committee on Banking Supervision, Working Paper on the Internal Ratings-Based Approach to Specialised Lending Exposures, Bank for International Settlements (2001), http://www.BIS.org

Beirat für Wirtschafts- und Sozialfragen, Innovative Kooperationen für eine leistungsfähige Infrastruktur – Eine Bewertung des Potentials von Public Private Partnership, Studien des Beirats für Wirtschaft und Sozialfragen Nr 73 (1998)

Bendlinger/Schopper, Organisations- und Kooperationsformen im internationalen Projektgeschäft, SWI 6/2000, 259-265

Bergendahl/Lindblom, The future of Relationship Banking, in *Gardener/Falzen* (eds), Strategic Challenges in European Banking (2000), 152-173

Bichlmaier, Europäische Unternehmensanleihen, Zeitschrift für das gesamte Kreditwesen 16/2002, 822-825

Breuer, Financial Engineering und die Theorie der Unternehmensfinanzierung, ÖBA 2002, 447-456

Bungarten, Alternative Finanzierungskonzepte für die private Finanzierung öffentlicher Investitionen, ZdgK 1996, 666-669

Cairns/Davidson/Kisilevitz, The limits of bank convergence, The McKinsey Quarterly 2/2002, 41-51

Dambach, Structured Finance als Strategie, Die Bank 1995, 532-534

Der Standard, 11. 7. 2000; 2-3-4. 6. 2001, 15; 13. – 14. 6. 2001, 19

Die Presse, 2. 12. 1997

EZB, The new capital adequacy regime – the ECB perspective, ECB Monthly Bulletin May 2001, 59-74

Elsas/Krahnen, Is relationship lending special? Evidence from credit-file data in Germany, Journal of Banking & Finance 1998, 1283-1316

Finnerty, Project Financing (1996)

Gölles, Wie weit ist Deutschland mit der privaten Finanzierung öffentlicher Infrastruktur?, bau-intern 12/1992, 37-39

Greiling, Public Private Partnership, WiST Heft 6/Juni 2002, 339-342

Haider, Private Public Partnership Möglichkeiten in Österreich, Studie von PriceWaterhouseCoopers (2002), zitiert nach: Die Presse 29. 8. 2002 sowie Der Standard 29. 8. 2002

Haider, Presseinformation PwC-Studie „Private Public Partnership" – Alternative Modelle zur staatlichen Infrastrukturfinanzierung, 27. 8. 2002

Haiss/Marin, Corporate Bonds: Entwicklungen in Österreich und Euroland, ÖBA 2002, 847-864

Haiss/Schicklgruber, Bankstrategien unter geänderten Rahmenbedingungen, ÖBA 1992, 871-885

Hansell/Olsen, Treating Investors Like Customers, The Boston Consulting Group-Perspectives 3/2002, http://www.bcg.com

Höller, Anleihen-Boom an der Wiener Börse, Wirtschaftsblatt, 13. 6. 2002, 15

Huber, Projektfinanzierung – Rechtliche Risiken und potentielle Haftungen für die finanzierenden Banken, ÖBA 1996, 264-271

Hubmer/Waschiczek, Realwirtschaft und Finanzmarktstabilität – Unternehmen, Finanzmarktstabilitätsbericht Nr. 1, Juni 2001, OeNB, 61-64

Jettmar, Finanzierungskonzepte für die Verkehrsinfrastruktur, in *Aiginger/Farnleitner/Koren/Raidl/Stadler* (Hrsg), Impulse für das Unternehmen Österreich (1999), 464-468

Juncker, Firmenkundengeschäft: Den Wandel managen, in *Juncker/Priewasser* (Hrsg), Handbuch Firmenkundengeschäft (1995), 73-100

Kaidel, Projektfinanzierung: Multi-Sourcing, Treasury Log 4/2001, 20-21

Laaser/Sichelschmidt, Möglichkeiten und Grenzen einer Privatfinanzierung von Verkehrsinfrastruktur, Die Weltwirtschaft 2000, 117-143

Landesregierung Oberösterreich (2000), http://www.ooe.gv.at/presse/12/12/00

Landesregierung Oberösterreich (2001), http://www.ooe.gv.at/alz2002/19/24/htm

Landesregierung Niederösterreich (2002), http://www.noel.gv.at/presse/2002051602htm

Laux, Projektfinanzierung – Vorteile auch für kapitalkräftige Unternehmen?, DBW 57 (1997) 6, 840-856

Lawrenz/Schwaiger, Basel II: Quantitative Impact-Study für Österreich, ÖBA 2002, 77-89

Menz, Moral Hazard und Covenants am Euro-Unternehmensanleihemarkt, Die Bank 11/2002, 774-779

Nahlik, Finanzierung von Immobilien-Developments, Die Bank 1994, 391-396

OECD, Banks under Stress, Organisation for Economic Cooperation and Development (1992)

OeNB, Geldvermögensaufbau und Finanzierungen Österreichs im Jahr 2001, OeNB Pressedienst 19. 6. 2002, http://ww2.oenb.at/presseaussendungen/pa020619.htm

OeNB, Geldvermögensbildung und Finanzierungen des privaten Sektors, nach Transaktionen, Auskunft der Hauptabteilung Statistik der OeNB, 26. 6. 2002

Oleownik/Groschupp, IPO-Klima 2002, Kurzumfrage (2002), www.wieselhuber.de.

Peters/Bernau, Asset-Backed Securities – eine Umfrage unter Banken, Die Bank 1995, 714-717

Platzer, Public Private Partnerships in der Siedlungswasserwirtschaft (2002), http://www.kommunalkredit.at/up-media/246_endversion_ppp.doc

Pleister, Neue Wege der Finanzierung für den Mittelstand, ZfgK 2000, 510-514.

Priemeier, Steuerung von Finanzrisiken in der Projektfinanzierung, Die Bank 2002, 392-396.

Priewasser, Zukünftige Rahmenbedingungen des Firmenkundengeschäfts, in *Juncker/Priewasser* (Hrsg), Handbuch Firmenkundengeschäft (1995), 57-71

PWC, Optimierung der kommunalen Wasserver- und Abwasserentsorgung im Rahmen einer nachhaltigen Wasserpolitik, Endbericht im Auftrag des Bundesministeriums für Land- und Forstwirtschaft, Umwelt und Wasserwirtschaft, Coopers & Lybrand Management Consulting GmbH (2002), http://staedtebund.wien.at/service/pwc-endbericht.pdf

PWC, Public Private Partnerships: Argument Turns to Action (2002), http://www.pwc global.com/uk/eng/about/svcs/pfp/ppp_middleton.pdf

Rampl, Die integrierte Corporate Finance-Bank – ein Ansatz für das Firmenkundengeschäft der Zukunft, Die Bank 2001, 398-405

Randa, Strukturierte Finanzierungen: Problemlösungskraft durch individuelle und innovative Finanzierungskonzepte, in *Süchting/Heitmüller* (Hrsg), Handbuch des Bankmarketing[3] (1998), 514-543

Rey/Röver, Private Equity ergänzt die globale Projektfinanzierung, Die Bank 2001, 626-630.

Riener, Betreibermodelle – ein lohnendes Konzept für Kommunen?, ZfgK 1996, 662 ff

Roland Berger & Partner, Public Private Partnership in Mitteleuropa – Positionspapier, Roland Berger & Partner GmbH, Präsentation anlässlich der Enquete „PPP in Mitteleuropa", veranstaltet von Roland Berger & Partner, Deutsche Morgan Grenfell, Weiss-Tessbach und Geoconsult (1996)

Rosenmayr, Der Beitrag der IPP-Strukturen zur Finanzierung des Energiesektors in den MOE-Ländern, Central European Quarterly II/1998, 94-97

Rupf, Public Private Partnership – Perspektiven im europäischen Markt, in, *Rolfes/Fischer* (Hrsg), Handbuch der europäischen Finanzdienstleistungsindustrie (2001), 497-509

Saß, Bankenmarkt Ost: Bilanz nach zehn Jahren Einheit, Die Bank 2000, 696-699

Scheibl, Wir sind Investoren, Die Wirtschaft 6/2002, 74-75

Schepp, Praxis der Projektfinanzierung, Die Bank 1996, 526-529

Schwaiger, Auswirkungen von Basel II auf den österreichischen Mittelstand nach Branchen und Bundesländern, ÖBA 2002, 433-446

Schwarzbichler, Finanzierung von Unternehmensübertragungen, in *Bank Austria* (Hrsg), Unternehmensnachfolge (1999), 156-177

Stadler, Unternehmensfinanzierungen nach neuen Spielregeln: Instrumente – Märkte – Perspektiven, in *Kolbeck/Wimmer* (Hrsg), Finanzierung für den Mittelstand – Trends, Unternehmensratings, Praxisfälle (2002), 110-124

Trömel, Netzwerke, PPPs und Europäische Investitionsbank, Vortrag gehalten anlässlich der Alpbacher Technologiegespräche 22.-24. 8. 2002, Arbeitskreis 6, Alpbach/Tirol

Viney, Project Finance, in *Morrison* (ed), Study Guide for the Handbook of Australian Corporate Finance, I[5], (1997), 535-542

Viney, Financial Institutions, Instruments and Markets, I[3], (2000)

Walter, Financial Engineering: Strukturierung von unternehmerischen Finanzierungen und Off-balance-Sheet-Finanzierungen, in *Juncker/Priewasser* (Hrsg), Handbuch Firmenkundengeschäft (1995), 513-539

Waschiczek/Fritzer, Rolle und Perspektiven des österreichischen Aktienmarktes, Berichte und Studien 4/2000, 116-140

Wirtschaftsblatt, 24. 10. 1997; 6. 6. 2000; 28. 6. 2000; 25. 5. 2002

Wojda, Ein Rahmenmodell für Public Private Partnership und dessen Anwendung in der Wirtschaftsentwicklung, Vortrag gehalten anlässlich der Alpbacher Technologiegespräche 22.-24. 8. 2002, Arbeitskreis 6, Alpbach/Tirol

Zorn, Betreibermodelle: Risiken und Chancen aus Sicht der Industrie, Kreditpraxis 4/1996, 25-29

Public Private Partnerships: Finanzierungsmodelle

Ian Andrews

Inhalt
1. Struktur einer PPP
2. Kommerzielle Finanzierungen
3. Konsortialkredite
4. Project Bonds im Vergleich zum Bankkredit
5. Equity Funds
6. Steuerfinanzierungen

In der Diskussion um den schlanken Staat und die Entlastung der öffentlichen Haushalte spielen Public Private Partnerships (PPPs) eine immer wichtigere Rolle. Dabei geht es im Kern darum, dass öffentliche Aufgaben ganz oder teilweise durch private Unternehmen erfüllt werden.

1. Struktur einer PPP

In einem PPP-Modell soll grundsätzlich jeder Partner für die Risiken haften, die er selbst am besten kontrollieren kann. Private Unternehmen müssen zB mit weniger Gewinn oder sogar dem Scheitern ihres Investments rechnen, wenn sie das Projekt nicht fristgerecht fertig stellen oder die vereinbarten Dienstleistungen nicht auf dem vereinbarten Niveau erbringen können. Andererseits muss die öffentliche Hand damit rechnen, dass sie für eine nachträgliche Veränderung der vereinbarten Bauvorgaben oder Dienstleistungen bezahlen muss. Vertragsgemäß erbrachte Dienstleistungen sind selbst dann zu bezahlen, wenn sie zur Zeit ihrer Erbringung von der öffentlichen Hand nicht benötigt werden.

Bei größeren PPP-Projekten, die Finanzierungen benötigen, wird im Normalfall eine eigene Gesellschaft für die Durchführung des Projekts gegründet, um die Haftung der Investoren zu beschränken und die Risikoverteilung zwischen den Beteiligten transparent zu gestalten. Eine solche Konstruktion bezweckt, dass die Projektgesellschaft Verluste selbst tragen muss, wenn unerwartete Risiken auftreten (zB Kostenüberschreitung oder Einnahmeverminderung, die nicht durch entsprechende Erhöhung der Gebühren bzw Verminderung der Dienstleistungen vermieden werden können). Wenn diese Verluste nicht zwischen den Beteiligten aufgeteilt werden, wird die Gesellschaft nach Verbrauch des Eigenkapitals nicht weiter funktionieren können. Da das eigentliche Vermögen der Projektgesellschaft normalerweise aus den Verträgen besteht, die sich in dieser Weise als unprofitabel erwiesen hätten, können die Banken sich in einem solchen Fall nicht auf die Sicherheiten verlassen, die zur Absicherung des Kredits gegeben worden sind.

Diese Struktur verlangt also, dass die finanzierenden Banken die Risiken, die von ihrem Kreditnehmer (die oben genannte speziell für das Projekt gegründete Gesellschaft) übernommen werden, nachvollziehen und objektiv überprüfen können. Da die Kreditgeber ihr Geld nur zurückerhalten, wenn das Projekt erfolgreich betrieben wird, müssen sie dafür sorgen, dass sie das Projekt genügend beaufsichtigen und, wenn nötig, auch kontrollieren können. Das kann durch Sicherheiten, die von den Bau- und Betriebsunternehmen gestellt werden, aber auch durch Eintrittsrechte geschehen, die mit der öffentlichen Hand vereinbart werden.

Die Sicherheiten und Eintrittsrechte, die die finanzierenden Banken bei solchen Projekten erwarten, erlauben eine echte Risikoverteilung. Wenn ein Risiko eintritt, für das eine der beteiligten Parteien zuständig ist, muss diese Partei dieses Risiko kontrollieren oder dafür haften. Das heißt, dass die Projektgesellschaft bei erhöhten Kosten oder weniger Einnahmen in vereinbarten Fällen Zugriff auf bestimmte Parteien haben kann, wenn diese Parteien die Kostensteigerung oder Einnahmenverminderung hätten vermeiden sollen. Wenn niemand sonst für ein Risiko haftet, muss das Risiko entweder durch eine Versicherung oder von der Projektgesellschaft selbst getragen werden. Wenn die Projektgesellschaft selbst und allein dafür haftet, heißt das zuerst, dass tatsächlich die Gesellschafter der Projektgesellschaft dieses Risiko übernehmen, oder im Nachhinein die Banken, die keine Tilgung des Kredits erwarten können.

Ziel der Banken ist also, alle Risiken so weit wie möglich den Investoren, Auftragnehmern und auch der öffentlichen Hand zu übertragen; Ziel der anderen Beteiligten wird ebenfalls sein, alle Risiken so weit wie möglich an die anderen Parteien zu übertragen, oder ihre eigene Haftung für Aufträge, die sie selbst kontrollieren, zu beschränken. In vielerlei Hinsicht ist die Verteilung von Risiken klar vorgegeben: Wenn sich die Fertigstellung des Projekts wegen mangelnder Bautätigkeit verzögert, muss die Baugesellschaft für die dadurch entstehenden Kosten haften. Weniger klar ist aber, inwieweit diese Haftung begrenzt ist, da eine etwaige Überschreitung der Grenze bedeuten würde, dass die Gesellschafter und Banken dafür haften. Die öffentliche Hand soll zwar für nachträgliche Änderungen des Auftrags bezahlen. Inwieweit das aber auch für Gesetzesänderungen gelten soll, die nicht vom Auftraggeber selbst, sondern durch einen anderen Teil der öffentlichen Hand oder der Regierung veranlasst werden, wird sehr oft umstritten sein. Diese Risikoverteilung führt dazu, dass sich alle Parteien genau überlegen müssen, welche Risiken zu übernehmen sie bereit sind und zu welchem Preis. Sie führt auch dazu, dass die öffentliche Hand den wahren Preis jeder ihrer Entscheidungen besser versteht, bevor sie die endgültige Entscheidung trifft.

2. Kommerzielle Finanzierungen

Im Vergleich zu den klassischen Bau- und Betriebsaufträgen der öffentlichen Hand sieht so eine „volle" PPP – im Sinne eines kombinierten Finanzierungs-, Bau- und Betreibermodells – eine von der öffentlichen Hand unabhängige Finanzierung vor. Das führt dazu, dass traditionelle Finanzierungsmodelle, bei denen der Staat Kredite ganz oder teilweise absichert oder garantiert, nicht mehr verwendet werden sollten, wenn die öffentliche Hand die eigentlichen Vorteile der PPP-Modelle nutzen will.

Wenn traditionelle Kommunalfinanzierungen benutzt werden, können diese zwar die damit verbundenen günstigeren Zinsen nutzen. Andererseits muss dann die öffentliche Hand den Hauptteil der Risiken übernehmen, da beim Scheitern des Projekts das Fremdkapital von der öffentlichen Hand garantiert worden ist. Das würde heißen, dass die vertragliche Risikoverteilung nicht funktionieren würde, da die Banken und unter Umständen auch die betreibenden Investoren im letzten Fall immer wüssten, dass sie sich auf die öffentliche Hand verlassen könnten und sich deshalb um die Risikoverteilung und ihre Haftung nicht wirklich sorgen müssten. Die volle PPP-Struktur sieht deshalb vor, dass man durch Kredite finanziert, die wegen der Risikoverteilung sogar teurer sein können als bei einem normalen Corporate Credit, da man kein anderes Vermögen als Sicherheit zur Verfügung stellt. Ob die Effizienzvorteile, die durch diese Struktur erreicht werden, die Kosten der teureren Finanzierung überschreiten, soll hier nicht diskutiert werden. Um diese Struktur zu benutzen, müssen in jedem einzelnen Projekt die Effizienz und die Kostenvorteile genau überprüft werden. Diese Vorteile sind von unabhängigen Gutachtern, zB vom Britischen Rechnungshof und von verschiedenen Wirtschaftsprüfern[1]) für Großbritannien, aber auch für andere Länder (wie etwa die Niederlande) im Durchschnitt bestätigt worden.

3. Konsortialkredite

In vielen anderen Ländern ist diese Art der Projektfinanzierung, die von der öffentlichen Hand nicht direkt unterstützt wird, hoch entwickelt. Da die finanzierenden Banken sich nur auf den Erfolg der Gesellschaft verlassen können, müssen sie sicherstellen, dass das Projekt tatsächlich erfolgreich ist. Zwar bekommen sie dafür eine erhöhte Marge; sie tragen aber auch erhöhte Risiken und nehmen eine wichtigere Aufsichtsrolle ein als bei einem normalen Corporate Credit.

Im klassischen PPP- oder Projektfinanzierungsmodell müssen deshalb die Banken dafür sorgen, dass alle Subunternehmer der Projektgesellschaft die vereinbarten Dienstleistungen erbringen und bei mangelhafter Erfüllung Schadenersatz leisten, damit das Projekt wirtschaftlich weitergeführt werden kann. Daraus entstehen manchmal komplizierte Verhandlungen zwischen den Auftragnehmern und den finanzierenden Banken sowie zwischen den Banken und der öffentlichen Hand als Auftraggeber, der beim Scheitern eines Projekts den Dienstleistungsvertrag mit der Projektgesellschaft kündigen will. Die Banken werden versuchen, in diesem Fall eine Entschädigungssumme von der öffentlichen Hand zu bekommen, die aber nicht einer Bürgschaft von Seiten der öffentlichen Hand gleichkommen darf und die berücksichtigen sollte, ob die Kündigung berechtigt ist.

Bankkredite können für verschiedene Laufzeiten angeboten werden. Sie können zudem zu unterschiedlichen Bedingungen und Margen nachrangig behandelt werden (Mezzanine Finance). Sondertranchen werden darüber hinaus als Stand-by-Debt oder durch andere Kreditgeber zur Verfügung gestellt. Der eigentliche Vorteil dieser Finanzierung und Grund deren weltweiten Erfolges liegt darin, dass dieses Modell besonders flexibel ist. Die Banken können verschiedene Arten von Debt Finance mit unterschiedlichen Risiken (durch Nachrangigkeit verschiedener Schuldtranchen, unterschiedliche Sicherheiten und Bürgschaftsstrukturen), Til-

---

[1]) National Audit Office Reports; *Arthur Andersen/Enterprise LSE*, Value for Money Drivers in the Private Finance Initiative (January 2000); *PriceWaterhouseCoopers*, PPP: a Clearer View (October 2001).

gungsfristen und Margen anbieten. Da man es dabei normalerweise mit einer beschränkten Zahl von spezialisierten Kreditgebern zu tun hat, können Restrukturierungen und Probleme des Projekts zeitnah besprochen und gegebenenfalls gelöst werden. Für die öffentliche Hand ist es natürlich nicht uninteressant, dass die Banken unter gewissem Druck sind, dafür zu sorgen, dass die Projekte doch erfolgreich betrieben werden und sich deshalb auch damit beschäftigen, ob die öffentlichen Aufgaben in der erwarteten Quantität und Qualität erfüllt werden.

Projekte werden auch von speziellen Finanzierungsinstitutionen sowie der EIB unterstützt, die langfristige Darlehen bereitstellen, die von kommerziellen Banken während der Früh-, insbesondere der Bauphase des Projekts durch Letters of Credit oder ähnliche Garantien besichert werden. Diese Letters of Credit werden ihrerseits während dieser ersten Phase durch eine Counter-Indemnity oder eine Bürgschaft der Projektgesellschaft und in beschränkter Form von den Investoren und Auftragnehmern gesichert, genau wie bei der normalen Finanzierungsstruktur durch Bankkredite.

Solche Projekte können zunehmend auf andere Art und Weise als durch Konsortialkredite (mit ihren verschiedenen Tranchen) finanziert werden, zum Beispiel durch Anleihen oder gar Eigenkapital, wenn ein größerer Teil der Investoren im Hinblick auf die Projektrisiken zufrieden gestellt werden kann. Dies geschieht jetzt häufiger durch Versicherungen, insbesondere für die risikoreichste frühe Phase eines Projekts (so genannte wrapped bonds durch monoline insurers).

4. Project Bonds im Vergleich zum Bankkredit

Die Versicherung der Anleihen funktioniert so, dass besondere Risiken von der Versicherungsgesellschaft übernommen werden, damit die Anleihen ein Investment Grade Rating bekommen. Um diese Struktur wirtschaftlich sinnvoll zu machen, dürfen die Prämien der Versicherungsgesellschaft die Kostenvorteile der Anleihenfinanzierung nicht überschreiten. Diese Entwicklung soll viele Projekte ermöglichen, die ansonsten aufgrund von Kreditbeschränkungen nur schwer durch Bankkredite zu finanzieren wären.

Der erste Grund, weshalb sich das Anleihengeschäft auf dem Markt entwickelt hat, war, dass Anleihen durch ihre langfristige Dauer einen Effizienzsteigerungs- und Kostenreduzierungseffekt bewirken können. Je länger die Laufzeit des Kredits ist, desto geringer können die Finanzierungskosten während der ersten Jahre des Projekts sein, in der man oft mit hohen Kosten, aber wenig Einnahmen rechnen muss. Dadurch ergeben sich manchmal auch Vorteile für den Nutzer, der während der ersten Jahre weniger Gebühren zahlen muss. Traditionellerweise waren Banken aber nicht bereit, langfristige Kredite zu vergeben, erst recht nicht an speziell gegründete Projektgesellschaften. Anleihen können jedoch weitaus längere Tilgungsfristen haben. Seit kurzem ist dieser Vorteil von Anleihen gegenüber Bankkrediten aber überwunden worden, da Banken im Wettbewerb immer mehr bereit sind, langfristige Darlehen zu vergeben. Dies gilt besonders dann, wenn der Hauptauftraggeber und Schuldner die öffentliche Hand ist, und die Hauptinvestoren und die Art des Projekts den finanzierenden Banken bekannt sind.

Das Anleihengeschäft hat darüber hinaus den großen Vorteil, dass im Allgemeinen die Verhandlungen zur Vertragsdokumentation viel schneller abgeschlossen werden und deshalb die Kosten der Transaktion reduziert werden können. Dies alles setzt aber voraus, dass die Risiken, die von den Investoren übernommen werden, entweder durch eine Versicherung vermindert werden (siehe unten) oder als normal und akzeptabel gelten. Dies würde bei PPP-Modellen normalerweise nur dann der Fall sein, wenn dieses Geschäft schon sehr entwickelt wäre, so dass die Investoren mit den Risiken eines solchen Projekts hinreichend vertraut wären.

Andererseits verliert man aber auch die Vorteile eines Konsortialkredits, wie zB die geringere Zahl der Ansprechpartner: Bei Konsortialkrediten handelt ein Vertreter (Agent) für die kommerziellen Banken; hinzu tritt zuweilen ein Ansprechpartner für die jeweilige spezielle Finanzierungsinstitution, wie zB die EIB oder die KfW. Bei Anleihen muss man sich dagegen mit zahlreichen Investoren auseinander setzen, die durch einen Treuhänder vertreten werden. Beim normalen Anleihengeschäft ist die Rolle dieses Treuhänders relativ begrenzt, da der Treuhänder seine Haftung ebenfalls beschränken will. Wenn das Projekt in Schwierigkeiten gerät oder im Erfolgsfalle restrukturiert werden soll, ist es im Rahmen eines Konsortialkredits wesentlich leichter, Änderungen der Finanzierungsstruktur zu vereinbaren, als dies bei einer großen Zahl verschiedener Bondholder möglich wäre. Diese sind nicht daran gewöhnt, ihr Investment regelmäßig zu beaufsichtigen. Außerdem beschäftigt sich der Treuhänder normalerweise erst dann vertieft mit dem Investment, wenn es um die Inanspruchnahme der Sicherheiten geht. Deshalb muss ein Treuhänder bei einem Project Bond eine viel größere Rolle spielen als bei einem anderen Anleihengeschäft, was auch heißt, dass Bondholder bereit sein müssen, ihm größere Vertretungsmacht als im Normalfall einzuräumen.

Wegen der Komplexität eines Projekts erwarten Banken eine viel intensivere Due Diligence des Projekts als bei einem normalen Anleihengeschäft. Die Bondholder müssen sich ihrerseits daran gewöhnen, mehr ins Detail zu gehen, und die Projektgesellschaft muss sich überlegen, inwieweit die Risiken und die Struktur der Gesellschaft im Rahmen der einschlägigen Offenlegungspflichten angegeben werden müssen. Von höchster Bedeutung beim Anleihengeschäft ist letztlich auch die Rolle der Rating Agenturen, um das nötige Credit Rating einzuräumen. Um das zu ermöglichen, müssen sich die Rating Agenturen selbst in die Risiken des Projekts einarbeiten. Damit man besonders in der frühen risikoreicheren Phase eines Projekts ein Investment Grade Rating bekommt (das heißt ein Rating, das bei den Anleiheninvestoren als sicherer gilt) braucht man entweder einen entwickelten Markt, der mit den Risiken und Gelegenheiten solcher Projekte vertraut ist oder eine Kreditunterstützung, zB durch eine Versicherung. Solch eine Versicherung wird von Monoline Insurers angeboten, die in der frühen Phase eines Projekts zahlreiche Risiken übernehmen. Die Prämien einer solchen Versicherung dürfen aber natürlich nicht die Vorteile einer Anleihenfinanzierung übersteigen.

Anleihenfinanzierungen sind deshalb im Allgemeinen im Vergleich zu traditionellen Bankkrediten relativ unflexibel, da bei vielen Projekten in der ersten, risikoreichsten Phase Änderungen des Kredits oder des Investitionsplans nötig werden können, die bei einer größeren Zahl von Investoren schwieriger zu vereinbaren sind als bei einem normalen Bankensyndikat. Deshalb sind tatsächlich die meisten solcher Finanzierungen eher als eine Restrukturierung eines schon existierenden und erfolgreichen Projekts gedacht, da die Vorteile der Anleihen ohne diesen Nachteil dann attraktiver werden. Dieser Markt ist trotz hoher Erwartungen im neuen Bereich der kontinentalen europäischen PPPs noch entwicklungsbedürftig. Wahrscheinlich ist aber, dass diese verschiedenen Finanzierungsmodelle auf dem Markt zusammen als Finanzierungsmöglichkeiten und sogar zusammen als verschiedene Tranchen derselben Finanzierung angeboten werden.

5. Equity Funds

In entwickelten PPP-Ländern spielen jetzt auch zunehmend Equity Funds eine bedeutende Rolle, da sich viele Bau- und Betriebsunternehmen die nötigen Kapitaleinlagen nicht mehr leisten wollen oder können. Solche Fonds sowie die Projektanleihen gründen ihren Erfolg darauf, dass nach der kritischen ersten Phase eines Projektes der Betrieb oft vergleichsweise sicher ist und das Investment bei guten Renditen sehr zuverlässig aussieht. Das ist insbesondere dann der Fall, wenn die öffentliche Hand der Haupt- oder einzige Nutzer ist: Auf dem Londoner Markt ist schon lange bekannt, dass PPP-Modelle im Durchschnitt eine sehr stabile, langfristige und gute Rendite bieten können. Obwohl auch auf dem britischen PPP-Markt einige erfolglose PPPs aufgetaucht sind – aus der Sicht der öffentlichen Hand ist es ja Sinn der ganzen Sache, dass ein Projekt auch scheitern kann, allerdings nur zu Lasten der Investoren und nicht der öffentlichen Hand – hat sich in den meisten Fällen die Struktur als belastbar genug erwiesen, um großes Interesse an Equity Funds zu erwecken. Man erwartet jetzt, dass sich dieser Markt auch auf dem europäischen Festland entwickelt.

6. Steuerfinanzierungen

Diese Art von Finanzierungsmodellen soll hier nur kurz angesprochen werden. Besonders in Deutschland sind Leasing- und andere Steuermodelle in den letzten Jahren sehr erfolgreich verwendet worden. Da sich diese Modelle aber eher mit privaten Investoren beschäftigen, die die Risiken eines PPP-Projekts (zumindest während der frühen Phase) nicht akzeptieren könnten, sind sie im Zusammenhang mit einer „vollen" PPP nur schwer zu verwenden. Man könnte sogar behaupten, dass der Erfolg verschiedener Steuermodelle in Deutschland der Entwicklung der PPP-Modelle geschadet hat, da allein von der Investorenseite her die verlässlicheren Renditen und die geringeren Risiken eines Leasingmodells attraktiver sein können und von Seiten der öffentlichen Hand solche Steuervorteile die Komplexität des Modells vergrößern, ohne Effizienz- oder Kostenvorteile zu schaffen. Sicherlich ist bei jedem Modell stets die steuerliche Auswirkung einer Struktur zu berücksichtigen, um die Entgelte bzw Gebühren für die Dienstleistungen so niedrig wie möglich zu halten (und auch, um die daraus entstehende Rendite zu verbessern). Jedoch kann man bei einem Modell, das sich primär um Steuervorteile bemüht, keine wirtschaftlich effiziente Struktur erwarten. Dies sollte aber das Hauptziel eines PPP-Modells sein.

Discounted Cash Flow (DCF) Internationaler Benchmark: Australian Public Private Partnership-Models

Mark Gray[1])

Table of Contents
1. Introduction to Public Private Partnerships (PPP's)
   1.1. What are the benefits of PPP's?
   1.2. Why the increasing push towards the use of PPP's?
   1.3. Value for Money
   1.4. Project Delivery Options
2. UK PFI Model
   2.1. Overview
   2.2. Lessons learnt from UK Experience
      2.2.1. First Bates Review

---

[1]) *Mark Gray* ist Division Director der Macquarie Bank.

Die 2001 in Österreich eröffnete Niederlassung von Macquarie, Macquarie Capital GmbH, Gf. *Dr. Werner Weihs-Rabl*, unterstreicht das große Interesse der Macquarie Gruppe an der Beteiligung an laufenden Infrastrukturprojekten in Mitteleuropa und den CEE Ländern.

Macquarie Bank ist eine Australische Investmentbank mit weltweit 4900 Mitarbeitern und Niederlassungen in 14 Staaten.

Macquarie zählt insbesondere aufgrund der starken sektoralen Ausrichtung auf dem Gebiet Infrastruktur im Bereich Verkehr, Energie und Kommunikation zu einer der führenden Banken weltweit.

Einer der wichtigsten Bereiche der Bank sind innovative Finanzierungsmodelle für Infrastrukturprojekte. In diesem Geschäftszweig sind weltweit über 400 Spezialisten tätig, davon mehr als 100 in Europa in Niederlassungen in London, Frankfurt und München. Macquarie Capital GmbH in Wien bietet in Österreich sowie in Zentral-und Osteuropa auf diesem Sektor Spezialisierte Equity Fonds und Public-Private-Partnership-Modelle an.

Macquarie beteiligt sich an großen Infrastrukturtransaktionen über Eigenkapital-Fonds, die teilweise börsenotiert sind. Hier sind vor allem Transaktionen im Energiebereich, im Telekommunikationssektor sowie im Bereich Abwasser zu nennen. International kann Macquarie eine Reihe von Referenzprojekten vorweisen, wie zum Beispiel Mautstraßenprojekte in Deutschland, Kanada, Spanien und Portugal sowie die Stadtautobahn in Melbourne. Hier hat auch ein österreichisches Unternehmen (ein Tochterunternehmen von Kapsch AG) einen Großauftrag für die elektronische Mauterfassung an Land ziehen können.

Public-Private-Partnership-Modelle stellen auch für Österreich eine hervorragende Lösung dar, um bestehende Finanzierungsengpässe in verschiedenen Sektoren, wie zB im Infrastrukturbereich oder im Gesundheitswesen zu überwinden. Die Realisierung von derartigen Transaktionen bedarf jedoch starker politischer Unterstützung und erfordert intensive Beratungsleistung hinsichtlich relevanter Erfolgsfaktoren und möglicher Risiken.

Entscheidend ist dabei, dass die öffentliche Hand bereit ist, Kompetenzen in den privaten Sektor auszulagern, um gleichzeitig eine Risikoteilung mit dem privaten Partner zu erreichen (Kostenrisiko, Fertigstellungsrisiko, Betreiberrisiko). Als Gegenleistung für die Übernahme und Auslagerung von operativen Risiken erwartet der private Betreiber eine angemessene Rendite.

2.2.2. Second Bates Review
  2.2.3. Report by the Comptroller and Auditor-General
3. Australian PPP Models
  3.1. Overview
  3.2. Issues with State Infrastructure PPP Policies
    3.2.1. The Public Sector Comparator
    3.2.2. Reflecting the Risk Allocation in the Contract
4. Risk Identification and Allocation
  4.1. Construction Phase Risks
  4.2. Market and Revenue Risk
  4.3. Operating Risks
  4.4. Financial Risks
  4.5. Legal Risks
  4.6. Political Risks
  4.7. Interface Risk
  4.8. Risk Allocation Under Typical Project Delivery Options
  4.9. Debt Financier's Approach to Key Credit Issues
5. Commercial Structures and Payment Mechanisms
  5.1. Commercial Structures
  5.2. Payment Mechanisms
    5.2.1. User Charges
    5.2.2. Usage Based Payments
    5.2.3. Availability Based Payments
    5.2.4. Other Government Support Mechanisms
6. Financial Structuring
  6.1. Debt Funding
    6.1.1. Commercial Bank Debt
    6.1.2. Subordinated Debt
    6.1.3. Bond Issues
    6.1.4. Inflation-indexed Bonds
    6.1.5. Securitisation
    6.1.6. Leasing
    6.1.7. Commercial Debt vs Bonds
  6.2. Equity Funding
    6.2.1. Sponsor Equity
    6.2.2. Institutional and Retail Equity
    6.2.3. Direct Investment
  6.3. Past and Present Project Finance Markets in Australia
  6.4. Taxation Issues
    6.4.1. Section 51AD
    6.4.2. Division 16D
    6.4.3. Opportunities – Use of Tax Concessions
  6.5. The Role of Government
    6.5.1. Loans from Government
    6.5.2. Grants
    6.5.3. Guarantees
    6.5.4. Tax Benefits
  6.6. Optimising the Funding Structure
  6.7. Key Success Factors
    6.7.1. Certainty of Delivery

6.7.2. Price of Finance
 6.7.3. Flexibility
 6.7.4. Recognise nature of assets
 6.7.5. Legal Issues
 6.7.6. Taxation
7. Future of PPP's in Australia – a Financial Perspective
8. Conclusions

1. Introduction to Public Private Partnerships (PPP's)

1.1. What are the benefits of PPP's?

Public Private Partnerships bring together the public and private sectors into a long-term partnership for mutual benefit. The objective of a PPP is to utilise private sector experience to provide a value for money solution which meets the Government's objectives through providing clear benefits to the public good and satisfying the political accountability for taxpayers funds. Public Private Partnership recognises that both the public sector and the private sector have certain advantages relative to the other in the performance of specific tasks. By allowing each sector to do what it does best, public services and infrastructure can be provided in the most economically efficient manner.

There are many benefits that flow from the involvement of the private sector in infrastructure project delivery:
– possible design and construction cost savings;
– potential operating cost savings;
– early completion;
– transfer of significant risks to the private sector where suitable;
– financial innovation and discipline in raising funds and developing cost-effective solutions;
– increased capacity of the public sector to develop other infrastructure projects;
– elimination/reduction of pricing restraints;
– improved service coverage and quality;
– injections of capital without increasing the public sector borrowing requirement;
– improved efficiency, by removing responsibility for operations from the constraints of civil service procedures, practices and employment conditions; and
– a re-alignment of the government's role to one which they are most able to perform, that of policy development and regulating the operation of the infrastructure.

Public-private partnership arrangements vary from full private ownership (with government approval and regulatory oversight) to public projects in which the private sector partner serves as a contributor to the government-sponsored project. In addition to the more traditional economic, technical and financial appraisal requirements of project financing, infrastructure projects usually necessitate a much more thorough analysis of the regulatory, institutional and legal arrangements under which the project developers and promoters will operate.

Usually only those projects with sustainable cash flows compete for the attention of investors. PPP's are a supplement to public financing of less self-supporting projects. Allowing the public sector to focus its resources on developing otherwise unfinanceable projects assists in filling the „infrastructure gap" between what Treasury can afford and what the public needs.

1.2. Why the increasing push towards the use of PPP's?

Infrastructure assets are the „backbone" to the economy and a key requirement for strong, industrial, economic and social development within any nation. Infrastructure in general is a very broad asset class with a multitude of differing sub-asset classes as shown in the following figure.

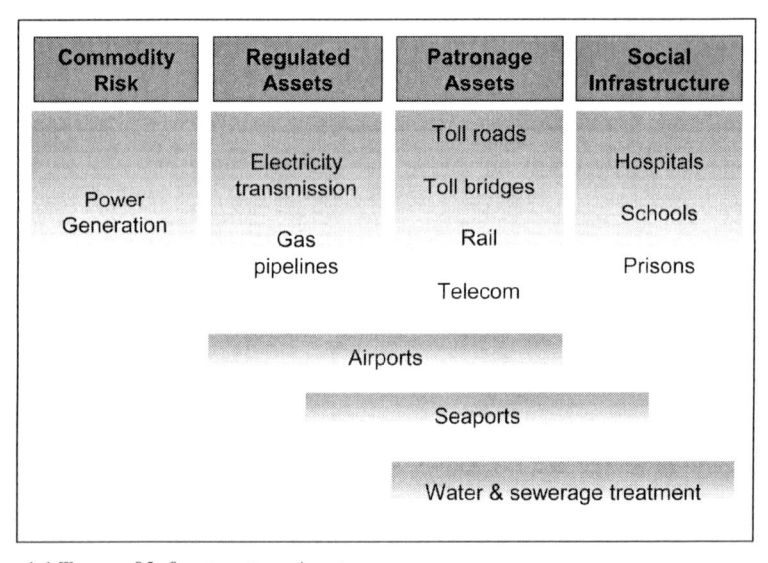

Commodity Risk	Regulated Assets	Patronage Assets	Social Infrastructure
Power Generation	Electricity transmission	Toll roads	Hospitals
		Toll bridges	Schools
	Gas pipelines	Rail	Prisons
		Telecom	
	Airports		
	Seaports		
	Water & sewerage treatment		

Figure 1.1 Types of Infrastructure Assets

Financial constraints have restricted public capital spending on infrastructure in Australia over the past decade to approximately 0.05% of GDP in 2000 compared to 0.35% of GDP in 1990. The following figure indicates the decline in public spending as a % of GDP over the past 10 years.

This has significantly affected the quality of infrastructure within Australia as was highlighted by the Institute of Engineers in their 1999 report on the Nation's Infrastructure. It was found in that report that Australian infrastructure is subject to severe degradation in many sectors. Over the past decade, Australian Federal and State governments have been faced with this escalating problem of providing new and renewed infrastructure to a diverse and growing population, with shrinking financial resources. Consequently, the substantial impetus for the use of PPP's has been seen as long-term solution to this problem.

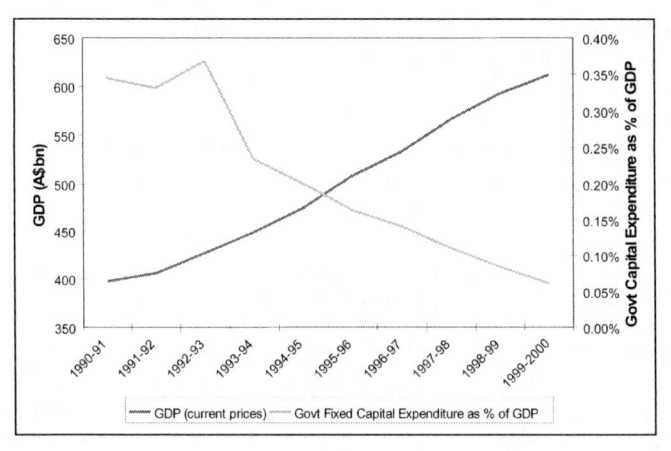

Figure 1.2 Public Sector Investment in Infrastructure (% of GDP)
Source: ABS 5206.0

1.3. Value for Money

However, the implementation of PPP's in Australia has been hampered by the perceived value for money concept, given the private sector's cost of capital is higher than that of the public sector. The cost of capital is often critical to demonstrate to the public sector the value for money that can be achieved through the PPP process.

There are a number of aspects to this question that puts it in perspective.
- The difference between the private sector's and public sector's cost of borrowing is between 1% and 3%. This difference only applies to the initial capital cost which according to a study conducted by Arthur Anderson on the PFI initiative in the UK accounted for only 22% of the total whole of life costs.[2]) This proportion would only be applicable to soft infrastructure projects such as education, health, police, housing etc.

  Also the required rates of return on equity would be between 8% and 12% depending upon whether ownership of the stock was transferred or not. Therefore, on this basis, the private sector's cost of capital would only be marginally higher than the public sector's and therefore provide the opportunity for the private sector to compete on cost management grounds. The ability to compete on cost management grounds is the primary focus for value for money given it comprises the majority of the whole-of-life costs.

- The value extracted from the use of funds raised is normally more important than the price paid. The higher borrowing costs of the private sector can be more than compensated by the following:

---

[2]) *Arthur Andersen and Enterprise LSE*, Value for Money Drivers in the Private Finance Initiative, Report for The UK Treasury Taskforce.

- Innovative construction, design and maintenance over the life of the contract;
- Greater efficiencies between design and operation;
- Improvement in the quality of the asset through improved long-term maintenance regimes and cost structures.

The Arthur Anderson study indicated that the private sector can deliver better value for money on average through a 17% delivery saving over and above the traditional public sector procurement.

- The public sector does not price the risk associated with the procurement and on-going operation of projects and therefore cannot make informed decisions about the priority of projects and the best method to procure them. The ability to borrow at the risk-free rate does not allow the public sector to distinguish between the risks involved in multiple projects and therefore the ability to determine the best use of public sector funds. Also the non-pricing of on-going operations of the projects (whole-of-life costs) creates budgetary problems through unspecified operational costs which may not represent the most cost-effective or efficient solution. The private sector adjusts its cost of capital to reflect the risks inherent in individual projects and therefore prices the risk associated with whole of life costs. The cost of capital argument should therefore also be based upon a direct pricing comparison of the true risks of any project.

The following diagram illustrates the cost advantages which can be derived from private sector funding of a „soft" infrastructure asset. It illustrates cost variations for a hypothetical example of an asset with a USD 70 million construction cost and a total cost (construction and facilities management over the course of the concession period) of USD 350 million.

Assuming a margin of around 1-3% over the government's cost of funds, the private sector faces a cost of capital disadvantage. However, the private sector can still produce a better value for money outcome for government by:

- Assuming capital cost over-run risk (which in some cases can represent 20-40% of capital costs for government projects); and
- Achieving delivery efficiencies of around 17% of whole-of-life asset costs.

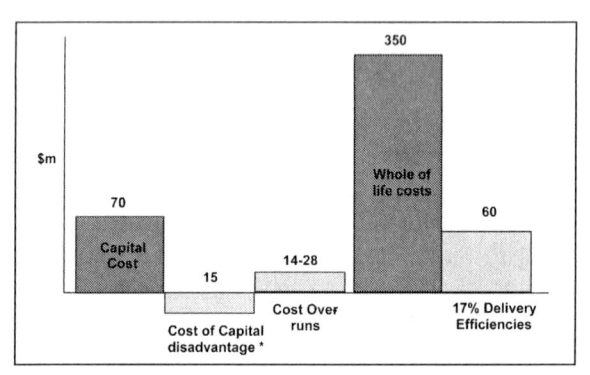

Figure 1.3. Value for Money Example
* Based on a debt repayment tenor of 15 years.

As the UK Treasury Taskforce stated: PPP's are not just about borrowing funds from the private sector, „*it is about creating a structure in which improved value-for-money is achieved through private sector innovation and management skills delivering significant performance improvement and efficiency savings.*"

1.4. Project Delivery Options

Private sector participation in the provision of infrastructure can vary significantly. Set out in the table below is a summary of the characteristics (including advantages and disadvantages) of each typical project delivery mechanism used – from full government provision to privatisation. In between these two ends of the project delivery spectrum are some of the PPP options currently being used.

Public – Private Partnerships
Project Delivery Options

Mechanism	Description	Advantages	Disadvantages
Summary of Advantages & Disadvantages			
Option 1 No private sector participation – Government Provision	Government would develop, own, construct, operate and finance the project.	Government retains 100% control of the project. Little or no additional regulation would be required. Government retains project upside.	Government financing would increase public sector debt. Government would assume all risks associated with the development of the project including design, construction, environmental, demand, operation, etc. Government/tax payers potentially exposed to substantial losses. Government ownership may allow a bureaucracy to develop. Any user charges would form part of consolidated revenue, providing no incentive for revenue maximisation.
Option 2 Government ownership with private sector D&C	Government would develop, own, construct, operate and finance the project. A design and construction contract would be awarded to the private sector, after a tender process.	As for Option 1, plus Some construction risks would be transferred to the private sector.	As for Option 1, Little or no incentive for the private sector to provide innovative „whole of life" solutions. Government bears the portion of the construction risk not able to be allocated to the contractor through liquidated damages.

Mechanism	Description	Advantages	Disadvantages
Summary of Advantages & Disadvantages			
Option 3 Government development with separate private sector D&C, & maintain (DBM) – Serviced Infrastructure Model	Government would develop the project by tendering (to both the public and private sector), the design, construction and maintenance of the project. Government retains operational control – usually in the provision of core/essential services	Some construction risks would be transferred to the private sector. Would allow private sector provision of the various components to be benchmarked against public alternatives.	Separation of the project into components may not produce the best solution, as co-operation between developer, constructor, facilities manager and operator would be limited. Lack of co-operation is likely to increase probability of interface risk.
Option 4 Government development with separate private sector D&C, own & maintain (DBFM) – Serviced Infrastructure Model	Government would develop the project by tendering (to both the public and private sector), the design, construction, financing and maintenance of the project. Government retains operational control – usually in the provision of core/essential services	As for Option 3, plus Asset maintenance and financing can be combined to provide whole-of-life cost reductions.	As for Option 3
Option 5 Government development with separate private sector D&C, & operation (DBO)	Government would develop the project by separately tendering (to both the public and private sector), the design and construction and the operations of the project.	Some construction risks would be transferred to the private sector. Would allow private sector provision of the various components to be benchmarked against public alternatives.	Separation of the project into components may not produce the best solution, as co-operation between developer, constructor and operator would be limited. Lack of co-operation is likely to increase long run maintenance costs and reduce asset lives. Separation would make it difficult to ensure a seamless transfer of risk to the private sector. Residual risks (for example, the transition from the construction to the operations phase) would fall on Government. Lack of co-operation is likely to increase probability of interface risk.

Australian Public Private Partnership-Models

Mechanism	Description	Advantages	Disadvantages
Summary of Advantages & Disadvantages			
Option 6 Government development with separate private sector D&C, operation & financing (DBFO)	Government would develop the project by separately tendering (to both the public and private sector), the design and construction, the operations and the financing of the project.	As for Option 5, plus Government controls the timing of the sale of the components. Allows government to sell operations and financing either upfront (to reduce the amount of risk assumed) or as demand matures (to maximise sale proceeds).	As for Option 5, plus Separation of the project into components may not produce the best solution, as co-operation between developer, constructor, operator and financiers would be limited.
Option 7 Build, Own and Operate (BOO)	Private Sector would develop, construct, own, operate and finance the project.	Would allow the majority of project risks to be transferred to the private sector, resulting in clearly defined outcomes for government/taxpayers/users. Commercial/economic incentives of private sector promoting efficiency, innovation and use of new technologies. Private sector participation in direct economic projects reduces government debt burden and allows funds to be directed into social infrastructure. Competition in the tendering and negotiation phase allows government to allocate risks to those parties best able to assess (and price) those risks. This results in a more efficient outcome. Government avoids embarrassment associated with project failures (eg Citylink tunnelling and tolling problems).	Private sector will demand a risk premium for risks assumed. This may increase the „headline" cost of the project, in return for certainty. Price and other regulations would be required, thereby increasing administrative burden and reducing ongoing flexibility. Regulation reduces governments' ongoing flexibility to deal with interconnected infrastructure. Private sector may derive „unearned" benefits associated with any interconnected infrastructure.
Option 8 Build, Own and Transfer (BOT)	Private Sector would develop, construct, own, and finance the project.	Would allow some of the project risks to be transferred to the private sector, resulting in clearly defined outcomes for government/taxpayers/users. Commercial/economic incentives of private sector promoting efficiency, innovation and use of new technologies. Ownership of the project returns to government at the end of a fixed term.	As for Option 7, plus Separation of the project into ownership and operations components may not produce the best solution, as co-operation between developer, constructor, operator and financiers would be limited. Lack of co-operation is likely to increase long run maintenance costs and reduce asset lives.

Mechanism	Description	Advantages	Disadvantages
Summary of Advantages & Disadvantages			
		Private sector participation in direct economic projects reduces government debt burden and allows funds to be directed into social infrastructure. Competition in the tendering and negotiation phase allows government to allocate risks to those parties best able to assess (and price) those risks. This results in a more efficient outcome.	Government will face operational risks unless operations contract has already been let to the private sector. Interface risk due to separation of facilities manager and operator.
Option 9 100% private sector BOOT	Government tenders the project on a BOOT basis to the private sector. Private sector designs, constructs, operates and finances the project.	Would allow the majority of project risks to be transferred to the private sector, resulting in clearly defined outcomes for government/taxpayers/users. Commercial/economic incentives of private sector promoting efficiency, innovation and use of new technologies. Residual asset risk would be transferred to the private sector. Private sector participation in direct economic projects reduces government debt burden and allows funds to be directed into social infrastructure. Competition in the tendering and negotiation phase allows Government to allocate risks to those parties best able to assess (and price) those risks. This results in a more efficient outcome. Government avoids embarrassment associated with project failures (eg Citylink tunnelling and tolling problems).	Private sector will demand a risk premium for risks assumed. This may increase the „headline" cost of the project, in return for certainty. Price and other regulations would be required, thereby increasing administrative burden and reducing ongoing flexibility. Regulation reduces governments' ongoing flexibility to deal with interconnected infrastructure. Private sector may derive „unearned" benefits associated with any interconnected infrastructure.

Mechanism	Description	Advantages	Disadvantages
Summary of Advantages & Disadvantages			
Option 10 Privatisation – private sector provision	The Government would sell the asset to the private sector which will operate and finance the asset without any future government involvement	• Government receives an upfront payment that can be used more effectively through reducing government debt burden or allowing funds to be directed into social infrastructure. Would allow all the project risks to be transferred to the private sector, resulting in clearly defined outcomes for government/taxpayers/users. Commercial/economic incentives of private sector promoting efficiency, innovation and use of new technologies. Government avoids embarrassment associated with project failures (eg Victorian electricity assets).	Private sector will reduce sale price for certain risks that may be best managed by the public sector. Price and other regulations would be required, thereby increasing administrative burden and reducing ongoing flexibility. Regulation reduces governments' ongoing flexibility to deal with interconnected infrastructure. Private sector may derive „unearned" benefits associated with any interconnected infrastructure. No upside sharing arrangements with Government.

2. UK PFI Model

2.1. Overview

The UK implemented the Private Finance Initiative (PFI) in 1992 with contracts for over 400 projects signed. The UK have used PFI in a number of sectors including transport (road and rail), health, education, police and defence and are considered to be the most experienced country in implementing the PPP process. The UK model consists of the following characteristics:
– Policy outcome driven
– Priorities set by community need
– Economic viability is the test
– Defined price for defined outcome and performance standards
– Appropriate risk transfer
– Government can set pricing policy
– Government funding generally involved
– Contract based upon a partnership approach.

The PFI was designed to promote private sector involvement in the funding, development and operation of assets used by government agencies and public sector bodies for the provision of a variety of essential public services, such as hospitals, prisons, roads, housing and schools. The UK government considers the program to be the crux behind its modernisation program by „delivering better quality public services by bringing in new investment and improved management."

The PFI projects have typically been structured at the low end of investment grade. They have generally had the following key credit features:[2])
- Important asset for the public sector – essential service to the community. Should the project encounter operational difficulties, the public sector would normally take a constructive stance to keep the project viable.
- Highly rated entities as „off-takers" – revenues from payments by Government agencies.
- Low construction risk – projects typically been low technology, standard structures and not leading-edge major infrastructure. Most contractors/developers are experienced and financially strong in conjunction with specialist architects, engineers and other consultants.
- High degree of revenue stability – limited exposure to market risk with high degree of revenue predictability and stability. Little use of user charges as payment mechanism – primarily usage payments and availability payments with deductions for non-performance.
- Mature legal framework – extensive standardised contractual arrangements in place.
- Highly leveraged financial structure – typically quite high – between 85% and 90% debt.
- DSCR are quite low (1.25x – 1.30x) due to revenues dependent upon mostly availability payments.
- Performance and monitoring regimes are complex and relatively untested.

Some of the early PFI deals offered attractive features to the private sector and there was an initial market perception that PFI was equivalent to government-backed public sector risk. However the underlying credit profiles of PFI transactions to date in the UK have been of low investment grade. The PFI market has seen average debt protections weakening, thinner margins and longer tenors being negotiated.

However this is also a result of an enhanced market understanding of complex deals and other credit enhancements ie index-linked bonds. The use of capital markets is increasing with a wide range of funding options now available, such that PFI projects are starting to look like normal, long-term projects.

This has been more evident post September 11 as banks are finding that deals are taking longer to syndicate and their exposure to these projects are increasing.

2.2. Lessons learnt from UK Experience

There are a number of views as to why, initially, PFI suffered teething problems. However, the Bates' Reviews perhaps best summarise the difficulties associated

---

[2]) *Moody's Investors Service*, Public-Private Partnership Projects in Europe: Lessons from UK PFI (April 2000).

with PFI. The recommendations made in the Bates' review have in most cases been implemented.

2.2.1. First Bates Review

The recommendations of the First Bates Review fall into four main categories which are summarised below.

a) Institutional structure

Bates made a number of recommendations regarding the institutional structure supporting the PFI process. These recommendations included the establishment of a Treasury Taskforce to oversee the procurement of PFI projects.

b) Improving the process

One of the most fundamental improvements to the PFI process identified in the first Bates Review was the need to produce standard documentation. The standardisation of tender documentation was seen to be likely to reduce legal fees and other costs and reduce the time spent negotiating with the preferred bidder.

c) Learning lessons

Bates recommended that clear guidelines and training be provided to persons responsible for implementing PFI projects. In particular, case studies and specific guidance manuals needed to be issued to assist in the procurement process.

d) Bid costs

The need for to make PFI projects cost effective by minimising costs to the private sector was emphasised in the Review. Recommendations to achieve this focused on strictly controlled procurement processes and tendering guidelines.

2.2.2. Second Bates Review

The Second Bates Review recognised the need to adapt the PFI process to provide „Wider Markets" such as public private partnerships to exploit under-used public sector assets with commercial potential. This would provide the UK Government with an opportunity for the „rebranding" of PFI, as just one of a range of public/private partnership models. As the use of private finance is seen to have become a mainstream procurement tool, it was the view of Bates that it has grown beyond an „initiative".

The Second Bates Review also identified the need to consolidate and strengthen central coordination in PFI procurement. For this purpose Bates made a number of recommendations relating to institutional and administrative change.

In summary the key issues to be addressed were:
– the need for a skilled, central reference team to provide support to agencies and central government and engender market confidence in the programme;

- to continue to attract, develop and improve the skills of personnel within the reference team and government agencies;
- to obtain commercial and financial expertise early in the planning and development of project opportunities; and
- to improve project management capability and service standards.

Each of these issues highlights the importance of a sound commercial framework and process for the procurement of public private partnerships.

2.2.3. Report by the Comptroller and Auditor-General

From the release of the two Bates Reviews, the Auditor General conducted a study into how PFI projects were being managed and identified areas for improvement in future procurement processes. The key points from the study were:
- The development of a successful relationship can be assisted by the right conceptual framework (including appropriate risk allocation, defining quality or service and value for money mechanisms, and establishing arrangements to deal with change).
- Even with the right conceptual framework, the full potential benefits of a project may not be realised without sufficiently skilled and experienced staff. This point is even more relevant in the case of local government procurement.
- Contracts need to allocate risk appropriately. If authorities place excess risk on the private sector, they will in turn charge a premium for accepting these risks, thereby not achieving value for money. Some contractors may be willing to accept inappropriate risks to win a contract, however due diligence by banks is important in this instance to not accept a deal with too much risk. Some banks will accept a deal if parent company guarantees are provided.
- Value for money mechanisms are needed to incentives contractors and reduce costs to government.
- Contracts should contain mechanisms/procedures by which changes can be made and be evaluated and approved prior to implementation. These procedures should also have the flexibility to introduce new services, especially for long-term or IT projects.

3. Australian PPP Models

3.1. Overview

The Australian PPP model has over the past few decades been typically based on the BOOT (Build Own Operate Transfer) scheme which has typically taken the form of a „all or nothing" approach. The Australian PPP model transfers significantly higher risk to the private than other models, including the UK PFI model. The provision of infrastructure has typically been either full public sector design, construct, finance, own, operate and maintain including assuming all project risks or transferring all of the above to the private sector.

Given the large geographic area and small population of Australia, there is relatively small throughput or patronage base from which to recoup those capital costs (which are usually relatively high). Hence there are only a small number of projects which are financially viable from a private sector perspective on a full stand-alone basis. This has shaped the current model which has the following characteristics:

– Project driven
– Priorities set by financial payback
– Financial viability required
– No net cost to government
– Maximum risk transfer
– User pays; some CSO/concession make-up
– Government input generally limited to land acquisition
– Adversarial contract based approach.

This model does not realise the opportunity for different risk allocations and real funding partnerships between public and private sector. What the Australian experience has shown, especially in toll roads past the past 20 years, is that over time, whilst the capital market have developed and institutions have become more comfortable investing in infrastructure, the private sector understand and are willing to „take on board" more risk than was initially the case. The following two tables highlight these points.

Project	Year	Construction Risk	Traffic Volume	Tax Risk	Financial Risk	Network Risk	Force Majeure
Gateway Bridge	1983	Shared	X	X	X	X	X
Harbour Tunnel	1986	✓	X	Shared	Shared	X	X
M4 Motorway Upgrade	1990	✓	✓	✓	Shared	X	X
M5 Motorway	1992	✓	✓	✓	Shared	X	X
M2 Motorway	1992	✓	✓	✓	✓	Shared	Shared
Melbourne City Link	1995	✓	✓	✓	✓	Shared	Shared
Eastern Distributor	1997	✓	✓	✓	✓	✓	✓

Table 3.1: Transfer of Risk to the Private Sector in Toll Roads in Australia

Project	Year	Funding Mechanism
Sydney Harbour Tunnel	1986	Government Guarantee
M4 Motorway Upgrade	1988	Bank Debt/Existing Motorway
M5 Motorway	1990	Bank Debt, Government, Contractor
M2 Motorway	1994	Listed Equity, CPI Bonds, Bank Debt
Melbourne City Link	1995	Listed Equity, CPI Bonds, Bank Debt, Infrastructure Bonds
Eastern Distributor	1996	CPI Bonds, Bank Debt, Infrastructure Bonds, Subordinated Debt

Table 3.2: Evolution of Funding Mechanism for Toll Roads in Australia

Although the model has evolved for infrastructure such as toll roads, more troublesome has been the extent of private sector involvement and control over social infrastructure assets such as hospitals, schools, courts and prisons. The Australian PPP model is only starting to flourish as governments and their departments become aware of its potential and realise the urgency in developing innovative financing solutions for their individual jurisdictions. This has been evidenced by the release of PPP policies in most Australian States in particular Victoria and NSW.

The frameworks released by Victoria and NSW has seen a movement towards true partnership, optimal risk transfer and sustainability of outcomes. In a true partnership, the public interest is protected and „core" services are retained by Government. With regards to optimal risk transfer, more sophisticated mechanisms for understanding and valuing risk have been outlined in conjunction with evolving risk mitigation techniques. There has been a move towards an emphasis on „value for money" with a focus on private sector's ability to meet its obligations.

3.2. Issues with State Infrastructure PPP Policies

3.2.1. The Public Sector Comparator

The most controversial and debated topic within PPP policies is the construction of the Public Sector Comparator (PSC).

The PSC is expressed as a net present cost to government of providing the output under a public procurement, using discounted cash flow analysis. This enables comparison with bids and makes allowances for the imputed cost to government of obtaining capital for a public procurement. In Partnerships Victoria, the PSC is outlined in great detail, with one of the three separate guides to the overview being a technical note on the PSC.

It defines the PSC as including four components:
- **Raw PSC:** The base cost of delivering the services specified in the Project Brief.
- **Competitive Neutrality**: The removal of net advantages or disadvantages that accrue to a government business by virtue of its public ownership.
- **Transferable risk**: Value of risks allocated to government under a public procurement that are allocated to the private sector using a Present Value approach.

– **Retained risk:** Value of the risks retained by government under a Present Value approach is added to each private sector bid, to provide a true basis for comparison. This does not include risks associated with core services, as they fall outside the scope of the contract.

The private bids on the other hand include only the retained risk plus the net present cost of service payments. Thus the Victorian approach places large importance on the PSC as part of the bidding process, with comparison of public procurement costs playing a large part of the decision-making process in assessing the best private bid and whether procuring the services from the private sector is viable.

NSW follows Victoria's lead by using a similar 'benchmark cost comparison'. This outlines the alternative cost of public sector financing, assisting in reaching a judgment about whether a privately financed contract will offer value for money.

The main concerns of the private sector with the PSC are the risk valuation methodology used, the potential scope for error in calculating the PSC and the status of PSC for projects the Government cannot deliver.

Risk Valuation Methodology

A requirement to value each risk on an individual basis and then add them to the raw PSC (non-risk adjusted valuation of the project) is potentially complex, subjective, time consuming and expensive. Some risks cannot be measured (ie change in law, force majeure) and the components of risk are generally not additive. Therefore the PSC may significantly overstate the value of risk which may prevent projects from being considered due to affordability concerns.

The concept of developing a raw PSC using Discounted Cash Flow (DCF) is consistent with private sector best practice for evaluating projects. The PSC must be discounted using a hurdle rate that is benchmarked against recent private sector financings both domestically and internationally for similar projects. Identification of all material project risks can be compared relative to the recent private sector financings and an appropriate level of gearing and equity rate of return can be established. This hurdle rate should be applied to the raw PSC and then adjusted by the NPV of any competitive neutrality inclusions/exclusions. Bids of the private sector can then be assessed quantitatively (concurrent with qualitative assessments such as freeing up public sector capital, access to market edge solutions, delays in implementation if private sector not involved) by applying the same hurdle rate. Concerns arise when the PSC does not price the overall risk of the project through the application of an inappropriate hurdle rate.

As a component of the raw PSC, the third party revenue can be easy to overestimate. Relationships between price and demand are often difficult to predict without detailed external studies. Importantly the private sector is constrained by external financiers in accounting for third party revenues. Often financiers will be reluctant to take into account third party revenues in assessing a project, particularly if such cash flows have substantially more risk associated with them than the underlying project. Unless the Government approach is similar, the PSC will represent a „blue sky" case which is a) unlikely to be achievable and b) not directly comparable with private sector bids.

Significant scope for Error

There is significant margin for error in the development of the PSC, particularly in valuing risk aspects of projects. It is important that the PSC is not seen as a „line in the sand" in determining a method of project delivery but rather a guide to assess whether the public and private sectors have a consistent view on risk and deliverables of the project. If the PSC has comfortably beaten private sector bids this may be as a result of a different understanding of the project and its associated risks rather than a significant difference in underlying „value for money" between public and private sectors.

Projects Government cannot Deliver

For planned projects that cannot be delivered by the Government due to factors such as lack of operational skill or budgetary constraints, a meaningful PSC is difficult to develop given that the project would be infeasible on a solely public sector basis. If a project is undeliverable or is not intended to be delivered by the public sector, a flexible approach to benchmarking should be applied. It is important to recognise that the private sector is reluctant to accept incurring costs of a competitive tender if the Government has not acknowledged these constraints and is therefore not fully committed to project delivery involving the private sector.

In essence, the Private Sector requires from the Government during its bid evaluation stage:
- Confidence that the PSC will be appropriate and unbiased;
- A PSC process that recognises that every project is different;
- An expectation that the PSC will be used as a guide to ensure public sector requirements are being met and value for money provided;
- Commitment from the Government that it will proceed to private sector delivery if its requirements are met and value for money is provided;
- Government belief in its tender process to produce a competitive result.
- The PSC not to be a „line in the sand";
- The PSC to not be theoretically correct but impossible to complete in practice; and
- The PSC not to be inflexible to changes in project scope.

Disclosure of the PSC is needed for an open and transparent relationship where both the public and private sectors are acting with full information. In disclosing components of the PSC, advantage to the Government include:
- Discouraging uncompetitive bidders;
- Quickly identifying any major differences between public and private sector perceptions as to scope and risks associated with a project; and
- Giving the private sector confidence that the Government is not just „fishing" for information from the private sector.

3.2.2. Reflecting the Risk Allocation in the Contract

The definition of the service obligations in the contract is critical to the risk allocation achieved. The level of Government ability to define the method of service delivery (as opposed to the „output specification") should be limited. By trying to define how services are delivered, Government will inadvertently take back risk.

The payment and pricing mechanism should not by themselves establish risk allocation but should reflect the risk which it has been agreed should be transferred to the private sector. For example, if it is determined that the public sector is best placed to control demand risk, the payment structure to the private sector should substantially be availability based (payment mechanisms are discussed in more detail in Section 5). Government have been typically been aware of the link but have generally not been too clear on this concept.

The principles and processes for determining risk allocation need to be clearly defined. An indicative process is as follows:

1. Identify all project risks (both general and project specific risks).
2. Identify the core or essential services which are continued to be performed by the Government in relation to the project and for which risk cannot be transferred to the private sector.
3. Examine each risk and identify those which, as a result of the level of control exercised by Government, the Government is best placed to manage those which may be uneconomic for the private sector to manage.
4. Determine whether any of the remaining risks are such that risk sharing mechanisms are preferable as a result of market convention or specific factors relating to the project.

4. Risk Identification and Allocation

Since each project always faces a different set of risks, it is always advantageous to identify all of the key risks carefully at the outset and allocate them to the appropriate parties. In general, the preference is for structures which contractually allocate risks according to comparative advantage in minimising and managing risks – with the private sector having a proven advantage in managing construction and most commercial risks (including demand/patronage), but with government agencies typically having an advantage in relation to certain regulatory, environmental risks and sovereign risks.

The assertion that the project participant that is best able to manage and/or control the risk should bear it, is often not consistent with the actual risk allocation in practice. Quite often, it is the party that is the best negotiator who ends up bearing the least amount of risk, despite their potential to be the party that can best manage or bear a particular set of risks.

For example in the case of transport projects, often the major risk is whether the projected traffic or patronage level will be achieved. Since this is most often the project's largest and main revenue source, the actual level of traffic that is achieved will substantially affect a project's financing structures. Furthermore, since many projects are financed by debt backed by toll revenues and have limited or no government guarantees, the traffic or usage forecasts are very important for lenders.

Traffic or usage forecasts are influenced by many factors. These include the quality of available data, the rigour and effort with which modelling is undertaken, the amount of funds allocated to these activities and therefore the scope/comprehensiveness of work undertaken, the historic performance of comparable projects and the skill and knowledge of the traffic modelling team. While more resources and funds can resolve many of these problems, traffic forecasting still remains a difficult task. For example, the effects of population and economic growth, land-use patterns, location of employment, further development of shopping and residential centres, travel demand management policies and the presence of competing transport modes are difficult to model because of their long-term uncertainty and interrelated effects.

As governments enact laws, they may be best able to manage and/or control the risk of a change in law and accept the ensuing risk. This is rarely the case however, and governments usually attempt to pass any change of law risk on to the private sector. This may be due to many circumstances such as political or public policy pressures. Furthermore, government is not homogeneous. The government structure in many countries consists of three tiers; federal, state and local. While one of these governments may be a party to a project, changes in the laws and policies of these third party governments are outside the control of both of the parties to the contract. Many project agreements may also be between a private sector developer and a corporatised government agency. This agency usually cannot make law. It may therefore legitimately argue that as it does not control certain risks, it should not bear them.

4.1. Construction Phase Risks

This category includes the risk that the project will not be completed on time, on budget, or to pre-agreed specifications. The project's principal contractual arrangements should allocate responsibility in relation to the following issues:
- who bears any cost overruns? (typically this risk would be borne by the construction Contractor);
- whether the Government (as offtaker) would be entitled to claim damages (arising from lack of output capacity) in the event of a delay in completion of the construction;
- who would bear the additional costs if the Government requested a change in specifications? (most project lenders and sponsors will insist that the Government bears the responsibility for changes to specifications resulting from new environmental or safety standards, or other change in law);
- who would bear any increase in finance costs? (typically this is a risk for the project ie Equity), unless such costs result from delays caused by the construction Contractor);

- who bears the risk of default by the construction Contractor? (typically this risk is borne by Equity);
- who bears the risk of adverse site conditions? (liability for existing environmental damage may be accepted by the owner of the site, the risk for ongoing environmental damage is typically borne by Equity, who will attempt to pass it on to the Contractor); and
- who bears the risk of force majeure events? (this is a complex issue which should be approached with a scope of possible events. Additionally, if the force majeure event continues for a sufficiently long period, and there is insufficient insurance proceeds to cover the costs of repair or reinstatement, then it is usually appropriate for either party to be able to terminate the agreement).

Given the project is generally not earning any revenue during this phase, but that interest on large amounts of borrowings is accruing, projects are very sensitive to construction phase risks.

4.2. Market and Revenue Risk

Market risk is the risk that there will be insufficient usage to generate sufficient revenues to make the project financially feasible. Government would typically pass this risk to the Project, who may require the debt providers to take part of this risk through a relaxation of financial covenants in the financing documents. If the purchaser of the infrastructure is a creditworthy public utility then the Project Lenders normally accept this risk on the basis of a covenant by the private sector participant that an acceptable debt to revenue ratio is to be maintained.

Revenue risk relates to the pricing structure – that is the risk that the tariff structure is insufficient to provide the required amount of operating revenue. If the revenues are paid by the public (eg road tolls) then the private sector participant takes more of a risk of revenue generation (with resulting risk for the Project Lenders). It may be appropriate for the relevant government or governmental agency to guarantee a specified minimum amount of revenues. In infrastructure project financings, the revenue risk is related to political risk as governments are often reluctant to authorise increases to tariff structures.

4.3. Operating Risks

There are a number of operating risks which should be taken into account:
- a default by the Operator in the operation and maintenance agreement should result in the Project being entitled to claim damages, draw on performance bonds, or terminate the operation and maintenance agreement and appoint a new Operator;
- if during the operating phase, a force majeure event occurs, or there is an interruption in the operations of the asset as a result of something that the Government did, or did not do, then the Project may have grounds to seek an increase in tariff or an extension of the concession period; and

– the risks of there being strikes or other labour problems should be able to be mitigated by the Project entering into binding labour agreements with the employees, or a union on their behalf. The Project may seek to transfer this risk to the Operator. Alternatively if a labour dispute is motivated by a change in law, the Project should try and ensure that the Government assumes at least part of this risk by authorising a tariff increase or providing a way for the strike, boycott or labour dispute to be settled.

4.4. Financial Risks

A relevant financial risk is inflation. This is generally accepted as project risk which is best dealt with by periodic increases in tariff, with such increases linked to the rate of inflation. To the extent that it is reflected in inflation, increased costs caused by higher than expected interest rates, can also be covered by an increase in tariffs and/or by the Project adopting an appropriate hedging policy (however, hedging policies may not be available for sufficiently long periods).

4.5. Legal Risks

Due diligence investigations into the appropriate corporate structure and the ownership of key project assets should take into account the grant of concession, and in some cases the related licences, the due execution of all project agreements, and the validity and enforceability of the financing and security documents.

4.6. Political Risks

Political risks include:
– development and operating consents, licences and permits not being provided at the time they are required (if at all);
– unexpected tariffs, duties, and taxes being imposed;
– access to utilities being denied;
– implementation of competing projects;
– changes in environmental regulations; and
– change in regulatory environment.

Political risks are mitigated to some extent by seeking assurances from the appropriate government agency at the outset of the project.

4.7. Interface Risk

The main issue associated with the involvement of the private sector in social infrastructure is the integration of the services provided by the public and private sector and how the parties interface to ensure service delivery is not hindered. This issue is particularly important because both the private and public sector have ongoing substantive roles in the projects.

Interface issues are most apparent in assets where government provides core services which are supplemented by ancillary services provided by the private sector such as justice assets or hospitals. Interface risk is the risk that the standard of delivery of the contracted services will prevent or hamper the delivery of core services or vice versa. An example of interface risk is when sub-standard ancillary service provision (such as sub-standard cleaning or inoperable security systems) may interfere with government's ability to deliver core services.

Interface risk can be effectively mitigated by establishing a complete and clear contractual framework that can be easily administered. This includes appointing and training experienced contract managers who have been involved in the project procurement process. The development of a communications strategy between the public and private sector will ensure that services are being integrated properly and the process is continually monitored and reviewed. This strategy should also include the creation of a dispute resolution policy for circumstances where interface issues cannot easily be resolved.

4.8. Risk Allocation Under Typical Project Delivery Options

Mechanism	Government Provision	Serviced Infrastructure	BOOT	Privatisation
Design	X	✓	✓	N/A
Construction	X	✓	✓	N/A
Cost Overruns	X	✓	✓	N/A
Late Delivery/ Defects	X	✓	✓	N/A
Demand/ Revenue	X	X	✓	✓
Operations	X	X	✓	✓
Maintenance	X	✓	✓	✓
Nat. Disaster/ F. Majeure	X	≈	✓	✓
Environmental	X	≈	✓	✓
Industrial Action	X	≈	✓	✓
Public Liability/ Workers Compensation	X	≈	✓	✓
Taxation	X	✓	✓	✓
Approvals	X	X	✓	✓
Change in Law	X	X	X	✓
Residual Value	X	X	X	✓

Key: X = Government retains majority of risk
✓ = Private Sector assumes majority of risk
≈ = Risk shared between Government and Private Sector

As the PPP model evolves to incorporate social infrastructure projects, risks that were formerly allocated to either the private or public sector require greater analysis on a case by base basis. One of the risk allocation issues, that becomes more complicated in a social infrastructure project, is the allocation of demand risk. Depending on the project, government may have total or no control over demand for an asset. A rigorous assessment of the value of transferring this risk should be undertaken especially in situations where the government is the sole user of the social infrastructure, for example in prisons or some defence applications.

Experience in the UK PFI market has shown that transfer of this risk has been difficult to achieve because it is the government which develops and administers justice and correctional policies and thereby influences the level of prison accommodation required. However, the Victorian government was successful in the partial transfer to the private sector of a similar risk in respect of a project involving the construction of a County Court.

If the government is the primary user of services, as is often the case for social infrastructure, and has the greatest amount of control over the demand for the asset, then generally the private sector should have a reduced role. However in economic infrastructure projects such as toll roads where the cost of service delivery is fully funded by the users and government contributes through political and planning support, the private sector plays a much more significant role in the project.

4.9. Debt Financier's Approach to Key Credit Issues

The level of risk, the allocation of risks between the project parties and external constraints (ie availability of funds and level of government support) will determine the level of gearing or funding provided by the lenders. A balance needs to be made between the advantages of gearing and the inherent risks of over-gearing.

For example, with regards to market risk, banks are often required to assume part of this risk on the basis that:
– There is some history of traffic/patronage/usage.
– Where there is no history of traffic/patronage/usage, market exposures will need to be measured against a range of severe downside scenarios covering price, volatility and liquidity.
– Banks will seek to limit their aggregate exposure to each market to a small percentage of the Bank's capital base.

Lenders will always place strong emphasis on the operational, legal and political risks associated with the project. The concern is that associated with regulatory risk and native title, with terrorism now emerging as a major concern.

The following diagram provides an illustrative overview of the key risks that debt financiers assess.

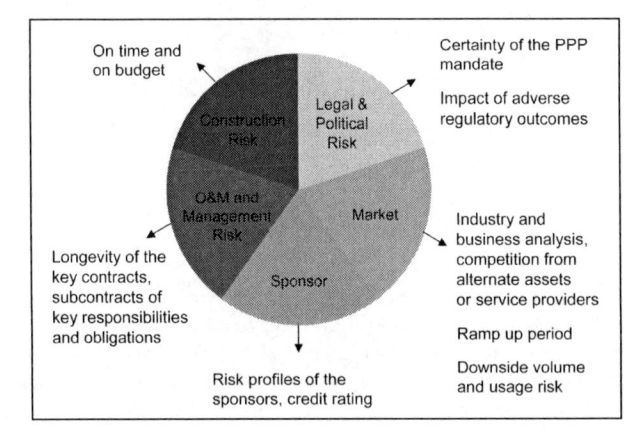

Figure 4.1. Debt Financier's Project Risk Assessment

5. Commercial Structures and Payment Mechanisms

5.1. Commercial Structures

The diagram below provides an overview of the commercial and financial arrangements between the key transaction parties in a typical PFI/PPP deal for „soft" or social infrastructure.

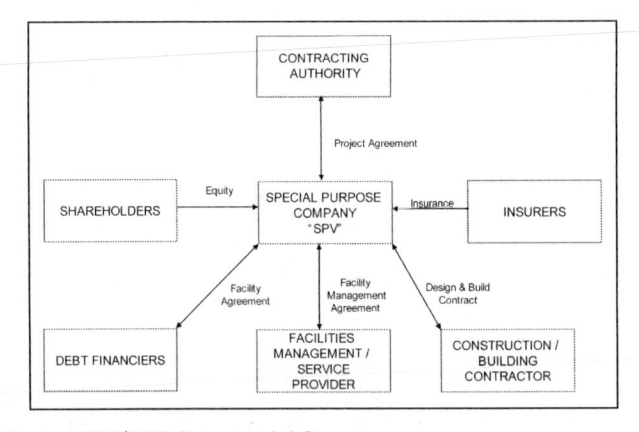

Figure 5.1. Typical PFI/PPP Commercial Structure

The heart of the deal and the key commercial agreement is the project or concession agreement between the contracting authority/government entity and the SPV. The project company is usually a Special Purpose Vehicle whose shareholders and equity sponsors typically include the major construction companies, facility manager/operator and specialist equity funds or other investors. Equity can account for between 10% to 35% of the total project cost with debt finance representing between 65% to 90%.

The Project/Concession agreement details:
– The service the SPV must provide and the payment in return for that service.
– Reductions in payment due to services not being delivered to the required standard.
– Obligations of both the contracting authority and the SPV.
– Procedures to amend the contract and scope of services.
– Termination and compensation clauses in case of default.

For social infrastructure, payments are made from government to cover all project costs plus a return to equity. For more traditional infrastructure such as roads these payments will generally come from a combination of either user charges (ie tolls) paid by private users and/or usage charges paid by the government. A more detailed discussion on the types of payment mechanisms currently used are detailed in the following part of this Section. The SPV bears cost overrun risk in terms of construction and ongoing operation of the asset, although there may be provisions to realign government payments at regular intervals to market rates.

The SPV can mitigate these risks through the contractual arrangements it has with the construction contractor and the service provider. An example of this mitigation of risk is shown diagrammatically in the following figure.

Risk	SPV	FM CONTRACTOR	BUILDING CONTRACTOR	AUTHORITY
Design			✓	
Construction and Commissioning				
Construction Cost			✓	
Time delays			✓	
Commissioning		✓		
Decant Costs		✓		
Planning	✓			
Property Lease				✓
Revenue	✓	✓		
Operating				
Service Quality		✓		
Maintenance	✓	✓		
Asset Renewal	✓			
Economic				
Interest Rate	✓			✓
Indexation	✓	✓	✓	✓
Taxation	✓			✓
Insurance	✓	✓	✓	✓
Environmental	✓			✓
Discriminatory Change in Law				✓
Other Change in Law	✓	✓	✓	✓

Figure 5.2. Example risk allocation between transaction parties in a PPP/PFI deal

Financing for the SPV is generally non-recourse to the sponsors and contractors, therefore debt financiers will typically have a facility agreement with the SPV so that in the case of default, they may replace the principal contracted parties if they so wish. It is the terms and inherent risks within this facility agreement, in conjunction with the Concession Agreement which will determine the conditions and price at which the debt providers will lend. The debt financiers will obtain independent technical advice to ensure the estimates made by the SPV and the subcontractors to perform the services are fair and reasonable.

Both the Facility Agreement and the Concession Agreement will require adequate insurance through a reputable insurer to be carried by the SPV.

The Concession Agreement contains termination clauses which deal with authority, contractor default, force majeure and rectification procedures.

Authority default involves either not paying the SPV when obligated to or breach of contract. In this case and if the concession agreement is terminated, the authority would generally have to pay the SPV the outstanding debt balance, equity contributions and anticipated returns.

If the contractor defaults either though the SPV becoming insolvent, breach of contract or failure to provide services to a certain standard, after the issuance of a termination notice, the Bank may „step-in". The problem can either be rectified and the bank „steps-out" or the contract can be re-tendered if possible by the Bank. If the re-tendering is not possible, the contracting authority may pay compensation to the Bank based upon a calculated formula and terminate the concession agreement.

In force majeure circumstances (ie acts of god), the outstanding debt balance and the nominal equity balance outstanding maybe paid by the contracting authority.

The commercial structure above is generally applicable to most PPP/PFI projects, however the parties in each of the boxes and the relationships between them may change depending upon whether the project delivery option ie the closer to a D&C delivery option, the more involvement by public sector entities within the commercial structure.

5.2. Payment Mechanisms

Under a PPP, the main method of allocating risk between the public and private sectors is through the payment mechanism. Therefore it is important that the payment mechanism reflect the level of service required and the most cost-effective transfer of risk to the private sector.

There are a number of payment mechanisms that can be used individually or combination thereof that can be applied to a PPP. They are likely to include one or more of the following basic elements:

– User charges – payments direct from the private users of the infrastructure or service (ie tolls)
– Usage based payments – payments from the government that vary according to usage of the infrastructure or service (including shadow tolls).
– Availability based payments – payments from the government for making infrastructure and/or service available to a certain standard.

The payment mechanism should be simple and flexible to implement, provide appropriate incentives to the private sector, be structured to ensure bankability and be affordable to the public sector.

5.2.1. User Charges

The user charge payment mechanism applies the user pays principle to fund the construction and on-going operation of infrastructure projects. This mechanism has been used primarily in the roads sector through tolling of bridges, tunnels and motorways; waste sector through waste charges and the water sector through industrial and non-domestic charges. Under this mechanism (typically used in BOOT projects), the private sector has increased exposure to demand risk and therefore is required to conduct extensive market studies to assess this risk.

The applicability of user charges is influenced by the level and elasticity of demand. If demand is relatively elastic and the usage levels are forecast to be at levels that are not financially viable, user charges would need to be supplemented by government payments through other payment mechanisms discussed below. The cost-effectiveness of user charges depends on the certainty of forecast volume and revenues as this will affect the cost of financing the project through associated margins and required rates of return.

An alternative user charge system involves the replacement of the payment of the toll by the private user to the payment of a shadow toll by the government. A shadow toll is a toll paid to the private operator of the infrastructure asset by the government on behalf of each individual user. The user pays no toll, but the private operator receives the same revenue it would have received if users had paid the toll. As a result, the private sector may bear some or all of the market risk but not have any toll collection risk or suffer any public opposition for charging tolls.

Advantages of shadow tolls are that government can participate in the financing of the deal progressively, without the need to provide the project with a significant amount of money up-front. Accordingly, the government need not offer the project a guarantee (unless the government specifically agrees to pay the toll for a minimum number of users) and that capital investment is directed to projects where strong public demand is evident. The main disadvantage of a shadow toll is that since users do not have to pay their own way, shadow tolls can encourage over-use of the facility. However, this advantage could be handled by using the shadow toll to supplement a real toll.

5.2.2. Usage Based Payments

In circumstances where usage may be below levels envisaged, usage payments is one method of sharing the demand risk between the public and private sectors. The SPV is paid according to a pre-determined schedule of charges for a level of usage based upon volume bands. The payment is effectively a shadow toll that is both capped and collared. The usage risk to the government is reduced to the bands with the floor volume nominated by the private sector to cover debt financing costs and the ceiling stipulated by the government to provide a cap on the maximum liability. The following diagram provides an indicative overview of the usage payment mechanism.

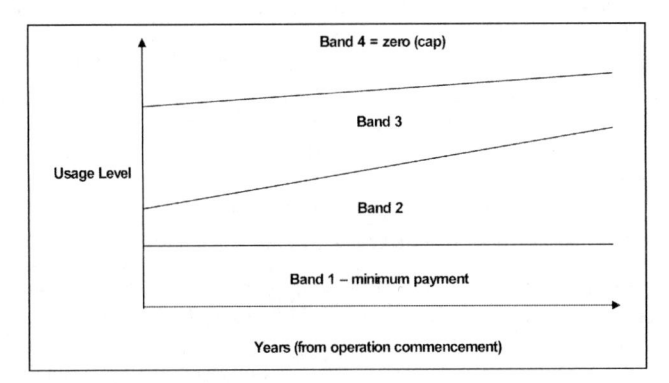

Figure 5.3. Typical Banding Structure

There are typically up to 4 bands stipulated with differing usage charges within each band. Usage payments are generally more palatable than tolls/user charges and with a transparent payment structure, upfront capital contributions can be deferred. Usage charges reduce the risk to the private sector associated with demand risk and therefore reduces the applicable cost of capital for the project.

5.2.3. Availability Based Payments

Availability based payments are not premised on usage or demand for the service but on the availability of the infrastructure to a certain standard outlined in the output specifications and in circumstances where there is usually no market or pricing mechanism. The private sector will be paid for making the infrastructure and/or services available, although it may not be fully utilised. Availability payments may be used in conjunction with the other payment mechanisms if it provides the best pricing outcome for the risks allocated ie the management and operation of a waste facility may be based primarily upon availability payments supplemented by usage charges based upon volume of waste.

The structure of the availability based payment mechanism are influenced by the following:[3]
- time of unavailability must be determined to define what penalties may apply and from what point in time;
- the criticality of the service when adjusting payments for non-performance;
- the maximum cap of deductions on an annual basis;
- the grace period before termination clauses are triggered.

---

[3] *UK Department of the Environment and Local Government*, Payment Mechanisms, Public Private Partnership Guidance Note 12 (April 2000).

Generally the certainty of cashflows will reduce the cost of capital and returns required by SPV equity compared to user charges or usage charges. Availability based payments are geared towards „soft" social infrastructure which cannot rely upon demand usage to be financially viable projects, and therefore provides an avenue for private sector efficiencies whilst maintaining bankability.

Note that penalties which can reduce payments to the point where debt service is threatened can result in a higher cost of capital. This will generally not be an issue for minor infringements however will be an issue for repeated major non-performance.

5.2.4. Other Government Support Mechanisms

There are a number of additional government support mechanisms which can be encompassed within the payment structure. They include the following:
– Capital cost subsidies can be used where required, with Government retaining ownership of „right of way" and private sector owning higher value added components.
– Operating subsidies with stringent performance standards and risks passed to the private sector.
– Financing support through Government Owned Corporations, alongside the private sector, providing mezzanine financing between limited recourse senior debt and higher return private sector equity.
– Residual Risk support with the implicit or explicit underwriting of the residual value of the assets at the end of the franchise term or concession term.

6. Financial Structuring

Structured Project Finance is becoming increasingly sophisticated with advanced computer modelling and increased use of capital markets, structured equity products, domestic and cross-border leasing. Project cashflows are being analysed by risk with different risk categories financed separately.

Market interest from both a debt and equity perspective will depend on, but not be limited to the following key issues:
– capital value and nature of underlying asset
– size and length of contract
– asset provision/service delivery
– contract structure
– risk transfer and accounting treatment
– management of affected parties
– third party revenues
– asset ownership at contract completion/residual risk.

The financial structuring of a PPP transaction involves consideration of a number of elements, which are discussed in more detail below:

- Commercial structure (dealt with in Section 5)
- Payment mechanism (dealt with in Section 5)
- Funding from debt and equity sources
- Forms of government support (if applicable)
- Taxation Issues
- Optimisation of the financial structure.

6.1. Debt Funding

Debt is typically the major source of funding for infrastructure financing, with many projects having relatively high gearing levels ie debt/equity ratios of 80:20 or even greater.

The main advantages of using debt over equity for projects are:
- payment of debt interest is considered a tax expense and is fully tax deductible;
- since interest on debt has to be paid as a general expense, debt is relatively cheaper because of its stronger security position compared with equity; the return on equity holders is usually through dividends, which are paid out of after-tax profits and from actual book income. As a result, the cost of equity is often more than twice the cost of debt;
- debt providers prefer fixed returns, because the capital gain for equity holders may become limited as the project's capacity constraints are reached;
- unpaid debt liabilities are relatively easy to enforce, while the payment of dividends to equity holders cannot normally be enforced as they are usually made at the discretion of the directors;
- debt is preferred to equity. Raising external equity can also be more costly than equity generated from internal cashflow.

While the above comparison between debt and equity may appear simplistic, it is clear that a balance has to be struck between the advantages of debt and the inherent risks of over-gearing (bankruptcy distress costs, and so on). Every project is subject to different external constraints, availability of funds; level of government support; and so on, and these factors will largely determine its debt to equity mix.

A key debate in PPP evaluation is centred upon the cost differential between sovereign debt and private sector debt. A much repeated opposition to PPP's is the perceived higher cost of capital when the private sector assumes traditional public sector funding tasks. This is an incomplete perspective when no other outcomes resulting from PPP's are considered, for example, the value of risk transfer; private sector expertise; and faster completion time, to name a few. This argument has been dealt with in Section 1.

In broad terms, debt may be divided into senior debt and subordinated debt. Senior debt gains it status by virtue of being secured by a first ranking charge over all project assets and agreements. Subordinated debt can also be secured, but by a lesser ranking charge over all project assets and agreements. However, in many instance, subordinated debt is more akin to equity than debt as it can rank after unsecured creditors in the event of liquidation.

6.1.1. Commercial Bank Debt

Most major commercial banks have had substantial experience in limited and non-recourse financings. Traditional bank debt finance consists of commercial banks providing a facility to initially fund the construction of a project and then structuring an amortising loan facility (senior debt facilities) over the operations phase of the project. This construction facility is used to meet all construction and project development costs, capitalised interest costs and bank fees during the construction period. The construction facility converts into a term facility upon the completion of construction, that amortises over say, the first 15 operational years of the project. Construction facilities have been provided mostly by commercial banks as they provide the most cost-effective financing on a progressive drawdown basis. The typical interest rate margin on commercial bank debt for infrastructure projects is between 100bp and 200bp. It must be noted that these margins are dependent upon a number of factors (eg nature of the project, extent of construction risk, credit rating of counterparties, industry sector etc) which will move the interest rate margin within the band or may cause the interest margin to differ from that highlighted.

Despite the traditional nature of such financings and the development of alternative financing instruments, it is fair to say that banks are still the most commonly used funding source for infrastructure projects as illustrated by the value of project finance loans globally in the following table. This amount represented over 80% of the total debt raisings globally for project finance transactions.

Country	USD M
1. USA	31,254
2. Italy	13,787
3. UK	6,089
4. Spain	6,031
5. Germany	4,721
6. Brazil	4,561
7. Australia	3,999
8. Mexico	3,162
9. Chile	2,721
10. Sweden	2,343
World Total	108,478

Table 6.1. Project Finance Loans by Country (2001)
Source: Project Finance International 2001 – League Tables

6.1.2. Subordinated Debt

This type of debt is also called mezzanine financing and has lower priority in payment to the senior and secured debt, but higher priority to equity capital. Sponsors may also prefer to contribute subordinated debt rather than equity for tax and corporate finance reasons. This debt is typically fixed-rate, long-term and unsecured and is usually considered as equity by senior lenders when calculating gearing and debt cover ratios.

Subordinated debt fills the gap in the risk profile between senior debt and equity and therefore allows a better match between investors' risk appetites and that of the project. Increasingly subordinated debt is being provided to projects by third parties such as infrastructure funds, with a number of funds being recently established in Australia and Asia for this purpose. The typical interest rate margin on subordinated debt for infrastructure assets is between 350bp and 550bp. Although substantially higher than commercial bank debt it is lower than the required rates of return on equity. As was noted with the commercial bank debt, these margins are dependent upon a number of factors (eg nature of the project, extent of construction risk, credit rating of counterparties, industry sector etc) which will move the interest rate margin within the band or may cause the interest margin to differ from that highlighted.

6.1.3. Bond Issues

Bonds are typically issued by governments or, authorities or companies, but can also be issued by special purpose project entities. Bonds issued by governments are attractive to investors because they are backed by the usually significant resources and taxing ability of the relevant government. Depending upon the issuing government, sovereign bonds are usually assumed to be risk-free for the purchaser and highly tradeable. Yields on these bonds are often the benchmark for financial institutions to determine interest rates at which to lend funds. The investor is normally repaid though coupon payments during the life of the bond and repayment of principal at maturity or alternatively, the bond can be amortised on an agreed instalment basis.

Bonds can have many different features which make an innumerable number of structural permutations possible. For example, the principal amount, maturity date, yield to maturity, face value, convertibility, liquidity, redeemability, whether interest paid is at a fixed or floating rate or varies with inflation, the type of guarantee and level of recourse provided by the issuer, and so on, can all be varied. A major constraint in financing infrastructure projects in Australia has been the 10-year maximum term of government bond issues. This makes it difficult to raise longer-term fixed-rate project funding. Because of their long-term/stable earnings stream, infrastructure projects are ideal for funding through the issuance of bonds.

Some PFI/PPP transactions have raised bonds of Aaa rating based upon a guarantee by a monoline insurer, or „wrap". It involves an unconditional and irrevocable guarantee of the timely payment of principal and interest, which incurs a guarantee fee. This tends to be a cheaper form of financing than the margins on an unwrapped bond at the low end of investment grade ie Aaa coupon + monoline guarantee fee < unwrapped spread. In order for the investment grade rating to be maintained, the financial guarantors apply strict investment guidelines prior to the issuance and throughout the course of the insurance policy.

The capital markets are becoming an important funding mechanism in project finance transactions as shown by the following table which highlights over USD 25 billion in bond issues in 2001.

Country	USD M
1. USA	16,334
2. Malaysia	1,709
3. Chile	1,289
4. Mexico	1,250
5. Brazil	1,050
6. South Korea	652
7. Venezuela	500
8. Australia	460
9. Argentina	363
10. Spain	340
World Total	25,003

Table 6.2 Project Finance Bond Issues by Country (2001)
Source: Project Finance International 2001 – League Tables

6.1.4. Inflation-indexed Bonds

Since inflation can erode the value of fixed-coupon payments over the period of the bond, long-term fixed-interest bonds are not considered an attractive investment in an unstable or high inflation environment. Inflation-indexed bonds have been devised to attract investors by offering them a specified real rate of return. These bonds can be structured such that the real interest rate or inflation risk can be effectively managed or hedged.

Although there are a number of different structures for these bonds, all share the common feature that the returns provided to investors are linked to the general rate of inflation. While a typical loan has repayments which remain constant until the loan is repaid, the repayments for inflation-indexed bonds vary according to the rate of inflation. Thus, the amount of repayments increases in a positive inflation environment and can decrease in periods of negative inflation. This produces cashflows that are better matched with the cashflows of, say, toll roads, which have toll revenues usually linked to the CPI. Most transport projects are naturally hedged against inflation. For example, the agreements for most toll roads allow tolls to be increased at the rate of inflation. Inflation-indexed bonds are a way by which transport projects can capitalise on this natural hedge to obtain lower cost financing than would otherwise be the case.

The first issue of inflation-indexed bonds for a project financing in Australia was a AUD 200 million issue for the M2 Motorway in Sydney. Prior to 1994, the only issuers of inflation-indexed bonds in Australia had been the federal and state governments. Since then, CPI bonds have formed an important part of the financing for Australia's largest transport infrastructure project – the Melbourne City Link Project – and featured in the financing of a number of other projects. This issue size of AUD 250 million for the Melbourne City Link CPI bonds and overall market pricing were improvements on the M2 Motorway issue.

Due to the inflation protection, investors have been prepared to purchase CPI bond issues with maturity dates in excess of 20 years. Investors had previously demanded that issuers had to have the highest quality credit ratings (that is, be credit enhanced), but are now willing buyers of CPI bonds issued by projects on a non-recourse basis.

From the borrower's viewpoint, there are three major benefits to a project from using these bonds:

– ability to borrow larger sums: this is possible as the amortisation profile of a project's borrowing can be extended over a longer period of time than normal bank debt. This is because the purchasers of these bonds normally have a longer-term outlook ie insurance companies and superannuation (pension) firms are larger buyers of inflation-indexed bonds;
– better meet cashflow requirements: inflation-indexed bonds also have a low initial coupon which then escalates over time, enabling the project to meet its other obligations with a more comfortable margin in the normally difficult early years. These bonds also provide a natural balance between costs and revenues when the project's revenue escalates in line with inflation; and
– extended tenor of debts: bank lending in Australia for infrastructure projects has generally had terms of up to 15 years, whereas CPI-indexed bonds can have terms of 25 to 30 years plus.

6.1.5. Securitisation

This is a term that describes the packaging of specific cashflows into a single-purpose bankruptcy-remote entity, which then issues bonds or commercial paper that is repayable using the packaged cashflows. The methodology for packaging the cashflows is typically an assignment of the receivables or other assets that generate the cashflows, but may also take the form of a secured loan over the assets. In addition, the seller or a third party may be required to provide the first loss reserve to enhance the credit quality of the assets.

In the context of infrastructure receivables, securitisations will only be beneficial when the risks are relatively small. This will be the case where there is a government guaranteed cashflow, and potentially for existing, high quality and involatile projects which have a strong operating history. Securitisation may therefore grow in popularity as a form of financing for infrastructure projects as existing projects are refinanced. In the United Kingdom securitisation has occurred in respect of the privatisation of the regional railway operators, where the government had guaranteed a minimum level of income on the previously state-owned rolling-stock.

6.1.6. Leasing

Companies are increasingly aware of the need to achieve the lowest cost of capital and to secure off-balance sheet funding. Leasing may provide a way of achieving these objectives.

The leased infrastructure asset is owned by a lessor who provides it to the lessee in accordance with a lease document which is agreed between them. The terms of the lease are generally well settled and typically provide a guarantee that the lessee's use of the asset during the term will be uninterrupted.

The retail sector has traditionally not used leasing as a means of finance because it has been dominated by government owned organisations (private sector lease financing has generally been unable to match a government's cost of funds) and because of the specialised and often non-standardised nature of the equipment. As the sector becomes more open to private operators through privatisation and competition policy, a greater usage of leasing seems likely.

Traditionally, operating leases (for accounts purposes) have been harder to secure than finance leases. There has been some movement towards a deeper market for transport assets in particular and thus the provision of operating leases.

6.1.7. Commercial Debt vs Bonds

There are a number of drivers which determine the comparison between commercial bank debt and bond issuance. Some of these are project specific while others are market specific and change over time. Discussion of the key drivers behind this debt structuring issue are detailed in the following table.

Factor	Commercial Debt	Bonds
Size of Project	– Suitable for big projects – More flexible on smaller projects ie below USD 50-100 million	– Suitable for big projects – Not as flexible for small projects ie USD 50-100 million
Maturity	– Typically between 15 and 20 years but increasing in tenor due to competitive pressure of other funding mechanisms ie bonds	– Tenor up to 35 years – Suitable for longer concession periods
Pricing	– Driven by swap market demand and supply – Competitive tension between banks has reduced margins	– Driven by gilt yields and corporate bond spreads reflecting investor's appetite for different credit risks. – Rating and pricing can be enhanced with monoline insurance.
Deliverability	– Generally considered more deliverable than bond finance. – Cost of bank finance also likely to increase (in line with bonds) in tough market conditions as reflected in the swap market.	– Amount raised dependent upon market conditions except if monoline wrapped. – If not wrapped, certainty of pricing is an issue.
Flexibility	– Generally more flexible than bond finance. – Usually accept construction risk. – Willing to deal with minor variations, debt re-schedulings to full-scale refinancings.	– Less accommodating than bank finance on variations – Usually bondholders do not accept construction risk though this risk is slowly starting to be accepted.

Table 6.3 Commercial Bank Debt vs Bonds

6.2. Equity Funding

Securing equity remains one of the most difficult tasks for infrastructure projects. Unlike infrastructure sectors such as power and water, many other infrastructure sectors involved in transport and social assets lack the large number of international developers and operators with the ability to provide significant amounts of equity.

The various equity sources are sponsor equity (including the project developers, other project participants and industry participants who are not the project sponsors), institutional investors and increasingly, retail investors. The stage at which each of these equity parties prefers to become involved in the project varies.

6.2.1. Sponsor Equity

Project sponsors and other parties involved in different aspects of the project such as construction contractors, operators, equipment suppliers and consultants were traditionally the sole source of private sector infrastructure equity. Despite the availability of equity from other sources, a meaningful level of equity investment by these parties has always been considered essential. Equity investment by the project participants provides great comfort to governments, debt financiers and other equity investors, by ensuring that those who are intimately involved in the construction, supply of equipment and operation of the project also support the project financially. Further, industry participants who may not be involved in the sponsor group are increasingly willing to invest in projects.

6.2.2. Institutional and Retail Equity

Pension and insurance funds can be a potentially large source of funding for infrastructure projects. These funds are managed by professional investment managers using typical fund management principles. Such funds may be willing to take 10% to 20% equity stakes in various projects. There are a variety of specialist infrastructure investment funds that have been set up that have raised money from pension and insurance funds for investment in infrastructure. Many institutional investors are now willing also to invest directly into infrastructure projects.

Australia saw its first public listing of a infrastructure project in 1994; the M2 Motorway. Following the success of its float and the subsequent listing of the Melbourne City Link, all the major stockbrokers are now prepared to underwrite equity for sound infrastructure projects. The growth in Australian infrastructure market has resulted in a number of institutional investors establishing separate funds and infrastructure investment divisions wishing to underwrite equity and/or invest directly in projects.

The M2 Motorway and Melbourne City Link transactions required considerable effort and innovation to entice new groups of equity investors into the infrastructure market. For these two projects, the liquidity of the equity investments were considered to be of paramount importance to the equity investors.

With equity invested on day one and with the pressure of generating immediate returns on these investments, these investors also required a return during the construction phase when no operating revenue was being earned. For the M2 Motorway and the Melbourne City Link, financial and commercial structures were created to successfully address all of these difficult issues ie through equity infrastructure bonds.

Institutional investors generally have different investment objectives than project sponsors. In particular, the following are generally considered important by institutions investing in infrastructure assets:
- liquidity of the investment is usually of paramount importance (although some of the larger institutions in Australia are now willing to invest in unlisted project structures);
- equity distributions are usually required on a pre-tax basis (due to performance measurements of the funds on a pre-tax basis); and
- most institutional investors do not want to have undrawn equity commitments outstanding for a number of years (and therefore usually wish to subscribe on financial close). With equity invested on day one and with pressure for immediate returns on these investments, these investors also often require a return during the construction phase when no operating revenue is being earned.

Specialist fund involvement in the provision of equity finance into a transaction has resulted in the following benefits:
- asset diversification across any given sector.
- stronger negotiation position when making new investments.
- aggregated voting power enhances ongoing influence over individual investments.
- significant economies of scale in making new investments and ongoing management and compliance.

These specialist funds such as MIG (Macquarie Infrastructure Group) and MAG (Macquarie Airports Group) create value for the investor through the following process.

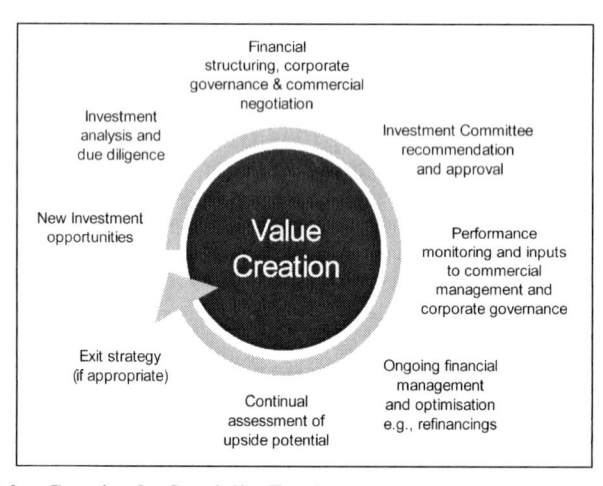

Figure 6.1. Value Creation by Specialist Funds

6.2.3. Direct Investment

Foreign direct investment opens one route into international equity markets. A substantial amount of equity in the publicly listed M2 and Melbourne City Link projects is held by international investors. Similarly the Government Investment Corporation of Singapore (with over USD 100 billion under management) pursues direct investment in a variety of activities.

6.3. Past and Present Project Finance Markets in Australia

Traditional project finance in Australia was not sophisticated with the following typical of the market in the 1980's and early 1990's:

Equity	Debt
– Small levels of investment funds. – Usually private placement. – Provided in majority by the contractor/operator. – Return requirement of 20-25% + after tax.	– Tenor of between 12 and 15 years was considered long. – Bank market was the only source of funds. – Very restrictive bank terms and conditions applied.

Table 6.4 Past Project Finance Markets in Australia

However with increasing experience and knowledge of the financial markets and industry participants, some significant changes have occurred over the past 5-10 years, where high quality financial assets are in big demand.

Equity	Debt
– Financial institutions such as superannuation funds, insurance companies and funds managers are now interested with many of them establishing separate infrastructure teams. – Public listings are now considered a serious option. – Listed infrastructure funds are emerging and increasing in number and specialisation (i.e by region or by type of infrastructure eg airports). – Pre-tax IRR's can be as low as 12-15% per annum with investors preferring pre-tax cash distributions.	– Capital Markets • Capital markets have become more accessible and flexible. • A variety of capital market products are available eg indexed, nominal, convertible, subordinated bonds. • Terms up to 35 years through capital markets are available. • Competitive debt service coverage ratios and terms. • Accept full project risks except for construction. – Bank Debt • Tenor has lengthened to 20 years plus, given the competition by the capital markets. • Margins are reducing and debt coverage ratios and security requirements have also reduced.

Table 6.5 Present Project Finance Markets in Australia

6.4. Taxation Issues

6.4.1. Section 51AD

Broadly speaking, Section 51AD of the Income Tax Assessment Act, 1936 operates to deny depreciation allowances as well as other deductions to an owner of property (or a quasi-owner, for example plant attached to land held under a Crown Lease) which has financed the whole or a predominant part of the cost of the asset directly or indirectly by limited recourse debt if the asset is leased to, or is used to provide services and the property is controlled by, a tax exempt end user.

This provision may apply to PPP projects, if:
– Government could be argued to have „control" over the use of the property as a result of monitoring or other requirements (this is especially the case if the Government is the only source of revenue for the PPP projects); and
– Government does not derive taxable Australian income.

There are several ways of reducing the likelihood of Section 51AD applying to a transaction, including:
– the application of a totally variable payment structure in relation to infrastructure may suggest that the Government does not control the infrastructure/operator facilities;
– the extent to which risks are assumed by the Project Vehicle may assist in negating an argument that the Government controls the infrastructure/operator facilities;
– to ensure that the PPP agreement does not contain provisions related to gain sharing; and
– the level of non-recourse debt (which needs to be less than 50% of the total debt) can be structured so that Section 51AD does not apply.

If Section 51AD does not apply, Division 16D needs to be addressed. That Division, if it applies, treats a finance lease to a tax exempt entity as a debt transaction, thereby denying deductions for depreciation.

It is critical to bear these taxation provisions in mind, and to structure any transaction to minimise the risk that these provisions will apply.

6.4.2. Division 16D

Division 16D of the Tax Act may operate where it is concluded that the Government (as a tax exempt entity) has control over the use of the asset. If it applies, Division 16D is less draconian in its application than section 51AD, as it does not deny all tax deductions to the taxpayer. Rather it treats the investment as a loan with any income to the lessor being treated as interest and principal. This has the economic effect of „backending" depreciation deductions (which would otherwise be taken „up front"). As a result, a lease deemed to be a „qualifying arrangement" by the application of Division 16D will effectively become a source of financing, in competition with other more conventional forms of debt.

The Tax Act prescribes a number of tests to determine what arrangements are qualifying arrangements (and so caught within Division 16D). These tests are:
- whether the arrangement provides for payment of a guaranteed residual value;
- whether the arrangement provides for the transfer of the property to the end-user (Government) on termination of the arrangement;
- whether the end-user or an associate has or will have the right to purchase or to require the transfer of the property;
- whether, where the period of the arrangement exceeds one year, the end-user is liable to carry out, or to expend money in respect of or to reimburse the owner or an associate for expenditure in respect of, repairs to the property;
- whether the period of the arrangement equals or exceeds 75% (50% for real property) of the property's effective life at the time the arrangement commenced;
- whether the payments to the owner are equal to or greater than 90% of the lesser of the property's cost or depreciated value when the arrangement commenced; and
- whether the ownership of the property is transferred to the end-user or an associate within one year after the arrangement ceases to be in force.

Macquarie is aware of some domestic leasing or financing structures to which Section 51AD and Division 16D do not apply. However, these solutions are based on a technical analysis of the relevant provisions and are highly structured. As a result the risk profile of these transactions is higher than that of vanilla transactions. This risk is generally borne by the lessee.

The Ralph Review on business taxation recommended that Section 51AD and Division 16D be abolished. However it has not been implemented and it is understood that this recommendation is still under review by the Federal Government.

6.4.3. Opportunities – Use of Tax Concessions

Increasingly, project financiers have demonstrated the capacity to create innovative structures and financial instruments to take advantage of specific government tax concessions. These concessions may enable the project to become either self-funding or attract funds at a lower cost. Naturally, the concessions will vary from one country to another. In Australia, the former infrastructure bonds scheme (known as 'Develop Australia bonds') are an excellent example of how a tax concession has been used to help several projects.

This scheme has been discontinued and replaced with the scaled down 'Infrastructure Borrowings Rebate' scheme which acts in a similar way.

After a hesitant start, infrastructure bonds have been increasingly used to fund infrastructure projects in Australia. Infrastructure bonds are quite similar in concept to the US municipal bonds, as investors in both types of bonds receive a tax free interest payment. However, an important difference between the two types of bonds is that the interest paid on infrastructure bonds is non-deductible to the issuer, while the issuer of municipal bonds obtains a normal tax deduction on the interest expense relating to the bonds.

Nevertheless, infrastructure bonds are a valuable tax loss transfer mechanism enabling projects to access cheaper funds for transferring their early year tax losses to third parties as these losses cannot be cost effectively utilised by the project sponsors.

A wide variety of infrastructure assets have recently been financed by way of infrastructure bonds. Infrastructure bonds were an important component in the financing of the M2 Motorway and the Melbourne City Link projects. Many projects benefited from funding costs using infrastructure bonds of well under 70% of pre-tax cost of using traditional debt.

6.5. The Role of Government

For the successful development of an infrastructure project, the project developer and financier have to be prepared to deal with several government agencies on a continuing basis. In particular, the government's role in infrastructure projects are often wide ranging and spans areas such as:

– setting government policy with respect to infrastructure projects and establishing project development guidelines. Policy decisions may involve privatisation, deregulation and determining the level of private sector involvement;
– involvement in pre-feasibility and feasibility studies, including the funding of specialist studies to examine economic, engineering, environmental, financial, planning and other issues;
– soliciting expressions of interest and firm bids for specified projects. Therefore governments need to analyse, select and negotiate the detailed terms of the development with the preferred bidders;
– provision of finance, often on concessionary terms or arranging or brokering finance through a multilateral agency;
– provision of certain indemnities and/or undertakings with respect to revenues, land acquisition, change of laws;
– sharing of risks with the project sponsor; and
– dealing with the community, environmental groups and the media.

The government can use a wide variety of financial and non-financial tools to attract and assist private funding of these projects. These tools include (other than those identified in the payment structure section) outright grants, loans, purchase of bonds, provision of guarantees, equity, offers of land – either free or at concessionary rates and permission for developers to capture additional value from non-project revenue sources.

6.5.1. Loans from Government

Governments often provide or broker concessional loans to private sector participants in infrastructure projects. Governments may provide soft loans to projects if they feel that long-term social and economic benefits justify this and to make socially worthwhile but commercially non-viable deals more financially attractive to the private sector. In Australia, at least two such projects have received loans from government agencies. The Sydney Harbour Tunnel, was partly funded by a subordinated and interest-free loan from the New South Wales (NSW) state government of AUD 223 million. The M5 Motorway also received various loans from the RTA/NSW government (a land loan of AUD 22 million and a construction loan of AUD 13 million for the first stage, and a loan of AUD 50 million for the second stage).

6.5.2. Grants

Just like loans, government grants may be provided to fill a gap between project costs and the level of debt and equity that is commercially available These grants are quite simple, a clear subsidy, are transparent and are often small.

6.5.3. Guarantees

The government may choose to provide various types of guarantee to assist a project. These can involve the government guaranteeing all or part of the usage levels (that is, the project's main revenue source or market risk), or all or part of the bank loans – on its own or in conjunction with certain multilateral finance providing agencies. While it is always desirable for the private sector to bear the market risk as they directly control the standard of service and pricing which consumers experience, practical constraints may result in some sharing of this risk with the public sector.

6.5.4. Tax Benefits

Governments have often provided certain tax indemnities to private sector investors. Tax concessions in the form of indemnities or tax holidays are commonly used to attract private sector investment in major projects including infrastructure projects. This is often the case if the government perceives a project as beneficial but project revenues are insufficient to make the project self-funding. This type of subsidy creates risks for the project developers that the benefits may not be ongoing. The risk of changes in tax laws and rates have been generally borne by the private sector in Australia. To relieve private sector concern regarding changes in the tax regime, clear government policy guidelines and a transparent decision-making process should be developed.

6.6. Optimising the Funding Structure

All of the components discussed in this Section cannot be considered in isolation and must be brought together as a package. As the financing costs are a significant part of the project cost, financial optimisation can add substantial value to equity investors.

The management of financing is the critical management factor, especially when dealing with transport infrastructure as shown in the following diagram.

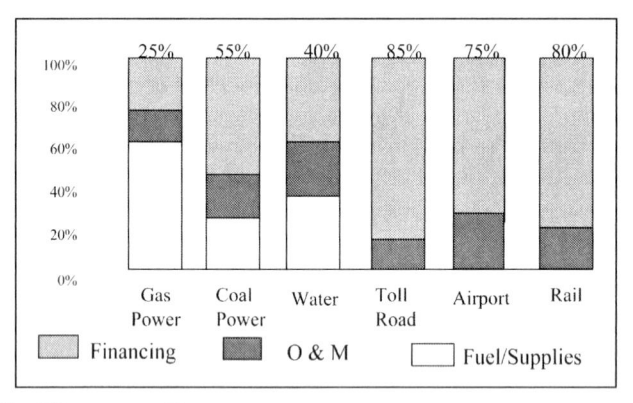

Figure 6.1. % of Revenue to Cost components

Therefore it is essential to know the capacity of the debt and equity markets, their willingness to invest, their preferred risk profiles and the levels of return required. The structure should be tailored to ensure debt and equity issues will be successful within the constraints of the domestic financial market, and the international financial market (if the transaction size exceeds the capacity of the local market). Market constraints must be carefully considered when developing a finance package. Generally, bank facilities for amounts of less than AUD 1 billion can be funded in the domestic market. However the viability of syndication will be dependent upon prevailing market conditions, competing bank facilities in the market and the parties specific to the transaction. Market constraint was evident in the Melbourne City Link project as just about every major player was aligned with the two short-listed tenderers. If a third party had been short-listed, fully underwritten finance would not have been possible from domestic sources.

Criteria such as gearing level, life of loan and debt service coverage ratios, distribution lock-up and default levels and the debt and maintenance reserve requirements are all critical in structuring the debt funding package. Refinancing must be planned for and debt repayment fees should be avoided. The corporate structure should allow for some or all of the original equity investors to sell down at a future date and the possible refinancing of debt and/or equity with minimal external costs.[4]

The funding structure selected should also be appropriate to the circumstances ie differences in structure will occur if the key revenue source is guaranteed payments from government compared to no contracted revenue. The structure used and strategy employed differs between competitive deals and negotiated deals. With negotiated deals there is increased opportunities to tailor the overall commercial arrangements to optimise the efficiency of the financial arrangements as all of the parties have been able to optimise the risk/return allocation to each party.[5]

---

[4] *Macquarie Corporate Finance Limited*, Project Finance – The guide to financing transport projects[2] (2000).

[5] Ibid.

The method of optimisation depends upon what is being optimised. If the tender is to build, own and operate a new piece of infrastructure, the objective would be to bid the lowest possible tariff with zero government assistance if possible. If the tender is buy an existing infrastructure asset, the key is to be able to balance a low ongoing tariff while providing the seller with the highest purchase price. It must be understood that a high upfront purchase price will generally mean a relatively high ongoing tariff. Minimum equity rates required by various bidders are reasonably similar and generally well known in the market, therefore the bidder with the best financing plan and a more optimistic view of the future will usually pay the most for the relevant asset.[6])

It is essential that sensible pricing requirements for debt and equity be met during negotiations. The pricing and terms are greatly influenced by the agreed risk allocation matrix. Over time the private sector has been assuming a greater share of the project risks whilst reducing their required rates of return. Given the tremendous interest expressed by private sector parties for various infrastructure projects, this trend is likely to continue.

6.7. Key Success Factors

The following key factors/central features are critical in any private financing of infrastructure:[7])

6.7.1. Certainty of Delivery

Certainty of delivery of the financial structure is absolutely crucial. Theoretical or esoteric finance plan structures may be intellectually challenging but is essential that they be practical. Government as assessor of competitive bids are aware of the political ramifications of bidders failing to deliver. Certainty of delivery has proven to be a dominant factor in determining the successful consortia in a number of recent competitive infrastructure tenders.

6.7.2. Price of Finance

The price of finance is always a critical factor in the tender process and in the financing of the project. However it is too simplistic to focus only on minimising the debt margins or maximising equity returns. The efficiency of the overall structure must optimise other aspects of financing costs such as minimum coverage ratios, reserve account requirements, timing of debt payments, equity distributions and the level of contingencies.

6.7.3. Flexibility

Infrastructure projects typically have long development lead times and the requirements of the parties involved are likely to change over this period. It is criti-

---

[6]) Ibid.
[7]) Ibid.

cal to ensure that the finance plan is flexible and can be tailored to cater to changing circumstances. The planned financial deal that is planned at the beginning is never usually the one that actually eventuates. Once the ongoing project cashflows are proven, refinancing in future years must be planned for. Refinancing can provide a large potential benefit for equity investors and should be capable of future incorporation in the financial structure at low or negligible cost.

6.7.4. Recognise nature of assets

The finance plan must take into account that different assets have different life cycles and therefore should be accounted for as such. The matching of the financing instruments to the life cycle eg through indexed bonds for longer life cycle assets, is an example of this principle.

6.7.5. Legal Issues

All legal documentation needs to have particular regard to the long-term nature of such transactions. Over a period of more than 20 years, the balance of power will swing between the parties involved. Therefore, in drafting the legal documentation, one should avoid the temptation to negotiate too fine a deal which the other party may seek to reverse in the future.

6.7.6. Taxation

As for all large investment decisions, taxation is a very important consideration. Most infrastructure transactions generate substantial tax losses in their early years. Effective structuring and careful consideration of the tax profile of the assets have yielded significant benefits for a number of successful projects.

7. Future of PPP's in Australia – a Financial Perspective

In Australia, the opportunity for applying funding alternatives to PPP's has been shown in the past few years by several major developments including:
- The successful listing in equity markets of shares for the M2 motorway (Hills Motorways) and Melbourne City Link (Transurban) and the direct participation of retail investors in these transport projects. The listed equity in both projects is currently trading at sizeable premiums to the original issue prices phase: 400% and 350% respectively;
- The entry of major fund managers, life offices and superannuation funds (also called pension funds or NBFIs) into infrastructure investment – an area which was formerly considered as being of little interest because of the illiquid nature of the equity and the relatively long period before such projects become cash positive to equity investors. Now, superannuation funds are being considered as the natural investors in this sector, given their willingness to become involved as patient capital and their reduced need for immediate cashflow;

- The development of several dedicated infrastructure funds. These funds aim to attract both institutional life insurance capital, superannuation and retail capital into infrastructure investments. In Australia, around AUD 2 billion of such funds have been established or are planned, to seek and manage investments in infrastructure projects. There are also a growing number of dedicated infrastructure investment funds throughout Asia;
- The use of innovative debt instruments like consumer price index (CPI) indexed bonds and other capital market instruments which access institutional funds; and
- The fact that traditional providers of project finance have responded to these competitive pressures and are now willing to provide funds at more competitive interest rates and for a longer maturity (20 years plus) than was previously available. Further, the banks have displayed a willingness and capacity to underwrite inflation indexed bonds, infrastructure bonds and other long-term capital markets instruments.

However the application of these funding mechanisms and the future involvement of debt financiers' and investors in PPP's in Australia (especially in social infrastructure) will be dependent upon the following:
- government commitment at all levels to create and implement a national PPP framework ie State PPP policies are written within a consistent national framework;
- a legal system which facilitates beneficial regulation of private and public entities (ie amendments to tax legislation in particular Section 51AD and Division 16D);
- development of better processes (eg in the clear definition of the scope of works) and standardised documentation;
- movement towards optimal allocation of risks rather than either the public or private sector absorbing all the risks; and
- financial arrangements through a combination of payment mechanisms which allow the private sector to finance long term activities (eg debt servicing and rate of return on investment) whilst delivering value for money.

8. Conclusions

An environment has been created in Australia that allows for the assessment of different models of private sector involvement in a diverse range of infrastructure projects. The range of projects is matched by the diversity in financial, economic and political need resulting in a multiplicity of approaches relative to jurisdiction and industry. The policy statements and guidelines released in the last twelve months by State Governments will lead to government departments undertaking more long term planning and development of infrastructure projects.

In the past, the Australian PPP model was typically focussed on project driven objectives with essentially no net cost to government and maximum risk transfer. This approach was suitable for hard infrastructure assets such as toll roads but was less appropriate for „soft" social infrastructure assets eg hospitals, schools, prisons. The various PPP guidelines released by State Governments around Australia will encourage greater emphasis on 'value for money', true partnership, optimal risk transfer and sustainability of outcomes as is the approach adopted under the UK PFI initiative.

Project financing for hard infrastructure in Australia is relatively advanced with a high understanding by investors, financiers and capital markets. This has resulted in a range of available funding options from senior debt to indexed bonds to specialist infrastructure funds which has evolved over a 20 year period. Typically project financing for infrastructure in the 1980's was dominated by senior bank finance, however competition from the capital markets through bond issuances has lengthened the tenor of debt and reduced margins, thereby providing a competitive debt market for quality infrastructure assets. The addition of specialist infrastructure funds over the past 10 years has provided sophisticated equity capital to many infrastructure projects in Australia.

The extent to which these funding mechanisms will be applied to social PPP projects in Australia will be dependent upon a number of factors such as:
– amendments to the tax system regarding Section 51AD and Division 16D;
– adoption of standardised contracts;
– movements towards optimal risk allocation; and
– alternative payment mechanisms (eg availability payments and usage charges) being employed to allow long term activities to be financed whilst delivering value for money.

Rechtliche Strukturen
von Public Private Partnerships

PPP und Vertragsrecht: Grundsätzliches und ausgewählte vertragsrechtliche Fragen

Franz Mittendorfer

Inhalt
1. Strukturen von PPP-Modellen
   1.1. Übliche Definitionen – PPP als juristischer Fachbegriff?
   1.2. PPP-Modelle im Infrastrukturbereich
      1.2.1. Vertragsrechtliche Strukturierungsmodelle
      1.2.2. Das Verhältnis privater Projektproponenten zueinander
      1.2.3. Typische Vertragsstruktur eines PPP-Modells im Infrastrukturbereich
   1.3. Zivilrechtliche Einordnung von PPP-Verträgen – internationale Entwicklungen einer Standardisierung
   1.4. Erfordernis der Einbeziehung einer Sondergesellschaft („NewCo"/„SPV")?
2. Ausgangspunkt und Motivlagen für PPP-Projekte
3. Risikomanagement von PPP-Projekten
   3.1. Systematisierung der Projektrisken
   3.2. Risikoanalyse und -zuordnung
      3.2.1. Technische Risken
      3.2.2. Wirtschaftliche Risken
      3.2.3. Globale Risken
4. Ausgewählte vertragsrechtliche Fragen im Verhältnis öffentlicher Bereich/ privater Partner
   4.1. Sicherheiten
      4.1.1. Sicherheiten zugunsten der öffentlichen Hand
      4.1.2. Erforderliche Enthaftung der privaten Investoren im Fall des Exit bzw Heimfalls
      4.1.3. Sicherheiten während der Projektierungs-, Bau- und Betriebsphase
      4.1.4. Patronatserklärungen
   4.2. Vertragsdauer
      4.2.1. Ordentliche Vertragsbeendigung, Verlängerungsoption für die öffentliche Hand
      4.2.2. Außerordentliche/vorzeitige Vertragsbeendigung
      4.2.3. Folgen der Vertragsbeendigung – Exit Regelung
   4.3. Definition des Leistungsgegenstandes/Informationspflichten/Kontroll- und Überwachungsrechte durch die öffentliche Hand
      4.3.1. Einrichtung von Projektausschüssen und -beiräten
      4.3.2. Entscheidung über Änderungsleistungen und Zusatzleistungen
      4.3.3. „Value-Engineering" – „Allianz-Verträge"
   4.4. Festlegung von Eskalationsmechanismen – Streitbeilegung
      4.4.1. Entscheidung im Projektausschuss bzw -beirat
      4.4.2. Schiedsgutachter
      4.4.3. Schiedsverfahren
      4.4.4. Ordentliche Gerichtsbarkeit
5. Zusammenfassung

Dieser Beitrag soll einen grundsätzlichen Überblick geben über die Aufgabenstellungen, die sich für die Beteiligten eines PPP-Projektes in Zusammenhang mit der Strukturierung und Verhandlung der vertraglichen Umsetzung der divergierenden Interessen ergeben. Da nicht einmal der Begriff des Public Private Partnership abschließend definiert werden kann[1]), ist es umso weniger möglich, den Themenkreis PPP und Vertragsrecht abschließend zu behandeln. Ausgehend von der Darstellung von Grundstrukturen von PPP-Modellen und den damit verbundenen rechtlichen Grundsatzfragen soll im Folgenden auf ausgewählte vertragsrechtliche Fragen eingegangen werden, wobei auch marktübliche Lösungsansätze dargestellt werden.

1. Strukturen von PPP-Modellen

1.1. Übliche Definitionen – PPP als juristischer Fachbegriff?

Es gibt eine Vielzahl von Versuchen einer Definition des Begriffes der Public Private Partnership: Während einerseits in einem äußerst weitgehenden Verständnis faktisch jeder Kontakt zwischen Privaten und Vertretern der öffentlichen Hand als Public Private Partnership definiert wird[2]), findet sich anderseits eine definitorische Abgrenzung nach bestimmten Handlungsfeldern (Stadterneuerung bzw -entwicklung).[3]) Während ersterer Ansatz zweifelsohne zu weitläufig ist, scheint auch eine Einschränkung auf ein eingegrenztes Handlungsfeld unzutreffend. Es ergibt sich aus dem Begriff der „Partnerschaft" weder eine Einschränkung auf einen bestimmten Partner noch auf einen bestimmten Bereich. Ausschlaggebend zur Charakterisierung der Partnerschaft ist vielmehr der Grad der (vertraglichen) Formalisierung bzw Institutionalisierung.[4])

Ausgangspunkt ist somit die Zusammenarbeit der öffentlichen Hand mit dem privaten Investor, wobei das systemwesentliche Element in der teilweisen Übernahme von jeweils im Einzelfall im Verhandlungsweg festzulegenden Risiken zwischen den jeweiligen Projektproponenten liegt. Ausgehend von diesem Ansatz er-

---

[1]) Vgl dazu *Budäus/Grüning*, Public Private Partnership – Konzeption und Probleme eines Instruments zur Verwaltungsreform aus Sicht der Public Choice-Theorie, in *Budäus/Eichhorn* (Hrsg), Public Private Partnership – Neue Formen öffentlicher Aufgabenerfüllung (1997), 48 ff, 54.

[2]) ZB *Hartmann*, Beziehungen zwischen Staat und Wirtschaft – Unter besonderer Berücksichtigung neuartiger Kooperationsformen im Bereich der regionalen und kommunalen Wirtschaftspolitik (1994), 37, wonach „jede Form des öffentlich-privaten Zusammenwirkens, die durch Kommunikation, Koordination oder Kooperation gekennzeichnet ist und die der Bewältigung der anstehenden Problem- und Aufgabenkomplexe unter Berücksichtigung technischer wirtschaftlicher und gesellschaftlicher Aspekte dienen soll" vom Begriff der Public Private Partnership erfasst ist.

[3]) *Bennett/Krebs*, Local economic development – Public-private Partnership initiatives in Britain and Germany (1991), 1.

[4]) *Birnstiel*, Public Private Partnership in der Wirtschaftsförderung, in *Ridinger/Steinröx* (Hrsg), Regionale Wirtschaftsförderung in der Praxis (1995), 226 ff; *Budäus/Grüning* in *Budäus/Eichhorn*, Public Private Partnership, 50.

gibt sich daher eine sehr große Spannweite von PPP-Modellen, die von einfachen marktüblichen Zielschuldverhältnissen bis zu hochkomplexen Vertragsstrukturen im Infrastrukturbereich reichen.

PPP ist damit kein juristisch abgrenzbarer Fachterminus, sondern ein Sammelbegriff für Vertragsstrukturen, die sich am Markt entwickelt haben, um privatwirtschaftliche Initiativen zur Umsetzung von Infrastrukturprojekten zusammenzufassen.

1.1. PPP-Modelle im Infrastrukturbereich

1.2.1. Vertragsrechtliche Strukturierungsmodelle

Innovative private Investoren haben eine Vielzahl von Bezeichnungen ihrer Modelle entwickelt[5]), wobei diese Bezeichnungen kaum Rückschlüsse auf die jeweilige vertragsrechtliche Strukturierung zulassen.

Nach gängiger Auffassung werden PPP-Modelle im Infrastrukturbereich abgegrenzt nach der Frage, wer für die Bezahlung der durch das Projekt geschaffenen Infrastruktur aufkommt und danach, ob eine Involvierung des öffentlichen Sektors auf gesellschaftsrechtlicher Ebene erfolgt:

– beim **Betreibermodell** übernimmt es der Private, innerhalb des vom öffentlichen Partner vorgegebenen Rahmens die Realisierung des Infrastrukturprojektes durchzuführen; das Entgelt wird dabei üblicherweise im Rahmen eines Baukonzessionsvertrages – auch – von den individuellen Nutzern bezahlt[6]); die neu geschaffene Infrastruktur wird nach dem jeweils vereinbarten Zeitraum an den öffentlichen Partner übertragen („B(O)OT" – build, (own,) operate, transfer; bzw „DBFO" – design, build, finance and operate).

– beim **Kooperationsmodell** ist Ausgangsbasis für das umzusetzende Modell die Gründung einer gemeinsamen Gesellschaft zwischen dem privaten Partner und der öffentlichen Hand, wobei die neue Gesellschaft dann die zu besorgende öffentliche Aufgabe wahrzunehmen hat. Wesentliches Unterscheidungsmerkmal zum Betreibermodell ist daher die Beteiligung der öffentlichen Hand bereits in der Gründungsphase.

1.2.2. Das Verhältnis privater Projektproponenten zueinander

Es ist dabei erforderlich, dass sich die privaten Investoren ihr Innenverhältnis zueinander regeln, wobei dies üblicherweise durch einen gesonderten (Syndikats-) Vertrag erfolgt. Da bei Infrastrukturprojekten üblicherweise ein den Bestimmun-

---

[5]) Vgl beispielsweise „Schattenmautmodell" (Umfahrungsstraße Ebelsberg), „Totalunternehmermodell" im Gesundheitswesen; siehe den Beitrag von Ing. *Walter Troger* (VAMED) in diesem Buch.

[6]) Es handelt sich dabei üblicherweise um Baukonzessionsaufträge als vergaberechtliche Unterart eines Bauauftrages, wobei dabei die Gegenleistung in dem Recht zur Nutzung des Bauwerkes oder in diesem Recht zuzüglich der Zahlung eines Preises besteht (vgl § 3 Abs 2 BVergG, BGBl I Nr 2002/99).

gen über das öffentliche Beschaffungswesen entsprechendes Vergabeverfahren durchzuführen ist, in dessen Rahmen vom öffentlichen Auftraggeber die Gründung einer Sondergesellschaft gefordert wird und nach Abgabe des gültigen Letztoffertes („Land and Binding Offer" – „LBO") ein (Partei-)Wechsel vergaberechtlich unzulässig ist, wird bereits in der Phase der Bewerbung um die Teilnahme an einem Vergabeverfahren für ein PPP-Infrastrukturprojekt es erforderlich, dass die privaten Projektproponenten im Detail das Innenverhältnis zueinander regeln und die Sondergesellschaft gründen.

Wesentliche Regelungsbereiche sind dabei:

a) Festlegung der Anbieterstruktur

Bieten die privaten Investoren selber an oder wird dafür vorab bereits eine eigene Projektgesellschaft gegründet?

b) Interne Aufgaben- und Risikoteilung

Üblicherweise ergänzen sich die Aufgaben der einzelnen Privatinvestoren, wobei es allerdings gerade bei branchengleichen Bietergemeinschaften bereits entsprechender Abgrenzungen bedarf. Wesentliche Regelungsbereiche sind insbesondere folgende Aufgabenstellungen:
– Wie werden die einzelnen Projektrisken zugewiesen? Wie werden Projektrisken intern aufgeteilt, die nicht den jeweilig übernommenen Aufgabenbereichen zuzuordnen sind?
– Wie erfolgt der interne Ausgleich von zu übernehmenden Sicherheiten?
– Regelungen für den Fall des Ausscheidens eines Projektpartners.
– Vertretungsregelung: Wer ist im Verhältnis zum öffentlichen Partner befugt, Erklärungen abzugeben? Wie erfolgt – gerade bei üblicherweise gemeinsamer Vertretung – die effiziente interne Abstimmung zur gemeinsamen Entscheidungsfindung? Gerade bei der Verhandlung von Infrastrukturprojekten ergibt sich dabei eine besondere Notwendigkeit einer raschen Entscheidungsfindungsstruktur, weil der öffentliche Partner in dieser Projektphase schnelle und verbindliche Entscheidungen der einzelnen Bewerbergruppen benötigt, um ungeachtet des gegebenen Zeitdruckes der Führung von (Parallel-) Verhandlungen mit mehreren Bietergruppen Entscheidungsgrundlagen zu bekommen, die dann im Zuge der Evaluierung der Anbote eine entsprechende Vergleichbarkeit zu Stande zu bringen.

Üblicherweise werden dabei folgende Verträge abgeschlossen:
– Syndikatsvertrag der privaten Projektpartner
– Gesellschaftsvertrag der Projektgesellschaft

1.2.3. Typische Vertragsstruktur eines PPP-Modells im Infrastrukturbereich

Typischerweise ergibt sich für PPP-Modelle im Infrastrukturbereich folgende Vertragsstruktur:

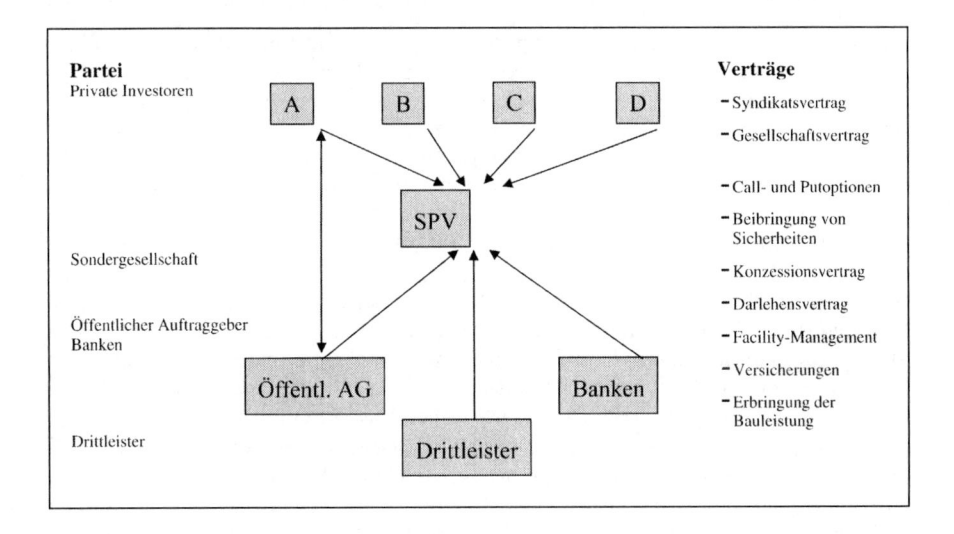

Partei						Verträge
Private Investoren	A	B	C	D		– Syndikatsvertrag
						– Gesellschaftsvertrag
						– Call- und Putoptionen
		SPV				– Beibringung von Sicherheiten
Sondergesellschaft						– Konzessionsvertrag
						– Darlehensvertrag
Öffentlicher Auftraggeber Banken						– Facility-Management
		Öffentl. AG		Banken		– Versicherungen
Drittleister						– Erbringung der Bauleistung
		Drittleister				

1.3. Zivilrechtliche Einordnung von PPP-Verträgen – internationale Entwicklungen einer Standardisierung

PPP-Modelle sind vertragsrechtlich ein komplexes Konstrukt einer Mehrzahl von Leistungsbeziehungen. Selbst das Verhältnis zwischen öffentlichem und privatem Partner kann dabei nicht auf einen bestimmten Vertragstypus reduziert werden, weil derartige Verträge üblicherweise verschiedene Phasen der Projektrealisierung zu berücksichtigen haben (Planungsphase/Bauphase/Betriebsphase) und dabei Elemente von mehreren verschiedenen Vertragtypen enthalten: Dienstleistungsvertrag, Werkvertrag und Nutzungsvertrag. Auch gesellschaftsvertragsrechtliche Bereiche sind üblicherweise mit einzubeziehen. Der PPP-Vertrag ist daher kein den Vertragstypen der österreichischen Rechtsordnung abgrenzbar zuordenbares Rechtsverhältnis. Die rechtliche Beurteilung derartiger gemischter Verträge kann nicht einheitlich erfolgen: Nach der so genannten **Absorptionstheorie**[7]) ist das Recht der Hauptleistung anwendbar. Dieser Theorie ist jedoch nur bei einem typischen Vertrag mit andersartiger Nebenleistung zu folgen. Die in Vordergrundstellung der Hauptleistung kann dazu führen, dass insbesondere die Leistungsstörungsregelungen nicht auf die Nebenleistung zugeschnitten sind. Die **Kombinationstheorie**[8]) hingegen wendet jeweils für die betreffenden Vertragsbestandteile maßgebenden Rechtsnormen an und versucht, sich dabei ergebende Gegensätzlichkeiten nach dem mutmaßlichen Parteiwillen auszugleichen. Dieser Theorie ist dann der Vorzug zu geben, wenn sich die Regeln der verschiedenen Vertragstypen miteinander vereinbaren lassen und im konkreten Fall kein Vertragstyp über-

---

[7]) ZB OGH JBl 1967, 376.
[8]) ZB *Koziol/Welser*, Bürgerliches Recht II¹² (2001), 182.

wiegt.[9]) Die **Theorie der analogen Rechtsanwendung** entspricht dem praktischen Ergebnis der Kombinationstheorie, ist jedoch „methodisch zu bevorzugen"[10]) und ermöglicht eine größere Flexibilität als die direkte Anwendbarkeit der gesetzlichen Regeln.[11]) Aufgrund der großen Bedeutung der privatfinanzierten Infrastrukturprojekte („PFI" – privately financed infrastructure projects) hat UNCITRAL[12]) im Jahr 2001 eine Empfehlung für den Gesetzgeber für diesen Bereich herausgegeben[13]), um einheitliche Prinzipien bei der Umsetzung derartig international besonders bedeutender Projekte festzulegen.

Auf Ebene der Europäischen Gemeinschaft wird zwar in vielen Bereichen die besondere Bedeutung von PFI hervorgehoben, ein Bestreben einer Rechtsvereinheitlichung in diesem Bereich zeichnet sich allerdings nicht ab. Eine faktische Orientierung an den im angloamerikanischen Rechtsbereich bereits am Markt etablierten Vertragsstrukturen bewirkt, dass gerade die – international – platzierte Finanzierung derartiger Modelle sich an derartigen Strukturen orientiert.

In England gibt es bereits eine langjährige Erfahrung mit PFI und PPP. Ende 2002 gibt es in England insgesamt 520 unterzeichnete PFI- und PPP-Projekte mit einem Gesamtvolumen von etwa EUR 36,1 Mrd. Die Regierung von England hat insgesamt Zahlungen für bestehende PFI-Projekte bis 2012 bewilligt mit einem Volumen von über EUR 81 Mrd und circa EUR 144,4 Mrd für den Zeitraum bis 2025. Insgesamt geht der englische Finanzminister davon aus, dass ungefähr weitere EUR 40 Mrd für neue PFI- und PPP-investments in den Jahren bis 2004/5 ausgegeben werden.[14]) Das UK National Office veröffentlicht laufend Publikationen über den aktuellen Stand der Umsetzung von PFI- und PPP-Projekten in England[15]). Zusammenfassendes Ergebnis war dabei, dass der Erfolg derartiger Projekte entscheidend davon abhängt, wie die Risken zwischen den Partnern aufgeteilt werden und das Vertragsverhältnis zwischen öffentlichem Bereich und den privaten Partnern sicherstellen muss, dass ausreichende Anreize für ein effektives Risikomanagement festgelegt sind. Diesbezüglich wurde aufgrund der für England besonderen Bedeutung von PFI- und PPP-Projekten eine eigene Task-Force zur Standardisierung von PFI-Projekten eingerichtet, die eine Richtlinie für die Verhandlung von PFI-Verträgen herausgegeben hat[16]). Diese Richtlinie ist in England die Basis für die Verhandlung von PFI-Projekten.

---

[9]) *Apathy* in *Schwimann* (Hrsg), Praxiskommentar zum ABGB V² (1997), § 859 ABGB Rz 16.

[10]) *Rummel* in *Rummel* (Hrsg), Kommentar zum Allgemeinen bürgerlichen Gesetzbuch I³ (2000), § 859 ABGB Rz 22.

[11]) *Rummel* aaO.

[12]) United Nations Commission of International Trade Law.

[13]) *UNCITRAL*, Legislative Guide on Privately Financed Infrastructure Projects, A/CN.9/SER.B/4 (2001); siehe auch den Beitrag von Univ-Ass Dr. *Meinhard Lukas* in diesem Buch.

[14]) *Financial Times*, Ausgabe vom 22. 11. 2002, Public Private Partnerships, Special Report.

[15]) Siehe *www.nao.gov.uk*.

[16]) *Treasury Task Force*, Private Finance, Standardisation of PFI Contracts (July 1999), Update 2001 (Private Sector Consultation Draft).

1.4. Erfordernis der Einbeziehung einer Sondergesellschaft („NewCo"/„SPV")?

Ausgehend von diesen Strukturen ergibt sich, dass unabhängig von der Frage der Einordnung des jeweiligen PPP-Modells als Kooperations- oder Betreibermodell die Abwicklung im Wege einer Sondergesellschaft[17]) kaum vermeidbar ist:

a) Beim **Kooperationsmodell** ist es bereits von vornherein systembedingt, dass zwischen privatem Sektor und öffentlicher Hand eine gemeinsame Gesellschaft gegründet wird, der öffentliche Aufgaben übertragen werden. Um gerade hier die Durchsetzung der Interessen der öffentlichen Hand direkt zu gewährleisten und nicht auf die Folgen der Geltendmachung von Schlechterfüllungsansprüchen aufgrund nur obligatorischer Vereinbarung angewiesen zu sein, wird üblicherweise eine derartige Sondergesellschaft als GmbH gegründet, weil es hier möglich ist, einerseits durch Entsendung von Geschäftsführern durch die öffentliche Hand und Vertretungsregelung im Wege der Kollektivvertretung sicher zu stellen, dass bestimmte Entscheidungen nicht ohne Zustimmung der öffentlichen Hand getroffen werden, andererseits ist es dabei auch möglich, für gewisse Entscheidungen unterschiedliche Stimmgewichte zuzuweisen[18]), wobei auch die Möglichkeit offen steht, das Weisungsrecht gegenüber der Geschäftsführung direkt auszuüben.

b) Auch aus **kartellrechtlichen Gründen** ist es sehr empfehlenswert, bei mehreren Proponenten, die sich als Bietergemeinschaft zusammengeschlossen haben, eine eigene Sondergesellschaft zu gründen, wobei eben der Zweck dieser Zusammenarbeit auf das konkrete PPP-Projekt beschränkt ist und damit sichergestellt werden kann, dass kein kartellrechtlich relevanter Tatbestand vorliegt.[19])

2. Ausgangspunkt und Motivlagen für PPP-Projekte

Die Motivlagen für die Realisierung von PPP-Projekten sind unterschiedlich:

Einerseits ergibt sich aufgrund der Notwendigkeit der Einhaltung der Maastricht-Kriterien und der damit verbundenen haushaltsrechtlichen Beschränkungen der Bedarf nach Abwicklung von derartigen Projekten im Rahmen von Sonderge-

---

[17]) Sondergesellschaften werden – aufgrund der international üblichen Orientierung am angloamerikanischen Markt auch als Special Purpose Vehicle oder Single Purpose Vehicle („SPV") bzw aufgrund der zumeist zu erfolgenden Neugründung als New Company („NewCo") bezeichnet.

[18]) § 39 Abs 2 GmbHG; dazu OLG Wien NZ 1951, 61; *Kastner*, Zur Auslegung des GmbH-Gesetzes, JBl 1978, 407 f; *Schaschl*, Gestaltung des Stimmrechtes im GmbH-Gesellschaftsvertrag, NZ 1998, 65 ff, 67 f; *Koppensteiner*, GmbH-Gesetz – Kommentar² (1999), § 39 GmbHG Rz 13.

[19]) Beachte Kommission 24. 10. 1988 IV/32.437/8, *Eurotunnel*, ABlEG 1988 Nr L 311/36 sowie aus nationaler Sicht § 1 Z 1 lit c der Verordnung des Bundesministers für Justiz vom 6. 4. 1989 zur Durchführung des § 17 des Kartellgesetzes 1988, BGBl Nr 1989/185; siehe zu kartellrechtlichen Belangen den Beitrag von RAA Dr. *Dieter Duursma* in diesem Buch.

sellschaften, anderseits gibt es unbestrittenermaßen großes Interesse des öffentlichen Sektors daran, vergaberechtliche Optimierungsmöglichkeiten[20]) durch Risikoteilung mit dem privaten Bereich zu nutzen, um gerade die besonders „anfechtungsintensive" Vergabe der Bauleistungen und den damit verbundenen Zeitverlust bei der Realisierung von Infrastrukturprojekten hintanhalten zu können.[21])

Letztlich sind auch die in bestimmten Fällen zu erzielenden steuerlichen Vorteile von entscheidungswesentlicher Bedeutung[22]): Selbst wenn man unterstellt, dass im Wege des Finanzausgleiches ohnehin wieder Umwegrentabilitäten für die öffentliche Hand zustande kommen, die eine umsatzsteuerrechtliche Optimierung nicht erforderlich machen, ist dennoch zu bedenken, dass bei den üblicherweise mit sehr hohen Investitionsbeträgen verbundenen Infrastrukturprojekten sich schon allein durch die Vorsteuerabzugsfähigkeit bei sorgfältiger Vertragsgestaltung ein sehr hoher Ersparniseffekt infolge des erzielten Zinsvorteiles ergeben kann.[23])

Zusammenfassend lässt sich daher keine pauschale Empfehlung für die Strukturierung eines PPP-Modells abgeben, weil jeweils abhängig von der konkreten Motivlage, die eben üblicherweise die oben angeführten Motive – wenngleich unterschiedlich gewichtet – entscheidend beeinflusst, entschieden werden muss, welche Struktur umgesetzt werden soll.

3. Risikomanagement von PPP-Projekten
3.1. Systematisierung der Projektrisken

Ausgangspunkt und treibende Kraft für die Realisierung von Infrastrukturprojekten im Rahmen von PPP-Modellen ist die Bereitschaft privater Investoren, in Anbetracht der sehr komplexen Aufgabenstellungen den öffentlichen Sektor von

---

[20]) Die Inflexibilitäten des derzeitigen Vergaberechtsregimes haben dazu geführt, dass die Kommission bei der öffentlichen Auftragsvergabe den „Wettbewerbsdialog" als neues Vergabeverfahren vorgeschlagen hat in der Hoffnung, „das Privatkapital stärker für die Finanzierung von Infrastrukturen interessieren zu können". Die bereits vorgeschlagene Neufassung der Regeln des Beschaffungswesens (KOM (2000) 275 und KOM (2000) 276) sowie die Präzisierung der Vorschriften für die Auftragsvergabe sollten anstreben, die Beteiligung des Privatsektors zum frühest möglichen Zeitpunkt der Projektentwicklung sowie eine größere Rechtssicherheit bei der Planung zu ermöglichen (Weißbuch „Die europäische Verkehrspolitik bis 2010: Weichenstellungen für die Zukunft", KOM (2001) 370, September 2001, 68).

[21]) Baukonzessionsverträge bieten Erleichterungen bei der Wahl des Vergabeverfahrens (vgl dazu § 16 Abs 5 und § 17 Abs 6 BVergG), andererseits ist die Übertragung von Bauleistungen an bestimmte Unternehmen, die dem Baukonzessionär nahe stehen, nicht ein weiterer Beschaffungsvorgang nach Vergabe der Baukonzession (vgl dazu § 109 BVergG). Siehe auch den Beitrag von Mag. *Martin Schiefer* zum Thema vergaberechtliche Aspekte von PPP's in diesem Buch.

[22]) Siehe hierzu *Achatz/Leitner*, Körperschaften öffentlichen Rechts und ihre Privatisierung im Steuerrecht² (2001) sowie den Beitrag von Mag. *Kurt Oberhuber* in diesem Buch.

[23]) Im Wege des so genannten „Schattenmautmodells" ist es möglich, Vorsteuerabzug für die Gesamtinvestitionskosten geltend zu machen, wobei hier allerdings entscheidungswesentlich ist, ob und inwieweit die Sondergesellschaft einen echten umsatzsteuerrechtlich anerkannten Betrieb gewährleistet.

gewissen Risiken zu entlasten. Auf der Ebene des öffentlichen Beschaffungswesens wird die Notwendigkeit der Übernahme eines wesentlichen Teils des Risikos als notwendiger Bestandteil von Konzessionsverträgen gesehen, wobei jedoch weder eine pauschale Verteilung der Arten der Risken noch eine quantitative Abgrenzung des Ausmaßes des finanziellen Anteils am übernommenen Risiko vorgegeben werden kann.[24])

Eines der Aufsehen erregendsten Beispiele von PPPs im Infrastrukturbereich war der Bau des Ärmelkanaltunnels, der von privaten Investoren finanziert wurde. Das Projekt wird technisch gesehen als Erfolg qualifiziert, war finanziell gesehen jedoch eine Katastrophe, der sowohl Privatpersonen als auch große Finanzgruppen zum Opfer gefallen sind. Das Hauptproblem liegt dabei im zeitlichen Abstand zwischen Investitionsausgaben und ersten Einnahmen, die erst bei der vollen Inbetriebnahme der Infrastruktur zu verzeichnen sein werden. Spürbarste Folge dieses Fehlschlages war die Abwendung des Privatkapitals von der Finanzierung von Verkehrsinfrastrukturen, insbesondere grenzüberschreitende Infrastrukturen, die zum Teil nicht sehr rentabel und mit großen Unsicherheiten behaftet sind. Um dem entgegen zu wirken, hat die Kommission Überlegungen im Hinblick auf die Förderung öffentlich-privater Partnerschaften eingeleitet, wobei einige Großprojekte (Öresund-Querung Brücke/Tunnel) bereits durch dieses System der Partnerschaft finanziert wurden, wobei bei diesen Projekten fast das gesamte Risiko durch den Staat abgedeckt wurde.[25])

Ausgangspunkt jedes Infrastrukturprojektes sind Unsicherheiten in Zusammenhang mit der Projektrealisierung. Der Begriff des Risikos wird in der Fachliteratur zur Projektfinanzierung definiert als „Unsicherheit in Bezug auf Kosten, Verlust oder Schaden".[26])

Der Prozess der Risikostrukturierung ist für jede Projektfinanzierung und damit auch für die Realisierung von Infrastrukturprojekten ist ein sehr wichtiger Teil für eine erfolgreiche Realisierung. Durch diesen Prozess sollen Risiken identifiziert, analysiert, quantifiziert und zugeordnet werden in einem Ausmaß, dass kein individuelles Risiko die Entwicklung, Umsetzung oder den Betrieb eines Projektes in einer Art und Weise gefährden kann, die es unmöglich macht, das Projekt zu realisieren.[27]) Systematisch können die Projektrisiken zunächst unterschieden werden in **elementare** und **globale** Risken.

Elementare Risken sind dadurch gekennzeichnet, dass sie von einem Privaten gesteuert oder zumindest teilweise beeinflusst werden können. Die elementaren Risken werden wiederum unterschieden in:

---

[24]) Mitteilung der Kommission zu Auslegungsfragen im Bereich Konzessionen im Gemeinschaftsrecht, ABlEG 2000 Nr C 121/2.
[25]) Weißbuch – Die Europäische Verkehrspolitik bis 2010: Weichenstellungen für die Zukunft.
[26]) *Blumenthal*, Sources of funds and risk management for international energy projects (1998).
[27]) *Hoffman*, The law and business of international project finance: a resource for governments, sponsors, lenders, lawyers, and project participants (2001).

- **technische Risken:**
  - Planungsrisiko
  - geologisches Risiko:
    - Baugrundrisiko
    - Boden- und Kontaminierungsrisiko
    - Archäologische Funde/Kriegsrelikte
  - Fertigstellungsrisiko:
    - technisches Fertigstellungsrisiko (Risiko der Nicht-Fertigstellung)
    - wirtschaftliches Fertigstellungsrisiko (mangelnde Leistungsfähigkeit)
    - Kostenüberschreitungen
  - technologisches Risiko:
    - Konstruktionsrisiko
    - Baustoffrisiko

und

- **wirtschaftliche Risken:**
  - Betriebs- und Managementrisiko
  - Marktrisiko
    - Mengen- und Preisrisiko
  - finanzielles Risiko
    - Inflationsrisiko
    - Zinsänderungsrisiko

Globale Risken zeichnen sich dadurch aus, dass sie durch Private nicht beeinflusst werden können. Globale Risken werden unterschieden in:

- **politische Risken:**
  - Änderungen der verkehrs- und wirtschaftspolitischen Prioritäten/der Fiskalpolitik sowie der rechtlichen Rahmenbedingungen
- **Risiko höherer Gewalt:**
  - Elementarrisken
  - Technische Risken

3.2. Risikoanalyse und -zuordnung

3.2.1. Technische Risken

a) Planungsrisiko

Infrastrukturprojekte zeichnen sich dadurch aus, dass in dem Stadium, in dem private Partner gesucht werden, die Planung zumeist erst einen Grad erreicht hat, der zwar über die bloße Ideenfindung bzw Prioritätensetzung bereits hinausgegangen ist, allerdings doch noch nicht ein derart konkretes Stadium erreicht hat, in dem beispielsweise die Beauftragung eines Bauauftrages möglich wäre, weil zumeist zwar die grundsätzlichen Widmungen erlangt werden konnten, allerdings die darüber hinaus erforderliche Bewilligungsverfahren – mangels Konkretisierung bzw Konkretisierbarkeit des Projektes – noch nicht begonnen werden konnten.

Gerade auch durch die Einbindung privater Initiativen soll es ermöglicht werden, Rationalisierungs- bzw Kosteneinsparungseffekte zu realisieren, die die Lösungskompetenz privater Investoren beibringen kann. Aus diesem Grund gibt es auch die Möglichkeit, zur Vorbereitung eines Infrastrukturprojektes einen Ideenwettbewerb durchzuführen, um hier grundsätzlich zu den Vorstellungen der öffentlichen Hand alternative Realisierungsszenarien diskutieren zu können, die sich aufgrund privater Initiative ergeben. Aufgrund des damit verbundenen Risikos für den privaten Sektor, letztlich vergaberechtlich von der Zuschlagserteilung ausgeschlossen zu sein infolge der Problematik der Beteiligung an den Vorarbeiten[28]) gibt es nunmehr Überlegungen der Kommission zur Änderung der Richtlinien im Beschaffungswesen dahingehend, dass der „Wettbewerbsdialog" eingeführt wird.[29])

Zuordnung des Planungsrisikos:

Das Planungsrisiko wird üblicherweise der öffentlichen Hand zugeordnet, soweit es tatsächlich in deren Ingerenzbereich ist. Dem entgegen kann der private Partner hier nur verpflichtet werden, auf der Basis der durch den öffentlichen Bereich durchzuführenden Schaffung der widmungsrechtlichen Rahmenbedingungen dann die für die erforderlichen rechtlichen Genehmigungen erforderlichen Antragsunterlagen vollständig und auf eigene Kosten zu erstellen.

Da allerdings gerade bei offenen Bewilligungsverfahren zeitliche Verzögerungen nicht abschließend kalkuliert werden können, ist es erforderlich, Kündigungsrechte für die Partner vorzusehen, falls

– sich nicht vorhersehbare Leistungen aufgrund der öffentlich-rechtlichen Erfordernisse ergeben, wobei hier auf konkret zu quantifizierende Zusatzkosten als Schwellenwert abzustellen ist

oder

– nicht vorhersehbare Verzögerungen bei der Erlangung dieser Bewilligungen eintreten.

---

[28]) Vgl § 21 Abs 3 BVergG, der vorsieht, dass Unternehmer, die unmittelbar oder mittelbar an der Erarbeitung der Unterlagen für das Vergabeverfahren beteiligt waren, von der Teilnahme am Vergabeverfahren auszuschließen sind, soweit durch ihre Teilnahme ein „fairer und lauterer" Wettbewerb ausgeschlossen wäre. Die Vorarbeitenproblematik wurde vom VfGH in dem Erkenntnis vom 20. 6. 2001, B 1560/00 (zur damals einschlägigen Regelung des § 16 Abs 4 BVergG 1997) dahingehend präzisiert, dass „ein Bieter nur dann auszuscheiden [ist], wenn er durch seine vorbereitende Tätigkeit insoweit spezifische Vorkenntnisse eines Sachverhalts erwirbt, die ihm einen Wettbewerbsvorteil entstehen lassen." Damit wurde klargestellt, dass ein unbedingtes Ausscheiden des Bieters durch jegliche Vorarbeiten überschießend ist.

[29]) Geänderter Vorschlag für eine Richtlinie des Europäischen Parlaments und des Rates über die Koordinierung der Verfahren zur Vergabe öffentlicher Lieferaufträge, Dienstleistungen und Bauaufträge vom 6. 5. 2002 KOM (2002) 236 endg, Artikel 30; grundlegend bereits Europäische Kommission, Das öffentliche Auftragswesen in der Europäischen Union, Mitteilung der Kommission vom 11. 3. 1998, 5 f, 23 ff, 38.

Die Folge dieser vorzeitigen Auflösung kann nur darin liegen, dass bereits im Vertrag definierte und auch nachgewiesene Aufwendungen des privaten Partners ersetzt werden, wobei sich auch eine Festlegung eines Höchstbetrages („Cap") empfiehlt.

b) Geologisches Risiko (Baugrundrisiko)

Die Beschaffenheit des Baugrundes ist von wesentlicher Bedeutung für die Projektrealisierungskosten. Analysiert werden derartige Risiken üblicherweise durch entsprechende geologische Gutachten von externen Experten, die den privaten Investoren zur Verfügung gestellt werden. Die Problematik derartiger Gutachten liegt allerdings darin, dass aufgrund der Technik der damit verbundenen Bodenuntersuchungsmethoden (Stichprobenuntersuchungen) es technisch nicht möglich ist, das Baugrundrisiko durch diese Gutachten abschließend beurteilen zu können.

Im Werkvertragsrecht ergibt sich, dass entsprechend der Sphärentheorie das Baugrundrisiko in der Sphäre des Werkbestellers liegt.

Dem Besteller wird somit jede Stoffuntauglichkeit zugerechnet, sofern sie nicht „offenbar" ist und daher die Warnpflicht des Unternehmers auslöst.[30]) Unbeschadet der den Unternehmer treffenden Warnpflicht trifft also grundsätzlich den Werkbesteller das Boden-(Baugrund-)Risiko.[31]) Diese grundsätzliche Regel gilt aber dann nicht, wenn die Parteien des Bauvertrags – mit hinreichender Deutlichkeit – vereinbaren, dass nicht der Besteller (Bauherr), sondern der Werkunternehmer die Bodenverhältnisse näher prüft.[32]) Ohne jeden Zweifel können die Parteien des Vertrags (so wie jedes Vertragsrisiko) auch das Baugrundrisiko – im Rahmen zwingender Gesetze und der guten Sitten – vertraglich regeln.[33]) Da die gesetzlichen Regelungen über die Gefahrtragung beim Werkvertrag („Sphärentheorie") grundsätzlich nicht auf zwingendem Recht beruhen, ist es den Vertragsparteien nicht verboten, andere Regelungen zu treffen; den Parteien steht es grundsätzlich frei, die gesetzliche Gefahrtragung abzubedingen; die Parteien können also vereinbaren, dass der Werkunternehmer auch dann, wenn die Vereitlung des Werks aus der Sphäre des Bestellers kommt, keinen (zusätzlichen) Entgeltanspruch haben soll.[34])

Stellt der Besteller dem Werkunternehmer Gutachten bei, so müssen diese zuverlässig sein.[35]) Wird ihre Berücksichtigung vertraglich vereinbart, können sie als Anweisungen verstanden werden. Mängel solcher Gutachten sind grundsätzlich der Bestellersphäre zuzurechnen.

---

[30]) *Krejci* in *Rummel* I³, § 1168a ABGB Rz 19.
[31]) SZ 71/142 mwN.
[32]) SZ 71/142; *Krejci*, Die bauvertragliche Pflicht zur Baugrundprüfung, wbl 1989, 259 ff, 260; *derselbe*, Baugrundrisiko und Bauvertrag, in *Fasching*-FS (1988), 311 ff, 315.
[33]) *Rummel*, Das „Baugrundrisiko", ein neuer Rechtsbegriff?, in *Strasser*-FS (1993), 309 ff, 310.
[34]) *Krejci*, Bauvertrag – Wer trägt das Baugrundrisiko? (1995), 107.
[35]) SZ 57/18.

Den Unternehmer trifft das volle Risiko unrichtiger Gutachten nur dann, wenn er diese Gefahr vertraglich übernommen hat; andernfalls sind ihm Mehraufwendungen selbst bei Vorliegen einer Pauschalpreisvereinbarung oder eines Werkvertrages aufgrund eines Kostenvoranschlages mit Richtigkeitsgarantie zu vergüten.[36]) Im Tiefbau (zB Tunnel- und Stollenbau) kommt es oft zu Mehraufwendungen zufolge veränderter Verhältnisse und Umstände, die im Gutachten nicht vorhergesehen und daher auch für den Werkunternehmer nicht kalkulierbar waren.

Die gesetzliche Pflicht des Unternehmers, Vorleistungen des Bestellers bzw anderer Unternehmer auf ihre Tauglichkeit für die eigene Leistung zu überprüfen, um seiner Warnpflicht genügen zu können[37]), umfasst auch die Überprüfung der Ausführungsunterlagen. Sie darf jedoch nicht überspannt werden. Besonderer, nicht üblicher Prüfungen und Untersuchungen bedarf es nicht.[38]) Umfangreiche, technisch schwierige und kostenintensive Untersuchungen muss der Unternehmer aber nicht anstellen, außer dies war besonders vereinbart oder im Entgelt berücksichtigt. Der Aufwand muss in einem vernünftigen Verhältnis zur eigentlichen Werkleistung und zur Höhe des Werklohns stehen.[39])

Zur Haftung des Sachverständigen ist Folgendes anzumerken: Legt ein Sachverständiger in seinem Gutachten dessen Tauglichkeit zu einem bestimmten Zweck offen, so haftet er auch dafür, dass das Gutachten für diesen Zweck geeignet ist und diesen Anforderungen entspricht. Der aus dem Gutachten ersichtliche Gutachtensauftrag ist der Maßstab, an dem die Tauglichkeit und Richtigkeit des Gutachtens zu prüfen ist; aus ihm ergibt sich auch, welche Interessen Dritter geschützt sind.[40])

Risikozuordnung und Management:

Eine abschließende Überwälzung des geologischen Risikos an den privaten Investor wird nur dort möglich sein, wo tatsächlich auch eine abschließende Beurteilung durch einen Sachverständigen im Sinne der oben angeführten Judikatur möglich war und der private Investor auch die Möglichkeit hatte, aus eigenem die entsprechenden Untersuchungen durchzuführen.

In jenen Fällen, in denen sich erst nach Identifikation und Vertragsabschluss mit dem privaten Investor, insbesondere im Rahmen einer Sondergesellschaft, das Bodenrisiko identifizieren lässt, wird es erforderlich sein, das Baugrundrisiko innerhalb zu vereinbarendem Rahmen (Festlegung von Schwellenwerten) dem privaten Partner zuzuordnen und bei Überschreitung die Möglichkeit zu geben, das Vertragsverhältnis aufzukündigen, sofern nicht der öffentliche Partner bereit ist, die entsprechenden Mehrkosten zu tragen.

---

[36]) SZ 58/41.
[37]) SZ 57/197; SZ 37/163.
[38]) SZ 57/197; SZ 37/163.
[39]) SZ 57/197.
[40]) Dazu *Karner*, Haftung des Gutachters gegenüber Dritten und deren Treugebern – Besprechung der Entscheidung OGH 23. 1. 2001, 7 Ob 273/00y, ÖBA 2001, 893 ff.

c) Boden- und Kontaminierungsrisiko

Der Begriff der Kontamination ist gesetzlich nicht definiert. Üblicherweise wird darunter die Verunreinigung mit umweltgefährdenden Stoffen wie zB Abfällen, Altölen sowie wassergefährdenden bzw -verunreinigenden Stoffen verstanden[41]) sowie darüber hinaus in einem weiteren Sinn auch alle sonstigen Beeinträchtigungen des Bodens, die geeignet sind, Gefahren, erhebliche Nachteile oder erhebliche Belästigungen für den Einzelnen oder die Allgemeinheit herbeizuführen.[42]) Ob und unter welchen Voraussetzungen Bodenkontaminationen beseitigt werden müssen, bestimmt sich nach den einschlägigen öffentlich-rechtlichen Vorschriften. Aus haftungsrechtlicher Sicht sind die beim Baugrundrisiko dargestellten Grundsätze (oben b) heranzuziehen.[43])

Hinsichtlich öffentlich-rechtlicher Entsorgungsaufträge ergibt sich die Sonderthematik, dass der Erwerber einer Liegenschaft für Altablagerungen zu haften hat, soweit er sie kannte oder kennen musste.[44]) Soweit daher im Zuge der Projektrealisierung vorgesehen ist, dass die Projektliegenschaft an die Sondergesellschaft bzw die privaten Investoren übertragen werden soll, ergibt sich schon allein aufgrund dieser öffentlich-rechtlichen Bestimmungen eine gesonderte Untersuchungspflicht des Erwerbers.[45])

d) Fertigstellungsrisiko[46])

Grundsätzlich ist zum Fertigstellungsrisiko anzumerken, dass dies typischerweise von privaten Partnern alleine zu tragen ist, ausgenommen,
– es liegen tatsächlich außergewöhnliche Ereignisse vor, die nicht in der Vorhersehbarkeit und damit Kalkulierbarkeit des privaten Partners gelegen sind oder
– es liegen Gründe vor, die in der Sphäre des öffentlichen Partners liegen und zu den entsprechenden Anpassungen geführt haben.

---

[41]) Vgl die Begriffsbestimmung in § 2 Abs 4 der RV zum AlSG 898 BlgNR XVII. GP, wonach kontaminierte Böden solche sind, „die mit umweltgefährdeten Stoffen verunreinigt wurden, ausgenommen Böden im Zusammenhang mit agrarischer oder vergleichbarer Nutzung".

[42]) *Pilgerstofer*, Öffentlich-rechtliche Bodensanierung und zivilrechtlicher Ausgleich (1999), 3 f unter Hinweis auf die Begriffsbestimmung in § 2 Abs 3 des deutschen BBodSchG.

[43]) Beachte die Entscheidung OGH 10. 9. 1997, 7 Ob 2382/96m, in der der OGH kontaminiertes Erdreich, das unerwartet bei Erdbauarbeiten aufgetreten ist, unter dem Gesichtspunkt des Baugrundrisikos behandelte.

[44]) Siehe dazu § 74 Abs 2 Abfallwirtschaftsgesetz 2002, BGBl I Nr 2002/102; beachte auch § 18 Abs 2 Altlastensanierungsgesetz idF BGBl 1993/185 (wobei allerdings umstritten ist, ob auch der Rechtsnachfolger des Liegenschaftseigentümers von den Regressansprüchen des Bundes erfasst ist; siehe dazu *Moosbauer*, Genehmigungspflichten und verwaltungsrechtliche Haftungen bei Deponien, in *Kerschner* (Hrsg), Haftung bei Deponien (1996), 1 ff, 49 mwN.

[45]) Siehe zu den Erkundigungspflichten OGH JBl 1974, 686, SZ 10/364; GesRZ 1982, 321 sowie *Berger*, Haftung für Deponien beim Liegenschafts- und Unternehmenserwerb, in *Kerschner*, Haftung bei Deponien, 94 ff, 101 f und *Moosbauer* in *Kerschner*, Haftung bei Deponien, 27 ff.

[46]) Vgl *Nevitt/Fabozzi*, Project Financing[7] (2000), 302.

aa) Risiko der technischen Nicht-Fertigstellung

Es treten in der Bauphase unerwartete technische Hindernisse auf, die eine (fristgerechte) Fertigstellung nicht möglich machen oder zu Folgekosten führen, die entweder in der Projektrealisierungsphase entstehen (erhöhte Baukosten) oder in der Folge in der Betriebsphase zu Kostenüberschreitungen führen (erhöhte Betriebskosten).

bb) Risiko der mangelnden Leistungsfähigkeit (wirtschaftlich)

Die in der Planungsphase zugrunde gelegte Kapazität der zu schaffenden Infrastruktur wird nicht bzw erst verspätet erreicht, wodurch sich eine wesentliche Änderung der dem Projekt zugrunde gelegten Wirtschaftlichkeit in Folge Nichterreichung oder verspätete Erreichung der kalkulierten Cash-Flows ergibt.

cc) Risiko der Kostenüberschreitung

Die kalkulierten Herstellkosten werden durch nicht vorhergesehene oder nicht vorhersehbare Ereignisse nicht eingehalten, entweder aufgrund der Anpassungserfordernisse wegen geänderter technischer Rahmenbedingungen oder durch außerhalb der Einflusssphäre des privaten Bereiches liegende Einflussfaktoren.

e) Technologisches Risiko

Das technologische Risiko ergibt sich aus dem Spannungsfeld, das aus dem Interesse an der Verwendung von Technologien, die selbst nach Abschluss der Realisierungsphase noch dem Stand der Technik[47]) entsprechen, allerdings noch nicht derart technisch ausgereift sind, dass langfristige Untersuchungsergebnisse vorliegen, entsteht.

Demnach wird das technologische Risiko unterteilt in

– Unzulänglichkeiten der Konstruktion bzw latente Konstruktionsfehler[48]) – das Projekt kann nicht wie geplant umgesetzt werden – sowie

– das verfahrenstechnische Risiko, das sich in technischen Problemen nach Baufertigstellung äußert und die Erreichung der geplanten Kapazität und/oder Qualität gefährdet; mangelnde langfristige Gebrauchsfertigkeit von Baumaterialien (Baustoffrisiko) ausführungstechnische Risiken, insbesondere im Erd- und Felsbau.

3.2.2. Wirtschaftliche Risiken

a) Betriebs- und Managementrisiko

Darunter werden alle während der Betriebsphase auftretenden Mängel verstanden, die nicht aus der Technologie bzw Verfahrenstechnik resultieren. Die Beein-

---

[47]) Beachte hierzu OGH JBl 1982, 603 sowie *Kurschel*, Die Gewährleistung beim Werkvertrag (1989), 23 ff.
[48]) Vgl zB OGH 5. 9. 1990, 5 Ob 267/90.

trächtigung der Betriebsfunktion hat dabei andere Ursachen als beim Eintritt des verfahrenstechnischen Risikos:
- technische Pannen
- Streiks
- Materialverschleiß
- mangelnde Instandhaltung
- Managementfehler
- Bedienungsfehler (mangelnde Erfahrung und Qualifikation des eingesetzten Personals)

Üblicherweise wird das Betriebs- bzw Managementrisiko dem privaten Bereich zugeordnet und durch entsprechende Zusagen der Erreichung bestimmter Mindestqualitäten bzw Mindest-Cash-Flows vereinbart, um gerade in der Anfangsphase („Start-Up") bestimmte Mindestkapitalrückflüsse gegenüber den finanzierenden Banken sicherstellen zu können. Es ist dabei auch üblich vorzusehen, dass während dieser Betriebsphase der private Bereich auch direkt in den Betriebsgesellschaften als Eigenkapitalgeber vertreten ist.

b) Marktrisiko

Unter dem Marktrisiko werden all jene Einflussfaktoren verstanden, die sich auf das Nachfrageverhalten nach der Projektleistung auswirken bzw Einfluss haben können. Da das Marktrisiko nicht nur Einzelgesellschaften sondern ganze Wirtschaftszweige trifft, wird es auch als „systematisches" Risiko bezeichnet.[49]) Unterschieden wird das Marktrisiko in das mit der geschaffenen Infrastrukturleistung verbundene Nachfragevolumen (Mengenrisiko) und dem erzielbaren Preis (Preisrisiko).

Wesentliche Faktoren sind hier insbesondere die Frage der Einschätzung einer allfälligen Substitutionskonkurrenz.

Üblicherweise wird das Marktrisiko dem privaten Partner zugeordnet, wobei allerdings gerade die Erfahrungen der ersten PFI-Projekte in Europa gezeigt haben, dass es erforderlich ist, vom ursprünglichen Ansatz der privatfinanzierten Infrastrukturmodelle (PFI), bei denen soviel Risiko als möglich vom öffentlichen Bereich in den privaten Sektor transferiert werden sollte, wieder abzugehen.[50]) Üblicherweise ergibt sich bei Einbindung des privaten Sektors in das Marktrisiko die Notwendigkeit zur Leistung wesentlicher Finanzierungsanteile durch die öffentliche Hand, auch im Wege der so genannten Anschubfinanzierung.

c) Finanzielles Risiko

Gerade Infrastrukturprojekte haben üblicherweise eine lange Planungs- und Bauphase, sodass sich das Inflationsrisiko sehr wesentlich auf die Gesamtprojektkosten auswirkt. Dieses Inflationsrisiko ist wesentlich beeinflusst durch Zinsschwankungen am Kapitalmarkt (Zinsänderungsrisiko).

---

[49]) *Friedmann*, Dictionary of Business Terms^3 (2000), 599.
[50]) *Dacon*, European PPPs: The Role of Equity, Project Finance Yearbook 2002/2003, 5; *Nevitt/Fabozzi*, Project Financing^7, Key Study: Eurotunnel – A Disaster for Lenders, 7.

Absicherungsmöglichkeiten gegen das Inflationsrisiko bestehen durch die Vereinbarung entsprechender Preisgleitklauseln, wobei die Primärproblematik hier allerdings darin liegt, einen ausgewogenen Kompromiss bei den zahlreich zur Verfügung stehenden Preisgleitklauseln zu finden.[51]) Die Absicherung gegen das Zinsänderungsrisiko ist eine wesentliche Aufgabe des privaten Sektors bei der Realisierung von Infrastrukturprojekten durch entsprechende Swap-Geschäfte, bei denen durch gesonderten Vertrag die jeweiligen Risken abgesichert werden (Währungs-Swap, Zins-Swap)[52]) sowie auch durch Abschluss entsprechender Zinsbegrenzungsvereinbarungen bzw von Fixzinsen.

3.2.3. Globale Risken

a) Politisches Risiko

Darunter versteht man das Risiko des Eintritts von Ausnahmen oder Bestimmungen, die den rechtlichen und strukturpolitischen Projektrahmen nachhaltig beeinflussen.

Es handelt sich dabei um
– grundlegende strukturelle Änderungen der hoheitsrechtlichen Verkehrspolitik sowie
– die Veränderung staatlicher Fiskalpolitik (Steuer- und Abgabenstruktur).

Derartige Risken werden üblicherweise dem öffentlichen Bereich zugeordnet, wobei im Fall des Schlagendwerdens einzige Alternative ist, dem privaten Bereich entsprechende vorzeitige Auflösungsmöglichkeit hinsichtlich der abgeschlossenen Verträge zu geben, wobei eben für diesen Fall von vornherein betragsmäßig definierte Leistungen zu bezahlen sind.

b) Risiko höhere Gewalt

Unter höherer Gewalt versteht man ein von außen her auf den Betrieb einwirkendes außergewöhnliches Ereignis, das nicht in einer gewissen Häufigkeit und Regelmäßigkeit vorkommt und zu erwarten ist und durch äußerste zumutbare Sorgfalt weder abgewendet noch in seinen Folgen unschädlich gemacht werden kann.[53]) Höhere Gewalt liegt daher nicht vor, wenn ein Ereignis nicht außergewöhnlich ist.[54]) Beispielsweise sind unter höherer Gewalt Elementarereignisse wie
– Brände,
– Überschwemmungen,
– Seuchen,
– Quarantäne,
– Embargo für Lieferungen
zu verstehen.

---

[51]) Der Baupreisindex, der Großhandelspreisindex, der Preisindex für Ausrüstungsinvestitionen sowie der Verbraucherpreisindex sind auf der Homepage der Statistik Austria (www.statistik.at) unter „Statistische Übersichten" abrufbar.
[52]) *Nevitt/Fabozzi*, Project Financing[7], 434.
[53]) OGH ZVR 1959/217.
[54]) OGH wbl 1994, 342.

4. Ausgewählte vertragsrechtliche Fragen im Verhältnis öffentlicher Bereich/privater Partner

Die Vielzahl der vertragsrechtlichen Aufgabenstellungen aufgrund der nicht standardisierbaren Risken bringt mit sich, dass es keine Standardverträge für PPP-Projekte gibt. Im Folgenden sollen einige ausgewählte vertragsrechtliche Aufgabenstellungen sowie die marktüblichen Lösungsansätze dargestellt werden, die das Verhältnis zwischen öffentlichem Sektor und privatem Investor betreffen.

4.1. Sicherheiten

4.1.1. Sicherheiten zugunsten der öffentlichen Hand

Aufgrund der üblichen Strukturierung von PPP-Modellen im Infrastrukturbereich ergibt sich, dass die Partner der ursprünglichen Bietergemeinschaft zumeist **nicht** direkte Vertragspartner des öffentlichen Sektors sind, sondern vielmehr die öffentliche Hand Verträge nur mit der SPV abschließt und dann – abhängig von der jeweiligen Strukturierung – den Zugriff auf die Geschäftsanteile an dieser Sondergesellschaft erhält. Garantien und Zusicherungen, die nur durch diese Sondergesellschaft abgegeben werden, sind hier kein wirksamer Schutz für die Absicherung der Interessenslage der öffentlichen Hand.

Es bieten sich hier folgende Systeme an:

a) Direkte vertragliche Einbindung – Schuldbeitritt

Um einen direkten Haftungsanspruch der öffentlichen Hand gegenüber dem privaten Sektor zu begründen, liegt die Priorität im Abschluss eines direkten Vertragsverhältnisses. Wesentlich ist dabei allerdings, dass ein konkretes Vertragsverhältnis mit Festlegung den vertraglich spezifischen Pflichten ausdrücklich geregelt ist, weil insbesondere aus gebührenrechtlichen Gründen (§ 33 TP 7 GebG) eine klare Abgrenzung von der gebührenpflichtigen Bürgschaftserklärung sowie dem gebührenpflichtigen Schuldbeitritt (§ 1347 ABGB) erforderlich ist. Die Abgrenzung zur Bürgschaft liegt darin, dass beim Schuldbeitritt der Mitschuldner **neben** dem Hauptschuldner haftet, dem entgegen bei der Bürgschaft erst **nach** dem Schuldner.[55])

b) Garantieverträge

Diese sind selbständige Schuldverträge, wonach der Verpflichtete bei Nichteintritt des dem Garantieempfänger zugesicherten Erfüllungserfolges den Ausfall zu decken hat, sodass daher der Garant gegenüber dem Begünstigten die Haftung für den noch ungewissen Erfolg eines Unternehmens oder für den durch ein Unternehmen entstehenden Schaden übernimmt.[56]) Der Garantievertrag ist im Unterschied zur Bürgschaft nicht akzessorisch, sodass der Garant auch dann haftet, wenn die

---

[55]) *Fellner*, Stempel- und Rechtsgebühren[7] (2002), 355 f.
[56]) *Koziol/Welser*, Bürgerliches Recht II[12] (2001), 144.

Schuld des Dritten nicht besteht. Gerade das ist Anknüpfungspunkt für das Nichtbestehen der Gebührenpflicht, sodass daher aus gebührenrechtlichen Gründen unbedingt erforderlich ist, im Garantievertrag dies auch ausdrücklich vorzusehen. Nach der ständigen Rechtsprechung des Verwaltungsgerichtshofes zum Gebührengesetz ist es für eine Garantie wesentlich, dass in der Erklärung die Selbständigkeit in Form eines umfassenden Einwendungsverzichtes zum Ausdruck kommt; bei nur teilweisem Einwendungsverzicht ist gebührenpflichtige Bürgschaft anzunehmen.[57]) Bei PPP-Modellen übliche Garantien sind die Lieferungs- oder Erfüllungsgarantie (Haftung dafür, dass eine vertragsgemäß zugesagte Lieferung erfolgen wird) sowie Mängelgarantie (Haftung bis zur Höhe eines vereinbarten Betrages für den Schaden, der durch etwaige Mängel einer Lieferung entsteht), wobei in jedem Fall die Haftungen der Höhe nach beschränkt sind. In den komplexen PPP-Modellen ist es üblich, dass die privaten Projektproponenten, die ja üblicherweise Gesellschafter der Sondergesellschaft sind und sich mit anderen Projektpartnern aus ergänzenden Branchen zur Bietergemeinschaft bzw Projektgemeinschaft zusammengeschlossen haben, es auch gegenüber dieser Projektgesellschaft durch gesonderte Verträge übernehmen, die zu liefernde Infrastruktur zu planen, zu errichten, zu finanzieren und zu betreiben. Gerade im Bereich der Erfüllung von Werklieferungen ist es hier üblich, Erfüllungsgarantien direkt durch diese privaten Projektproponenten mit ausdrücklicher Schutzwirkung zugunsten der öffentlichen Proponenten abzugeben (Turn-Key-Vertrag, Vertragserfüllungsgarantie/„Performancebond").

c) Pönaleregelungen/Bonus-System als besonderer Leistungsanreiz

Während es branchenüblich ist, Schlechterfüllungsansprüche durch Vereinbarung von Pönalen als pauschalierten Schadensersatz abzusichern, wobei diese Pönalezahlungen dann eben innerhalb bestimmter Rahmen auch abgesichert werden durch Garantieversprechen Dritter, ist ein mittlerweile in England üblicher Ansatz, für Fertigstellung von Infrastrukturleistungen zu einem früheren als den geschuldeten Zeitpunkt Bonuszahlungen als besonderen Leistungsanreiz zu vereinbaren.[58]) Systematisch hat sich diese Struktur einerseits herausentwickelt aus der verhandlungstaktischen Gegenbewegung zur Forderung nach Pönalen, andererseits ergibt sich daraus ein besonderer Leistungsanreiz für den privaten Sektor, vertragskonform zu leisten. Gerade die Zurverfügungstellung von Infrastrukturleistungen vor dem vereinbarten Zeitpunkt bringt wegen des für die öffentliche Hand dadurch generierten Mehrwerts üblicherweise erhebliche finanzielle Vorteile mit sich, die im Rahmen derartiger Bonuszahlungen im vereinbarten Umfang mit dem privaten Sektor geteilt werden.

4.1.2. Erforderliche Enthaftung der privaten Investoren im Fall des Exit bzw Heimfalls

Das Absicherungserfordernis zugunsten des privaten Sektors bei Verträgen mit der öffentlichen Hand wird üblicherweise nicht als Bonitätsthema gesehen, wobei

---

[57]) VwGH 16. 12. 1991, 90/15/0142.
[58]) Treasury Task Force, Private Finance, Standardisation of PFI Contracts, I 29, 4.6.

dies allerdings gerade im grenzüberschreitenden Bereich nicht verallgemeinert werden kann. In Österreich wird üblicherweise für die Erfüllung der Zahlungsverpflichtungen der öffentlichen Hand im Hinblick auf die gegebene hohe Bonität keine gesonderte Sicherheit verlangt.

Das Absicherungsbedürfnis ergibt sich gerade bei Strukturierung des Heimfalls in Form der Übertragung von Geschäftsanteilen an der Projektgesellschaft darin, dass bei der Projektgesellschaft – abhängig vom Zeitpunkt, zu dem die Geschäftsanteile und damit auch das Eigentum an der projektspezifischen Infrastruktur übertragen werden – natürlich auch entsprechende Kreditverbindlichkeiten der Projektgesellschaft offen sind, die zur Realisierung des Projektes erforderlich waren. Für diese Fremdkapitalverbindlichkeiten haben üblicherweise die Projektproponenten die jeweils erforderlichen und branchenüblichen Sicherheiten aufgebracht. Es ist hier üblich, in den entsprechenden Abtretungsverträgen („Call-" bzw „Put-Optionen") bereits im Zuge der Vertragsdokumentation bei Projektbeginn vorzusehen, dass die öffentliche Hand verpflichtet ist, im Abtretungsfall jene Erklärungen gegenüber den Fremdkapitalgebern abzugeben, die erforderlich sind, um eine Enthaftung der ursprünglichen Projektpartner von den eingegangenen Mithaftungserklärungen für die Fremdkapitalverbindlichkeiten der Sondergesellschaft zu bewirken, soweit diese Fremdverbindlichkeiten innerhalb des ausdrücklich vereinbarten Rahmens begründet wurden.

4.1.3. Sicherheiten während der Projektierungs-, Bau- und Betriebsphase

Da in diesen Phasen aufgrund der üblichen Strukturierung von PPP-Modellen die geschaffene Infrastruktur üblicherweise in der Verfügungsgewalt der privaten Investoren liegt, ist es unüblich, dass von Seiten der Fremdkapitalgeber gesonderte Sicherheiten verlangt werden, insbesondere auch, weil ja die Begründung derartiger Sicherheiten aus gebührenrechtlichen Gründen zu erheblichen Verteuerungen führen würden. Es ist hier üblicherweise ausreichend, dass von Seiten der öffentlichen Hand die Zustimmung dazu gegeben wird, dass für den Fall nicht vorhergesehener und nicht kalkulierter Änderung der Bonität der Projektgesellschaft in Folge Schlagendwerden von Risken die geschaffene Infrastruktur als Absicherung für die aufgenommenen Fremdkapitalien sachenrechtlich zur Verfügung gestellt wird und im Bedarfsfall auch derartige Sicherheiten begründet werden.

4.1.4. Patronatserklärungen

Die Patronatserklärung ist eine Sammelbezeichnung für eine Art von Erklärungen, die von anderen Personen als den jeweiligen direkten Erfüllungsverpflichteten abgegeben werden, zu diesem jedoch regelmäßig in einem Naheverhältnis stehen, wobei die haftende Bindungswirkung von völlig unverbindlichen Erklärungen bis zum Garantievertrag reichen kann.[59] Patronatserklärungen mit dem Inhalt, wonach sich der Patron verpflichtet „dafür Sorge zu tragen, dass unsere Tochtergesellschaft stets so geleitet und ausgestattet wird, dass sie jederzeit in der Lage ist,

---

[59] Vgl *Dittrich-Tades*, ABGB[20] (2002), Anm zu § 1344 ABGB unter Hinweis auf JBl 1986, 173 = RdW 1985, 307 = SZ 58/127.

ihren Verbindlichkeiten fristgerecht nachkommen zu können" werden bereits als verbindlich qualifiziert und auch üblicherweise als „harte Patronatserklärung" bezeichnet. Davon zu unterscheiden sind Erklärungen, die nur als so genannte „Good-Will-Erklärungen" rechtlich unverbindlich sind (beispielsweise: „Wir haben davon Kenntnis genommen, dass Sie mit unserer Tochtergesellschaft Verträge abgeschlossen haben").[60])

4.2. Vertragsdauer

Die Vertragsdauer orientiert sich an den projektspezifischen Erfordernissen. Wesentlich ist allerdings die Regelung der vorzeitigen Vertragsbeendigung („early termination") hinsichtlich ihrer Ausübungsmöglichkeiten und Folgen.

4.2.1. Ordentliche Vertragsbeendigung, Verlängerungsoption für die öffentliche Hand

Die Vertragsdauer basiert sowohl für die öffentliche Hand als auch für den privaten Sektor auf einer kalkulierten Ausübungsmöglichkeit hinsichtlich der kalkulierten Amortisation. Damit verbunden ist notwendigerweise auch die Notwendigkeit, dass die öffentliche Hand innerhalb des vereinbarten Rahmens es dem privaten Sektor überlässt, die geschaffene Infrastruktur auch tatsächlich zu betreiben, wobei diesbezüglich die Eingriffsmöglichkeiten beschränkt sind auf bestimmte Fälle.

Umgekehrt bietet dies allerdings auch für die öffentliche Hand die Nutzung einer Reihe von Möglichkeiten, weil insbesondere aus haushaltsrechtlichen Gründen die öffentliche Hand ohnehin nicht in der Lage ist, direkt die finanziellen Lasten aus der Schaffung der Infrastruktur zu übernehmen. Aus diesem Grund ist es auch nicht unüblich vorzusehen, dass innerhalb bestimmter Rahmen eine Option zur Verlängerung der Vertragsdauer zugunsten der öffentlichen Hand eingegangen wird.

4.2.2. Außerordentliche/vorzeitige Vertragsbeendigung

Vorzeitige Beendigungsmöglichkeiten sind insbesondere bei Schlagendwerden nicht kalkulierbarer und unvorhersehbarer Risken vorzusehen sowie bei höherer Gewalt.

Übliche Umstände, die zu einer vorzeitigen Beendigung führen sind:
- Vertragsbruch, der ungeachtet entsprechender Beanstandung fortgesetzt wird („Persistent Breach"),
- Schlechterfüllung auf Seiten des privaten Investors außerhalb eines Rahmens, der für den öffentlichen Sektor außerhalb vereinbarter Akzeptanzschwellen liegt und letztlich auch nicht verbesserbar ist.

---

[60]) *Heiß/Müller*, Rechtsgrundlagen der Haftung aus Patronatserklärungen, RdW 1989, 290 ff.

4.2.3. Folgen der Vertragsbeendigung – Exit Regelung

Im Gegensatz zu den sonstigen üblichen Ausübungsmöglichkeiten der gesetzlichen Rechtsbehelfe ergibt sich insbesondere bei den komplexen Infrastrukturprojekten, dass gerade in diesem Fällen kaum die Möglichkeit besteht, Radikallösungen umzusetzen, die einem Rücktritt vom Vertrag gleichkommen. Alle beteiligten Vertragsparteien haben hier fundamentales Interesse daran, Lösungen zu finden, die einen Fortbetrieb der Infrastrukturleistungen als oberste Priorität ermöglichen. Es ist dabei auch üblich, dass der öffentlichen Hand die Möglichkeit geboten wird, gerade im Zusammenhang mit dem Betrieb die Infrastrukturleistung stärkeren Einfluss zu nehmen („Step-in-Klausel").

Die Strukturierung der finanziellen Folgen orientiert sich daran, wie sich der Wert der erbrachten Infrastrukturleistungen in Folge der zustande gekommenen Schlechterfüllung geändert hat. Es ist dabei üblich, durch entsprechende Schiedsgutachten diese Auswirkungen auf die Wertermittlung festzustellen.

Der Exit erfolgt – nicht zuletzt aufgrund der mit einer Übertragung von unbeweglichem Vermögen verbundenen hohen Transaktionskosten (Gebühren, Grunderwerbssteuer, Einverleibungsgebühren) – zumeist im Wege der Übertragung der Anteile an der Projektgesellschaft.[61])

4.3. Definition des Leistungsgegenstandes/Informationspflichten/ Kontroll- und Überwachungsrechte durch die öffentliche Hand

Die Komplexität von PPP-Infrastrukturprojekten bringt mit sich, dass bei Vertragsabschluss der Leistungsgegenstand kaum abschließend definiert sein kann. Dies bewirkt, dass vertraglich eine sehr genau determinierte Struktur festgelegt wird, um
- die geschuldeten Leistungsstandards qualitativ und quantitativ genau festzulegen,
- der öffentlichen Hand dabei die Möglichkeit zu geben, rechtzeitig in den Mitentscheidungsprozess einbezogen zu werden und
- insbesondere auch Regelungen für den Fall zu haben, dass sich aufgrund geänderter technologischer Anforderungen die Notwendigkeit der Erbringung von geänderten bzw Zusatzleistungen ergibt (zu bedenken ist hier beispielsweise bei der Realisierung von Krankenhausprojekten, dass ja gerade aufgrund der langen Projektrealisierungsphasen sich hier ein laufender Bedarf der Anpassung an den jeweiligen Stand der Medizin ergibt).

Als übliche Struktur, um diesen Anforderungen gerecht zu werden bieten sich folgende Modelle an:

4.3.1. Einrichtung von Projektausschüssen und -beiräten

Im Rahmen eines vertragsrechtlich eingerichteten Projektausschusses wird sämtlichen beteiligten Parteien die Möglichkeit gegeben, eine bestimmte Höchstzahl von informierten und auch vertretungsbefugten Personen in den jeweiligen

---

[61]) Auch bei diesen Strukturen ist darauf zu achten, dass eine grunderwerbsteuerrechtlich relevante Anteilsvereinigung vermieden wird (§ 1 Abs 3 Z 2 GrEStG).

Projektbeirat zu entsenden, wobei auch die Möglichkeit besteht, die Projektbeiräte wiederum unterzugliedern in fachliche Kompetenzbereiche.

Der regelmäßig tagende Projektbeirat hat dabei primär auch die Funktion, dass die öffentliche Hand direkt einbezogen wird in die Information über den laufenden Projektfortschritt, wobei es auch aus deren Sicht zur frühzeitigen Feststellung des jeweiligen Standes des Leistungserfüllungsgrades bzw des Ausmaßes der Erfüllung der geschuldeten Qualität jedenfalls empfehlenswert ist, rechtzeitig zur Hintanhaltung größeren Schadens formalisierte Kontrollen durchzuführen.

Üblicherweise entscheidet der Projektbeirat einstimmig, wobei jedoch für den Fall des Nichtzustandekommens entsprechende Regelungen vorzusehen sind, die insbesondere fachspezifische Entscheidungen an Experten übertragen (Einrichtung eines gesonderten Fachbeirates, Übertragung der Entscheidungskompetenz an Schiedsgutacher und dgl).

4.3.2. Entscheidung über Änderungsleistungen und Zusatzleistungen

Bei Änderungsleistungen und Zusatzleistungen ist es unabdingbar, im Vertrag vorzusehen, dass die Projektgesellschaft verpflichtet ist, derartige geänderte Leistungen bzw Zusatzleistungen über ausdrücklichen Wunsch der öffentlichen Hand zu erfüllen, weil ansonsten vertragsrechtlich keine Möglichkeit besteht, den privaten Partner zur Erbringung geänderter Leistungen zu verpflichten. Klauseln, wonach der private Partner verpflichtet ist, hier bona fide zu verhandeln, sind einerseits aufgrund vertraglicher Nebenpflichten nicht erforderlich, andererseits auch kaum tauglich, weil es wohl bei jeder derartigen Leistung gelingen wird zu argumentieren, dass die geänderten Leistungen oder Zusatzleistungen nicht oder nur unter für den öffentlichen Auftraggeber nicht akzeptablen Zusatzkosten zu erbringen sind.

Üblicherweise wird hier darauf abgestellt, dass die Feststellung der mit der Erbringung dieser geänderten bzw Zusatzleistungen verbundenen Ansprüche vor Beginn der Leistung im Nichteinigungsfall durch einen externen Gutachter als Schiedsmann determiniert wird.

4.3.3. „Value-Engineering" – „Allianz-Verträge"

Die Notwendigkeit der Erbringung geänderter Leistungen oder Zusatzleistungen kann allerdings auch als Chance gesehen werden, hier Rationalisierungspotentiale zu nutzen, die sich durch die Initiative des privaten Sektors ergeben. Es ist geradezu wahrscheinlich, dass im Zuge der Projektrealisierung sich Situationen ergeben, aufgrund derer der Privatinvestor Möglichkeiten sieht, die vereinbarte Leistung bei entsprechender Adaptierung des Lösungsweges in einer Art und Weise zu erbringen, die die konkrete Nutzungsmöglichkeit der zu schaffenden Infrastrukturen nicht beeinträchtigt, allerdings doch wesentliche Kostenersparnisse mit sich bringt (zB Änderung der Bauweise, Änderung der Produktwahl oder der Systemwahl). Üblicherweise wird in den relevanten Verträgen dem privaten Investor die Möglichkeit geboten, derartige Initiativen einzubringen im Rahmen des so genannten „Value-Engineering", wobei derartige geänderte Leistungen, die über

Wunsch des privaten Investors durchgeführt werden, natürlich der ausdrücklichen Genehmigung des öffentlichen Partners bedürfen, wobei allerdings die daraus erzielten Einsparungseffekte dann unter Zugrundelegung von zuvor vereinbarten Aufteilungsschlüsseln aufgeteilt werden.

Im Zuge der so genannten „Allianz-Verträge" wird die Vertragsabwicklung gesehen als proaktive Zusammenarbeit zwischen den beteiligten Projektproponenten, um im Zusammenhang mit der Vertragsabwicklung von vornherein gezielt einen reibungslosen Ablauf der Projektrealisierung sicher zu stellen.[62]) Üblicher Bestandteil derartiger Strukturen ist, dass volle Transparenz gegenüber der öffentlichen Hand in sämtliche Entscheidungen des privaten Partners besteht und demnach insbesondere die öffentliche Hand eingebunden wird in die Beauftragung von Subunternehmern zur Ermöglichung der Einbindung in die daraus erzielbaren Einspareffekte.

4.4. Festlegung von Eskalationsmechanismen – Streitbeilegung

Gerade PPP-Modelle sind dadurch gekennzeichnet, dass für den Fall von Differenzen zwischen dem öffentlichen Bereich und den privaten Investoren in einer Art und Weise, die eine gütliche Einigung unmöglich machen, eine gerichtliche Auseinandersetzung ungeachtet der damit verbundenen Rechtssicherheit nur der allerletzte Ausweg sein kann, weil die damit zwangsweise verbundene Verzögerung das Risiko von wirtschaftlichen Nachteilen mit sich bringt, die selbst für die obsiegende Partei von enormen Ausmaß sind und im Fall des Obsiegens aufgrund deren Tragweite auch kaum einbringlich gemacht werden können beim privaten Partner.

Aus diesem Grund ist es daher unbedingt erforderlich, im Zuge des Vertragsabschlusses gleich Eskalationsmechanismen vorzunehmen, die einer gerichtlichen Auseinandersetzung vorgeschaltet werden:

4.4.1. Entscheidung im Projektausschuss bzw -beirat

Diese Gremien dienen dazu, rechtzeitig die umfassende Einbindung des öffentlichen Partners in die Projektrealisierung zu bewerkstelligen, wobei die Einbindung sowohl hinsichtlich der umfassenden Gewährung von Informationen als auch hinsichtlich der abschnittsweisen Abnahme bzw Genehmigung von Teilleistungen hinsichtlich der Dokumentation des geschuldeten qualitativen Leistungserfüllungsgrades erfolgt.

4.4.2. Schiedsgutachter

Im Rahmen eines Schiedsgutachtervertrags werden durch die Parteien einem oder mehreren Dritten (Schiedsgutachtern, Schiedsmännern) die Feststellung von Tatsachen, einzelnen Tatbestandselementen oder die Ergänzung des Parteiwillens

---

[62]) *Myers*, Alliance in contracting: A potpourri of proven technique for successful contracting, The International Construction Law Review 2001.

übertragen.⁶³) Im vorliegenden Zusammenhang könnten Differenzen durch die Zuweisung der Entscheidung insbesondere von technischen Fachfragen an entsprechende Schiedsgutachter beseitigt werden. Die Kompetenz dieser Schiedsgutachter ist allerdings darin erschöpft, dass sie ausschließlich die ihnen zugewiesenen strittigen Fragen als endgültig bindend für die Projektparteien entscheiden können, sodass daher die Kompetenz der Schiedsgutachter sich in erster Linie in der Lösung von technisch strittigen Fragen erschöpft.

4.4.3. Schiedsverfahren

Zur Entscheidung eines bestimmten oder künftigen Rechtsstreits kann durch einen Schiedsvertrag die staatliche Gerichtsbarkeit ausgeschlossen und an ein privates Schiedsrichter(kollegium) übertragen werden.⁶⁴) Gründe für den Abschluss eines Schiedsvertrags können durch den Ausschluss der Öffentlichkeit gewahrte Geheimhaltungsinteressen sein oder das Interesse an einer Entscheidung durch fachkundige Schiedsrichter vor allem bei technischen Tatfragen, für die nur ein begrenzter Kreis von Spezialkennern geeignet ist.⁶⁵) Der Schiedsvertrag muss schriftlich errichtet werden, wobei der Wechsel von Telegrammen und Fernschreiben ausreichend ist (§ 577 Abs 3 ZPO) sowie die Parteien, den Streitfall oder das Rechtsverhältnis bezeichnen und die Schiedsgerichtsbarkeit begründen. Das Schiedsverfahren endet mit Schiedsspruch, der unter den Parteien die Wirkung eines rechtskräftigen Urteils hat (§ 594 Abs 1 ZPO) oder mit Schiedsvergleich.

4.4.4. Ordentliche Gerichtsbarkeit

Von einem Ausschluss der ordentlichen Gerichtsbarkeit durch Schiedsvertrag sollte dann abgesehen werden, wenn eine Gefahr der mangelnden Objektivität der Schiedsrichter besteht oder aufgrund einer ungleichen Verteilung der wirtschaftlichen und faktischen Macht zwischen den Parteien dem Schwächeren ein Schiedsgericht aufgezwungen werden könnte.

5. Zusammenfassung

Verträge zur Realisierung von PPP-Projekten sind aufgrund der mannigfaltigen Ausgestaltungsmöglichkeiten derartiger Strukturen kaum standardisierbar. Sie enthalten üblicherweise eine Vielzahl von vertraglichen Elementen des ABGB, wobei gerade im Zusammenhang mit der Realisierung von Infrastrukturprojekten auch durch die Gründung von Sondergesellschaften („SPV") gesellschaftsrechtliche Fragestellungen damit verbunden sind. Verträge zur Realisierung von PPP-Model-

---

⁶³) SZ 48/111; EvBl 1980/38 = JBl 1980, 151 (*Bydlinski*); OGH 4. 11. 1986, 14 Ob 136/86; *Fasching*, Lehrbuch², Rz 2168.
⁶⁴) Siehe hierzu *Fasching*, Schiedsgericht und Schiedsverfahren im österreichischen und internationalen Recht (1973); *Rummel*, Schiedsvertrag und ABGB, RZ 1986, 146; *Fasching*, Lehrbuch des österreichischen Zivilprozessrechts² (1990), Rz 2164 ff.
⁶⁵) *Fasching*, Lehrbuch², Rz 2165.

len sind daher üblicherweise ein Konstrukt einer Vielzahl von verschiedenen Verträgen zur Regelung der verschiedenen Vertragsebenen (Projektproponenten untereinander/Projektgesellschaft zur öffentlichen Hand/Projektgesellschaft zu den Projektproponenten als Leistungserbringer/öffentliche Hand zu den Projektproponenten/Projektgesellschaft zu externen Leistungserbringern). Ausgangsbasis für die Strukturierung von PPP-Modellen ist die Notwendigkeit einer eingehenden Analyse der gegebenen spezifischen Risiken, wobei die Risken unterschieden werden in elementare und globale Risken. Die globalen Risken ihrerseits werden unterschieden in technische Risken (Planungsrisiko/geologisches Risiko/Fertigstellungsrisiko/technologisches Risiko), wirtschaftliche Risken (Betriebs- bzw Managementrisiko/Marktrisiko/finanzielles Risiko), die globalen Risken werden unterschieden in politische Risken und das Risiko höherer Gewalt. Die Festlegung der einzelnen Risikoverantwortungsbereiche ist Kernbestandteil der Vertragsdokumentation, wobei sich aufgrund internationaler Entwicklungen im Infrastrukturbereich abzeichnet, dass es insbesondere wegen des politischen Erfolges des Kanaltunnelprojektes, der allerdings wirtschaftlich für die Privatinvestoren ein finanzielles Desaster war, unabdingbar ist, dass die öffentliche Hand für das Marktrisiko im Infrastrukturbereich innerhalb bestimmter Rahmen aufkommt. Diesbezüglich gibt es einerseits Bestrebungen auf EU-Ebene, diese Hilfestellungen entsprechend zu forcieren, andererseits gibt es auch Bestrebungen, die für diese komplexen Aufgabenstellungen nicht geeigneten engen Schranken des bestehenden Vergaberechtes zu lockern. Das Vertragsverhältnis bei der Realisierung von PPP-Modellen soll insbesondere Bedacht nehmen auf die Festlegung der geschuldeten Leistungsstandards, die Regelung betreffend geänderte oder Zusatzleistungen, die Festlegung eines geeigneten Forums zur Einbindung des öffentlichen Sektors in die Planungs- und Projektrealisierungsphase, beispielsweise durch Einrichtung geeigneter Projektbeiräte, wobei die jüngste Entwicklung in Richtung Nutzung vertragsrechtlicher Möglichkeiten zur Erteilung von Projektvorteilen geht („Value-Engineering"/„Allianz-Verträge") sowie auch zur Festlegung geeigneter Eskalationsmechanismen.

„The Thin Red Line":*)
Public Private Partnerships und die schwierige Abgrenzung zwischen Staat und privatem Sektor in Zeiten von Maastricht

Peter Mooslechner

Inhalt
1. Der Staat und seine Funktionen – ein Konzept und seine Veränderungen in historischer Perspektive
2. Public Private Partnerships: Synthese aus weniger Staat und mehr Privat?
3. Das System des Volkswirtschaftlichen Rechnungswesens und die Unterscheidung zwischen Staat und Privat im Zusammenhang der Währungsunion
4. Drei entscheidende und einige kritische Fragen zur Grenzziehung zwischen staatlichem und privatem Sektor
5. Drei Illustrationen zur Abgrenzung zwischen Staat und privatem Sektor in der Praxis: UMTS – BIG – Securitisation
    5.1. Die Verbuchung der Einnahmen aus der Vergabe der UMTS-Mobilfunklizenzen
    5.2. Die Restrukturierung der österreichischen Bundesimmobiliengesellschaft (BIG)
    5.3. Securitisation – Verbriefung staatlicher Forderungen durch eine spezielle institutionelle Einheit
6. Die Grenzlinie zwischen dem Staat und dem privaten Sektor im Fall von PPPs: Versuch einiger einfacher Schlussfolgerungen zu einem komplizierten Thema
7. Literaturübersicht

Die Frage, welche Rolle der Staat im gesamtwirtschaftlichen Zusammenhang spielen soll und wie „groß" er – empirisch messbar – ist (bzw unter normativen Gesichtspunkten sein soll) zählt zu den grundlegenden Fragen der Volkswirtschaftslehre, seit diese als eigener Zweig der Wissenschaft angesehen wird.[1]) Bereits lange vorher – und jedenfalls zurückreichend bis Xenophon, Platon und Aristoteles – waren dieselben Fragen prägend für einen wesentlichen Teil der Analyse des Staatswesens als politischer Idee.[2])

---

*) Film von *Terrence Malick*, 20th Century Fox, December 1998, nach dem 1962 erschienenen gleichnamigen Roman von James Jones (1921–1977). Dieselbe Methapher findet sich übrigens bereits in dem 1892 entstandenen Gedicht Tommy von *Rudyard Kipling* (1865–1936). Der Autor dankt *Michael Andreasch, Leopold Diebalek, Bernhard Grossmann, Eva Hauth, Paul Kocher, Herbert Nekvasil, Doris Prammer* und *Martin Schürz* für hilfreiche Anmerkungen und Kommentare.

[1]) Vgl dazu die ausführliche Behandlung der ökonomischen Begründung und Rolle des Staates bei *Smith*, Der Wohlstand der Nationen (1776), das gemeinhin als das die Volkswirtschaftslehre begründende Werk angesehen wird.

[2]) *Fenske/Mertens/Reinhard/Rosen*, Geschichte der politischen Ideen – Von der Antike bis zur Gegenwart (2000).

1. Der Staat und seine Funktionen – ein Konzept und seine Veränderungen in historischer Perspektive

Obwohl diese Diskussion einen breiten gesellschaftspolitischen Hintergrund hat, wird sie heute schwerpunktmäßig als wirtschaftspolitische Auseinandersetzung geführt. Die historische Diskussion pendelt zwischen den Forderungen nach einem Rückzug des Staates auf einen Kern „ordnungspolitischer" Funktionen und dem Ruf nach einer stärkeren Rolle des Staates angesichts „nicht zufriedenstellender" Marktergebnisse. Markante Ausweitungen des Staatssektors erfolgten in der Vergangenheit regelmäßig in Zusammenhang mit Kriegen, aber auch Verlagerungen in den Schwerpunkten der Staatsaktivitäten führten zu einer säkularen Ausweitung des Staatssektors („Wagner'sches Gesetz" der zunehmenden Staatstätigkeit[3]). Demgegenüber standen immer wieder historische Wellen, die Probleme der ökonomischen Effizienz und Situationen makroökonomischer Ungleichgewichte mit ineffizienter Staatstätigkeit und einem zu hohen Staatsanteil in Verbindung setzten.[4]

In der ökonomischen Realität der Gegenwart sind ökonomische, wirtschaftspolitische und (partei-) politische Auseinandersetzungen über Größe und Rolle des Staates selbstverständlich. Gleichzeitig hat man sich aber auch daran gewöhnt, dass moderne Volkswirtschaften über einen vergleichsweise ausgebauten Staatssektor verfügen und dabei die Unterschiede zwischen Ländern ähnlichen Entwicklungsniveaus vergleichsweise gering (geworden) sind. Ein meist übersehener Gesichtspunkt ist dabei außerdem, dass verschiedene Konzepte zur Messung des Ausmaßes der Staatstätigkeit zu deutlich unterschiedlichen Ergebnissen führen. *Stübler* zeigt etwa für Österreich, dass die Staatsquote berechnet nach der Bruttowertschöpfung für das Jahr 2001 bei 11,8 % liegt, berechnet als Staatsabgabenquote jedoch 45,1 % erreicht.[5]

Vor diesem Hintergrund setzte die jüngste historische Welle der Abgrenzungsdiskussion zwischen dem Staat und dem privaten Sektor in den frühen achtziger Jahren ein, verbunden mit den wirtschaftspolitischen Konzepten von Ronald Reagan in den USA und Margaret Thatcher in Großbritannien. Sie kann wohl vereinfacht als Reaktion auf ein signifikantes Wachstum des Wohlfahrtsstaats in den vorangegangenen drei Jahrzehnten, auf ein markant ausgeweitetes Verständnis des Staates in der konjunkturellen Steuerung sowie die durch die beiden Ölkrisen 1974/75 und 1979 ausgelöste langfristige Wachstumsdämpfung begriffen werden.

Obwohl sicherlich nicht mit Private Public Partnerships (PPPs) gleichzusetzen, beschreibt vor allem die Tendenz der Privatisierungen diesen politischen Trend. Wie empirische Daten zeigen, erreichte der tatsächliche Impact dieser Bewegung jedoch erst in den neunziger Jahren seine Hochphase.[6]

---

[3] *Wagner*, Grundlagen der politischen Ökonomie (1893).

[4] Dass die Größe des Staates allein jedoch kein ausreichender Effizienzindikator für Volkswirtschaften ist, das zeigen Vergleiche zwischen Staaten mit deutlich unterschiedlicher Staatsquote aber ähnlicher Wachstumsperformance, zB die USA und Dänemark in den neunziger Jahren.

[5] *Stübler*, Nulldefizit 2001 – Hintergrundinformationen zu den ersten offiziellen Berechnungen, Statistische Nachrichten 2002, 6.

[6] *Megginson/Netter*, From State to Market: A Survey of Empirical Studies on Privatization, Journal of Economic Literature (2001), 2; *OECD*, Recent Privatisation Trends in OECD Countries, Financial Market Trends (June 2002).

2. Public Private Partnerships: Synthese aus weniger Staat und mehr Privat?

PPP als eigenständiger Ansatz in der Ausgestaltung staatlicher Aktivität existierte sowohl vor, während und nach dieser primär auf Privatisierung ausgerichteten Welle. Wohl vermutlich, weil bei PPPs der direkte Gegensatz zwischen staatlicher und privater Organisation von ökonomischer Aktivität nicht so scharf zu Tage tritt, waren und sind die politischen Auseinandersetzungen dazu weit weniger dramatisch als in Fragen der Privatisierung. Während Privatisierung den Eigentumstransfer für öffentliche Assets und Funktionen an private Eigentümer zum Kern hat, gehören PPPs einem Bereich an, für den eine grundsätzliche Rolle des öffentlichen Sektors nicht bestritten wird.[7])

Wie eine Reihe anderer Organisationsmodelle (zB Ausgliederungen aus dem Staatssektor bei Beibehaltung des öffentlichen Eigentums) haben PPPs primär zum Ziel, durch Einführung marktmäßiger Steuerungselemente in den Bereitstellungsmechanismus für öffentliche Güter die betriebswirtschaftliche (Kosten-)Effizienz des staatlichen Angebots zu verbessern. In erster Linie sollte damit der Subventionsbedarf in der Erstellung öffentlicher Güter minimiert werden.[8])

PPPs stellen im ökonomischen Sinn eine besondere Kooperationsform zwischen Staat und Privatwirtschaft dar. Grundgedanke des Konzepts ist, dass nicht der Staat direkt als Produzent öffentlicher Güter oder Investor agiert, sondern gewissermaßen als „Besteller" bestimmter Leistungen bei privaten Unternehmen.[9]) Der Staat legt fest, welche öffentlichen Güter angeboten werden sollen, die Produktion erfolgt durch private Unternehmen. Dabei treten mehrere private Unternehmen in Wettbewerb zueinander, entweder direkt in der Erstellung dieser Güter oder mindestens im Wettbewerb um den entsprechenden staatlichen Auftrag. Die ökonomische Erwartung dabei ist, dass durch die private Erstellung eine günstigere Produktion erreicht werden kann.

Eine wesentliche Konsequenz einer derartigen Organisation der Produktion öffentlicher Güter ist, dass die Grenzziehung zwischen dem privaten und dem staatlichen Sektor einer Volkswirtschaft nicht mehr von vornherein eindeutig erscheint – die Grenzlinie zwischen dem Staat und dem privaten Unternehmenssektor muss neu definiert werden.

---

[7]) Wie weit diese Vorstellung und die politische Bereitschaft dazu in der Zwischenzeit bereits reicht, kann durch ein Zitat von Bundeskanzler Schüssel illustriert werden: „Die Abfangjäger-Beschaffung müsste nicht vom Staat durchgeführt werden, sondern – höchst professionell – von einer ausgelagerten Wirtschafts-Plattform, die das auch zu einem großen Teil selbst finanziert, wobei man dafür gesetzliche Grundlagen bräuchte." (Die Presse, 12. 9. 2002, 11).

[8]) „...public and private partnerships (PPP), as a means of improving efficiency and as an alternative approach to privatisation..." (*OECD*, Recent Privatisation Trends [June 2002]).

[9]) *Roggencamp*, Public Private Partnership (1999).

3. Das System des Volkswirtschaftlichen Rechnungswesens und die Unterscheidung zwischen Staat und Privat im Zusammenhang der Währungsunion

Dem System der Volkswirtschaftlichen Gesamtrechnung kommt für ein Grundverständnis ökonomischer Zusammenhänge und Prozesse eine wesentliche Bedeutung zu. Obwohl ihm auch von den meisten Ökonomen kaum wirkliche Beachtung geschenkt wird, prägt es durch seine Abgrenzungen, Definitionen und Konventionen in hohem Maße das Bild der empirisch erfassbaren ökonomischen Wirklichkeit. Explizite Aufmerksamkeit erhält das Volkswirtschaftliche Rechnungswesen meist nur unter außergewöhnlichen Umständen.[10])

Obwohl es in seiner heutigen kreislauftheoretischen Ausprägung mindestens bis auf *Francois Quesnay* (1694 – 1774) zurückgeführt werden kann,[11]) wurde es in seinen wesentlichen modernen Grundlagen erst in den zwanziger und dreißiger Jahren des Zwanzigsten Jahrhunderts geschaffen. Wenn man bedenkt, dass vor *Keynes* die heute selbstverständliche Unterscheidung zwischen Konsum- und Investitionsgütern weitgehend unüblich war, wird deutlich, welchen wesentlichen Beitrag das moderne Volkswirtschaftliche Rechnungswesen zum ökonomischen Verständnis nach dem Zweiten Weltkrieg geleistet hat.

Eine ähnliche „Hochphase" wie im Zusammenhang mit der keynesianischen Revolution der Nachkriegszeit erleben Fragen aus dem Bereich des Volkswirtschaftlichen Rechnungswesens im Zusammenhang mit dem Prozess der Europäischen Integration. Die Ursache dafür ist rasch erklärt: Die mit dem Vertrag von Maastricht begonnene Phase einer beschleunigten und vertieften Europäischen Integration brachte eine Reihe von ökonomischen Anforderungen mit sich, die im Kern auf eine verstärkte Koordination ökonomischer Aktivitäten auf europäischer Ebene hinausliefen. Trotz eines durch das System of National Accounts (SNA) vorgegebenen generellen Rahmens blieb jedoch dessen empirische Ausfüllung auf nationaler Ebene sehr unterschiedlich. Für eine Reihe von Fragen – von der Bemessungsgrundlage für die Beitragsleistungen an die Europäische Union bis zur Anspruchsberechtigung für bestimmte Förderungsleistungen – stellten in dem durch die Europäische Integration vorgegebenen Rahmen vergleichbare makroökonomische Daten eine wesentliche Voraussetzung für ein „fair treatment" zwischen den Mitgliedstaaten dar. Als wesentliche Konsequenz daraus folgte ein gegenüber früher aus integrations- und wirtschaftspolitischen Gründen deutlich höherer Bedarf an Harmonisierung der ausgewiesenen makroökonomischen Daten.

---

[10]) Ein Beispiel dafür sind etwa die Auswirkungen der Hochwasserschäden auf das österreichische Wirtschaftswachstum, die eine Reihe von Missverständnissen über das Konzept der Volkswirtschaftlichen Gesamtrechnung und seine Interpretation deutlich gemacht haben. So war offensichtlich weitgehend unbekannt, dass die Vernichtung von Vermögenswerten das BIP nicht negativ beeinflusst, deren (Ersatz-) Produktion jedoch sehr wohl positiv.

[11]) Vgl zu seinem „Tableau Economique" etwa die Darstellung bei *Spiegel*, The Growth of Economic Thought (1983), 189 ff.

Den entscheidenden weiteren Aufmerksamkeitsschub erlebte das Volkswirtschaftliche Rechnungswesen in der Europäischen Union durch die im Vertrag von Maastricht festgelegten Kriterien für den Beginn der Währungsunion und das in der Folge insbesondere mit dem Pakt für Stabilität und Wachstum verbundene Instrumentarium der multilateralen Surveillance und Koordinierung der Wirtschaftspolitik. Dabei verlagerte sich auch der Schwerpunkt des (Daten-) Interesses eindeutig zum öffentlichen Sektor.

Generell erfasst die Volkswirtschaftliche Gesamtrechnung – als eine spezielle Form der Buchhaltung für die Gesamtwirtschaft – das makroökonomische Geschehen in quantitativer Form.[12]) Matrixartig werden dabei ökonomische Transaktionen (zB Produktion oder Konsum) den daran beteiligten Sektoren zugeordnet. Die Transaktionsarten werden in Konten zusammengefasst, wobei zwischen den Bereichen Produktion, Einkommen, Vermögensbildung und Finanzierung unterschieden wird. In der Sektorbetrachtung wird zwischen den Sektoren Ausland (= alle grenzüberschreitenden Transaktionen), dem Staat und dem privaten Sektor unterschieden. Innerhalb des privaten Sektors ist die Unterteilung in Haushalte und Unternehmen wichtig, weil diese ökonomisch völlig unterschiedliche Funktionen in der Volkswirtschaft ausüben. Ebenfalls zum privaten Sektor zählen definitionsgemäß Finanzinstitute, in ähnlicher Weise erfahren finanzielle Transaktionen generell eine spezielle Behandlung.

Während die Frage, welche Akteure bzw Transaktionen zum Staat gehören in der öffentlichen Diskussion weitgehend unwichtig und/oder eindeutig erscheint, ist diese Frage in der Praxis der Volkswirtschaftlichen Gesamtrechnung keineswegs trivial.[13]) Ihre eindeutige Beantwortung setzt das Vorliegen einer Reihe von Bedingungen voraus, die möglichst klar definiert sein sollten. In jedem Fall muss schlussendlich eine klare Zuordnung vorliegen, dh jede in der Volkswirtschaftlichen Gesamtrechnung erfasste Transaktion stellt eine eindeutige Beziehung zwischen genau identifizierten Sektoren dar. Das bedeutet für den Staatssektor, dass seine Einnahmen und Ausgaben durch eindeutige Beziehungen zu den anderen Sektoren darzustellen sind.

Zur Umsetzung in der Praxis der statistischen Erfassung dient das Konzept der institutionellen Einheiten, die „wirtschaftliche Entscheidungsträger" darstellen. Jeder Sektor stellt eine Zusammenfassung solcher institutioneller Entscheidungseinheiten dar, wobei dem öffentlichen Sektor beispielsweise der Bund, die Länder, die Gemeinden und die Sozialversicherungsträger zugeordnet sind. Das mag vergleichsweise einfach erscheinen, in der Realität stößt man jedoch auf eine Fülle

---

[12]) Vgl für eine generelle Übersicht zum Konzept der Volkswirtschaftlichen Gesamtrechnung beispielsweise *Eurostat*, Europäisches System Volkswirtschaftlicher Gesamtrechnungen – ESVG 1995 (2000); *Stobbe*, Volkswirtschaftliches Rechnungswesen (1980) sowie *Schwarz*, Die VGR als System: Nichtfinanzielle Sektorkonten nach ESVG 1995, Statistische Nachrichten 2001, 6.

[13]) Eine ausgezeichnete Darstellung der Rolle des Staates in der Volkswirtschaftlichen Gesamtrechnung bietet *Fleischmann*, Öffentliche Haushaltsverrechnung und Volkswirtschaftliche Gesamtrechnung, in *Steger* (Hrsg), Öffentliche Haushalte in Österreich (2002), 7 ff.

von Problemfällen, für die nicht von vornherein eine eindeutige Zuordnung vorliegt. Um hier nur ein Beispiel anzuführen: Während im Bewusstsein großer Teile der Bevölkerung etwa Post, Bundesbahn oder vermutlich sogar Austrian Airlines als „staatliche" Unternehmen gelten, sind sie gesellschaftsrechtlich und im Sinne der Volkswirtschaftlichen Gesamtrechnung nicht dem Sektor „Staat" sondern dem Sektor „Nichtfinanzielle Kapitalgesellschaften" – den man als Unternehmenssektor interpretieren kann – zugeordnet.

Insbesondere dieser Aspekt hat unter dem Druck der Maastricht-Kriterien für die Teilnahme an der Währungsunion (unter dem Schlagwort „Bilanzkosmetik") erhebliche Aufmerksamkeit erlangt. Tatsächlich hat der „Harmonierungszwang" des gesamtwirtschaftlichen Datensystems im Rahmen der Konvergenzkriterien aber nur möglichst einheitliche Regeln geschaffen, die in allen Ländern der Europäischen Union in gleicher Weise anzuwenden sind. Die früher gegebenen nationalen Spielräume der Sektorzuordnung und der Verbuchung von Transaktionen gehören seither der Vergangenheit an.

Die richtige nationale Anwendung und Umsetzung dieser europäisch-einheitlichen Bestimmungen wird von Eurostat, dem Statistischen Amt der Europäischen Union, überwacht. Treten neuartige Problemfälle auf, wird nach einem vordefinierten Konsultations- und Entscheidungsverfahren eine für alle Mitgliedstaaten einheitlich gültige Lösung gesucht und dokumentiert.[14] An diese muss dann – auch rückwirkend – die volkswirtschaftliche Verbuchungspraxis in allen Ländern angepasst werden.[15] In jährlichen Überprüfungen werden in den Mitgliedstaaten die aktuelle Verbuchungspraxis sowie nationale Sonderprobleme – gewissermaßen stichprobenartig – untersucht. Mediale Aufregung verursacht dabei regelmäßig die Forderung nach Veränderungen der Verbuchungspraxis, obwohl es sich dabei nur um eine Anpassung an die allgemein gültigen Konventionen handelt. Diese mögen nicht in allen Fällen inhaltlich – teilweise auch ökonomisch – überzeugend sein, sie sind jedoch für alle Länder gleichermaßen gültige Regelungen, die eine Harmonisierung über alle Länder der EU zum Ziel haben.

4. Drei entscheidende und einige kritische Fragen zur Grenzziehung zwischen staatlichem und privatem Sektor

Insgesamt führen alle der bisher angesprochenen Fragen zu einem zentralen Punkt der Grenzziehung zwischen dem privaten und dem öffentlichen Sektor, auch wenn dieser nicht in allen Fällen eine eindeutige Antwort garantiert: Wann gehört eine institutionelle Einheit dem privaten Sektor, wann dem öffentlichen Sektor an. Diese Frage ist schlussendlich auch ein wesentlicher Ansatzpunkt für eine Einschätzung von Public Private Partnerships, obwohl PPPs bisher in der Beurteilung durch Eurostat kaum eine explizite Rolle gespielt haben.

---

[14] Siehe *Eurostat*, Handbuch zum ESVG 1995: Defizit und Schuldenstand des Staates (2002) sowie für Österreich *Statistik Austria*, Leitfaden Maastricht-Defizit (2002).

[15] Tatsächlich sind Eurostat-Entscheidungen rechtlich nicht verbindlich. Da ihnen jedoch bei der Evaluierung der Budgetpolitik durch die EU eine wichtige Rolle zukommt, sind sie in der politischen Praxis de facto verbindlich.

Aus institutioneller Sicht sind die drei wesentlichsten Fragen der Zuordnung zum öffentlichen Sektor:
– Ist die betreffende Einheit eine institutionelle Einheit im Sinne der Volkswirtschaftlichen Gesamtrechnung?
– Ist diese Einheit als privat oder als öffentlich zu klassifizieren?
– Ist eine als öffentlich klassifizierte Einheit marktbestimmt oder nicht-marktbestimmt?

Die Beantwortung dieser drei Fragen bestimmt in den allermeisten Fällen auch, ob Transaktionen einer institutionellen Einheit als für das Defizit des Staates im Sinne von Maastricht relevant gelten können oder nicht. Sie ist damit in weiterer Folge auch für die Maastricht-Relevanz von PPPs entscheidend, auch wenn eine allgemein gültige Bewertung in einem Umfeld schwierig/unmöglich ist, in dem derzeit anhand der Beurteilung von Einzelfällen nur eine langsame Eingrenzung der Problematik erfolgt.

Jedenfalls existiert für die drei angesprochenen grundsätzlichen Fragen eine Reihe von generellen Kriterien, die eine grundsätzliche – und weitreichende – Annäherung an denkbare Fälle ermöglichen. Kompliziert wird die Situation freilich dadurch, dass die Gültigkeit dieser Regeln einerseits – trotz breiter Zugänglichkeit – offensichtlich immer noch nur einem sehr eingeschränkten Kreis von Fachleuten und schon gar nicht einer breiteren Öffentlichkeit bewusst ist. Andererseits wird die eigentliche Problematik in den Details des jeweiligen Einzelfalls zu suchen sein, wobei die (unscharfen) Grenzen der denkbaren Möglichkeiten durchaus auch bewusst „ausgetestet" werden.

– Ob eine eigene institutionelle Einheit vorliegt, entscheidet sich im Prinzip anhand von zwei Kriterien: der Entscheidungsfreiheit und dem eigenständigen Rechnungswesen. Liegt kein eigenständiges Rechnungswesen vor, ist jedenfalls nicht von der Existenz einer eigenen institutionellen Einheit auszugehen. Viel schwieriger zu beurteilen ist selbstverständlich die Frage der Entscheidungsfreiheit, mindestens in der Ausübung der Haupttätigkeit. In einer ersten Stufe der Beurteilung wird dabei jedenfalls zu prüfen sein, inwieweit überhaupt ein eigenständiges Management der Einheit vorliegt oder ob dieses etwa durch weisungsgebundene Beamte in Personalunion erfolgt.

– Im nächsten Schritt ist dann die Frage der Kontrolle über die betreffende Einheit zu prüfen. Dafür sind quantitativ eindeutig nachvollziehbare Regelungen – wie etwa öffentliches Mehrheitseigentum – relevant, aber nicht alleine ausschlaggebend. In der Praxis stellt sich sehr oft heraus, dass etwa im Fall von Ausgliederungen aus dem öffentlichen Sektor die Entscheidungsfreiheit des Managements der neu geschaffenen Einheit direkt per Gesetz bzw Verordnung oder implizit aus dem Begründungszusammenhang und der Ausformung der Ausgliederung erheblich eingeschränkt wird. In derartigen Fällen ist es dann vielfach nur schwer möglich, das Vorliegen einer eigenen institutionellen Einheit mit entsprechender Entscheidungsfreiheit tatsächlich nachzuweisen.

– Ein drittes – in der Praxis sehr wichtiges – Kriterium setzt an der Marktbestimmtheit der Tätigkeit einer institutionellen Einheit an. Dem öffentlichen Sektor sind nur öffentliche, nicht-marktbestimmte Einheiten zuzurechnen. Für diese

Einschätzung sind vor allem zwei Merkmale wesentlich: Einheiten mit finanzintermediärer Ausprägung (dh Institutionen mit im Wesentlichen finanziellen Forderungen auf der Aktivseite und finanziellen Verpflichtungen auf der Passivseite ihrer Bilanz) sind nicht dem öffentlichen Sektor sondern dem Sektor Finanzunternehmen zuzurechnen. Nicht dem öffentlichen Sektor zugerechnet werden ebenso Unternehmen, die mehr als 50 % ihrer Produktionskosten durch marktmäßige Einnahmen decken können, wobei dieser Einnahmenbegriff sehr weitreichend ist und beispielsweise auch öffentlich festgesetzte Gebühren umfasst.

Abgesehen von ihrem äußerst eingeschränkten Bekanntheitsgrad verdeutlichen diese Kriterien, wodurch die Grenzlinie zwischen öffentlichem und privatem Sektor in der Vorstellung der Volkswirtschaftlichen Gesamtrechnung gekennzeichnet sein soll. Da diese Kriterien noch durch eine Fülle von Detailbestimmungen und Entscheidungen in Einzelfällen ergänzt werden, lassen sich eigentlich vergleichsweise leicht mindestens die „sicheren" Fälle der Zuordnung zum öffentlichen oder privaten Sektor definieren. Jede öffentliche Verwaltung, die einen staatlichen Bereich mit größtmöglicher Sicherheit vom öffentlichen in den privaten Sektor übertragen will, kann das anhand der vorliegenden Kriterien eindeutig tun.

Dass es trotzdem immer wieder zu breitenwirksamer Aufregung in diesem Zusammenhang kommt, kann überwiegend auf das „Austesten" der Grenzen dieser Kriterien zurückgeführt werden. Warum das im jeweiligen nationalen Einzelfall so attraktiv erscheint, ist rational vielfach nicht nachvollziehbar, steht aber offensichtlich mit dem politischen Prozess der Budgetgestaltung in Zusammenhang.

Sicherlich berechtigt ist der generelle Gesichtspunkt, dass die in der Volkswirtschaftlichen Gesamtrechnung definierte Grenzlinie zwischen dem privaten und dem öffentlichen Sektor nicht die einzig denkbare Grenzziehung ist. Nach anderen Kriterien oder nach einer anderen Interpretation einzelner Kriterien würden sich auch andere Zuordnungen zwischen privatem und öffentlichem Sektor ableiten. Ob diese allerdings auch „besser" – in welchem Sinn der Bedeutung dieses Worts auch immer – sein würden, mag dahingestellt bleiben. Außer Frage steht, dass das Volkswirtschaftliche Rechnungswesen in der von Eurostat exekutierten Form im Sinne von Maastricht einfach eine „Standardisierung" darstellt, deren primäre Bedeutung in der Vergleichbarkeit nationaler Daten zu suchen ist, die in dieser Funktion einen unbestreitbaren „Wert an sich" für das gesamte System repräsentiert.

Vor diesem Hintergrund können vermutlich Fallbeispiele am besten verdeutlichen, zu welchen Schlussfolgerungen die Anwendung der beschriebenen Kriterien in der Praxis führt – auch wenn es sich bei diesen Einzelfällen häufig um Extremfälle im Sinne der Austestung der Möglichkeiten des definitorischen Systems der Volkswirtschaftlichen Gesamtrechnung handelt. Die potentiell für PPPs relevanten Fallbeispiele sind rasch gefunden und weisen zum Teil auch unmittelbare Beziehungen zu Österreich auf. Es handelt sich (a) um die Behandlung der Einnahmen aus der Vergabe von Mobilfunklizenzen (UMTS), (b) um die Entscheidung zur österreichischen Bundesimmobiliengesellschaft (BIG) sowie (c) um die Entscheidung zur Verbriefung („Securitisation") von Forderungen des öffentlichen Sektors.

Alle diese Beispiele illustrieren Teilaspekte, die für die Frage der Behandlung von PPPs in einem Maastricht-relevanten Kontext jedenfalls von Bedeutung sein werden. Sie können damit wesentliche Hinweise und Orientierungslinien liefern, ohne gleichzeitig allerdings eine konkrete Behandlung von PPPs im Einzelfall tatsächlich präjudizieren zu können. Wie bereits angemerkt, sollte der dadurch abgesteckte Einschätzungsspielraum für einen Großteil der Fälle jedenfalls ausreichend sein, „Maastricht-proof" PPPs zu definieren. Ob das die in der fiskalischen Praxis tatsächlich „interessanten" Fälle von PPPs betrifft, mag angesichts der Erfahrungen der letzten Jahre aber dahingestellt bleiben.

5. Drei Illustrationen zur Abgrenzung zwischen Staat und privatem Sektor in der Praxis: UMTS – BIG – Securitisation

5.1. Die Verbuchung der Einnahmen aus der Vergabe der UMTS-Mobilfunklizenzen

Im Juli 2000 entschied Eurostat über die statistische Behandlung der Vergabe von Mobilfunklizenzen der dritten Generation (UMTS) in Mitgliedstaaten der Europäischen Union.[16]) Diese Entscheidung, deren Ergebnis vielfach als überraschend angesehen wurde, weist in mancher Hinsicht interessante Parallelen zu denkbaren PPPs auf. Das wesentliche Merkmal der Entscheidung war, dass die Vergabe einer Mobilfunklizenz – gleich ob durch Angebotsvergleiche oder Auktionen herbeigeführt – allgemein als Verkauf eines nicht-finanziellen Vermögensgutes (der Lizenz) zu behandeln ist. Damit sind/waren die Einnahmen aus der Vergabe einmalig zum Zeitpunkt der Lizenzerteilung defizitwirksam zu verbuchen. Lediglich in bestimmten Sonderfällen mit kurzer Nutzungszeit (höchstens 5 Jahre) oder im Fall eines nicht fixierten Kaufpreises werden sie als Pacht über die Laufzeit des Vertrages verteilt verbucht.

Wichtig ist an dieser Entscheidung insbesondere auch, welche alternativen Verbuchungsformen abgelehnt wurden. Eine Behandlung als Steuer wurde deswegen verworfen, weil diese einerseits mit dem Versteigerungsmodus nur schwer in Einklang zu bringen sei und dem anzunehmenden Ausschluss von Antragstellern nicht entsprechen würde. Ebenso liegt kein Kauf einer Dienstleistung des Staates vor, weil der Kaufpreis der Lizenz keinen direkten Zusammenhang mit den Produktionskosten der Dienstleistung aufweist.

5.2. Die Restrukturierung der österreichischen Bundesimmobiliengesellschaft (BIG)

Einen Fall mit besonderem österreichischen Aufmerksamkeitswert stellte der Verkauf von Bundesimmobilien an die Bundesimmobiliengesellschaft (BIG) dar, ging es dabei doch ausschließlich um eine Österreich betreffende Entscheidung.[17]) Dabei traten viele wesentliche Aspekte der Grenzziehung zwischen öffentlichem und privatem Sektor in Erscheinung.

---

[16]) *Eurostat*, News Release Nr 81/2000 vom 14. 7. 2000: Entscheidung Eurostats zur Vergabe von Mobilfunklizenzen (UMTS).
[17]) *Eurostat*, News Release Nr 15/2002 vom 31. 1. 2002: Verbuchung von Vermögensübertragung von Immobilien auf ein staatliches Unternehmen in Österreich.

Für eine effiziente Bewirtschaftung ihres Immobilienbesitzes hat die österreichische Bundesregierung ihre Immobilien zum größten Teil an die BIG übertragen, die zu 100 % im Besitz des Bundes steht und die diesen „Kauf" verschuldungsfinanziert hat. Die Immobilien wurden an den Staat zurück vermietet, außerdem beschäftigt die BIG die für die Verwaltung dieser Immobilien zuständigen Beamten weiter.

Die Entscheidung dieses Falles kann geradezu als Extrembeispiel für eine Grenzziehung zwischen Staat und privatem Sektor bezeichnet werden. Die BIG wurde aufgrund eines vollständigen Rechnungswesens und der Einschätzung, dass der Staat keinen Einfluss auf die laufenden Geschäfte nimmt, als eigenständige institutionelle Einheit klassifiziert. Dabei ist zweifellos bemerkenswert und zeigt die grundsätzliche Konsistenz der Kriterien auf, dass diese Einschätzung trotz des 100%igen Bundeseigentums und trotz einer eindeutigen strategischen Vorgabe des Unternehmenszwecks durch den Staat getroffen wurde.

In ähnlicher Weise erscheint die Anerkennung der Zuordnung zum privaten Sektor als nicht-finanzielles Unternehmen bemerkenswert, die jedoch in der Konsultation des CMFB[18]) auch nur eine äußerst knappe Mehrheit fand. Obwohl ein echter Markt für diese Immobilien unter den gegebenen Rahmenbedingungen als unmöglich erachtet wurde, wurde die Ermittlung marktgerechter Mieten anerkannt und die dadurch gegebene 50%-Deckung der Produktionskosten akzeptiert.

Gescheitert ist die (defizitwirksame) Anerkennung der Transaktion schlussendlich an spezifischen Transaktionsmerkmalen, die die vorgenommene Immobilienübertragung nicht als Verkauf am Markt anerkennen lassen. Das wurde im Konsultationsverfahren von der überwiegenden Zahl der beteiligten Institutionen so eingeschätzt. Ausschlaggebende Aspekte dafür waren die (eingeschränkte) Zielsetzung der Transaktion (effizientere Verwaltung der Immobilien), der tatsächliche Nicht-Verkauf am Markt, das angestrebte indirekte Eigentum des Staates sowie die Konstruktion einer „Übertragung" im beidseitigen Einvernehmen. Die Transaktion wurde deshalb nur als defizitneutrale Restrukturierung staatlicher Aktiva und nicht als Verkauf dieser Aktiva an den privaten Sektor klassifiziert.

Das Beispiel dieser Entscheidung widerlegt damit auch die oft anzutreffende Meinung, dass die Zuordnung der institutionellen Einheit das allein entscheidende Kriterium für die fiskalische Wirkung einer Transaktion sei. Wie der BIG-Fall zeigt, kann der Charakteristik der zu beurteilenden Transaktion selbst ebenso entscheidende Bedeutung zukommen.

5.3. Securitisation – Verbriefung staatlicher Forderungen durch eine spezielle institutionelle Einheit

Der dritte potentiell auch für PPPs relevante Fall betrifft die so genannte „Securitisation" (Verbriefung) von Assets bei gleichzeitiger Eigentumsübertragung an

---

[18]) Committee on Monetary, Financial and Balance of Payments Statistics. Im Zuge einer CMFB-Konsultation nehmen dessen Mitglieder (Vertreter von Statistischen Ämtern und Notenbanken) zu den von Eurostat vorgelegten Fragen Stellung. Zumindest in der Vergangenheit leitete Eurostat davon wesentlich seine Entscheidung bezüglich der Verbuchungspraxis ab.

eine andere Einheit. „Asset backed securities" gelten unter Marktbedingungen als häufige Form derartiger Konstruktionen. Problemlos im privatwirtschaftlichen Bereich können sie bei Anwendung auf den öffentlichen Sektor zu einer Reihe von Schwierigkeiten führen.

Beispiele dafür sind etwa die vorher nicht gegebene Verbuchung des Assets in der Bilanz in den Fällen Italien (zB im Fall der Verbriefung zukünftiger Lotterieeinnahmen) und Griechenland (Berücksichtigung bestimmter Anleihen für die Berechnung der Staatsschuld), wenn kein vollständiger Risikotransfer mit der Transaktion verbunden ist (Fall Österreich), wenn eine substantielle Differenz gegenüber einem – auch fiktiven – Marktpreis besteht bzw wenn spezielle Zahlungsmodalitäten bestehen (im Fall von Verkäufen staatlicher Immobilien in Italien).[19])

Im für Österreich relevanten Fall des Risikotransfers besteht die Entscheidung darin, dass eine staatliche Garantie den Risikotransfer an den privaten Sektor entscheidend beschränkt und damit die entsprechende institutionelle Einheit als Teil des öffentlichen Sektors zu klassifizieren ist. Konkret kaufte in diesem Fall eine spezielle Finanzierungsgesellschaft (BDLF – „Blue Danube Loan Funding GmbH") die Zins- und Tilgungszahlungen aus rund 150.000 vom Land Niederösterreich vergebenen geförderten Wohnbaudarlehen. Die Gesellschaft finanzierte diesen Kauf durch die Emission spezieller Wertpapiere, die jedoch mit einer Garantie des Landes Niederösterreich gegenüber den Käufern dieser Papiere vor allem auch für den Fall ausgestattet wurden, dass sich die BDLF als zahlungsunfähig erweisen würde. Dadurch wurde ein nicht ausreichender Risikotransfer als gegeben angesehen und die BDLF dem öffentlichen Sektor zugerechnet.[20]) Ähnlich wie im Fall der Bundesimmobiliengesellschaft war es damit ein wesentliches Charakteristikum der Transaktion, das sich schlussendlich als bestimmend für die Beurteilung herausstellte.

Unterstrichen wird diese Entscheidung durch einen gleichzeitig behandelten – sehr ähnlichen – finnischen Fall, der ebenfalls die Übertragung staatlicher Wohnungsdarlehen an eine irische Gesellschaft umfasst, wobei die Wertpapierrefinanzierung jedoch ohne staatliche Garantie erfolgte. Damit wurde diese Transaktion aufgrund des vollständigen Risikotransfers in diesem Fall als defizit- und verschuldungswirksam anerkannt.

6. Die Grenzlinie zwischen dem Staat und dem privaten Sektor im Fall von PPPs: Versuch einiger einfacher Schlussfolgerungen zu einem komplizierten Thema

Die Grenzziehung zwischen staatlicher und privater Aktivität, zwischen dem Staatssektor und dem privaten Sektor im gesamtwirtschaftlich-orientierten Sinn der Volkswirtschaftlichen Gesamtrechnung, ist nicht als eindeutig festzulegende

---

[19]) *Eurostat*, News Release Nr 80/2002 vom 3. 7. 2002: Securitisation operations undertaken by general government.

[20]) Die endgültige – im Ergebnis idente – Umsetzung erfolgte schließlich dadurch, dass der Verkauf als Kreditaufnahme bei der BDLF interpretiert wurde, diese aber nicht im Staatssektor klassifiziert wurde.

Linie in einem einfachen naturwissenschaftlichen Sinn zu verstehen. Sowohl aus gesellschaftspolitischer als auch aus ökonomischer Perspektive ergeben sich eine Vielzahl möglicher Abgrenzungen, die jede für sich nach den dafür bestimmenden Kriterien als sinnvoll angesehen werden kann. Die Grenzziehung wird daher in der Praxis immer in einem hohen Grad „Konvention" sein, also eine Festlegung von mehr oder weniger umfassenden Entscheidungskriterien, was als dem Staat zugehörig bezeichnet wird bzw werden soll.

Die dafür bestimmende Problematik hat auch in der Vergangenheit immer existiert. In nationaler Eigenständigkeit haben sich innerhalb des weiten Rahmens der Volkswirtschaftlichen Gesamtrechnung in jedem Land derartige Konventionen historisch entwickelt, die die gegebenen Abgrenzungsspielräume in unterschiedlicher Weise genutzt haben.

Mit der Vorbereitung und dem Beginn der Währungsunion haben sich jedoch die Rahmenbedingungen für nationale Entscheidungsspielräume auch in dieser Hinsicht erheblich verändert. Der durch die gemeinsame Geldpolitik induzierte Koordinierungsbedarf der nationalen Fiskalpolitiken in der EU bedeutet auch auf der empirischen Ebene einen verstärkten Zwang zur Harmonisierung der Datensysteme, wobei insbesondere den Fiskaldaten – infolge der fiskalischen Konvergenzkriterien sowie des Stabilitäts- und Wachstumspakts – spezielle Aufmerksamkeit gewidmet wurde. Vielfach reicht das nationale Verständnis aber noch nicht aus, darin eine erforderliche „Standardisierung" des gesamtwirtschaftlichen Datensystems zu sehen. Vorwürfe wie „Bilanzkosmetik" oder Unverständnis bei Nicht-Anerkennung nationaler Verbuchungen unterstreichen diesen Gesichtspunkt und lassen seine, weit auf die politische Ebene ausstrahlende, Brisanz erahnen.

Grundsätzlich legt das für die sektorale Abgrenzung relevante Europäische System Volkswirtschaftlicher Gesamtrechnungen (ESVG) umfassende Kriterien für die Grenzziehung zwischen Staat und privatem Sektor vor. Ein eigenes Manual für den Staat vertieft zusätzlich viele Fragen und bietet so eine weitere Einengung des Spielraums für Streitfragen. Im Mittelpunkt stehen dabei immer wieder ähnliche Fragen, wie die nach der „Qualität" einer institutionellen Einheit oder dem Unterschied zwischen „marktbestimmt" und „nicht-marktbestimmt". Wie sich anhand vorliegender Entscheidungen im Einzelfall zeigt, erscheinen demgegenüber Anforderungen, die die Charakteristik einer konkreten Transaktion zum Inhalt haben, zu wenig beachtet. Generell wird man auch sagen können, dass die vorliegenden Definitionen und Kriterien jedenfalls ausreichend sein würden, Einzelentscheidungen eindeutig „Maastricht-proof" zu machen und Einheiten/Transaktionen so zu gestalten, dass sie klar dem privaten oder dem öffentlichen Sektor zugerechnet werden können. Tatsächlich ist das ja auch für die weitaus überwiegende Zahl der Transaktionen der Fall, die außer Diskussion stehen. Interesse erwecken natürlich aber immer diejenigen Problemfälle, in denen die Interpretation der Kriterien besonders weit gedehnt wird bzw werden soll.

Für PPPs liegen derzeit keine speziellen Regelungen im engeren Sinn vor. Soweit bekannt, waren PPPs bisher auch nicht Gegenstand spezieller Überprüfungen. Umgekehrt ist jedoch zu erkennen, dass viele der Abgrenzungsfragen potentiell auch für PPPs relevant sein können. Dazu zählt die Frage nach der Existenz einer institutionellen Einheit ebenso wie die der Zurechnung zum markt-bestimmten Sektor, wenn etwa im Rahmen eines PPP eine neue PP-Einheit zur Erfüllung einer öffentlichen Aufgabe geschaffen wird. Auch in diesem Fall werden alle Kriterien anzuwenden sein, wie sie sich auch sonst für diese Abgrenzungsfragen stellen. Der genauen gesellschaftsrechtlichen Ausgestaltung des PPP wird dabei ebenso eine entscheidende Rolle zukommen wie dem Ausmaß der marktmäßigen Deckung der Produktionskosten. Zusätzlich lassen aktuelle Entscheidungen von Eurostat den Aspekt der Risikotragung als wesentlich erkennen.

Insgesamt wird es damit auch im Fall von PPPs sinnvoll sein, die beabsichtigte Konstruktion möglichst vorweg einem genauen Check nach den vorliegenden Kriterien zu unterziehen, auch wenn es im einzelnen (Grenz-) Fall nie vollkommene Sicherheit geben kann.[21]) Das macht in diesen Fällen durchaus auch die generelle Kritik verständlich, die man gegenüber dem derzeit gegebenen Prozedere und dem diesen zugrunde liegenden Regelwerk vorbringen kann: Dazu zählt der – bereits mehrfach angesprochene – inhaltlich-ökonomisch unterschiedlich zu interpretierende und bewertbare Gehalt mancher statistischer Konventionen. Ebenso unbefriedigend ist, dass einerseits eine ex-ante Prüfung von Vorhaben nicht vorgesehen ist und es andererseits sehr lange dauern kann, bis eine Prüfung und endgültige Einschätzung von in der fiskalischen Praxis bereits lange vollzogenen Aktionen vorliegt. Trotzdem wird man bei PPPs in aller Regel davon ausgehen können, dass diese aufgrund ihrer definitorischen Nähe zum privaten Sektor eher weniger problematisch sein werden, als andere Grenzziehungen zwischen dem privaten und dem öffentlichen Sektor.

7. Literaturübersicht

Um eine weitergehende Vertiefung mit der Materie zu erleichtern, soll die folgende Literaturliste einen Überblick über das aktuelle Schrifttum geben:

Anderson/Harsman/Quigley (eds), Government for the Future: Unification, Fragmentation and Regionalism (1997)

Breton, Competitive Governments: An Economic Theory of Politics and Public Finance (1996)

Deane, The State and the Economic System (1989)

Dreze, Fourty Years of Public Economics: A Personal Perspective, Journal of Economic Perspectives 1995, 2

Engel/Schweizer (eds), The Proper Scope of Government, Journal of Institutional and Theoretical Economics 2001, 1

European Commission, Budgetary Surveillance in EMU, European Economy – Supplement A 1999, March

European Commission, Public Finances in EMU – 2000, European Economy Reports and Studies 2000, 3

European Commission, Public Finances in EMU – 2001, European Economy Reports and Studies 2001, 3

---

[21]) Eine weitere Konkretisierung dazu werden die Ergebnisse einer EUROSTAT/EZB-Task Force zu PPPs bringen, die Ende 2002 ihre Arbeit aufgenommen hat.

Eurostat, Europäisches System Volkswirtschaftlicher Gesamtrechnungen – ESVG 1995 (2000)

Eurostat, Handbuch zum ESVG 1995: Defizit und Schuldenstand des Staates (2002)

Fenske/Mertens/Reinhard/Rosen, Geschichte der politischen Ideen – Von der Antike bis zur Gegenwart (2000)

Fleischmann, Öffentliche Haushaltsverrechnung und Volkswirtschaftliche Gesamtrechnung, in *Steger* (Hrsg), Öffentliche Haushalte in Österreich (2002)

Fuchs/Krueger/Poterba, Economist's View about Parameters, Values and Policies: Survey Results in Labor and Public Economics, Journal of Economic Literature (1998), 3

Megginson/Netter, From State to Market: A Survey of Empirical Studies on Privatization, Journal of Economic Literature (2001), 2

Mitteregger, Vierteljährliche Konten über den Sektor Staat, Statistische Nachrichten 2001, 5

Mooslechner, Fiskalpolitische Konzeptionen der Europäischen Wirtschaftspolitik, Berichte und Studien 2001, 2

Mueller (ed), Perspectives on Public Choice: A Handbook (1997)

Mueller, Public Choice II (1989)

Musgrave/Musgrave, Public Finance in Theory and Practice (1973)

Nowotny, Der öffentliche Sektor (2001)

OECD, EMU – Facts, Challenges and Policies (1999)

OECD, Recent Privatisation Trends in OECD Countries, Financial Market Trends (June 2002)

Roggencamp, Public Private Partnership (1999)

Schwarz, Die VGR als System: Nichtfinanzielle Sektorkonten nach ESVG 1995, Statistische Nachrichten 2001, 6

Smith, Der Wohlstand der Nationen (1776)

Spiegel, The Growth of Economic Thought (1983)

Statistik Austria, Leitfaden Maastricht – Defizit (2002)

Steger (Hrsg), Öffentliche Haushalte in Österreich (2002)

Stiglitz, Economics of the Public Sector (1986)

Stiglitz, The Private Uses of Public Interests: Incentives and Institutions, Journal of Economic Perspectives (1998), 1

Stobbe, Volkswirtschaftliches Rechnungswesen (1980)

Stübler, Öffentliche Finanzen 2000, Statistische Nachrichten 2001, 11

Stübler, Nulldefizit 2001 – Hintergrundinformationen zu den ersten offiziellen Berechnungen, Statistische Nachrichten 2002, 6

Rosenau (ed), Public-Private Partnerships (2000)

Wagner, Grundlagen der politischen Ökonomie (1893)

Steuerrecht und Public Private Partnerships

Kurt Oberhuber

Inhalt
1. Einleitung
2. Begriffserläuterungen
   2.1. Ausgliederung
   2.2. Privatisierung
   2.3. Beleihung
   2.4. Heranziehung von Verwaltungshelfern zur unselbständigen Aufgabenbesorgung
3. PPP-Modelle
   3.1. Betriebsführungsmodell
      3.1.1. Gestaltung
      3.1.2. Gründung
      3.1.3. Laufender Betrieb
      3.1.4. Beendigung
   3.2. Betreibermodell
      3.2.1. Gestaltung
      3.2.2. Gründung
      3.2.3. Laufender Betrieb
      3.2.4. Beendigung
   3.3. Kooperationsmodell
      3.3.1. Gestaltung
      3.3.2. Gründung
      3.3.3. Laufender Betrieb
      3.3.4. Beendigung
   3.4. Abgabenrechtliche Sonderfragen in Zusammenhang mit PPP-Modellen
      3.4.1. Eintritt in die unbeschränkte Ertragsteuerpflicht
      3.4.2. Personalgestellung
4. Zusammenfassung

1. Einleitung

Der nachfolgende Beitrag beschäftigt sich mit abgabenrechtlichen Frage- und Problemstellungen bei nationalen PPP-Modellen, wobei einleitend damit in Zusammenhang gebrachte Begriffe wie Ausgliederung, Privatisierung, Beleihung und Heranziehung von Verwaltungshelfern zur unselbständigen Aufgabenbesorgung kurz erklärt, präzisiert und voneinander abgegrenzt werden.

In der Folge wird dann im Detail näher auf die verschiedenen Formen der so genannten Finanzierungsprivatisierung – den PPP-Modellen im klassischen Sinn – in Form von Betriebsführungs-, Betreiber- und Kooperationsmodellen eingegangen. Dabei werden bei der Umsetzung des gewählten PPP-Modells in den einzelnen Phasen der Gründung, des laufenden Betriebs und bei Beendigung abgabenrechtliche Problemstellungen aufgezeigt und Lösungsansätze präsentiert. Diese Lösungsansätze bestehen zum Teil auch darin, dass sondergesetzliche Bestimmungen vom Bundesgesetzgeber geschaffen worden sind und (auch weiterhin) werden, die die einzelnen Abgabengesetze modifizieren. De facto wird damit aber auch teilweise das Postulat der Wettbewerbsneutralität bei der Besteuerung von Einrichtungen, die von der öffentlichen Hand oder von privaten Rechtsträgern im Rahmen von PPP-Modellen geführt werden, durchbrochen. Im Hinblick darauf, dass die Gebietskörperschaften – gemeinsam mit den Partnern aus der Industrie und Wirtschaft – eine leistungsfähige öffentliche Infrastruktur und einen hohen Standard bei der öffentlichen Daseinsvorsorge auch zukünftig gewährleisten wollen, wird dieser Aspekt in der Praxis regelmäßig in Kauf genommen.

2. Begriffserläuterungen

2.1. Ausgliederung

Der Begriff „Ausgliederung" bezeichnet einen Vorgang, bei dem eine Aufgabe des Staates auf eine von diesem verschiedene juristische Person übertragen und durch deren Organe wahrgenommen wird, wobei diese juristische Person aufgrund von Kapitalbeteiligung und/oder Beeinflussung in Staatsnähe steht.[1] PPP-Modelle sind jedoch dadurch gekennzeichnet, dass die Letztverantwortung für die Leistung bei der öffentlichen Hand verbleibt und daher keine „klassische" Ausgliederung im hier erwähnten Sinne darstellt.

2.2. Privatisierung

Bei dem Begriff der Privatisierung können der Auslegung von *Funk*[2] folgend, fünf Arten unterschieden werden, die nicht ohne weiteres mit dem Begriff der Ausgliederung gleichgesetzt und für PPP-Modelle verwendet werden können:

Bei der **Organisationsprivatisierung** oder auch formellen Privatisierung überträgt ein Verwaltungsträger eine Aufgabe, die er bisher selbst durch seine Organe wahrgenommen hat, auf einen privatrechtsförmlich organisierten Rechtsträger, der dem Verwaltungsträger durch Kapitalbeteiligung oder durch andere organisatorische oder finanzielle Einflüsse verbunden ist. Diese Form der Privatisierung ist bei PPP-Modellen häufig – wenn auch in teilweise stark veränderter Weise – anzutreffen.

Die **Aufgabenprivatisierung** oder auch materielle Privatisierung ist hingegen dadurch gekennzeichnet, dass Aufgaben vom Staat beinahe vollständig auf den privaten Sektor verlagert werden. Der Staat tritt einen Rückzug aus Tätigkeiten an, die er bisher wahrgenommen hat. Diese Form ist in der Praxis bei PPP-Modellen nicht anzutreffen.

Bei der Verlagerung von staatlichem Eigentum an Private wird von **Vermögensprivatisierung** gesprochen, wobei dies bei PPP-Modellen auch der Fall sein kann.

Die **funktionelle Privatisierung** ist dadurch gekennzeichnet, dass die Erfüllung einer bestimmten Staatsaufgabe auf einen Privaten übertragen wird, die Verantwortung verbleibt aber beim Staat. Diese Begriffsdefinition kommt einem PPP-Modell schon näher, wobei sich der Staat dabei bei der Erfüllung seiner Aufgaben

---

[1] *Funk*, Allgemeine verfassungs- und verwaltungsrechtliche Aspekte, in *Amt der Kärntner Landesregierung* (Hrsg), Bildungsprotokolle, Band 1, Ausgliederungen im Landesbereich, Klagenfurt (1997), 14.

[2] *Funk*, aaO, 16 f.

der Dienste privater Erfüllungsgehilfen bedient (bsw die Betrauung von Privaten mit der wiederkehrenden Begutachtung von Kraftfahrzeugen gem § 57 a KFG).

Bei der **Finanzierungsprivatisierung** wird die Aufbringung der Mittel für die Erfüllung einer staatlichen Aufgabe an einen Privaten übertragen, wobei die Aufgabe als solche beim Staat verbleibt und weiterhin von ihm erfüllt wird. Dies ist die klassische Ausgangsdefinition für PPP-Modelle, wobei in der Praxis regelmäßig auch Elemente der anderen zuvor angesprochenen Privatisierungsbegriffe in das Modell Eingang finden.

2.3. Beleihung

Die Beleihung ist dadurch gekennzeichnet, dass eine natürliche oder eine juristische private Person mit der Befugnis zur Setzung von Hoheitsakten ausgestattet wird[3]), wobei auch schon die Übertragung von dienstbehördlichen Zuständigkeiten an ausgegliederte Rechtsträger einen Fall von Beleihung darstellen kann. Bei PPP-Modellen im Ver- und/oder Entsorgungsbereich wäre Beleihung zwar denkbar, ist aber in der Praxis kaum anzutreffen.

2.4. Heranziehung von Verwaltungshelfern zur unselbständigen Aufgabenbesorgung

Die zur Dienstleistung im Auftrag eines Verwaltungsträgers herangezogenen Privaten sind für einen bestimmten Bereich als dessen Besorgungsgehilfe unterstützend tätig. Dabei handelt es sich um einen ausgliederungsähnlichen Vorgang, der in die Kategorie der Funktionsprivatisierung fällt[4]) und auf PPP-Modelle nicht übertragbar ist.

3. PPP-Modelle

Die nachfolgend dargestellten „klassischen" PPP-Modelle vereinigen je nach Intensität und Ausgestaltung der Einflussnahme des Staates und möglicher Vermögensübertragungen verschiedenste zuvor angesprochene Begriffe und sind in der Regel der Finanzierungsprivatisierung zuzuordnen. Ausgehend von der Gestaltung des Modells erfolgt eine abgabenrechtliche Darstellung der damit verbundenen Sachverhalte. Abschließend werden einzelne Sonderfragen und Problemstellungen, die mit PPP-Modellen in Zusammenhang stehen können, erörtert.

3.1. Betriebsführungsmodell

3.1.1. Gestaltung

Auf vertraglicher Basis – in der Regel in der Art eines Konzessionsvertrages – führt ein privater Rechtsträger den Betrieb mit sämtlichen Anlagen der Gebietskör-

---

[3]) *Funk*, aaO, 27 f.
[4]) *Funk*, aaO, 29.

perschaft in deren Namen, auf deren Rechnung und Risiko. Für diese Tätigkeit erhält der Private eine entsprechende Leistungsvergütung. Nach Ablauf der vereinbarten Vertragsdauer, kann der Betriebsführungsvertrag verlängert oder die Aufgabe wieder durch die Gebietskörperschaft selbst durchgeführt werden.

3.1.2. Gründung

Da es im Zuge eines Betriebsführungsmodells zu keinen Vermögensübertragungen kommt, ist auch mit keinen abgabenrechtlichen Problemstellungen zu rechnen.

3.1.3. Laufender Betrieb

Auf **Ebene des Privaten** liegen für seine gegenüber der Gebietskörperschaft im Rahmen des Betriebsführungsvertrages erbrachten Dienstleistungen sowohl ertragsteuerliche als auch umsatzsteuerliche relevante Einnahmen vor.

Bei der **Gebietskörperschaft** hingegen ist auf ertragsteuerlicher Ebene zu unterscheiden, ob die im Rahmen des Betriebführungsvertrages an den Privaten übertragenen Dienstleistungen bei der Gebietskörperschaft einem so genannten Betrieb gewerblicher Art (BgA) iSd § 2 Abs 1 KStG 1988 oder einem Hoheitsbetrieb iSd § 2 Abs 5 KStG 1988 zuzurechnen sind. Liegt ein BgA vor, stellen die vom Privaten in Rechnung gestellten Leistungsentgelte Betriebsausgaben dar, während dies im zweiten Fall zu verneinen, aber mangels Ertragsteuerpflicht jedoch ohne weitere Relevanz ist

Für umsatzsteuerliche Zwecke ist hingegen von Bedeutung, ob die in Rechnung gestellten Leistungsentgelte einer Einrichtung der Gebietskörperschaft iSd § 2 Abs 3 UStG 1994 zuzurechnen sind, dh, einem BgA iSd Körperschaftsteuergesetzes oder einem land- und forstwirtschaftlichen Betrieb oder einem so genannten fiktiven BgA iSd Umsatzsteuergesetzes:

– unter diese fiktiven BgA sind Wasserwerke, Schlachthöfe, Anstalten zur Müllbeseitigung und zur Abfuhr von Spülwasser und Abfällen zu subsumieren, wobei die Gebietskörperschaft dann berechtigt ist, aus den in Rechnung gestellten Leistungsentgelten des Privaten einen Vorsteuerabzug vorzunehmen;
– wenn keine Einrichtung vorliegt, die dem Unternehmensbereich der Gebietskörperschaft zuzurechnen ist, besteht keine Berechtigung zur Vornahme des Vorsteuerabzuges aus den in Rechnung gestellten Leistungsentgelten des Privaten.

3.1.4. Beendigung

Durch Vertragsablauf und keiner weiteren Verlängerung oder einer vorzeitigen berechtigten Vertragsauflösung endet das Betriebsführungsmodell. In der Regel sind damit keine abgabenrechtlichen Konsequenzen verbunden.

3.2. Betreibermodell

3.2.1. Gestaltung

In Erweiterung zum Betriebsführungsmodell ist der Private auch Eigentümer der Anlage, wobei er regelmäßig neben dem Betrieb über einen festgelegten Zeitraum (in der Regel 10 bis 30 Jahre) auch Planung, Bau und Finanzierung der Anlage übernimmt. Nach Ablauf dieses Zeitraumes fällt die Anlage (wieder) in das Eigentum der Gebietskörperschaft (zurück).

3.2.2. Gründung

In der Gründungsphase bestehen dann abgabenrechtliche Berührungspunkte, wenn eine bestehende Anlage übertragen werden soll, die vom privaten Betreiber in der Folge beispielsweise saniert, erweitert und betrieben wird und das für den Betrieb der Anlage notwendige Liegenschaftsvermögen in Form von Baurechts- oder Superädifikatsverträgen an den privaten Betreiber übertragen werden muss.

In diesem Fall kann die Übertragung des bestehenden Anlage- und/oder Betriebsvermögens regelmäßig mit Abgabenbelastungen insbesondere in Form von Grunderwerbsteuer, Stempel- und Rechtsgeschäfts- sowie Gerichtsgebühren verbunden sein. Auf Bundesebene sieht der Gesetzgeber dabei in aller Regel eine vollkommene Abgabenbefreiung der Vermögensübertragung vor, auf Landes- und Gemeindeebene jedoch nur insoweit, als diesen beiden Gebietskörperschaften einen beherrschenden Einfluss auf den privaten Betreiber haben. Beim Betreibermodell im klassischen Sinne, ist dies mangels Beteiligung der betreffenden Gebietskörperschaften aber nicht der Fall, sodass keine Abgabenbefreiung auf dieser Ebene möglich ist.

Die Einräumung eines Baurechts an einem Grundstück unterliegt dabei grundsätzlich der Grunderwerbsteuer (GrESt), wobei allerdings Maschinen und sonstige Vorrichtungen aller Art, die zu einer Betriebsvorrichtung gehören, nicht zum Grundstück rechnen.[5]) Die Ermittlung der Grunderwerbsteuerbelastung für die Baurechtseinräumung richtet sich dabei nach den vereinbarten, vom privaten Betreiber zu tragenden Baurechtszinsen, wobei unter Beachtung einer aus dem Bewertungsgesetz abgeleiteten Abzinsungskomponente iHv 5,5 % maximal der 18-fache Jahreswert der steuerpflichtigen Bauzinsbestandteile zugrunde zu legen ist.[6]) Bei einer unentgeltlichen Überlassung ist darauf zu achten, dass auf der Liegenschaft keine dinglichen Lasten wie Pfandrechte bestehen, die der private Betreiber zu bedienen hat, da ansonsten in der Übernahme dieser Lasten eine Gegenleistung iSd GrEStG gesehen und der Bemessung zugrunde gelegt werden könnte.

3.2.3. Laufender Betrieb

Aus dem Betreibervertrag erzielt der **Private** ertrag- und umsatzsteuerpflichtige Einnahmen für die Betriebsführung und Betriebsausgaben aus den Aufwendungen für den Betrieb der Anlage, die er gegenüber der Gebietskörperschaft abrechnet.[7])

Auf **Ebene der Gebietskörperschaft** werden diese vom Betreiber bezogenen Leistungen in der Regel an die Nutzer weitergereicht. Dabei ist ungeachtet der

---

[5]) *Achatz/Leitner*, Körperschaften öffentlichen Rechts und ihre Privatisierung im Steuerrecht (2001), 257.
[6]) *Achatz/Schima*, in ÖWAV (Hrsg), Siedlungswasserwirtschaft, 63 ff.
[7]) *Achatz/Leitner*, aaO, 257.

Auslagerung auf den privaten Betreiber in den klassischen Anwendungsbereichen der Wasser- und Abwasser-Ver- und Entsorgung ertragsteuerlich vom Vorliegen eines Hoheitsbetriebes iSd § 2 Abs 5 KStG 1988 auszugehen.

Umsatzsteuerrechtlich stellt sich auch hier die Frage nach der Zurechnung der Leistungen: Tritt der Betreiber – wie in der Praxis üblicherweise der Fall und hier auch dargestellt – gegenüber den Endverbrauchern im Namen und auf Rechnung der Gebietskörperschaft auf, leistet der Betreiber umsatzsteuerrechtlich an die Gebietskörperschaft und diese weiter an den Endverbraucher.[8] Bei dieser Gestaltung ist umsatzsteuerrechtlich davon auszugehen, dass auf Ebene der Gebietskörperschaft ein fiktiver BgA iSd § 2 Abs 3 UStG 1994 vorliegt und damit eine Zuordnung zum Unternehmensbereich der betreffenden Gebietskörperschaft vorzunehmen ist. Die Gebietskörperschaft ist daher auch aus den vom Betreiber in Rechnung gestellten Entgelten vorsteuerabzugsberechtigt und legt ihrerseits umsatzsteuerpflichtige Rechnungen an die Endverbraucher.

3.2.4. Beendigung

Nach Ablauf der vertraglich fixierten Betriebsdauer fällt die Anlage (wieder) in das Eigentum der Gebietskörperschaft, wobei vor allem Abgabenbelastungen in Form der GrESt anfallen. Die unter Punkt 3.2.2. zur Bemessungsgrundlage für die GrESt getroffenen Aussagen sind auch hier weitgehend anzuwenden, wobei Betriebsvorrichtungen nicht zum Grundstück zu rechnen und daher aus der Bemessungsgrundlage für die GrESt auszuscheiden sind.

3.3. Kooperationsmodell

3.3.1. Gestaltung

Der Unterschied zum zuvor vorbeschriebenen Betreibermodell besteht im Wesentlichen darin, dass die Gebietskörperschaft auch Anteile an einer gemeinsamen Betreibergesellschaft hält. In der Regel hat die Gebietskörperschaft dabei mindestens 51 % der Anteile, während von einem Kooperationspartner die restlichen Anteile gehalten werden, der im Wesentlichen die Finanzierung der Investition übernimmt.[9] Die Betriebsanlagen stehen üblicherweise im Eigentum der gemeinsamen Betreibergesellschaft, können aber auch von der Gebietskörperschaft angemietet werden. Ebenso ist es möglich, dass Personal der Gebietskörperschaft der gemeinsamen Betreibergesellschaft zur Verfügung gestellt wird.

3.3.2. Gründung

Bereits in der Gründungsphase ergeben sich beim Kooperationsmodell abgabenrechtliche Berührungspunkte, da in aller Regel Vermögensübertragungen stattfinden. Auf Bundesebene modifiziert dabei der Gesetzgeber die Abgabengesetze

---

[8] *Ruppe*, Umsatzsteuergesetz 1994 – Kommentar (1999), § 1 Rz 268.
[9] *Achatz/Leitner*, aaO, 257.

durch sondergesetzliche Bestimmungen und befreit damit den Gründungsvorgang und die notwendigen Vermögensübertragungen regelmäßig von allen Abgaben.[10])

Auf Landes- und Gemeindeebene wurden durch Artikel 34 des Budgetbegleitgesetzes 2001 (idF BGBl I, 2001/144) „Steuerliche Sonderregelungen für die Ausgliederung von Aufgaben der Gebietskörperschaften" geschaffen. Es handelt sich dabei um Abgabenbefreiungen von der Gesellschaftsteuer, Grunderwerbsteuer und den Stempel- und Rechtsgeschäftsgebühren, die unmittelbar mit der Ausgliederung und Übertragung von Aufgaben in Zusammenhang stehen. Die Anwendung dieser Bestimmung setzt voraus, dass die aufgabenübertragende Gebietskörperschaft einen beherrschenden Einfluss auf die (Betreiber-)Gesellschaft ausübt. Die Gesellschaft kann eine juristische Person privaten oder öffentlichen Rechts sowie eine Personenvereinigung sein, wobei Betreibergesellschaften regelmäßig in der Rechtsform einer GmbH geführt werden.[11])

Die Regierungsvorlage zum Abgabenänderungsgesetz 2002 sieht vor, dass diese Körperschaften öffentlichen Rechts, die nicht Gebietskörperschaften sind, ausgedehnt werden.

Denkbar wäre auch, dass die Gebietskörperschaft ihren bisherigen Betrieb (Eigen- oder Regiebetrieb) in die gemeinsame Gesellschaft einbringt, wobei eine abgabenrechtlich begünstigte Einbringung unter Anwendung des Umgründungssteuerrechts nur für unbeschränkt steuerpflichtige BgA iSd § 2 Abs 1 KStG 1988 möglich ist. Dabei ist zu beachten, dass zwar grundsätzlich eine Versteuerung eventueller stiller Reserven unterbleibt, aber Übertragungen von Liegenschaftsvermögen GrESt vom zweifachen Einheitswert auslöst. Sollte daher Liegenschaftsvermögen übertragen werden, ist – wie auch für Hoheitsbetriebe gem § 2 Abs 5 KStG 1988, wie beispielsweise Betriebe, die der Ver- und Entsorgung dienen – unbedingt danach zu trachten, dass Artikel 34 Budgetbegleitgesetz 2001 für diesen Vorgang angewendet werden kann.

3.3.3. Laufender Betrieb

Die gemeinsame Gesellschaft ist mit ihren Einkünften ertragsteuerpflichtig und unterliegt grundsätzlich mit ihren Gewinnen der Körperschaftsteuer iHv 34 %. Als Betriebsausgaben abzugsfähig sind beispielsweise auch Aufwendungen für angemietete Grundstücke oder für zur Verfügung gestelltes Personal von der Gebietskörperschaft. Die dabei zur Verrechnung gelangenden Entgelte sollten Fremdvergleichsgrundsätzen entsprechen, um verdeckte Gewinnausschüttungen oder Nutzungseinlagen zu vermeiden.

Festzuhalten ist, dass im Bereich der Versorgungsbetriebe iSd § 2 Abs 3 iVm Abs 4 KStG 1988 (das sind Betriebe, die die Bevölkerung mit Wasser, Gas, Elek-

---

[10]) Vgl dazu beispielsweise Autobahnen- und Schnellstraßen-Finanzierungs-AG, ASFINAG, BGBl 1982/591; Schönbrunner Tiergarten GmbH, BGBl 1991/420 idF BGBl 1994/117; Bundesimmobilien GmbH, BIG, BGBl 1992/419; Österreichische Bundesbahnen, ÖBB, BGBl 1992/825 idF BGBl I 1998/174; Schieneninfrastrukturfinanzierungs-GmbH, SCHIG, BGBl 1996/201; Bundessporteinrichtungen GmbH, BGBl I 1998/149; Bundesmuseen-Gesetz, BGBl I 1998/115.

[11]) Achatz/Leitner, aaO, 257.

trizität oder Wärme versorgen oder dem öffentlichen Verkehr einschließlich Rundfunk oder Hafenbetrieb dienen) mangels ausschließlicher Beteiligung der Gebietskörperschaft in der gemeinsamen Betreibergesellschaft sowohl die Bestimmungen über das Vorliegen einer ertragsteuerlichen Einkunftsquelle (Liebhaberei bzw Teilbetriebsliebhaberei, mit der Folge, dass die Gewinne eines Betriebsteiles, nicht mehr mit Verlusten eines anderen Betriebsteiles ertragswirksam ausgeglichen werden können) als auch das Nicht-Vorliegen verdeckter Gewinnausschüttungen iSd § 8 Abs 2 KStG 1988 zur Anwendung gelangen können.[12])

Umsatzsteuerrechtlich ist je nach vertraglicher Gestaltung davon auszugehen, dass entweder die Betreibergesellschaft an die Gebietskörperschaft und diese an den Endverbraucher leistet („Reihenleistung") oder die Betreibergesellschaft unmittelbar an den Letztverbraucher. In diesem Fall ist nur die Betreibergesellschaft zum Vorsteuerabzug berechtigt, da auf Ebene der Gebietskörperschaft kein BgA iSd § 2 Abs 3 UStG 1994 mehr existiert, der eine Zuordnung der Leistungen zum Unternehmensbereich der Gebietskörperschaft zur Folge hätte.

3.3.4. Beendigung

Das Kooperationsmodell endet in aller Regel auch durch Zeitablauf, wenn zuvor keine Vertragsverlängerung mehr mit dem Kooperationspartner erreicht wird. Sollten im Zuge der Beendigung Vermögensübertragungen an die Gebietskörperschaft stattfinden, so ist auf die GrESt zu achten. Darüber hinaus kommt es durch die Auflösung oder Liquidation der gemeinsamen Gesellschaft zur steuerlichen Erfassung sämtlicher stiller Reserven, der im Betriebsvermögen der gemeinsamen Gesellschaft vorhandenen Vermögensgegenstände.

Auf Ebene der Gebietskörperschaft hingegen, löst der Zufluss des Liquidationserlöses keine steuerlichen Folgen aus. War hingegen die Kapitalbeteiligung zum Betriebsvermögen eines unbeschränkt steuerpflichtigen BgA iSd § 2 KStG 1988 zuzurechnen, tritt Steuerpflicht für den Liquidationserlös ein, da die Beteiligungsertragsbefreiung des § 10 KStG 1988 in diesem Fall für den Liquidationserlös nicht gilt.[13])

Denkbar wäre auch, dass die Gebietskörperschaft ihren Kapitalgesellschaftsanteil an der gemeinsamen Gesellschaft veräußert. Dies löst im Regelfall auch keine ertragsteuerlichen Konsequenzen aus, da der Veräußerungserlös nicht der beschränkten Steuerpflicht gem § 1 Abs 3 Z 2 iVm § 21 Abs 2 und Abs 3 KStG 1988 unterliegt.

Bestand hingegen die Beteiligung an einer gemeinsamen Personengesellschaft und veräußert die Gebietskörperschaft ihren Personengesellschaftsanteil, so liegt abgabenrechtlich eine ertragsteuerlich relevante Veräußerung eines (fiktiven) BgA iSd § 2 Abs 2 Z 1 KStG 1988 vor, da die Beteiligung an einer Personengesellschaft einen derartigen fiktiven BgA begründet hat. Körperschaftsteuerpflichtig ist dabei die Differenz zwischen dem erzielten Veräußerungspreis und den (anteiligen)

---

[12]) *Achatz/Leitner,* aaO, 257.
[13]) *Achatz/Leitner,* aaO, 248.

Buchwerten des Betriebes grundsätzlich ein steuerpflichtiger Veräußerungsgewinn, wobei der Freibetrag nach § 24 EStG 1988 anwendbar ist.

Umsatzsteuerrechtlich findet im Zuge der Liquidation Veräußerung von Unternehmensvermögen gegen Entgelt statt, dass zu entsprechenden umsatzsteuerbaren und auch umsatzsteuerbefreiten Leistungen führen kann. Soweit einzelne Wirtschaftsgüter im Zuge der Liquidation in die Hoheitssphäre der Gebietskörperschaft überführt werden, liegt umsatzsteuerbarer, teilweise unecht umsatzsteuerbefreiter Eigenverbrauch vor.[14] Bei der Veräußerung des Personengesellschaftsanteils liegt eine Geschäftsveräußerung im Ganzen gem § 4 Abs 7 UStG 1994 vor, wobei das Entgelt auf die übertragenen Vermögensgegenstände aufzuteilen und die dafür maßgeblichen Umsatzsteuervorschriften anzuwenden sind (beispielsweise gelten PKW gem § 12 Abs 2 Z 2 lit b UStG 1994 als nicht für das Unternehmen angeschafft, sodass bei der Veräußerung regelmäßig keine Umsatzsteuer anfällt).

Bei der Veräußerung von Kapitalgesellschaftsanteilen treten keine umsatzsteuerlichen Rechtsfolgen ein, da die Veräußerung von Gesellschaftsanteilen – sollten sie dem Unternehmensbereich einer Gebietskörperschaft zuzurechnen sein – gem § 6 Abs 1 Z 8 lit g UStG 1994 unecht steuerbefreit ist.[15]

3.4. Abgabenrechtliche Sonderfragen in Zusammenhang mit PPP-Modellen

Abgabenrechtliche Sonderfragen stellen sich vor allem beim Kooperationsmodell, da hier nicht nur Dienstleistungen vom Betreiber bezogen, sondern regelmäßig auch entsprechende Leistungen von der Gebietskörperschaft an die gemeinsame Kooperationsgesellschaft erbracht werden.

3.4.1. Eintritt in die unbeschränkte Ertragsteuerpflicht

Festzuhalten ist, dass Leistungen, die im Rahmen der Gebietskörperschaft ex lege dem Hoheitsbereich zuzurechnen waren, durch Erbringung dieser Leistungen im Rahmen einer beispielsweise gemeinsam mit einem Kooperationspartner gegründeten juristischen Person privaten Rechts grundsätzlich ertragsteuerpflichtig werden. Ausgenommen davon wären nur jene Bereiche, wo es gelingt, einen gemeinnützigen Rechtsträger beispielsweise im Sozial- oder Gesundheitsbereich, zu begründen.

3.4.2. Personalgestellung

Die Personalgestellung an die gemeinsame Kooperationsgesellschaft begründet – nach Ansicht der Finanzverwaltung nur bei vorübergehender Dauer[16] – in aller Regel bei der Gebietskörperschaft keinen BgA iSd § 2 Abs 1 KStG 1988, wo hingegen die Kosten für die Personalgestellung als Betriebsausgaben abzugsfähig

---

[14] *Ruppe*, Umsatzsteuergesetz, § 1 Rz 348.

[15] *Achatz/Leitner*, aaO, 248.

[16] *BMF* 30. 4. 1992, ecolex 1992, 591.

sind. Eine andere Sichtweise kann sich nur dann ergeben, wenn die Gestellung aus einem bestehenden BgA erfolgt. Gleiches gilt im Übrigen auch für die umsatzsteuerliche Betrachtung.

Bei der Kommunalsteuer ist hingegen auf die neu gefasste Bestimmung des § 2 lit c KommStG 1993 idF BGBl I 2001/144 hinzuweisen, die dazu führt, dass die Arbeitslöhne der dem gemeinsamen Rechtsträger zur Dienstleistung zugewiesenen Dienstnehmer, dann kommunalsteuerpflichtig sind, wenn der gemeinsame Rechtsträger Unternehmereigenschaft iSd UStG 1994 besitzt und von der Kommunalsteuer nicht befreit ist (vgl § 8 KommStG 1993).

4. Zusammenfassung

Wie der zuvor stehende Beitrag gezeigt hat, ist das Abgabenrecht bei der Umsetzung von PPP-Modellen keineswegs Hauptantriebsfeder, kann aber in Einzelfällen mitunter Entscheidungsrelevanz besitzen. Dabei müssen der Gebietskörperschaft und den beteiligten Partnern die jeweiligen abgabenrechtlichen Konsequenzen der einzelnen PPP-Modelle bekannt sein.

Hingegen bewirken die europarechtlichen Vorgaben in Bezug auf die Einhaltung der Maastricht-Kriterien, das angestrebte Nulldefizit, die angespannte Finanzsituation und die weitgehenden Liberalisierungsbestrebungen in bestimmten (gemeinwirtschaftlichen) Bereichen bei Bund, Länder und Gemeinden eine ungeheure Dynamik und begünstigen das Klima für die Implementierung von PPP-Modellen.

Dabei wurden in den vergangenen Jahren insbesondere bei Privatisierungen des Bundes, die bestehenden abgabenrechtlichen Normen durch sondergesetzliche Bestimmungen (insbesondere im Gründungsstadium) modifiziert und damit auch teilweise das Postulat der Wettbewerbsneutralität der Besteuerung zum Nachteil der übrigen Wirtschaftstreibenden durchbrochen. Im Hinblick auf eine leistungsfähige Infrastruktur und einen hohen Standard bei der öffentlichen Daseinsvorsorge ist dieser Aspekt jedoch in Kauf zu nehmen, damit die Gebietskörperschaften – gemeinsam mit den Partnern aus Industrie und Wirtschaft – dies auch in Zukunft gewährleisten können.

Vergaberechtliche Überlegungen zur Realisierung von PPP-Projekten

Martin Schiefer

Inhalt
1. Einleitung
2. Aufträge
3. Konzessionen
   3.1. Baukonzession
   3.2. Dienstleistungskonzession
4. Die Abgrenzung von Bau- und Dienstleistungskonzessionen
5. Die funktionale Ausschreibung
6. Zusammenfassung

1. Einleitung

PPP-Modelle erhalten in der Vergabepraxis öffentlicher Auftraggeber immer größere Bedeutung.[1]) Durch strategische Partnerschaften von öffentlichen Auftraggebern mit privaten Unternehmen soll – so die Vorstellung der Auftraggeber – durch Nutzung von operativem und strategischem Know-how des privaten Partners die eigene Leistungserbringung vergünstigt, operativ verlagert, eventuell finanziert etc, jedenfalls insgesamt „effizienter" werden. Es besteht kein Zweifel darüber, dass sich aufgrund der unterschiedlichen Vorstellungen rund um den Begriff „Public-Private-Partnership" eine (bei weitem nicht einheitliche) Typologie mit weitgehend deskriptivem Charakter entwickelt hat (zB BOT, BOOT etc).

Aus vergaberechtlicher Sicht ist dazu zunächst festzuhalten, dass die Typologie von PPP-Modellen dem österreichischen und dem EU-Vergaberecht fremd ist. Jedes PPP-Modell muss daher erst in die Begriffswelt des Vergaberechts übersetzt werden. Dabei geht es nicht nur um die Zuordnung der unterschiedlichen Erscheinungsformen von PPP-Modellen[2]) unter die einschlägigen Typen von öffentlichen Aufträgen, sondern um einen Prozess der aktiven Rechtsgestaltung. Das Wissen um die vergaberechtlichen Vorgaben erleichtert dabei das Entwickeln von PPP-Modellen!

Die nachstehenden Ausführungen sollen einen grundsätzlichen Überblick über die „Schnittstellen" von PPP-Modellen und dem Vergaberecht geben. Den Überle-

---

[1]) Zu konkreten Fallbeispielen siehe etwa *Wolf-Henner Snethlage*, Privatisierung durch Ausschreibungsverfahren (2001), 137.
[2]) Zu den Erscheinungsformen von PPP-Modellen siehe *Pircher*, Ausgliederungsmodelle und ihre Vor- und Nachteile, in *Gröhs/Havranek/Lang/Mayer/Pircher/Prändl* (Hrsg), Ausgliederungen (2003), 15; Da so genannte formelle Privatisierungsmodelle ohne die Einschaltung privater Partner auskommen, werden diese in dem vorliegenden Beitrag weitgehend ausgeklammert. Zur Unterscheidung formelle und materielle Privatisierung siehe *Opitz*, Kontraktive Privatisierung und Kartellvergaberecht, ZVgR 2000/2, 97.

gungen liegt die Annahme zugrunde, dass der die Partnerschaft zu privaten Unternehmen suchende Auftraggeber ein öffentlicher Auftraggeber[3]) ist.

Ein öffentlicher Auftraggeber unterliegt nur dann den Bestimmungen des Vergaberechts, wenn er als **Bezieher von Lieferungen und Leistungen** auftritt. Bietet er hingegen selbst Dritten seine Lieferungen und Leistungen an (so zB im Rahmen der Privatisierung von Vermögen der öffentlichen Hand), so unterliegt dieser Vorgang grundsätzlich nicht dem Vergaberecht, soweit diese Dritten nicht ihrerseits zur Einhaltung des Vergaberechts verpflichtet sind (**Verkaufssituation**).[4]) Freilich sind Konstellationen denkbar, in denen das von der Privatisierung betroffene auszugliedernde Unternehmen mit gewissen „Sonderaufgaben" bedacht wird (**Outsourcing**). Solche flankierenden Maßnahmen können unter Umständen dazu führen, dass bereits der Privatisierungsvorgang selbst unter das Vergaberecht fällt.[5])

In den meisten Fällen liegt bei der Umsetzung von PPP-Modellen keine Verkaufssituation vor. Vielmehr handelt es sich um eine **typische Einkaufssituation**, bei der der öffentliche Auftraggeber – in welcher Form auch immer – Leistungen am freien Markt erwirbt,[6]) mit denen die Aufrechterhaltung der ihm übertragenen Aufgaben gewährleistet wird.

Ein öffentlicher Auftraggeber kann sich beim Einkauf von Lieferungen und Leistungen grundsätzlich für zwei Vorgehensweisen entscheiden:
– Besteht die Gegenleistung für den Leistungsbezug in Geld oder anderen in Geld bewertbaren Gegenleistungen (zB die Übertragung eines Grundstücks oder an-

---

[3]) Zum persönlichen Geltungsbereich des BVergG siehe *Heid,* Loseblattsammlung „Das neue Vergaberecht", Kap 2/6; vgl auch *Heid/Hauck/K.Preslmayr,* Handbuch des Vergaberechts (2002), 20 ff.

[4]) Der Unternehmensverkauf ist nach der Entscheidung des VÜA Niedersachsen Az 34.2-35.66 Tgb-Nr 11/97, 4 kein Beschaffungsvorgang und lässt sich deshalb nicht unter die Vergaberegeln subsumieren (zitiert nach *Prieß* in *Jestaedt/Kemper/Marx/Prieß,* Das Recht der Auftragsvergabe [1999] 53). Siehe auch *Möschel,* Privatisierung und öffentliches Vergaberecht, WuW 1997, 120.

[5]) Siehe *Potacs,* Einrichtungen des öffentlichen Rechts im Sinne der Vergaberichtlinien: Unterliegt der Akt der Ausgliederung dem Vergaberecht?, in *Rill/Griller,* Grundfragen der öffentlichen Auftragsvergabe (2000) 35 und *Möschel,* Privatisierung und öffentliches Vergaberecht, WuW 1997, 120; zur Problematik der Umgehung des Vergaberechts durch Vermögensprivatisierung siehe auch *Eilmansberger,* Vergaberechtliche Schranken von Ausgliederungen und Privatisierungen, JBl 2001, 562; *Otting,* Privatisierung und Vergaberecht, VergabeR 2002, 11; *Frenz,* Ausschreibungspflicht einer Übertragung von Geschäftsanteilen?, DÖV 2002, 186.

[6]) Zu der daraus resultierenden Untauglichkeit von so genannten In-house-Konstruktionen zur Realisierung von PPP-Projekten siehe *Haunold,* Praktische Handhabung des Vergaberechts bei Public Private Partnerships (PPP), bau-intern 2003/5, 30; *Jaeger,* PPP und Vergaberecht, NZBau 2001, 6; zur In-house-Konstruktion vgl auch *Faber,* Öffentliche Aufträge an kommunal beherrschte Unternehmen – In-House-Geschäfte oder Vergabe im Wettbewerb?, DVBl 2001, 186; *Dreher,* PPP und Kartellvergaberecht – gemischtwirtschaftliche Gesellschaften, In-house-Vergabe, Betreibermodell und Beleihung Privater, NZBau 2002, 245; *Schauerburg,* Ausschreibungspflicht und Privilegien für In-House-Geschäfte, NZBau 2002, 259; *Ortlieb,* Inhouse-Geschäfte als Ausnahme zur Ausschreibungspflicht im Spannungsfeld zunehmender Privatisierung, WuW 2003, 146; *Jasper/Tasserams,* In-House-Geschäft oder Ausschreibung, ZGK 12/2002, 12.

dere Sachleistungen), so spricht man von einem „**Auftrag**". Wesentlich in diesem Zusammenhang ist, dass der Erbringer der Leistung diese „**entgeltlich**" zur Verfügung stellt. Das „Entgelt" muss nach der Rechtsprechung des EuGH weder in einer einmaligen Leistung bestehen, noch von Vornherein dem Umfang nach bestimmt sein.[7]) Weiters kann das „Entgelt" nach der Rechtsprechung des EuGH auch in einem Verzicht der öffentlichen Hand auf die Zahlung von Gebühren (beispielsweise auf einen „Erschließungsbeitrag" im Zusammenhang mit einem Bauauftrag) bestehen.[8])

– Die zweite Möglichkeit der öffentlichen Hand liegt darin, dem Erbringer der Leistungen oder Lieferungen ein – grob gesagt – „**Nutzungsrecht**" einzuräumen, mit dem er die finanzielle Gegenvergütung der öffentlichen Hand selber erwirtschaften kann. Da es hier keinen unmittelbaren Zahlungsfluss der öffentlichen Hand an den Leistungserbringer wie beim oben angeführten „entgeltlichen Auftrag" geben muss, sondern die Gegenvergütung vom Auftragnehmer erst erwirtschaftet werden muss, spricht man von der Vergabe einer „**Konzession**" an einen Auftragnehmer (Konzessionär). Entsprechend der vergaberechtlichen Gliederung von Aufträgen in Bau- und Dienstleistungsaufträge (die dritte Auftragsart der Lieferaufträge ist hier nicht weiter von Interesse), unterscheidet man im hier relevanten Bereich der Konzessionen **Bau- und Dienstleistungskonzessionen.**

2. Aufträge

Alle von einem öffentlichen Auftraggeber ausgeschriebenen „entgeltlichen Aufträge" führen entweder zu einem Liefer-, Bau- oder Dienstleistungsauftrag (zum Sonderfall der Konzessionen siehe sogleich unten). Die Einteilung in diese Auftragstypen ist entscheidend für die Anwendung der materiellrechtlichen Vergabebestimmungen, wie insbesondere die Wahl des Vergabeverfahrens. PPP-Modelle umfassen in der Regel ein Bündel von Tätigkeiten, wie insbesondere die Konzeption und Planung (Dienstleistung), die Finanzierung (Dienstleistung), die Erbringung von Bauleistungen (Bauauftrag) und teilweise auch Lieferleistungen (Lieferungen). Aus diesem Bündel zu erfassender Leistungen entstehen in der Praxis „maßgeschneiderte" Verträge bzw Konvolute zusammengehöriger Verträge.[9]) Das geltende Vergaberecht kennt den Typus des „maßgeschneiderten" Vertrages nicht und setzt voraus, dass jede von einem öffentlichen Auftraggeber nachgefragte Leistung jenem Auftragstyp (Bau-, Liefer- und Dienstleistung) zugeordnet wird,

---

[7]) EuGH 26. 4. 1994 Rs C-272/91, *Kommission/Italien*, Slg 1994, I-1409 (Lottomatica).

[8]) EuGH 12. 7. 2001 Rs C-399/98, *Teatro alla Bicocca*, Slg 2001, I-5409 = RPA 2001, 162 (mit Anm *Edlinger*).

[9]) Zur vertragsrechtlichen Ausgestaltung von PPP-Modellen siehe *Köck*, Vertragsrechtliche Fragen, in: Studiengesellschaft für Wirtschaft und Recht (Hrsg), Public Private Partnership (2003) 149; *Brauneis*, Ausgliederungen und Privatisierungen aus vertrags- und arbeitsrechtlicher Sicht, in *Gröhs/Havranek/Lang/Mayer/Pircher/Prändl* (Hrsg), Ausgliederungen (2003), 15.

den das Vergaberecht für die entsprechende Leistung vorsieht. In der Praxis ergeben sich daraus schwierig zu lösende Abgrenzungsfragen, die bei der „Übersetzung" von PPP-Modellen in vergaberechtliche Parameter aber von maßgeblicher Bedeutung sind.

In der vergaberechtlichen Beratung bei der Umsetzung von PPP-Projekten zeigt sich, dass die Abgrenzung zwischen Bau- und Dienstleistungsaufträgen eine häufig zu beurteilende Frage darstellt (der Abgrenzung zwischen Bau- und Lieferaufträgen bzw Dienstleistungs- und Lieferaufträgen kommt hingegen in den meisten Fällen eine untergeordnete Rolle zu). Obgleich es keine gesetzliche Abgrenzung von Bau- und Dienstleistungsaufträgen gibt,[10]) lassen sich aus der Analyse der zu diesem Komplex vorliegenden Rechtsprechung doch bestimmte Erkenntnisse gewinnen.

Grundsätzlich ist gemäß der Rechtsprechung des EuGH davon auszugehen, dass die Abgrenzung zwischen Bau- und Dienstleistungsaufträgen nicht primär nach dem finanziellen Überwiegen erfolgt (main value test), sondern danach, welcher Vertragsteil inhaltlich und funktional den Hauptgegenstand des Vertrages bildet (**main object test**).[11]) In der grundlegenden Entscheidung des EuGH in der Rechtssache Gestion Hotelera Internacional SA qualifizierte der EuGH den Gesamtvertrag über die Sanierung eines Hotels, die Errichtung eines angeschlossenen Spielkasinos und den Betrieb beider Anlagen als Dienstleistungsauftrag; dies, obwohl sich der Auftragnehmer verpflichten musste, in die Instandsetzungs-, Renovierungs- und Umbauarbeiten 1 Mrd Peseten zu investieren. Ausschlaggebend sei nämlich, dass die Bauarbeiten gegenüber den Betreiberleistungen „von untergeordneter Bedeutung sind". Dabei dürfte es auch eine Rolle gespielt haben, dass der Betreiber bereits für die Kasinokonzession ebenfalls einen Betrag von 1 Mrd Peseten zu zahlen hatte und darüber hinaus dafür Sorge tragen musste, dass die gesamte Anlage in der Fünf-Stern-Kategorie zu verbleiben hat.[12])

Eine Bestärkung dieser „Leitentscheidung" des EuGH haben die Schlussanträge des Generalanwaltes *Alber* vom 8. 11. 2001 in der zu einem österreichischen Sachverhalt anhängigen Rechtssache Entsorgungsbetriebe Simmering GmbH (EBS) gebracht.) Die EBS haben die Hauptkläranlage Wien seit 1986 betrieben, zuletzt auf Grund eines mit der Stadt Wien 1996 abgeschlossenen Pachtvertrages, in dem sich die Stadt Wien verpflichtet hat, ein angemessenes Entgelt zu entrichten, das einen kostendeckenden Betrieb gewährleistet (Kostendeckungsprinzip). Der Pachtvertrag von 1996 umfasste auch den Auftrag zur Erweiterung der bestehenden Haupt-

---

[10]) Eine Ausnahme besteht nur dann, wenn die Planung eines Bauvorhabens gleichzeitig mit seiner Ausführung zusammenfällt.

[11]) In diesem Sinn siehe die Begründungserwägung zur Dienstleistungsrichtlinie (Richtlinie 92/50/EWG vom 18. 6. 1992, ABlEG 1992 Nr L 209/1 idF RL 97/52/EG vom 13. 10. 1997, ABlEG 1997 Nr L 328/1), wonach „ein Vertrag, um als öffentlicher Bauauftrag eingeordnet zu werden, die hauptsächliche Errichtung eines Bauwerks […] zum Inhalt haben muss. Soweit Bauleistungen jedoch lediglich von untergeordneter Bedeutung sind und somit nicht den Inhalt des Vertrages ausmachen, führen sie nicht zu einer Einordnung des Vertrages als öffentlicher Bauauftrag".

[12]) EuGH 19. 4. 1994 Rs C-331/92, *Gestion Hotelera Internacional*, Slg 1994, I-1329.

kläranlage Wien samt Ausbau der projektbezogenen Kanalbauten und den (zeitlich offensichtlich nicht beschränkten) zukünftigen Betrieb aller Alt- und Neuanlagen. Unter ausdrücklicher Bezugnahme auf das Urteil des EuGH in der Rechtssache Gestion Hotelera Internacional SA führt Generalanwalt *Alber* aus, dass „die Vereinbarung [...] vielmehr die Fortsetzung einer seit zehn Jahren bestehenden Zusammenarbeit, und die vereinbarte Bauleistung, wenn es denn eine ist, [...] die Anpassung der bestehenden Kapazitäten an die veränderten Umstände betrifft. In erster Linie dürfte es daher um die weitere Übernahme der Abfall- und Abwasserentsorgung gehen, die wie bereits dargestellt, eine Dienstleistung ist."[13]) Diese Ansicht wurde in Österreich bereits massiv kritisiert. *Pachner* führt in seiner Glosse zu den Schlussanträgen aus, dass die Bezugnahme auf die Entscheidung des EuGH in der Rechtssache Gestion Hotelera Internacional SA verfehlt sei, da „die Sanierung eines Gebäudes für die Zwecke des Betriebes eines Hotels und eines Spielkasinos die Baumaßnahmen weit hinter die betrieblichen Anforderungen treten lassen. [...] Hingegen ist bei Kläranlagen, abgesehen von der Laborausrüstung, praktisch alles funktionell dem Bauwerk zuzurechnen und damit Gegenstand von Bauaufträgen, nämlich Räumer, Pumpen, Gebläseeinrichtungen. [...] Bauwerke, die ihrer selbst wegen existieren und keinen Betrieb zum Gegenstand haben (wie etwa Stützmauern etc) stellen zweifellos nur einen geringen Teil aller Bauwerke dar; daher ist ein Betrieb in vielen Fällen vom Bauwerk nicht wegzudenken."[14])

In der Rechtssache C-20/01 (verbunden mit Rs C-28/01) ging es um den – ohne vorangegangene EU-weite Ausschreibung – erfolgten Abschluss eines langjährigen Vertrages über die Ableitung der Abwässer der Gemeinde Bockhorn. Verbunden damit war die Errichtung „bestimmter Anlagen"[15] im Hinblick auf die Abwasserableitung. Den Ausführungen des Generalanwaltes folgend stellte der EuGH fest, dass die Behandlung von Abwasser eine Dienstleistung darstelle und die „Errichtung bestimmter Anlagen [...]" gegenüber dem Hauptgegenstand des zwischen der Gemeinde Bockhorn und EWE geschlossenen Vertrages nur untergeordneten Charakter" aufweise.[16])

Auch diese Entscheidung wurde von *Pachner* kritisiert: „Von den Lebenszykluskosten einer Kläranlage verhalten sich die Kosten der baulichen Einrichtung und der (baulichen) Reinvestition (Bauteile, die fest mit dem Bauwerk verbunden sind, wie Räumer, Gebläse etc) zu den Betriebskosten etwa 50 % : 50 %. Daher kann man kaum von „Nebenleistungen" sprechen".[17])

---

[13]) Schlussanträge des GA *Alber* vom 8. 11. 2001 in der Rs C-470/99, abgedruckt in ZVB 2002/3, 86; der EuGH hat sich in dieser Rechtssache zur Frage der Abgrenzung von Bau- und Dienstleistungsaufträgen nicht geäußert, da die diesbezügliche Vorlagefrage nicht beantwortet werden musste (EuGH 12. 12. 2002 Rs C-470/99, *Universale – EBS*, abgedruckt in RPA 2002, 372 [mit Anm *Stempkowski*]).

[14]) *Pachner*, ZVB 2002/3, 89.

[15]) Nähere Ausführungen über die Errichtungspflicht des Vertragspartners der Gemeinde Bockhorn sind weder in den Schlussanträgen noch im Urteil des EuGH enthalten.

[16]) EuGH 10. 4. 2003 Rs C-20/01 und C-28/01, *Bockhorn*.

[17]) *Pachner*, Mögliche Abgrenzung von Bau- und Dienstleistungsaufträgen bei der Entsorgung von Müll und Abwasser – kritische Anmerkungen¹, RPA 2003, 117.

Die von *Pachner* vorgetragenen Argumente werden in Deutschland oftmals im Rahmen der so genannte **Kontaminierungstheorie** zur Abgrenzung herangezogen. Nach dieser Theorie ist ein Gesamtvertrag als Bauvertrag zu qualifizieren, wenn Bestandteil des Vertrages Bauleistungen von nicht nur untergeordneter Bedeutung sind.[18]) Auf die Funktionalität des Bauwerks kommt es dabei nicht an. Diese Ansicht dürfte auch vom OLG Brandenburg in der viel beachteten Entscheidung zum **Flughafen Berlin Schönefeld** vertreten worden sein, bei der die Bauleistungen nicht nur im Rahmen eines (so benannten) „Konzessionsvertrages" zu erbringen waren, sondern über einen „Rahmenvertrag" auch mit einem „Anteils- und Übertragungsvertrag" verknüpft waren. Das finanzielle Überwiegen des Dienstleistungsanteils wurde vom OLG Brandenburg als der Einordnung des Gesamtvertragswerkes als Bauauftrag nicht schädlich eingestuft, da angesichts eines Bauvolumens von rund DM 9 Mrd „nicht von eine untergeordneten Bedeutung der Bauleistung gesprochen werden könne."

In der Entscheidung „Biokompostanlage I" ist der deutsche VÜA Hessen hingegen der Einordnung nach dem main object test gefolgt und hat die Finanzierung, die Errichtung und den Betrieb einer Biokompostanlage insgesamt als Dienstleistungsauftrag qualifiziert, weil wegen der besonderen Fachkunde, Zuverlässigkeit und Leistungsfähigkeit des Betreibers einer solchen Anlage die Dienstleistung im Vordergrund stehe. Mitentscheidend für die Qualifikation der Gesamtleistung als Dienstleistung war aber auch hier der Umstand, dass die ausgeschriebenen Bauleistungen gemäß dem niedrigsten Angebot unter DM 9 Mio lagen, der Wert der für die Anlage zu erbringenden Dienstleistungen jedoch im Angebotsvergleich durchschnittlich rund DM 6,6 Mio jährlich betragen hat und damit für 48 Monate (Art 7 Abs 5 EU-Dienstleistungsrichtlinie) mit rund DM 26,4 Mio deutlich höher war als die Bauleistungen.[19])

Die deutsche VK Münster hat hingegen in einem ähnlichen Sachverhalt die Planung und Errichtung einer biologischen Restabfallbehandlungsanlage wegen der überwiegenden Bauleistung als Bauauftrag qualifiziert.[20])

3. Konzessionen

Konzessionen sind ein international schon lange genutztes Instrument, insbesondere zur Finanzierung und Realisierung großer Infrastrukturprojekte (Bau von Eisenbahnverbindungen, [Maut-]Straßennetzen, Kraftwerken etc). Die finanziellen Zwänge der öffentlichen Haushalte sowie das allgemeine Bestreben, den öffentlichen Bereich von den Erfahrungen und Methoden des privaten Bereiches profi-

---

[18]) Siehe *Marx* in *Motzke/Pietzcker/Prieß*, VOB-Kommentar (2001) § 99 GWB, Rn 14. *Hailbronner* in *Byok/Jaeger*, Kommentar zum Vergaberecht (2000), § 99 GWB, Rn 372 spricht in diesem Zusammenhang davon, dass insofern ein Bauauftrag auch zu bejahen sein kann, wenn der Wert der Bauleistung wertmäßig weniger als die Hälfte des Gesamtvolumens ausmacht.

[19]) VÜA Hessen 3. 2. 1997, VÜA 4/96.

[20]) VK Münster 14. 10. 1999, VK-1/99.

tieren zu lassen, führen dazu, dass das Instrument der „Konzession" sowie damit einhergehend analoge Formen für die Zusammenarbeit zwischen öffentlichem und privatem Bereich immer größere Bedeutung gewinnt.[21])

Der Begriff der „Konzession" wird im EG-Vertrag nicht definiert. Im abgeleiteten Gemeinschaftsrecht findet sich nur eine Definition, und zwar die der „Baukonzession" in der Richtlinie über die Vergabe öffentlicher Bauaufträge (Baukoordinierungsrichtlinie)[22]). Andere Arten von Konzessionen werden in den Richtlinien über das öffentliche Auftragswesen nicht erwähnt[23]). Es oblag somit der Kommission wie auch dem EuGH, die Frage der Anwendbarkeit vergaberechtlicher Regelungen auf die Vergabe von Konzessionen zu beantworten.

3.1. Baukonzession

Der Gemeinschaftsgesetzgeber hat den Begriff der Baukonzession in Anlehnung an den Begriff des öffentlichen Bauauftrages definiert. Es gelten auch dieselben Schwellenwerte wie bei den Bauaufträgen (nämlich EUR 5 Mio). Gemäß der Richtlinie zur Vergabe öffentlicher Bauaufträge (Art 1 lit d Baukoordinierungsrichtlinie 93/37/EWG) gelten als Baukonzessionen „Verträge, die von öffentlichen Bauaufträgen nur insoweit abweichen, als die Gegenleistung für die Arbeiten ausschließlich in dem Recht zur Nutzung des Bauwerks oder in diesem Recht zuzüglich der Zahlung eines Preises besteht".

Im **Recht zur Nutzung** liegt auch der oben erwähnte Schlüssel für die Unterscheidung zwischen einem Bauauftrag und einer Baukonzession. Nach Meinung der Europäischen Kommission[24]) liegt ein Bauauftrag dann vor, wenn die Kosten des Bauwerks im Wesentlichen vom Auftraggeber getragen werden. Erlangt hingegen der Auftragnehmer seine Vergütung von Dritten im Wege von „Gebühren" (erlaubt also ein dem privaten Konzessionär von der öffentlichen Hand eingeräumtes Nutzungsrecht, von den Benutzern des Bauwerks während eines bestimmten Zeitraums eine Vergütung [zB Straßenmaut bei einer Autobahn] zu verlangen), spricht dies für das Vorliegen einer Baukonzession. Es wird allgemein als unerheblich angesehen, ob diese Einnahmen (hier: Anschlussgebühr und Kanalgebühr) vom Konzessionär selbst eingehoben werden oder ob sie zunächst vom Konzessionsgeber eingehoben werden und sodann – gemäß den vertraglichen Bestimmungen im Betreibervertrag – an den Konzessionär weitergereicht werden.

---

[21]) Siehe umfassend *Platzer*, Konzessionsverträge als vergaberechtlicher Anknüpfungspunkt für PPP-Modelle, RPA 2001, 13.

[22]) Richtlinie 93/37/EWG des Rates vom 14. 6. 1993 über die Koordinierung der Verfahren zur Vergabe öffentlicher Bauaufträge idF RL 97/52 EG vom 13. 10. 1997, ABlEG 1997 Nr L 328/1.

[23]) Vgl *Arrowsmith*, PPP an the European Procurement Rules, CMLRev 2000, 709; *Becker*, Rechtsrahmen für Public Private Partnership, ZRP 2002, 303.

[24]) Mitteilung der Kommission zu Auslegungsfragen im Bereich Konzessionen im Gemeinschaftsrecht vom 29. 4. 2000, ABlEG 2000 Nr C 121/3; dazu auch *Hornbanger*, Konzessionsvergabe in der Sicht der EU-Kommission, ecolex 1999, 374 ff.

Das Recht zur Nutzung umfasst insbesondere auch die **Verantwortung des Konzessionärs für die Nutzung.** Diese Verantwortung bringt es mit sich, dass der Konzessionär nicht nur für die Risiken der Errichtung einzustehen hat, sondern auch jene Risiken zu tragen hat, die sich aus der Natur der Verwaltung und der Auslastung des Bauwerks ergeben. Die Verantwortung des Konzessionärs erstreckt sich damit auf die technischen und finanziellen Aspekte der Errichtung der Bauwerke (insbesondere Amortisation), auf die Risikotragung des Betriebes (zB Personal, Betriebsunfälle) und aus der Auslastung (!) der Bauwerke.

Nach Ansicht der Europäischen Kommission lässt die Tatsache, dass die Leistung des Konzessionsgebers in der Einräumung des Nutzungsrechtes **zuzüglich** der Zahlung eines Preises bestehen kann, die obige Unterscheidung zwischen Bauauftrag und Baukonzession unberührt.[25]) Nach verbreiteter Auffassung soll es auch nicht schaden, wenn der öffentliche Auftraggeber dem privaten Betreiber einen **Mindestertrag** zusichert, sofern nicht die (gesamte) Gegenleistung für den Konzessionär in einem vom tatsächlichen Aufwand unabhängigen fixen Betrag liegt.[26]) Durch eine solche Intervention darf das ungewisse und sich aus der Natur der Nutzung ergebende Risiko für den Konzessionär letztlich aber nicht beseitigt werden.

Baukonzessionen werden häufig – aber nicht ausschließlich – im Rahmen eines „**Betreibermodells**" eingesetzt. Nicht jedes immobilienbezogene Betreibermodell kann jedoch mit der Figur der Baukonzession erklärt werden. Erschöpft sich zB ein Betreibermodell in einer Vorfinanzierung der Baukosten, in der Baudurchführung durch die (private) Projektgesellschaft und in der gewöhnlichen Aufrechterhaltung der Hausinfrastruktur (Facility-Management), so liegt in Wahrheit die Erbringung einer „Bauleistung durch Dritte gemäß den vom öffentlichen Auftraggeber genannten Erfordernissen" (und damit ein öffentlicher Bauauftrag) vor, der neben der Ausführung der Bauarbeiten auch die für die Bewirtschaftung des Bauwerks unbedingt erforderlichen Dienstleistungen umfasst.

Der österreichische Gesetzgeber hat im BVergG jene (wenigen) EU-Vorschriften umgesetzt, die die **Auftragserteilung** einerseits **an den (Bau-)Konzessionär** und andererseits die **Auftragserteilung durch den (Bau-)Konzessionär** regeln. Im BVergG kann man also von **zwei Vergabephasen** sprechen, für die jeweils unterschiedliche Regeln gelten.[27])

In einer ersten Phase wird die Baukonzession vergeben. Die Absicht, einen Baukonzessionsvertrag zu vergeben, ist **zunächst EU-weit bekannt zu machen** (§ 39 BVergG). Die Wahl der Art des Vergabeverfahrens (offenes Verfahren, nicht offe-

---

[25]) Mitteilung der Kommission zu Auslegungsfragen im Bereich Konzessionen im Gemeinschaftsrecht vom 29. 4. 2000, ABlEG 2000 Nr C 121/3.

[26]) BMLFuW (Hrsg), Private Sector Participation in der Siedlungswasserwirtschaft (2001), 34.

[27]) Zu den einzelnen Bestimmungen im BVergG siehe *Heid*, Losablattsammlung „Das neue Vergaberecht", Kap 3/2.1; vgl auch (zur alten Rechtslage) *Gölles*, Das novellierte Bundesvergabegesetz – die neuen Regelungen für Baukonzessionsverträge, ecolex 1997, 650.

nes Verfahren, Verhandlungsverfahren), die Festlegung der von den Bewerbern zu erfüllenden (Eignungs-)Kriterien und die für die Vergabe der Konzession maßgeblichen (Zuschlags-)Kriterien bleiben dabei dem Konzessionsgeber selbst überlassen. Die allgemeinen **Vergabegrundsätze der Transparenz und Gleichbehandlung** sind hier besonders zu beachten.

In der zweiten Phase erfolgt die Vergabe von Aufträgen durch den (Bau)Konzessionär selbst, wobei zwischen der Vergabe durch einen privaten Konzessionär und einem Konzessionär, der selbst öffentlicher Auftraggeber ist, zu unterscheiden ist.[28]) Grundsätzlich unterliegt der private Konzessionär im Unterschied zum öffentlichen Konzessionär nicht den allgemeinen Bestimmungen des Vergaberechts. Allerdings ist der Konzessionsgeber angehalten, den Konzessionär vertraglich zur Einhaltung eines „vergaberechtlichen Mindeststandards" in Bezug auf die vom Konzessionär während der Bauphase selbst zu vergebenden Bauaufträge zu verpflichten (§ 109 BVergG). Ist der Konzessionär hingegen selbst öffentlicher Auftraggeber, ist er an die ihn treffenden weitergehenden Vergaberegeln gebunden.

Weiters ist zu beachten, dass dem **privaten** Konzessionär dann eine strenge Einhaltung der Bestimmungen des BVergG aufzuerlegen ist, wenn Bauaufträge – sowie damit in Verbindung stehende Dienstleistungsaufträge – von der öffentlichen Hand zu mehr als 50 % finanziert oder direkt gefördert werden (§ 8 Abs 1 BVergG). Diese strenge Ausschreibungspflicht gilt nur für Bauaufträge und damit (unmittelbar) verbundene **baubezogene Dienstleistungs**aufträge (zB Bodenanalysen, Vermessungen, Planungsleistungen von Ziviltechnikern).

3.2. Dienstleistungskonzession

Die Dienstleistungsrichtlinie enthält keine Definition der (öffentlichen) Dienstleistungskonzession.[29]) Auch die erstmals mit dem BVergG 2002 eingeführte Begriffsbestimmung (§ 4 Abs 2 BVergG) enthält nur grobe Anhaltspunkte und entspricht der Definition für Baukonzessionen.[30]) Ein ursprünglicher **Vorschlag der Kommission** für eine Dienstleistungsrichtlinie[31]) definiert die öffentliche Dienstleistungskonzession als einen „Vertrag anderer Art als eine öffentliche Baukonzession […], der zwischen einem Auftraggeber und einer anderen Stelle geschlossen wird und aufgrund dessen der Auftraggeber die Ausführung einer Tätigkeit zugunsten der Öffentlichkeit, die seiner Verantwortung untersteht, einer anderen

---

[28]) Im Detail dazu *Gölles*, Das novellierte Bundesvergabegesetz – die neuen Regelungen für Baukonzessionsverträge, ecolex 1997, 650.

[29]) Siehe auch *Ullrich*, Dienstleistungskonzessionen und europäisches Vergaberecht, ZVgR 2000, 85.

[30]) § 4 Abs 2 BVergG lautet: „Dienstleistungskonzessionsverträge sind Verträge, deren Vertragsgegenstand von Dienstleistungsaufträgen nur insoweit abweicht, als die Gegenleistung für die Erbringung von Dienstleistungen ausschließlich in dem Recht zur Nutzung der Dienstleistung oder in diesem Recht zuzüglich der Zahlung eines Preises besteht".

[31]) KOM (90) 72.

Stelle seiner Wahl überträgt, die die Tätigkeit gegen das Recht zur Nutzung dieser Tätigkeit oder gegen dieses Recht zuzüglich der Zahlung eines Preises ausführt". Die Kommission weist in diesem Vorschlag für eine Dienstleistungsrichtlinie insbesondere darauf hin, dass der Begriff der Dienstleistungskonzession ein bestimmtes **Ermessen des Auftraggebers** bei der Gewährung des betreffenden Rechts voraussetze, die Dienstleistung **an die Öffentlichkeit** zu erbringen sei und der **Auftraggeber diese Tätigkeit** ohne Einräumung einer entsprechenden Konzession **selbst ausüben müsste**. Öffentliche Dienstleistungskonzessionen könnten nach Auffassung der Europäischen Kommission zB in den Gebieten Verkehr, Restauration, Einzelhandel, Gepäckabfertigung, **Abfallbeseitigung** und Straßenreinigung vorkommen.

In mehreren Verfahren vor dem EuGH sind die charakteristischen Merkmale für eine Dienstleistungskonzession genauer beschrieben worden. In der Rechtssache Arnheim/BFI (Rs C-360/96) und in der Rechtssache RI.SAN (Rs C-108/98) haben die Generalanwälte in ihren Schlussanträgen zunächst folgende vier Kriterien für das Vorliegen einer Dienstleistungskonzession herausgearbeitet:

– Der Empfänger der Dienstleistung ist nicht der öffentliche Auftraggeber sondern ein privater Dritter, der am Vertrag zwischen dem öffentlichen Auftraggeber und dem Dienstleistungskonzessionär nicht beteiligt ist;[32]
– Bei der Dienstleistung muss es sich um eine Aufgabe im Allgemeininteresse handeln, also um eine Leistung, die üblicherweise vom Staat oder staatlichen Einrichtungen erbracht wird;
– Das Entgelt für die Dienstleistung muss zumindest teilweise unmittelbar aus der Dienstleistungserbringung resultieren; dh der private Dienstleitungsempfänger bezahlt gänzlich oder zumindest teilweise die Leistung (staatliche „Schattenzahlungen" sind daher nicht gänzlich ausgeschlossen);
– Der Dienstleistungskonzessionär muss das wirtschaftliche Risiko aus der Erbringung der Dienstleistung tragen (der Aspekt der Risikoverlagerung ist dabei von besonderer Bedeutung).

In der österreichischen Rechtssache Telaustria/Telefonadress GmbH[33] musste der EuGH erneut über die Abgrenzung zwischen einer Dienstleistungskonzession und einem Dienstleistungsauftrag urteilen. Das BVA hatte den EuGH um Vorab-

---

[32] So auch der VÜA Bayern (VÜA 16/97), der die Vergabe des Rechts zur Erbringung von „Into-Plane-Diensten" (Versorgung von Luftfahrzeugen mit Flugbetriebsstoff) als Dienstleistungskonzession und nicht als Dienstleistung per se qualifiziert hat. Dies mit der Begründung, dass das entgeltliche Leistungsaustauschverhältnis nicht zwischen dem Flughafenbetreiber als öffentlichem Auftraggeber und dem Bieter, sondern zwischen dem Bieter als Betreiber von „Into-Plane-Diensten" und einem Dritten, nämlich zu den zu versorgenden Luftfahrtgesellschaften, zustande kommt. Die Kommission hat in ihrer Mitteilung zu Auslegungsfragen im Bereich Konzessionen im Gemeinschaftsrecht vom 29. 4. 2000 (ABlEG 2000 Nr C 121/5), auch den Betrieb von Autobahnraststätten als eine reine Dienstleistungskonzession zugängliche Leistung angesehen.

[33] EuGH 7. 12. 2000 Rs C-324/98, *Telaustria und Telefonadress*, Slg 2000, I-10745 = bbl 2001, 129 (mit Anm *Gutknecht*).

entscheidung ersucht, nachdem es selbst in einem Rechtsstreit der Telaustria Verlags GmbH und der Telefonadress GmbH gegen die Telekom Austria AG um Nachprüfung ersucht worden war. In diesem Rechtsstreit ging es um einen von der Telekom Austria AG mit der Herold Business Data AG abgeschlossenen „Konzessionsvertrag" über die Herstellung und die Herausgabe gedruckter und elektronisch nutzbarer Teilnehmerverzeichnisse. Die Telaustria Verlags GmbH und die Telefonadress GmbH, die Interesse am Auftrag hatten, vertraten die Ansicht, dass der abzuschließende Vertrag als Dienstleistungsauftrag zu qualifizieren sei und daher die – im Vergleich zu einer Dienstleistungskonzession – strengeren Vergabebestimmungen anwendbar seien. Während die B-VKK in dem von der Telaustria Verlags GmbH und der Telefonadress GmbH angestrengten Schlichtungsverfahren eine Empfehlung abgab, wonach auf die Vergabe des gegenständlichen Vertrags die Bestimmungen des BVergG zur Anwendung gelangen müssten[34]), hatte das BVA Zweifel in Bezug auf das Vorliegen eines Dienstleistungsauftrages und rief den EuGH zur Vorabentscheidung an.

In seinem Urteil vom 7. 12. 2000 gelangte der EuGH zu dem Ergebnis, dass eine Dienstleistungskonzession vorliegt.[35]) Er sprach – kurz zusammengefasst – aus, dass „ein entgeltlicher schriftlicher Vertrag, mit dem ein Unternehmen, das durch die Rechtsvorschriften eines Mitgliedstaats spezifisch mit dem Betrieb eines Telekommunikationsdienstes betraut ist und dessen sämtliche Anteile von der öffentlichen Hand in diesem Mitgliedstaat gehalten werden, die Herstellung gedruckter und elektronisch nutzbarer Teilnehmerverzeichnisse (Telefonbücher) und ihre Herausgabe zur allgemeinen Verbreitung einem privaten Unternehmen überträgt", beim derzeitigen Stand des Gemeinschaftsrechts vom Anwendungsbereich der EU-Vergaberichtlinien insbesondere deshalb ausgenommen ist, weil die Gegenleistung, die die Telekom Austria AG der Herold Business Data AG erbringt, darin besteht, dass die letztgenannte als Vergütung das Recht zur Verwertung ihrer eigenen Leistung erhält.[36])

Während das Erkenntnis des EuGH wenig neues für die Qualifikation eines Vertrags als Dienstleistungskonzession enthält, lassen sich aus den Schlussanträgen von Generalanwalt *Fennely* vom 18. 5. 2000 im Detail leichte Abweichungen zu den Schlussanträgen von Generalanwalt *La Pergola* vom 19. 2. 1998 in der Rechtssache Arnheim/BFI (Rs C-360/96) und zu den Schlussanträgen von Generalanwalt *Alber* vom 18. 3. 1999 in der Rechtssache RI.SAN (Rs C-108/98) feststellen. Der Begriff der Dienstleistungskonzession hat damit auch in Zukunft keine absolut festen Konturen.

Die Kommission kritisiert in ihrem Grünbuch zum öffentlichen Auftragswesen, dass Auftraggeber bei der Vergabe von Konzessionen der Auffassung seien, dass

---

[34]) B-VKK 20. 6. 1997, S-43/97-12, S-44/97-8.
[35]) EuGH 7. 12. 2000 Rs C-324/98, *Telaustria und Telefonadress*, Slg 2000, I-10745 = bbl 2001, 129 (mit Anm *Gutknecht*).
[36]) Das BVA hat sich in der Zwischenzeit – unter Verweis auf das Vorliegen einer Dienstleistungskonzession – für unzuständig erklärt, ein Vergabekontrollverfahren durchzuführen (BVA 13. 3. 2001, N-11/97-44, N-13/97-31 = TCA-Newsletter 2001/6, 1).

dieser Vorgang nicht nur vom Vergaberecht, sondern auch vom übrigen Gemeinschaftsrecht befreit sei. In Wirklichkeit müssten die Auftraggeber bei solchen Vorgängen aber die Bestimmungen des EG-Vertrages einhalten, namentlich die Vorschriften zum freien Waren- und Dienstleistungsverkehr sowie die fundamentalen Grundsätze der Nichtdiskriminierung, Gleichbehandlung, Transparenz und gegenseitigen Anerkennung. Wegen der mangelnden Transparenz bei der Vergabe ausschließlicher Dienstleistungsrechte im Rahmen eines Konzessionssystems fasst die Kommission die Erlassung spezieller Vorschriften ins Auge.[37]) In ihrer Mitteilung vom 29. 4. 2000 präzisiert die Kommission die von ihr vorgetragenen Kritikpunkte und erörtert die im EG-Vertrag festgeschriebenen und vom EuGH ausgearbeiteten gemeinschaftsrechtlichen Bestimmungen und Grundsätze, die insbesondere auch auf Konzessionen anzuwenden sind. Diese sind: der Gleichbehandlungsgrundsatz, die Gebote der Transparenz und der Verhältnismäßigkeit, die gegenseitige Anerkennung, der Schutz der Rechte Einzelner sowie Beachtung der im EG-Vertrag vorgesehenen Ausnahmebestimmungen.[38])

Der nationale Gesetzgeber ist der noch ausständigen legislativen Klarstellung auf europäischer Ebene mit der Erlassung des BVergG 2002 vorausgeeilt. Im BVergG finden sich nunmehr explizite Regelungen, wie mit Dienstleistungskonzessionen (im Ober- und Unterschwellenbereich) umzugehen ist. Gemäß §§ 16 Abs 2 und 17 Abs 2 BVergG sind für Dienstleistungskonzessionen (lediglich) die Grundsätze des Vergabeverfahrens (§ 21 BVergG) sowie die für Unterschwellenaufträge geltendenden Bekanntmachungsvorschriften (§ 44 BVergG) einzuhalten (Demnach kann auch bei Dienstleistungskonzessionen im Oberschwellenbereich eine EU-weite Bekanntmachung unterbleiben).[39])

4. Die Abgrenzung von Bau- und Dienstleistungskonzessionen

Ähnlich wie bei der Abgrenzung zwischen Bau- und Dienstleistungsaufträgen gibt es keine ausdrückliche gesetzliche Regelung zur Abgrenzung von Bau- und Dienstleistungskonzessionen. Die oben angeführten Abgrenzungskriterien zwischen Bau- und Dienstleistungs**aufträgen** werden von der Europäischen Kommission ausdrücklich auch für die Abgrenzung von Bau- und Dienstleistungs**konzes-**

---

[37]) Das öffentliche Auftragswesen in der Europäischen Union: Überlegungen für die Zukunft vom 27. 11. 1996, 20.

[38]) Dazu im Einzelnen die Mitteilung der Kommission zu Auslegungsfragen im Bereich Konzessionen im Gemeinschaftsrecht vom 29. 4. 2000, ABlEG 2000 Nr C 121/6 ff; *Hornbanger*, Konzessionsvergabe in der Sicht der EU-Kommission, ecolex 1999, 374 ff. Siehe auch GA *Tizzano* in seinen Schlussanträgen (siehe dort Rn 20 FN 12) vom 28. 6. 2001 in der Rs C-92/00, *Hospital Ingenieure Krankenhaustechnik Planungs-GmbH/Wiener Krankenanstaltenverbund*), ABlEG 2000 Nr C 149/24 = RPA 2001, 90 (mit Anm *Pock*).

[39]) Vgl auch *Gölles*, Vergabe von Konzession- und PPP-Modellen nach dem BVergG 2002, ZVB 2002, 232.

sionen im Wege der Analogie empfohlen. Unter Verweis auf das Urteil des EuGH Gestion Hotelera Internacional SA geht es der Europäischen Kommission darum, „ob der Hauptgegenstand des Vertrages die Errichtung eines Bauwerkes bzw die Durchführung von Bauarbeiten für Rechnung des Konzessionsgebers ist, oder ob diese Bauarbeiten bzw die Errichtung des Bauwerks gegenüber dem Hauptgegenstand des Vertrages lediglich von untergeordneter Bedeutung sind."[40])

Auch in der deutschen Kommentarliteratur wird eine Parallele zur Abgrenzung von Bau- und Dienstleistungsaufträgen gezogen. Unter Verweis auf das oben erläuterte Urteil zum Flughafen Berlin Schönefeld wird zB Folgendes angeführt: „Wenn eine Konzession nicht reine Dienstleistungen beinhaltet, sondern eine Baumaßnahme von nicht nur marginaler Bedeutung mitumfasst, der Vertrag also durch einen Bau „kontaminiert" ist, sind die Regeln über die Baukonzession anzuwenden, weil andernfalls die EU-Baurichtlinie leicht durch besondere Vertragsgestaltungen umgangen werden könnte."[41])

Selbst jene Autoren, die sich nicht ausdrücklich zur strengen „Kontaminierungstheorie" bekennen, sondern die Anwendung des main object test fordern, kommen im Grunde zum selben Ergebnis, wenn sie darauf verweisen, dass auch der main object test „letztlich wohl auch anhand der Wertanteile zu bestimmen wäre"[42]) bzw dass für die Abgrenzung überhaupt „die gleichen Kriterien heranzuziehen [sind], wie sie für die Zuordnung bei Bau- und Lieferelementen gelten."[43])

In einem Zwischenergebnis lässt sich damit festhalten, dass die Abgrenzung von Bau- und Dienstleistungskonzessionen nach dem Gesamtcharakter der ausgeschriebenen Leistungen zu erfolgen hat (main object test). Dieser Gesamtcharakter lässt sich aus dem von den Parteien angestrebten Vertragsziel im Zusammenhalt mit den finanziellen (Einzel)Werten der ausgeschriebenen Bau- bzw Dienstleistungselemente ableiten.

5. Die funktionale Ausschreibung

Schon vor Erlassung des BVergG 2002 gab es erste Versuche die Regelungen des BVergG 1997 hinsichtlich der Vorgaben über die Leistungsbeschreibung extensiv zu interpretieren. Ein Teil der öffentlichen Auftraggeber ist dazu übergegangen sich von den Fesseln des alten BVergG 1997 bzw den im Wesentlichen gleich lautenden Landesvergabegesetzen durch die Vorgabe von Zielvorstellungen an Stelle eines detaillierten Leistungsverzeichnisses zu „lösen".

Diese Vorgangsweise eröffnete auf Grund der unklaren Rechtslage allerdings auch ein nicht ungefährliches Anfechtungspotenzial. Im Rahmen eines Nachprü-

---

[40]) Mitteilung der Kommission zu Auslegungsfragen im Bereich Konzessionen im Gemeinschaftsrecht, ABlEG 2000 Nr C 121/2.
[41]) Siehe *Marx* in *Motzke/Pietzcker/Prieß*, VOB-Kommentar (2001), § 99 GWB, Rn 14.
[42]) *Prieß*, Handbuch des Europäischen Vergaberechts² (2001) 81.
[43]) *Boesen*, Vergaberechtskommentar (2000), § 99 GWB, Rn 259.

fungsverfahrens betreffend die Ausschreibung über die Errichtung, Betriebsführung und Finanzierung der Verbandskläranlage Zell am See beanstandete der Antragsteller etwa unter anderem, dass die Vorgabe einer funktionalen Leistungsbeschreibung im Gesetz (§ 36 Abs 1 BVergG 1997) nicht vorgesehen sei. Glücklicherweise folgte das BVA dieser Ansicht nicht, sondern sprach aus, dass „den einschlägigen gemeinschaftsrechtlichen Bestimmungen die Unzulässigkeit einer funktionalen Ausschreibung nicht entnommen werden kann. § 36 Abs 1 BVergG [1997] fordert lediglich eine eindeutige, vollständige und neutrale Beschreibung der Leistung. In den Materialien wird als Zweck einer solchen Forderung nach einer detaillierten Leistungsbeschreibung die Notwendigkeit einer Vergleichbarkeit der einlangenden Angebote gesehen (RV 972 Blg. NR. 18.GP zu § 23). […] Im Übrigen bleibt der Hinweis, dass man bei der Zulässigkeit von funktionellen Ausschreibungen ähnliche Überlegungen wie bei […] Alternativen anzustellen hat. Es gilt, sich im Rahmen der Vergleichbarkeit der Angebote sowie der Gleichbehandlung aller Bieter den nützlichen und/oder kostensparenden Innovationen nicht zu verschließen".[44])

Die lange ausständige legislative Klarstellung ist spätestens seit In-Kraft-Treten des BVergG 2002 durch die explizit vorgesehene Möglichkeit der Vergabe in Form einer funktionalen Ausschreibung erfolgt. Grundsätzlich liegt es im Ermessen des Auftraggebers, ob er eine funktionale Ausschreibung durchführt.[45])

Wesentlich ist, dass die Beschreibung der Leistung bei einer solchen Ausschreibung als „Aufgabenstellung mit Leistungs- oder Funktionsanforderung" iSd § 74 Abs 2 BVergG erfolgt (funktionale Ausschreibung). Vorgegeben wird daher nicht – wie bei Ausschreibungen sonst vielfach üblich – eine abschließende Leistungsbeschreibung in detaillierten Positionen und Unterpositionen (konstruktive Ausschreibung), sondern eine Beschreibung des Leistungsziels, das von den Bietern auf unterschiedlichen Wegen erreicht werden kann. Neben den Kriterien für die spätere Angebotsbewertung und dem Leistungsziel müssen bei einer funktionalen Ausschreibung die Rahmenbedingungen sowie die wesentlichen Einzelheiten der Leistung festgelegt sein.[46]) Der „Weg" zur Erreichung des Leistungsziels bleibt – unter Beachtung der festgelegten Rahmenbedingungen – jedenfalls dem Bieter überlassen.[47]) Dadurch ist es möglich, dem Bieter den größtmöglichen Spielraum für die unternehmerischen Entscheidungen und Aktionen zur Umsetzung des konkreten Beschaffungsvorhabens einzuräumen und zugleich Innovationspotenzial anzusprechen. Die Praxis zeigt, dass im Rahmen einer funktionalen Ausschreibung immer wieder unterschiedlichste Lösungen durchaus erfolgreich präsentiert werden.

Gerade bei komplexen PPP-Projekten erscheint dies als zweckmäßige Alternative zu den sonst vielfach üblichen starren Leistungsbeschreibungen, die kaum Innovation und damit eine für den Auftraggeber optimierte Lösung zulassen.

---

[44]) BVA 7. 4. 2000, N-45/99-74 ua.
[45]) *Hahnl*, BVergG K.3. zu § 76.
[46]) *Höfler/Bert*, Voraussetzungen einer Funktionalen Ausschreibung, ZVB 2002, 91.
[47]) *Sturm*, Die funktionale Ausschreibung nach dem BVergG 2002, ZVB 2002, 336.

6. Zusammenfassung

Zusammenfassend lässt sich festhalten, dass dem öffentlichen Auftraggeber auch die geltenden vergaberechtlichen Bestimmungen ein breites Spektrum an Möglichkeiten zur Erzielung optimierter Ergebnisse durch partnerschaftliche Modelle mit privaten Unternehmen bieten. Aufgrund der Heterogenität der anzuwendenden Bestimmungen und der Vielzahl mehr oder weniger von einander abweichender Entscheidungen der Vergabekontrollorgane auf nationaler, internationaler und supranationaler Ebene empfiehlt es sich, bereits vor Inangriffnahme von PPP-Projekten eine Analyse der zur Verfügung vergaberechtlichen Varianten sowie allfälliger Modifikationen vorzunehmen. So wie es kein allgemein verwendbares PPP-Modell gibt, so gibt es auch kein allgemein verwendbares Vergabemodell zu dessen Realisierung.

Anwendung des EG-Beihilfenrechts auf Infrastrukturprojekte und Erschließungsmaßnahmen

Gerhard Schafelner

Inhalt
1. Grundsätze des Beihilfenrechts
   1.1. Einleitung
   1.2. Beihilfebegriff
   1.3. Verfahren der Beihilfeaufsicht
2. Öffentliche Infrastruktur- und Erschließungsmaßnahmen
   2.1. Einleitung
   2.2. Kommissionsstandpunkt
   2.3. Allgemeine Infrastrukturmaßnahmen
   2.4. Innere Infrastrukturmaßnahmen
   2.5. Äußere Infrastrukturmaßnahmen
   2.6. Sonstige allgemeine Infrastrukturmaßnahmen
   2.7. Verkauf von Bauten oder Grundstücken durch die öffentliche Hand
   2.8. Beteiligung Privater an Infrastrukturmaßnahmen
      2.8.1. Privatisierung
      2.8.2. Beurteilung durch die Kommission
      2.8.3. Konsequenzen
3. Zulässige Beihilfen gemäß Art 73 EGV im Verkehrsbereich
   3.1. Verordnung 1191/69, 1192/69 und 1107/70
   3.2. Richtlinie 91/440
   3.3. Vorhaben der Kommission
4. Zusammenfassung

Bei der Verwirklichung von PPP-Modellen im Rahmen von Infrastrukturprojekten im Verkehrsbereich spielt die EG-beihilfenrechtliche Betrachtung eine wesentliche Rolle. In diesem Beitrag wird neben der beihilfenrechtlichen Beurteilung von PPPs auch die öffentliche Finanzierung von Infrastruktur- und Erschließungsmaßnahmen behandelt.

1. Grundsätze des Beihilfenrechts

1.1. Einleitung

Art 87 Abs 1 EGV normiert ein grundsätzliches Verbot für staatliche Beihilfen, soweit sie aufgrund wettbewerbsverfälschender Wirkung den Handel zwischen den Mitgliedstaaten beeinträchtigen. Von diesem Verbot sehen Abs 2 und Abs 3 Ausnahmen vor.

Art 88 EGV regelt das Verfahren, in dem die Vereinbarkeit staatlicher Beihilfen mit dem Gemeinsamen Markt durch die Kommission festgestellt wird. Gemäß Art 89 EGV kann der Rat Durchführungsverordnungen erlassen.

1.2. Beihilfebegriff

Der im Gemeinschaftsrecht nicht definierte Begriff der „Beihilfe" ist nach allgemeiner Auffassung weit auszulegen.[1]) Sowohl Wortlaut als auch Zweck des Art 87 Abs 1 EGV sprechen für eine weite Auslegung des Begriffs.[2]) Der EuGH definiert Beihilfen als „staatliche Maßnahmen, die in verschiedener Form die Belastungen vermindern, welche ein Unternehmen normalerweise zu tragen hat".[3])

Der Beihilfebegriff umfasst deshalb nicht nur positive Leistungen an den Begünstigten, wie Geld- oder Sachleistungen, sondern auch Maßnahmen, die Belastungen verringern, welche ein Unternehmen normalerweise zu tragen hätte (Belastungsverminderungen).[4])

1.3. Verfahren der Beihilfeaufsicht

Art 88 EGV regelt die Verfahren, die bei staatlichen Beihilfen zur Anwendung kommen. Die Beihilfenaufsicht übt demnach grundsätzlich die Kommission aus. Eine Ausnahme enthält Art 88 Abs 2 UnterAbs 3 EGV, der dem Rat abweichend von Art 87 und 89 EGV die Möglichkeit einräumt, bei außergewöhnlichen Umständen Beihilfen als vereinbar mit dem Gemeinsamen Markt zu erklären.[5]) Dazu ist allerdings Einstimmigkeit im Rat erforderlich. Die Mitgliedstaaten müssen der Kommission geplante Beihilfen anmelden, bevor sie durchgeführt werden. Beihilfen, die ohne Genehmigung durch die Kommission gewährt werden, sind gemäß Art 88 Abs 3 EGV unrechtmäßig. Wenn die Kommission keine Bedenken hat, dass die Beihilfe mit dem Gemeinsamen Markt vereinbar ist, genehmigt sie diese. Hat sie aber Zweifel an der Vereinbarkeit, so muss sie das Hauptprüfungsverfahren nach Art 88 Abs 2 EGV einleiten.

Art 88 Abs 1 EGV ermächtigt die Kommission fortlaufend in Zusammenarbeit mit den Mitgliedstaaten alle bestehenden Beihilferegelungen zu überprüfen. Die Kommission kann als Ergebnis dieser Überprüfung dem Mitgliedstaat empfehlen, die Beihilferegelung umzugestalten oder abzuschaffen.[6])

Eine detaillierte Ausgestaltung des Beihilfeverfahrens findet sich in der am 16. 4. 1999 in Kraft getretenen Verordnung des Rates Nr 659/1999 (Verfahrensverordnung, VerfVO).[7]) Während Art 88 EGV das Verfahren nur in groben Zügen re-

---

[1]) Vgl *Wenig* in *Groeben/Thiesing/Ehlermann (GTE)*, Kommentar zum EWG-Vertrag⁴ (1991), Art 92, Rz 4.
[2]) EuGH 7. 6. 1988 Rs 57/86, *Griechenland/Kommission*, Slg 1988, 2855.
[3]) EuGH 23. 2. 1961 Rs 30/59, *Steenkolenmijnen/Hohe Behörde*, Slg 1961, 7. Obwohl sich dieses Urteil auf Art 4 EGKSV bezieht, hat es auch grundlegende Bedeutung für Art 87 EGV.
[4]) EuGH 15. 3. 1994 Rs C-387/92, *Banco Exterior de España/Ayuntamiento de Valencia*, Slg 1994, I-877.
[5]) *König/Kühling/Ritter*, EG-Beihilfenrecht (2002), 174.
[6]) Vgl *Rawlinson* in *Lenz*, EG-Vertrag Kommentar² (1999), Art 88, Rz 1.
[7]) Verordnung (EG) Nr 659/1999 des Rates vom 22. 3. 1999 über besondere Vorschriften für die Anwendung von Artikel 93 des EG-Vertrages (Art 88 EGV in der konsolidierten Fassung), ABlEG 1999 Nr L 83/1; die Verfahrensverordnung wurde auf Grundlage von Art 89 EGV erlassen.

gelt, enthält die Verordnung eine Präzisierung und Ergänzung der einzelnen Verfahren und Verfahrensschritte, die die bislang unkodifizierte verfahrensrechtliche Praxis aufnimmt und damit für ein höheres Maß an Transparenz und Rechtssicherheit im Beihilfeverfahren sorgt.[8])

2. Öffentliche Infrastruktur- und Erschließungsmaßnahmen

2.1. Einleitung

Staatliche Interventionen zur Verbesserung der Rahmenbedingungen für Investitionsvorhaben sind vielfältig. Sie reichen vom Ausbau der Verkehrsinfrastruktur über die Herstellung von Versorgungsleitungen bis zur Errichtung von Bildungs-, Forschungs- und Dienstleistungszentren. In den letzten Jahren sind solche Maßnahmen immer häufiger in das Visier der EG-Beihilfenkontrolle gekommen. Hinzu tritt der Umstand, dass eine zunehmend strengere Beihilfenkontrolle der EG-Kommission den Spielraum einer nationalen Subventionspolitik eingrenzt.[9]) Dadurch verringern sich die Möglichkeiten der staatlichen Stellen zur Vergabe von Subventionen. Von den Subventionsgebern wird daher von vornherein versucht der Anwendung der Art 87 und 88 EGV zu entkommen, wodurch sie sich in einen Bereich der Rechtsunsicherheit begeben. Dieser liegt zwischen staatlichen Beihilfen im Sinne des Art 87 Abs 1 EGV, die der Kontrolle der Kommission unterliegen und solchen allgemeinen wirtschaftspolitischen Maßnahmen, die außerhalb des Anwendungsgebietes der Art 87 und 88 EGV verbleiben. Ein Bereich der besonders durch solche Rechtsunsicherheit geprägt ist, sind Infrastruktur- und Erschließungsmaßnahmen.[10])

Bevor der Standpunkt der Kommission dargestellt wird, bedarf es einer Erklärung des Begriffs „Infrastruktureinrichtungen". Infrastruktureinrichtungen sind durch eine Gewährleistungsfunktion gekennzeichnet: Sie sichern in ihrer Gesamtheit die Voraussetzungen für die soziale Entwicklung und Entfaltung wirtschaftlicher Aktivitäten.[11]) Infrastruktureinrichtungen sind in der Regel auf eine gleichmäßige und häufig auch flächendeckende Versorgung mit Leistungen von allgemeinem Interesse zu angemessenen Bedingungen angelegt.[12]) Neben Straßen und Eisenbahnanlagen zählen Energie- und Wasserversorgung, die Abfallentsorgung sowie weitere öffentliche Einrichtungen wie Krankenanstalten, Altenheime und

---

[8]) *König/Kühling/Ritter*, EG-Beihilfenrecht (2002), 174; *Sinnaeve*, Die neue Verfahrensverordnung in Beihilfesachen, EuZW 1999, 270.

[9]) Vgl 9. Bericht über staatliche Beihilfen (2001), KOM (2001) 403 und 8. Bericht über staatliche Beihilfen (2000), KOM (2000) 205, zusammenfassend zu jüngeren Entwicklungen in der Beihilfenkontrolle.

[10]) *Soltész*, Öffentliche Finanzierung von Infrastruktur- und Erschließungsmaßnahmen, EuZW 2001, 108.

[11]) *Hünnekens*, Rechtsfragen der wirtschaftlichen Infrastruktur (1994), 13.

[12]) *Hermes*, Staatliche Infrastrukturverantwortung: Rechtliche Grundstrukturen netzgebundener Transport- und Übertragungssysteme zwischen Daseinsvorsorge und Wettbewerbsregulierung am Beispiel der leitungsgebundenen Energieversorgung in Europa (1998), 166 f.

Kindergärten zu den Infrastruktureinrichtungen. Gemäß der VO 1108/70[13]) gehören zur Infrastruktur ganz allgemein jene Wege und festen Anlagen, die für den Fahrzeugverkehr und die Verkehrssicherheit notwendig sind.

In den folgenden Ausführungen wird anhand der Kommissionspraxis und EuGH-Rechtsprechung dargestellt, worauf Subventionsgeber bei der finanziellen Unterstützung von öffentlichen Infrastruktur- und Erschließungsmaßnahmen zu achten haben.

2.2. Kommissionsstandpunkt

Die Kommission war lange Zeit der Auffassung, dass hoheitliche Infrastrukturmaßnahmen mangels Begünstigung bestimmter Unternehmer oder Produktionszweige den Tatbestand des Art 87 Abs 1 EGV nicht erfüllen. Mittlerweile wacht die Kommission sehr genau darüber, dass durch ein Infrastrukturprojekt keine unternehmensspezifische Begünstigung eintritt. Besondere Beachtung verdienen dabei diejenigen Infrastrukturprojekte, an deren Realisierung Private beteiligt sind.[14]) Die Zahl derartiger Projekte ist aufgrund der Knappheit öffentlicher Mittel für Infrastrukturmaßnahmen ständig im steigen.

Der EuGH hat in seiner Rechtsprechung die verschiedenen Kriterien für das Vorliegen einer Beihilfe herausgearbeitet.[15]) Für die Beurteilung der Frage, ob eine staatliche Infrastruktur- oder Erschließungsmaßnahme beihilfenrechtlich problematisch ist, ist vor allem von Bedeutung, dass nur solche Beihilfen mit dem Gemeinsamen Markt unvereinbar sind, die auf die „Begünstigung bestimmter Unternehmer oder Produktionszweige" gerichtet sind. Ausgeschlossen von der Beihilfenkontrolle sind demnach allgemeine wirtschaftspolitische Maßnahmen zur Förderung der Wirtschaftstätigkeit.[16])

2.3. Allgemeine Infrastrukturmaßnahmen

Soweit es sich bei staatlichen Maßnahmen um allgemeine Infrastrukturmaßnahmen handelt, scheidet das Vorliegen einer Beihilfe aus. Der Bau oder Ausbau von Infrastrukturanlagen ist eine allgemeine wirtschaftspolitische Maßnahme, die nicht unter das Beihilfenkontrollregime fällt.[17]) Damit sollen staatliche Fördermaßnahmen, die der gesamten Wirtschaft zugute kommen, aus dem gemeinschaftlichen Beihilfenbegriff ausgegrenzt werden. Dazu gehören auch hoheitliche Maßnahmen, die der Schaffung und dem Ausbau der Infrastruktur dienen, zB die Erschließung von Gewerbegebieten oder der Bau und Betrieb von Kläranlagen, Mülldeponien oder Schulen. Öffentliche Investitionen in derartige Infrastruktureinrichtungen

---

[13]) Verordnung (EWG) Nr 1108/70 des Rates vom 4. 6. 1970 zur Einführung einer Buchführung über die Ausgaben für die Verkehrswege des Eisenbahn-, Straßen- und Binnenschiffsverkehrs, AblEG 1970 Nr L 130/4, Art 1.

[14]) *König/Kühling*, EG-beihilfenrechtliche Beurteilung mitgliedstaatlicher Infrastrukturförderung, DÖV 2001, 881.

[15]) Vgl *Mederer* in *GTE*, EU-/EG-Vertrag Kommentar[5] (1999), Art 92, Rz 13 ff.

[16]) Vgl *Mederer* in *GTE*, EU-/EG-Vertrag Kommentar[5] (1999), Art 92, Rz 26.

[17]) *Soltèsz*, EuZW 2001, 108.

wurden bisher regelmäßig als beihilfenrechtlich unbedenklich eingestuft, soweit keine bestimmten Unternehmen oder Branchen bevorzugt wurden. Teilweise sind Infrastruktureinrichtungen nicht einmal auf Unternehmen beschränkt und kommen auch oder sogar ausschließlich einer Vielzahl von Verbrauchern zugute, wie zB Mülldeponien. Die Bereitstellung dieser Einrichtungen dient dazu, Rahmenbedingungen für die allgemeine Attraktivität eines Gebietes als Wirtschaftsstandort zu schaffen.[18]) Unbestritten kann die Nutzung einer effizienten Infrastruktur den dort vorhandenen Unternehmen einen Vorteil verschaffen, der sich positiv auf ihre Marktstellung auswirken kann. Ein derartiger Vorteil kann aber den Beihilfentatbestand nicht erfüllen, da er grundsätzlich jedem Unternehmen zugute kommt, das sich für eine Ansiedlung in der betreffenden Region oder Gemeinde entscheidet.

Dies führt zu einem Wettbewerb der Standorte, der bis jetzt als mit dem Gemeinsamen Markt vereinbar und beihilfenrechtlich irrelevant angesehen wurde.[19])

Nach Auffassung des EuGH kommt es darauf an, ob die betreffende Maßnahme einem bestimmten Unternehmen zugute kommt. Ist dies der Fall, so liegt keine allgemeine Infrastrukturmaßnahme vor.[20])

Die Kommission ist der Auffassung, dass der Bau oder Ausbau von Autobahnen, Straßen, Flughäfen und Häfen keinen Beihilfecharakter aufweist, es sei denn, bestimmte Unternehmen werden bei der Nutzung der Infrastruktur bevorzugt behandelt.[21]) Auch die Übernahme der Kosten für den Betrieb solcher Infrastruktureinrichtungen soll grundsätzlich keine Beihilfe darstellen.[22]) Wenn einzelnen Unternehmen allerdings Sonderkonditionen bei der Zahlung des Entgelts für die Benutzung der Infrastruktureinrichtungen eingeräumt werden, so kann dies eine Beihilfe darstellen.[23])

Wurden nach einer Naturkatastrophe Maßnahmen für die Neuerrichtung und Wiederinstandsetzung von Straßen, Eisenbahnstrecken, Wasserleitungen, Abwasserkanälen und Stadtzentren getroffen, so stellen diese nach der Kommissionspraxis grundsätzlich keine Beihilfen dar. Anders soll der Fall zu beurteilen sein, wenn diese Maßnahmen zu einer Verringerung der Kosten führen, die von den begünstigten Unternehmen normalerweise aus eigenen Mitteln bestritten werden müssten (zB Nachlässe beim Energiepreis, Maßnahmen für den Wiederaufbau von Gebäuden oder Unternehmen).[24])

Die Fallpraxis der Kommission war aber nicht immer eindeutig. So wurde der Beihilfecharakter einer Maßnahme auch in Fällen verneint, in denen sich die begünstigende Wirkung einer staatlichen Maßnahme ganz konkreten Unternehmen zuordnen lassen konnte. Ein Beispiel für eine derartige Entscheidung ist der Fall

---

[18]) *König/Kühling,* DÖV 2001, 882.
[19]) *König/Kühling,* Reform des EG-Beihilfenrechts aus der Perspektive des mitgliedstaatlichen Systemwettbewerbs, EuZW 1999, 517.
[20]) EuGH 15. 6. 1993 Rs C-225/91, *Matra/Kommission,* Slg 1993, I-3203.
[21]) ABlEG 1999 Nr C 108/2.
[22]) ABlEG 1994 Nr L 170/36.
[23]) ABlEG 1991 Nr C 257/5.
[24]) ABlEG 1992 Nr C 324/3.

SITAS.[25]) In diesem Fall hatte die Kommission festgestellt, dass die Unterstützung einer öffentlichen Einrichtung zur Errichtung eines Versorgungsdienstes für Plattformen zur Erdölsuche keine staatliche Beihilfe, sondern eine allgemeine Infrastrukturmaßnahme darstellt.

Beihilfenrechtlich problematisch sind jene Fälle, in denen eine an sich allgemeine Maßnahme faktisch auf die Begünstigung eines einzelnen Unternehmens oder eines bestimmten Produktionszweiges hinausläuft. Eine derartige unternehmensspezifische Begünstigung hat die Kommission in der Vergangenheit im Zusammenhang mit der Erschließung von Industriegebieten und Gewerbeparks beschäftigt. Diese Fälle haben gemeinsam, dass eine der Allgemeinheit gewidmete Infrastruktureinrichtung in Wirklichkeit nur von einem Unternehmen genutzt werden kann oder die Infrastruktur nach speziellen Anforderungen eines Unternehmens errichtet wird. In beiden Fällen führt eine an sich unbestimmte Infrastrukturleistung dadurch zu einer bestimmten Begünstigung, dass sie auf die besonderen Bedürfnisse eines Unternehmens zugeschnitten und damit unternehmensspezifisch erbracht wird.[26])

Bezüglich grundstücksbezogener Infrastrukturmaßnahmen ist zwischen inneren und äußeren Erschließungsmaßnahmen zu unterscheiden.

2.4. Innere Erschließungsmaßnahmen

Innere Erschließungsmaßnahmen sind solche Arbeiten, die auf dem Grundstück des betroffenen Unternehmens selbst durchgeführt werden. Die Kosten für derartige Maßnahmen sind normalerweise vom Eigentümer des Grundstückes zu tragen. Wenn die öffentliche Hand die Durchführung von inneren Erschließungsmaßnahmen auf dem Grundstück eines Unternehmens übernimmt, so ist seitens des Unternehmens für diese Leistung ein marktübliches Entgelt zu entrichten, damit keine staatliche Beihilfe vorliegt.[27])

Übernimmt die öffentliche Hand als vertragliche Nebenpflicht Herstellungskosten wie die für Erd-, Aufschüttungs- und Auffüllarbeiten, so liegt darin eine staatliche Beihilfe, soweit diese Verpflichtung im Kaufpreis keine Berücksichtigung findet.[28])

2.5. Äußere Erschließungsmaßnahmen

Äußere Erschließungsmaßnahmen betreffen Arbeiten in der unmittelbaren Umgebung eines Betriebsgrundstückes bis zu seiner Grenze und sind zwar grundstücksbezogen, erfolgen aber nicht auf dem betreffenden Grundstück. Solche Maßnahmen stellen dann eine Beihilfe dar, wenn sie auf den Bedarf eines bestimmten

---

[25]) ABlEG 1994 Nr L 170/36.
[26]) Vgl *Bär-Bouyssiere* in *Schwarze*, EU-Kommentar¹ (2000), Art 87, Rz 35; *König/Kühling*, DÖV 2001, 883.
[27]) ABlEG 1996 Nr C 281/15.
[28]) *König/Kühling/Ritter*, EG-Beihilfenrecht (2002), 59.

Unternehmens zugeschnitten sind, in der Regel ortsübliche Anschluss- und Nutzungsgebühren oder Erschließungsbeiträge zu errichten wären und eine Bezahlung gar nicht oder nicht zu marktüblichen Preisen erfolgt.[29])

Ausschlaggebend ist vorerst die Frage, welchen Grundstückseigentümern der Nutzen einer Erschließungsmaßnahme zugute kommt. Kommt im konkreten Fall die betreffende Maßnahme auch anderen Grundstückseigentümern in dem betreffenden Gebiet zugute, so kann sie nicht als ein besonderer Beitrag zu Gunsten eines spezifischen Vorhabens angesehen werden. Eine Beihilfe liegt in diesem Fall nicht vor.[30]) Generalanwalt *Van Gerven* hat in seinen Schlussanträgen zur Rechtssache *Matra/Kommission* ausgeführt, dass es für den Beihilfecharakter nicht schon ausreichend wäre, dass die Erschließungsanlagen in der Anlaufzeit hauptsächlich einem einzigen Grundstückseigentümer zugute kommen würden. Ausschlaggebend solle vielmehr sein, dass weitere Ansiedlungen folgen und die Anlagen von allen in Anspruch genommen werden.[31]) So stellten Wasserversorgungsleitungen, Straßenanschlüsse und gemeinsame Parkplätze, die im konkreten Fall allen Unternehmen in einem Gewerbegebiet zugute kamen, keine Beihilfen dar.[32]) Lässt sich hingegen ausschließen, dass eine bestimmte Anlage auch von anderen Unternehmen in einem Gewerbegebiet benutzt wird, so liegt eine Beihilfe vor.

Wenn festgestellt wurde, dass eine Maßnahme ein bestimmtes Unternehmen begünstigt, so ist noch zu prüfen, ob dafür eine angemessene Vergütung entrichtet wurde.[33]) Die Übernahme der Anschlusskosten für Kanalisation, Energie- und Wasserversorgung durch die öffentliche Hand weist dann keine Beihilfeelemente auf, wenn diese Kosten durch angemessene und ortsübliche Erschließungsbeiträge des Unternehmens abgegolten werden.[34]) Auch die öffentliche Finanzierung sonstiger unternehmensspezifischer Erschließungsanlagen, wie zB Straßen- und Eisenbahnanschlüsse, fällt dann nicht unter Art 87 Abs 1 EGV, wenn das Unternehmen für die Nutzung der Infrastruktur ein übliches Entgelt zahlt.[35])

Eine vollständige Kostendeckung durch den Erschließungsbeitrag wird von der Kommission hingegen nicht verlangt. Bei einem völligen oder teilweisen Verzicht auf den Erschließungsbeitrag ist damit die unternehmensbezogene Begünstigung grundsätzlich zu bejahen.

Bei der Beurteilung der Ortsüblichkeit zieht die Kommission den Maßstab eines „marktwirtschaftlich handelnden Investors" heran. Dies kann im Einzelfall dazu führen, dass gegenüber namhaften Unternehmen als Erstinvestoren Erschließungsmaßnahmen in einem neu zu errichtenden Gewerbepark verbilligt durchgeführt werden dürfen, um Folgeunternehmen anzulocken, die dann höhere Entgelte zu

---

[29]) ABlEG 1999 Nr C 253/4; ABlEG 2000 Nr L 61/4; ABlEG 1994 Nr C 369/6.
[30]) Schlussanträge Generalanwalt *Van Gerven*, Rs C-225/91, *Matra/Kommission*, Slg 1993, I-3203; *Soltèsz*, EuZW 2001, 109.
[31]) Siehe FN 30.
[32]) ABlEG 2000 Nr L 137/1.
[33]) ABlEG 1994 Nr C 369/6.
[34]) XVII. Bericht über die Wettbewerbspolitik (1987).
[35]) XXV. Bericht über die Wettbewerbspolitik (1995); siehe dazu auch ABlEG 2001 Nr L 38/33.

zahlen haben.[36]) Eine derartige Vorgangsweise kann beispielsweise dann unter wirtschaftlichen Gesichtspunkten angebracht sein, wenn eine Gemeinde ein bestimmtes Gewerbegebiet als Wirtschaftspark entwickeln will, dazu aber zunächst mithilfe von Sonderkonditionen namhafte Unternehmen zur Investition bewegen will.

2.6. Sonstige allgemeine Infrastrukturmaßnahmen

Auch für sonstige allgemeine Infrastrukturmaßnahmen ist jeweils die Unternehmensbezogenheit des Infrastrukturprojektes zu prüfen. Diesbezüglich existiert eine umfassende Kommissionspraxis. So lehnte die Kommission im Fall von touristischen Infrastrukturen, die allen Gästen unentgeltlich zur Verfügung stehen, das Vorliegen einer bestimmten Begünstigung ab. Ähnlich werden die Fälle der Dorf- und Stadtentwicklungsmaßnahmen zur Verbesserung des Ortsbildes beurteilt, sofern sie im allgemeinen Interesse erfolgen. Dies ist etwa im Fall der Schaffung von Grünräumen und Verbesserung des Ortsbildes zu bejahen.[37])

2.7. Verkauf von Bauten oder Grundstücken durch die öffentliche Hand

Die öffentliche Hand bietet häufig ein bereits erschlossenes Grundstück einem Unternehmen an, da sich in vielen Fällen für ein unerschlossenes Grundstück kein ansiedlungswilliger Investor findet. Wegen der praktischen Bedeutung von Grund-

---

[36]) Im Fall *Lenzing Lyocell* wurde für das Unternehmen ein Bahnanschluss innerhalb eines Gewerbeparks eingerichtet, der nach den Feststellungen der Kommission nur von diesem und nicht von anderen Untenehmen vor Ort genutzt werden konnte. Darin erkannte die Kommission eine unternehmensspezifische Leistung. Die Kommission führt in der Entscheidung *Lenzing Lyocell*, AB1EG 2001 Nr L 38/33, aus, dass das Unternehmen angesichts der Tatsache, dass nunmehr für die Bereitstellung der Anschlüsse bezahlt wird, nicht von der Schaffung einer unternehmensspezifischen Infrastruktur profitiert.
In der Beurteilung der Kommission fand auch das von Österreich vorgebrachte Argument Eingang, dass das Unternehmen der erste und wichtigste Investor an diesem Standort war. Diese Behauptungen wurden durch Finanzdaten und Begründungen untermauert, die für den Zeitpunkt der Errichtung des Businesspark vorgelegt worden sind. Die Kommission kam daher zu dem Ergebnis, dass die Bereitstellung der Infrastruktur keine Beihilfe im Sinne des Art 87 Abs 1 EGV darstellt.

[37]) Entscheidung der Kommission N 392/99 vom 10. 3. 2000, Dorf- und Stadtentwicklung in Oberösterreich; im Schreiben der Kommission vom 13. 3. 2000, SG (2000) D/102313 führte die Kommission wie folgt aus:
Die Maßnahme wird aus staatlichen Mitteln finanziert. Die Kommission ist jedoch nicht der Ansicht, dass die Beihilfemaßnahme bestimmte Unternehmen oder die Produktion bestimmter Erzeugnisse begünstigt. Der Großteil der Fördermittel dient der Verbesserung von öffentlichen Einrichtungen in den Dorfgemeinden. Bei Förderungen von privaten Bauvorhaben im Rahmen der Maßnahme handelt es sich um die Sanierung von alten Gebäuden. Jeder, der ein solches Gebäude besitzt, kommt für eine Förderung in Betracht. Die Maßnahme ist somit nicht selektiv. Da weder Unternehmen noch Produkte gefördert werden, kann die Maßnahme den Wettbewerb weder verfälschen noch zu verfälschen drohen. Schließlich beeinträchtigt die Maßnahme nicht den Handel, da dieser nicht zu den Förderungsgegenständen gehört. Es liegt somit keine Beihilfe im Sinne von Art 87 Abs 1 EGV vor.

stücksverkäufen durch die öffentliche Hand und um derartige Verkäufe transparenter zu gestalten, hat die Kommission 1997 die „Mitteilung betreffend Elemente staatlicher Beihilfen bei Verkäufen von Bauten oder Grundstücken durch die öffentliche Hand" veröffentlicht.[38])

Die Mitteilung betrifft grundsätzlich nur Verkäufe von Bauten oder Grundstücken der öffentlichen Hand. Mittlerweile wendet die Kommission aber diese Mitteilung auch auf den Kauf industriell genutzter Vermögensgegenstände und ganzer Unternehmen, ebenso wie auf den Kauf und die Vermietung von Grundstücken und Gebäuden sowie neuerdings auf die Durchführung von Infrastrukturprojekten an.[39]) Keine staatliche Beihilfe liegt nach der Mitteilung vor, wenn Bauten oder Grundstücke nach einem hinreichend publizierten, allgemeinen und bedingungsfreien Bietverfahren (ähnlich einer Versteigerung) an den Meistbietenden oder den einzigen Bieter verkauft werden. Dies stellt grundsätzlich einen Verkauf zum Marktwert dar. Ein Anbot muss gemäß der Mitteilung hinreichend publiziert sein (mindestens zwei Monate) und jedem potentiellen Käufer die Möglichkeit bieten, das betreffende Gebäude oder Grundstück zu erwerben.[40])

Erfolgt der Verkauf ohne das dargestellte Bietverfahren, so muss ein unabhängiger Sachverständiger für Wertermittlung einen Mindestkaufpreis festlegen, der nicht unterschritten werden darf, um nicht den Verdacht einer staatlichen Beihilfe hervorzurufen. Erweist es sich nach vernünftigen Bemühungen als unmöglich, das Gebäude oder Grundstück zu dem festgelegten Marktwert zu veräußern, räumt die Kommission hier eine Abweichungstoleranz von fünf Prozent gegenüber dem festgelegten Marktwert ein.[41])

Wenn die angeführten Verfahren nicht eingehalten werden, muss der Mitgliedstaat die Transaktion nach Auffassung der Kommission anmelden, damit diese feststellen kann, ob staatliche Beihilfen vorliegen.[42])

Ein Beihilfeelement kann, außer im Falle eines zu niedrigen Kaufpreises, auch dann vorliegen, wenn marktunübliche Vergünstigungen bei den Zahlungsmodalitäten gewährt werden. Dies ist dann der Fall, wenn der Kaufpreis für ein Grundstück zwar marktüblich ist, dieser aber auf längere Zeit gestundet wird ohne dass Zinsen für die offene Forderung entrichtet werden müssen.[43])

2.8. Beteiligung Privater an Infrastrukturmaßnahmen

Schwierig zu beurteilen ist die Konstellation, in der Private an der Infrastrukturerstellung beteiligt sind, insbesondere wenn ein Wettbewerb der Infrastruktur-

---

[38]) Mitteilung der Kommission betreffend Elemente staatlicher Beihilfe bei Verkäufen von Bauten oder Grundstücken durch die öffentliche Hand, ABlEG 1997 Nr C 209/3, im Folgenden kurz Mitteilung der Kommission genannt.
[39]) *König/Kühling/Ritter*, EG-Beihilfenrecht (2002), 55 f.
[40]) Mitteilung der Kommission, II. 1 a).
[41]) Mitteilung der Kommission, II. 2 a) und b).
[42]) Mitteilung der Kommission, II. 3.
[43]) ABlEG 1999 Nr L 292/1.

dienstanbieter (Infrastrukturersteller oder -betreiber) gegeben oder zumindest denkbar ist. Die Einbeziehung Privater im Rahmen dieser als „Public Private Partnership" bezeichneten Zusammenarbeit, nimmt aufgrund der Knappheit staatlicher Finanzierungsmittel für die Errichtung und den Betrieb von Infrastruktureinrichtungen ständig zu. Damit ist die Frage der beihilfenrechtlichen Beurteilung dieser Form der Investitionsmodelle für den Großteil der Infrastrukturförderung von entscheidender Bedeutung (Näheres dazu unter 2.8.2. und 2.8.3.).

2.8.1. Privatisierung

Bund, Länder und Gemeinden machen mehr denn je von der Auslagerung der Staatsaufgaben Gebrauch. Die öffentlichen Entscheidungsträger versprechen sich eine Entlastung der Haushalte durch die Privatisierung zahlreicher Aufgabenbereiche. Diese kann auf unterschiedliche Weise erfolgen. So kann die öffentliche Hand selbst ein Unternehmen in der Form des Privatrechts gründen und dieses anschließend mit der Erfüllung bestimmter Aufgaben betrauen – „formelle Privatisierung oder Organisationsprivatisierung."[44]) Ausgliederungen sind meist Organisationsprivatisierungen, wobei zwischen echten Ausgliederungen und der Schaffung von ausgliederungsähnlichen Einrichtungen, welche keine eigenen Rechtsträger sind, zu unterscheiden ist. Bei echter Ausgliederung können die Rechtsträger sowohl juristische Personen des öffentlichen Rechts (Fonds, Anstalten und Körperschaften) als auch des Privatrechts (vor allem Kapitalgesellschaften) sein. Vom Bund werden vorwiegend Kapitalgesellschaften, hauptsächlich die GmbH, als Rechtsform der Ausgliederung gewählt, da aufgrund des Sondergesellschaftsrechts der gebotene Einfluss des Ausgliedernden erhalten werden kann.[45])

Wird die Aufgabenerfüllung vollständig in den privaten Sektor verlagert, so spricht man von „materieller Privatisierung oder Aufgabenprivatisierung". Werden bei der Aufgabenprivatisierung Betreibermodelle eingesetzt, so überträgt die öffentliche Hand privaten Investoren die Errichtung und Betreibung von Infrastrukturprojekten auf eigene Gefahr und auf eigenes Risiko.[46])

Eine weitere Finanzierungsvariante, die in der Praxis gegenwärtig immer stärker in den Vordergrund tritt, ist die Zusammenarbeit von Hoheitsträgern und Privaten bei der Erfüllung öffentlicher Aufgaben – „funktionale Privatisierung". Diese Art der Zusammenarbeit wird auch als „Public Private Partnership" bezeichnet. Die vielfältigen Kooperationsformen reichen von der öffentlichen Finanzierung und Überwachung einer privaten Infrastrukturerstellung über den umgekehrten Fall der privaten (Vor-)Finanzierung öffentlicher Einrichtungen durch Leasing- und Konzessionsmodelle bis hin zur Gründung von gemischten Gesellschaften zur Realisierung von Großprojekten.[47])

---

[44]) *König/Kühling*, DÖV 2001, 885.
[45]) *Kühteubl*, Ausgliederung–Privatisierung–Beleihung, ÖZW 1998, 56.
[46]) Siehe auch den Beitrag von *Mittendorfer* zum Thema PPP und Vertragsrecht in diesem Buch.
[47]) *König/Kühling*, DÖV 2001, 885.

2.8.2. Beurteilung durch die Kommission

Bei der Finanzierung allgemeiner Infrastruktureinrichtungen wird eine unternehmensbezogene Begünstigung davon abhängig gemacht, ob die Infrastruktur der Allgemeinheit diskriminierungsfrei zur Verfügung gestellt wird und weder unternehmensspezifische Ausgestaltungen noch Preisrabatte bei den Nutzungsentgelten vorliegen. Während im Fall unternehmensspezifischer Infrastrukturmaßnahmen eine marktübliche Entgeltlichkeit verlangt wird, muss bei der Beteiligung eines Privaten an der Errichtung der Infrastruktur zusätzlich dessen etwaige Begünstigung geprüft werden.[48])

Die Kommission bejaht den Beihilfentatbestand in Fällen, in denen ein Unternehmen einen Zuschuss zu seinen Betriebskosten erlangt, um eine Verbesserung der privat betriebenen Infrastruktur zu gewährleisten.[49])

Die Beurteilung wird allerdings komplizierter, wenn das private Unternehmen an der Schaffung der Infrastruktur beteiligt ist, diese aber später diskriminierungsfrei zur Verfügung stellt. Noch schwieriger sind Fälle zu beurteilen, in denen das Unternehmen anschließend als Nutzer der Infrastruktur auftritt. Dabei ergibt sich nämlich die Besonderheit, dass über eine Begünstigung durch unternehmensspezifisch erbrachte Infrastrukturleistungen hinaus eine direkte Begünstigung des Unternehmens durch die staatliche Mittelzufuhr nicht ausgeschlossen werden kann.[50]) Dieser Sachverhalt lag der Kommission bei der Entscheidung *Infra-Leuna*[51]) zugrunde. Eine Begünstigung als spezifische Nutznießer der Infrastruktur hat die Kommission abgelehnt und dabei im Wesentlichen auf die diskriminierungsfreie Bereitstellung der Infrastruktur abgestellt. Die Kommissionsentscheidung erfolgte daher unter der Auflage, dass Deutschland alle von der InfraLeuna bereitgestellten und angebotenen Leistungen auf nichtdiskriminierende Weise ausnahmslos allen am Standort ansässigen Unternehmen gegen ein angemessenes Entgelt zur Verfügung stellen muss. Weiters ist unter anderem der Privatisierungsvertrag dahingehend abzuändern, dass eine Übernahme des Verlustausgleichs durch den Bund ausgeschlossen wird.[52])

2.8.3. Konsequenzen

Im Fall der Beteiligung eines Privaten an der Errichtung der Infrastruktur muss zusätzlich geprüft werden, ob dieser spezifisch begünstigt wird. Eine derartige Begünstigung kann insbesondere in der Vergabe öffentlicher Mittel für allgemeine Infrastrukturmaßnahmen an Private liegen, die mit der Durchführung der entsprechenden Aufgaben betraut werden. Wurde jedoch eine angemessene Vergütung für

---

[48]) *König/Kühling*, DÖV 2001, 886.
[49]) Entscheidung der Kommission N 341/99 vom 28. 7. 1999, *Gasversorgung in Andalusien*; Entscheidung der Kommission N 93/00 vom 1. 8. 2000, *Fremdenverkehr in der Lombardei*; ähnlich Entscheidung der Kommission N 248/99 vom 28. 9. 1999, *Fremdenverkehrsinfrastrukturen im Piemont*.
[50]) *König/Kühling*, DÖV 2001, 886.
[51]) ABlEG 1999 L 260/1.
[52]) ABlEG 1999 L 260/1, Art 3 und 4.

die Infrastrukturerstellung und deren Betrieb gewährt, scheidet jedenfalls eine Verzerrung des Wettbewerbs um die Erstellung und den Betrieb von Infrastrukturen aus. Dies ist besonders deutlich, wenn ein publiziertes, allgemeines und bedingungsfreies Vergabeverfahren erfolgt ist.[53])

Zusätzlich ist zu prüfen, ob nicht der Infrastrukturbetrieb mit weiteren Infrastrukturbetreibern im Wettbewerb steht und ein grenzüberschreitender Handel vorliegt – „Wettbewerb der Infrastrukturbetreiber". Dies kann zB für verschiedene Betreiber von Flughäfen der Fall sein. So geht die Kommission von einem europaweiten Wettbewerb zwischen großen Flughäfen aus.[54]) Die Kommission hat in der Entscheidung *Freizeitbad Dorsten*[55]) festgestellt, dass aufgrund des begrenzten Einzugsbereiches von etwa 50 km (Dorsten ist etwas weiter von der niederländischen Grenze entfernt) praktisch jede Beeinträchtigung des innergemeinschaftlichen Handels ausgeschlossen werden kann und insoweit kein Wettbewerb verschiedener Infrastrukturanbieter besteht. Es liegt daher keine Beihilfe im Sinne von Art 87 Abs 1 EGV vor.

3. Zulässige Beihilfen gemäß Art 73 EGV im Verkehrsbereich

Gemäß Art 73 EGV[56]) sind Beihilfen, die den Erfordernissen der Koordinierung des Verkehrs oder der Abgeltung bestimmter, mit dem Begriff des öffentlichen Dienstes zusammenhängender Leistungen entsprechen, mit dem EGV vereinbar. Die Art 87 – 89 EGV gelten daher auch im Verkehrsbereich, und zwar unmittelbar für die Bereiche Eisenbahn-, Straßen- und Binnenschiffsverkehr.[57]) Beihilfen, die in den Bereich des Art 73 EGV fallen, sind den allgemeinen Beihilfevorschriften, insbesondere den Verfahrensvorschriften nicht entzogen. Art 73 EGV erweitert vielmehr den Bereich der Beihilfen, die nach Art 87 Abs 2 und 3 EGV mit dem Gemeinsamen Markt vereinbar sind.[58])

3.1. Verordnung 1191/69, 1192/69 und 1107/70

Art 73 EGV sieht die Möglichkeit vor, den wirtschaftlichen Nachteil auszugleichen, den die obligatorische Dienstleistungserbringung für die Verkehrsunterneh-

---

[53]) *König/Kühling,* DÖV 2001, 888; siehe zu den vergaberechtlichen Aspekten den Beitrag von *Schiefer* in diesem Buch.
[54]) Vgl Pressemitteilung der Kommission, IP/01/934 vom 3. 7. 2001.
[55]) Entscheidung der Kommission N 258/00 vom 12. 1. 2001, *Freizeitbad Dorsten;* Vgl *König/Kühling,* DÖV 2001, 889.
[56]) Voraussetzung für die Anwendung des Art 73 EGV ist, dass eine Beihilfe im Sinne des Art 87 Abs 1 EGV vorliegt, die den Wettbewerb zu verfälschen droht und die den Handel zwischen den Mitgliedstaaten beeinträchtigt.
[57]) Vgl Art 80 Abs 1 EGV.
[58]) *Bär-Bouyssiere* in *Schwarze,* EU-Kommentar¹ (2000), Art 87, Rz 19; Vgl Bericht der Kommission zum Wettbewerbsrecht in den Europäischen Gemeinschaften (1997), Band II B, Abschnitt II, 24 ff.

men darstellt. Ein solcher Ausgleich wird durch die Verordnung Nr 1191/69[59]) und die Verordnung Nr 1192/69[60]) vorgesehen. Beihilfen, die die Voraussetzungen der betreffenden Verordnung erfüllen, sind ausdrücklich von der Notifizierungspflicht freigestellt.[61])

Die erwähnten Verordnungen regeln und definieren jedoch nicht sämtliche Anwendungsfälle des Art 73 EGV. Deswegen wurden sie durch die Verordnung Nr 1107/70[62]) ergänzt, die allgemeine Maßnahmen für aufgrund von Art 73 EGV im Landverkehr gewährte staatliche Beihilfen vorsieht.

Die Verordnung Nr 1107/70 betrifft folgende Beihilfen:[63])

1. Beihilfen zum Ausgleich bestimmter Belastungen, die ausschließlich den Eisenbahnunternehmen obliegen;
2. Beihilfen zum Ausgleich der besonderen Infrastrukturkosten;
3. Beihilfen zur Erleichterung der Forschung und Entwicklung;
4. Beihilfen zur Beseitigung einer Überkapazität;
5. Beihilfen zur Förderung der Entwicklung des kombinierten Verkehrs und
6. Beihilfen zum Ausgleich der öffentlichen Dienstleistungsverpflichtungen.

Im Gegensatz zu den Verordnungen Nr 1191/69 und Nr 1192/69 müssen die Beihilfen aufgrund der Verordnung Nr 1107/70 gemäß Art 88 Abs 3 EGV notifiziert werden.

3.2. Richtlinie 91/440

Die Richtlinie Nr 91/440[64]) sieht die Möglichkeit vor, dass die Mitgliedstaaten dem Betreiber der Infrastruktur unter Wahrung der Art 73, 87 und 88 EGV Mittel zuweisen können. Diese Mittel müssen in angemessenem Verhältnis zu den Aufga-

---

[59]) Verordnung (EWG) Nr 1191/69 des Rates vom 26. 6. 1969 über das Vorgehen der Mitgliedstaaten bei mit dem Begriff des öffentlichen Dienstes verbundenen Verpflichtungen auf dem Gebiet des Eisenbahn-, Straßen- und Binnenschiffsverkehrs, AB1EG 1999 Nr L 156/1, zuletzt geändert durch die Verordnung (EWG) Nr 1893/91 des Rates vom 20. 6. 1991, AB1EG 1991 Nr L 169/1.

[60]) Verordnung (EWG) Nr 1192/69 des Rates vom 26. 6. 1969 über gemeinsame Regeln für die Normalisierung der Konten der Eisenbahnunternehmen, AB1EG 1969 Nr L 156/8.

[61]) Verordnung Nr 1191/69 idF Verordnung Nr 1893/91, Art 17 Abs 2.

[62]) Verordnung (EWG) Nr 1107/70 des Rates vom 4. 6. 1970 über Beihilfen im Eisenbahn-, Straßen- und Binnenschiffsverkehr, AB1EG 1970 Nr L 130/1, zuletzt geändert durch Verordnung (EG) Nr 543/97 des Rates vom 17. 3. 1997, AB1EG 1997 Nr L 84/6.

[63]) Bericht der Kommission zum Wettbewerbsrecht in den Europäischen Gemeinschaften (1997), Band II B, Abschnitt II, 25.

[64]) Richtlinie Nr 91/440/EWG des Rates vom 29. 7. 1991 zur Entwicklung der Eisenbahnunternehmen der Gemeinschaft, AB1EG 1991 L 237/25, zuletzt geändert durch Richtlinie Nr 2001/12/EG des Europäischen Parlamentes und des Rates vom 26. 2. 2001, AB1EG 2001 L 75/1; siehe auch den Beitrag von *Lang* zum Thema rechtlicher Rahmenbedingungen für Schienen- und Straßenprojekte in diesem Buch.

ben, der Größe und dem Finanzbedarf, insbesondere für Neuinvestitionen, stehen.[65]

Gemäß Art 6 Abs 1 der Richtlinie Nr 91/440 sind getrennte Gewinn- und Verlustrechnungen und Bilanzen für den Verkehrs- und den Infrastrukturbereich zu erstellen. Öffentliche Gelder zugunsten eines dieser beiden Tätigkeitsbereiche dürfen nicht auf den anderen übertragen werden – „Verbot der Quersubventionierung".

Neben der Finanzierung der Infrastruktur durch die öffentliche Hand sind staatliche Beihilfen zur Schuldentilgung mit dem Ziel einer Sanierung des Eisenbahnunternehmens zulässig, wenn die Mitgliedstaaten die Art 73, 87 und 88 EGV einhalten.[66]

3.3. Vorhaben der Kommission

Die Kommission hat einen Vorschlag für eine Verordnung über die Gewährung von Beihilfen für die Koordinierung des Eisenbahnverkehrs, des Straßenverkehrs und der Binnenschifffahrt vorgelegt.[67] Die Kommission will die bestehenden speziellen Ausnahmeregelungen der Verordnung Nr 1107/70 durch eine allgemeine Ausnahmeregelung für die Infrastruktur ersetzen. Im Vorschlag wird die Ansicht der Kommission dargestellt, dass dort, wo eine Beihilfe im Sinne von Art 87 Abs 1 EGV vorläge, ein offenes, nichtdiskriminierendes Ausschreibungsverfahren in den meisten Fällen eine solche Beihilfe mit dem Gemeinsamen Markt vereinbar mache.

Mithilfe eines solchen Ausschreibungsverfahrens würde dafür gesorgt, dass
– das Entgelt, das der Betreiber für die jeweilige Tätigkeit erhält, dem Marktpreis entspricht und
– es sich bei allen Vorteilen, die dem Betreiber aus dem eigentlichen Vertrag oder im Wettbewerb um Verkehrsanteile oder als Nutzer der Infrastruktur erwachsen, um Vorteile handelt, die die Konkurrenten des Betreibers ebenso gut hätten erlangen können.[68]

In vielen Fällen wird es erforderlich sein, dass die Ausschreibungen nach den Bestimmungen für das öffentliche Auftragswesen erfolgen, so dass die dort dargelegten Verfahren einzuhalten sind. Durch die Anwendung der Bestimmungen über das öffentliche Auftragswesen wird es möglich sein, viele Probleme aus dem Bereich „Infrastrukturprojekte und staatliche Beihilfen" auszuschließen.[69]

In der Begründung des Vorschlags setzt sich die Kommission auch mit öffentlich-privaten Partnerschaften auseinander. Infrastrukturbeihilfen können den Wett-

---

[65] Richtlinie Nr 91/440 idF Richtlinie Nr 2001/12, Art 7 Abs 3; vgl *Gutknecht*, Privatisierung und Unternehmenspolitik, ÖZW 1997, 97.
[66] Richtlinie Nr 91/440 idF Richtlinie Nr 2001/12, Art 9 Abs 3; vgl *Gutknecht*, ÖZW 1997, 97.
[67] Vorschlag für eine Verordnung des Europäischen Parlaments und des Rates vom 26. 7. 2000 über die Gewährung von Beihilfen für die Koordinierung des Eisenbahnverkehrs, des Straßenverkehrs und der Binnenschifffahrt, KOM (2000) 5.
[68] Vgl Vorschlag für eine Verordnung, KOM (2000) 5, Rz 41.
[69] Vgl Vorschlag für eine Verordnung, KOM (2000) 5, Rz 42.

bewerb zwischen potentiellen Infrastrukturbetreibern um die Vergabe über den Betrieb oder den Bau der Infrastruktur ebenso verfälschen, wie den Wettbewerb zwischen Verkehrsunternehmen in ihrer Eigenschaft als Nutzer der Infrastruktur. Erfolgt die Auswahl des betreffenden Unternehmens oder Konsortiums mit Hilfe eines offenen, nichtdiskriminierenden Verfahrens, sollte eine staatliche Beihilfe als mit dem Gemeinsamen Markt vereinbar angesehen werden.[70]) Die Kommission schlägt für Fälle, wo keine oder keine hinreichende Ausschreibung vorliegt, eine Infrastruktur-Ausnahmeregelung vor, damit die staatlichen Beihilfen geprüft und genehmigt werden können. Voraussetzung dafür ist, dass die Höhe der Fördermittel auf den zur Verwirklichung des Projekts unbedingt erforderlichen Betrag beschränkt bleibt und der Wettbewerb nicht in einem Umfang verfälscht wird, der dem gemeinsamen Interesse zuwiderläuft.[71])

4. Zusammenfassung

Die Kommission wacht mittlerweile sehr genau darüber, dass durch ein Infrastrukturprojekt keine unternehmensspezifische Begünstigung eintritt. Besondere Beachtung verdienen dabei diejenigen Infrastrukturprojekte, an deren Realisierung Private beteiligt sind. Die Einbeziehung Privater im Rahmen der als „Public Private Partnership" bezeichneten Zusammenarbeit, nimmt aufgrund der Knappheit staatlicher Finanzierungsmittel für die Errichtung und den Betrieb von Infrastruktureinrichtungen ständig zu. Damit ist die Frage der beihilfenrechtlichen Beurteilung dieser Form der Investitionsmodelle für den Großteil der Infrastrukturförderung von entscheidender Bedeutung.

Der EuGH hat in seiner Rechtsprechung die verschiedenen Kriterien für das Vorliegen einer Beihilfe herausgearbeitet. Für die Beurteilung der Frage, ob eine staatliche Infrastruktur- oder Erschließungsmaßnahme beihilfenrechtlich problematisch ist, ist vor allem von Bedeutung, dass nur solche Beihilfen mit dem Gemeinsamen Markt unvereinbar sind, die auf die „Begünstigung bestimmter Unternehmer oder Produktionszweige" gerichtet sind. Nur Maßnahmen, die bestimmte Unternehmen oder Gruppen davon selektiv begünstigen, fallen unter Art 87 Abs 1 EGV.

Eine staatliche Finanzierung der Infrastruktur, die allen potentiellen Nutzern unterschiedslos offen steht, fällt normalerweise nicht unter Art 87 Abs 1 EGV, weil in diesem Fall kein Unternehmen, das mit anderen Unternehmen im Wettbewerb steht, begünstigt wird.

Aus der Sicht bestehender oder potentieller Konkurrenten kann jeder finanzielle Vorteil, der einem von den Behörden getrennten privaten oder öffentlichen Infrastrukturbetreiber gewährt wird, wettbewerbsverzerrend wirken. Wenn ein solcher Infrastrukturbetreiber unter Anwendung eines offenen, nichtdiskriminierenden Ausschreibungsverfahrens ausgewählt wurde und die ihm vom Staat zur Instand-

---

[70]) Vgl Vorschlag für eine Verordnung, KOM (2000) 5, Rz 46.
[71]) Vgl Vorschlag für eine Verordnung, KOM (2000) 5, Rz 47.

haltung und Bereitstellung der Landverkehrsinfrastruktur gewährten Fördermittel dem Marktpreis entsprechen, ist davon auszugehen, dass diese Finanzierung mit dem Gemeinsamen Markt vereinbar ist.

Im Fall der Beteiligung eines Privaten an der Errichtung der Infrastruktur muss zusätzlich geprüft werden, ob dieser spezifisch begünstigt wird. Eine derartige Begünstigung kann insbesondere in der Vergabe öffentlicher Mittel für allgemeine Infrastrukturmaßnahmen an Private liegen, die mit der Durchführung der entsprechenden Aufgaben betraut werden. Wurde jedoch eine angemessene Vergütung für die Infrastrukturerstellung und deren Betrieb gewährt, scheidet jedenfalls eine Verzerrung des Wettbewerbs um die Erstellung und den Betrieb von Infrastrukturen aus. Dies ist besonders deutlich, wenn ein publiziertes, allgemeines und bedingungsfreies Vergabeverfahren erfolgt ist.

Weiters ist zu prüfen, ob nicht der Infrastrukturbetrieb als solcher mit weiteren Infrastrukturbetreibern im Wettbewerb steht und ein grenzüberschreitender Handel vorliegt – „Wettbewerb der Infrastrukturbetreiber".

Art 73 EGV sieht die Möglichkeit vor, den wirtschaftlichen Nachteil auszugleichen, den die obligatorische Dienstleistungserbringung für die Verkehrsunternehmen darstellt. Ein solcher Ausgleich wird durch die Verordnung Nr 1191/69 und die Verordnung Nr 1192/69 vorgesehen. Beihilfen, die die Voraussetzungen der betreffenden Verordnung erfüllen, sind ausdrücklich von der Notifizierungspflicht freigestellt. Die erwähnten Verordnungen regeln und definieren jedoch nicht sämtliche Anwendungsfälle des Art 73 EGV. Deswegen wurden sie durch die Verordnung Nr 1107/70 ergänzt, die allgemeine Maßnahmen für aufgrund von Art 73 EGV im Landverkehr gewährte staatliche Beihilfen vorsieht. Im Gegensatz zu den Verordnungen Nr 1191/69 und Nr 1192/69 müssen die Beihilfen aufgrund der Verordnung Nr 1107/70 gemäß Art 88 Abs 3 EGV notifiziert werden.

Kartellrechtliche Aspekte bei der Konzeption von PPP-Strukturen

Dieter Duursma

Inhalt
1. Adressaten des Kartellrechts
   1.1. Funktionales Unternehmensverständnis
   1.2. Mit Dienstleistungen von allgemeinem wirtschaftlichen Interesse betraute Unternehmen
      1.1.1. Wirtschaftliche Tätigkeit von allgemeinem Interesse
      1.1.2. Betrauung durch Hoheitsakt
      1.1.3. Aufgabenverhinderung durch Anwendung der Wettbewerbsregeln
      1.1.4. Judikaturbeispiele
2. Zusammenschlusskontrolle
   2.1. Gründung eines Gemeinschaftsunternehmens
      2.1.1. Gemeinsame Kontrolle
      2.1.2. Vollfunktionseigenschaft
      2.1.3. Keine Koordinierung des Wettbewerbsverhaltens
   2.2. Anmerkungen zur materiellen Prüfung des Zusammenschlusses
3. Kartellverbot
   3.1. Problemabgrenzung
   3.2. Bieter- und Arbeitsgemeinschaften zwischen Wettbewerbern
      3.2.1. Grundsätzliches
      3.2.2. Selbstständige Legung eines Erfolg versprechenden Angebots
   3.3. Exkurs: Freistellung für Arbeitsgemeinschaften im österreichischen Kartellgesetz
4. Ergebnisse

Im Rahmen der **Konzeption von PPP-Strukturen** spielen die kartellrechtlichen Vorschriften eine bedeutsame Rolle. Bei der Vergabe von Großaufträgen beteiligen sich oft nicht nur einzelne Unternehmen, sondern mehrere Unternehmen in gemeinschaftlicher Form. Dabei können sich einerseits Gemeinschaften zwischen Wettbewerbern bilden, die sich etwa auf Grund der Größe des zu vergebenden Auftrags zusammenschließen (zB mehrere Tiefbauunternehmen), anderseits Gemeinschaften zwischen Nichtwettbewerbern, von denen jeder Partner aufgrund seiner Spezialisierung einen bestimmten Beitrag leistet (zB eine Baugesellschaft, ein Finanzierungsunternehmen sowie ein Unternehmen, das eine spezialisierte technische Einrichtung zur Verfügung stellt, etwa bei der Errichtung von Krankenhäusern). Beides geschieht vor dem Hintergrund, sich mit einem möglichst Erfolg versprechenden Angebot an einem Vergabeverfahren zu beteiligen.

Terminologisch lassen sich im Rahmen eines Vergabeverfahrens **Arbeitsgemeinschaften** von **Bietergemeinschaften** unterscheiden.[1]) Unter einer Arbeitsge-

---

[1]) Vgl § 20 Z 3 und 11 Bundesgesetz über die Vergabe von Aufträgen (BVergG, BGBl I Nr 99/2002); siehe *Immenga*, Bietergemeinschaften im Kartellrecht – ein Problem potentiellen Wettbewerbs, DB 1984, 385; *Bunte* in *Langen/Bunte*, Kommentar zum deutschen und europäischen Kartellrecht I⁹ (2001), § 1 GWB, Rz 307; *Karollus/Artmann*, Bietergemeinschaften im europäischen Kartellrecht, wbl 2001, 453 ff, 454.

meinschaft wird die Zusammenarbeit mehrerer Unternehmen zur gemeinsamen Ausführung eines (zumeist größeren) Auftrags verstanden (siehe dazu § 20 Z 3 BVergG). Von einer Bietergemeinschaft spricht man hingegen, wenn sich die Unternehmen nur zur Abgabe eines gemeinsamen Angebotes im Rahmen einer Ausschreibung zusammenschließen und sich gemeinschaftlich um die Zuteilung des Auftrages an die beteiligten Unternehmen bemühen (siehe dazu § 20 Z 11 BVergG). Regelmäßig werden Bieter- und Arbeitsgemeinschaften in kombinierter Form auftreten, wenn also mit der Vereinbarung zur Abgabe eines gemeinsamen Angebotes auch gleichzeitig die gemeinsame Ausführung des Projekts als Arbeitsgemeinschaft für den Fall der Auftragserteilung vereinbart ist. Die Bietergemeinschaft kann daher als „Vorstufe" zu der später zwecks Auftragsausführung gebildeten Arbeitsgemeinschaft betrachtet werden.[2]) Nach dem österreichischen BVergG haben Bietergemeinschaften die Erklärung abzugeben, im Auftragsfalle die Leistung als Arbeitsgemeinschaft zu erbringen (vgl § 83 Abs 1 Z 1 BVergG). Im Auftragsfall schulden Bietergemeinschaften als Arbeitsgemeinschaften dem Auftraggeber die solidarische Leistungserbringung (§ 30 Abs 2 BVergG).

Aus kartellrechtlicher Sicht ist zunächst zu berücksichtigen, dass die Gründung einer eigenen Projektgesellschaft zur Abwicklung eines Auftrags unter Umständen einen **Zusammenschlusstatbestand** nach der Fusionskontrollverordnung[3] bzw den §§ 41 ff des österreichischen Kartellgesetzes[4])) erfüllt oder die Bildung einer Arbeits- oder Bietergemeinschaft gegen das **Kartellverbot** (Art 81 EGV bzw § 10 KartG) verstoßen könnte, zB wenn ein beteiligtes Unternehmen dazu verhalten wird, ein eigenständiges Angebot zu unterlassen, im Ergebnis also die Zahl der (potenziellen) Anbieter verringert wird.

Im Hinblick auf den Einsatzbereich von PPP-Strukturen als **Organisationsformen zur Wahrnehmung öffentlicher Aufgaben** stellt der folgende Beitrag zunächst klar, dass auch im öffentlichen Interesse angesiedelte (wirtschaftliche) Unternehmungen grundsätzlich den kartellrechtlichen Vorschriften unterliegen (eine eng begrenzte Ausnahme besteht für „mit Dienstleistungen von allgemeinem wirtschaftlichem Interesse betraute Unternehmen"; dazu unten 1), um dann in der Folge sowohl konzentrative („Zusammenschlusskontrolle"; unten 2) als auch kooperative („Verhaltenskontrolle"; unten 3) Aspekte der soeben angesprochenen Gründung von Projektgesellschaften und Bieter-(Arbeits-)gemeinschaften im PPP-Bereich zu behandeln. Da letztlich Ergebnis der Bildung einer Private Public Partnership die Schaffung von marktfähigen Aktivitäten ist,[5]) haben die neu gegrün-

---

[2]) *Immenga*, DB 1984, 385; *Maasch*, Die Zulässigkeit von Bietergemeinschaften, ZHR 150 (1986) 657.

[3]) Verordnung (EG) Nr 4064/89 des Rates vom 21. 12. 1989 über die Kontrolle von Unternehmenszusammenschlüssen, ABlEG 1990 Nr L 350/1 idF ABlEG 1997 Nr L 180/1; im Folgenden kurz FKVO.

[4]) Bundesgesetz über Kartelle und andere Wettbewerbsbeschränkungen (KartG 1988, BGBl Nr 600/1988 idF BGBl I Nr 33/2003).

[5]) Vgl *Thiry*, Öffentliche Dienstleistungen – Konzepte und Realitäten, in *Cox* (Hrsg), Öffentliche Dienstleistungen in der Europäischen Union: Zum Spannungsfeld zwischen Service Public und Wettbewerbsprinzip (1996), 29 ff.

dete Projektgesellschaft bzw die Partner einer Unternehmenskooperation natürlich auch bei der Ausübung ihrer wirtschaftlichen Tätigkeit die kartellrechtlichen Bestimmungen zu beachten (siehe bereits 1); zu den allgemeinen Anwendungsfragen des Kartellrechts sei auf die einschlägigen Kommentierungen verwiesen,[6]) wobei an dieser Stelle angemerkt sei, dass das Missbrauchsverbot des Art 82 EGV (§§ 34 f KartG) bei PPP-Konstruktionen dann von Bedeutung sein kann, wenn einem Unternehmen als Voraussetzung oder als Gegenleistung für bestimmte öffentliche Dienste Sonderrechte eingeräumt werden, die eine marktbeherrschende Stellung auf dem betreffenden Markt begründen können.[7])

1. Adressaten des Kartellrechts

Durch das Zusammenwirken der öffentlichen Hand mit privaten Unternehmungen stellt sich die grundsätzliche Frage des Adressatenkreises des Kartellrechts, das sich zunächst an **Unternehmen** (vgl Art 81 Abs 1 und 3 1. Spiegelstrich, Art 86 EGV sowie Art 3 Abs 1 und 2 FKVO), aber auch an **Unternehmensvereinigungen** (Art 81 Abs 1 und 3 EGV) bzw an **Gruppen von Unternehmen** (Art 86 EGV) richtet. Dass neben Privatunternehmungen auch (wirtschaftliche) Tätigkeiten der öffentlichen Hand vom Anwendungsbereich der kartellrechtlichen Zusammenschlusskontrolle nach der Fusionskontrollverordnung bzw des Kartellverbots erfasst sind, ist heute selbstverständliches Prinzip. Einer „Flucht in die PPP"[8]) aus kartellrechtlichen Erwägungen ist der Erfolg somit versagt.

Da der Zweck der Bildung von Public Private Partnerships in der Bewältigung von dem Gemeinwohl dienenden Aufgaben liegt, ist die **Sonderbestimmung** des Art 86 Abs 2 EGV für Unternehmen, die mit Dienstleistungen von allgemeinem wirtschaftlichem Interesse betraut sind, von grundsätzlichem Belang.

Für das **österreichische KartG** sei an dieser Stelle angemerkt, dass abgesehen von der Ausnahmeregelung des § 5 KartG, wonach gewisse öffentliche Unternehmen (zB staatliche Monopolunternehmen, soweit sie in Ausübung der von ihnen gesetzlich übertragenen Monopolbefugnisse tätig werden; Z 3) vom Anwendungsbereich des KartG überhaupt ausgenommen sind, gleichfalls **keine Sonderregelungen** für Unternehmen der öffentlichen Hand oder für solche, an denen diese beteiligt sind, existieren.[9]) Somit sind auch Unternehmen der öffentlichen Hand ohne Rücksicht auf ihre Rechtsform Adressaten des KartG. Unbedeutend ist in diesem Zusammenhang, ob die öffentliche Hand selbst oder über juristische Personen des Handelsrechtes oder über öffentlich-rechtliche Körperschaften unternehmerisch (privatwirtschaftlich) tätig ist.[10])

---

[6]) Siehe auch insb im Hinblick auf PPP-Konstruktionen *Hatje* in *Eilmansberger* et al (Hrsg), Public Private Partnerships (2003), 115 ff.
[7]) Beachte *Hatje*, aaO, 130 f; siehe auch unten 2.2.
[8]) *Hatje* in *Eilmansberger* et al, 133.
[9]) Vgl KOG 9. 12. 1996, 16 Ok 6/96, ÖBl 1997, 190.
[10]) KG 25. 4. 1996, 25 Kt 818/95, unveröffentlicht; zitiert nach *Reich-Rohrwig/Zehetner*, Kartellrecht I (2000), E 2 zu § 5 KartG.

1.1. Funktionales Unternehmensverständnis

Nach dem vom EuGH in seiner Rechtsprechung entwickelten Unternehmensbegriff im Wettbewerbsrecht (an dem sich auch die Kommission bei der Prüfung von Zusammenschlussvorhaben orientiert) ist der Begriff des Unternehmens **funktional** zu bestimmen[11]), also nicht im Sinne einer bestimmten Mindestanforderung an die Einrichtung des Unternehmens; abzustellen ist vielmehr auf die Art der Handlungsweise. Daraus ergibt sich ein sehr weites Verständnis des Unternehmens, nämlich „jede eine wirtschaftliche Tätigkeit ausübende Einheit unabhängig von ihrer Rechtsform und der Art ihrer Finanzierung".[12]) Unter einer wirtschaftlichen Tätigkeit ist dabei jede Tätigkeit zu verstehen, die darin besteht, Güter oder Dienstleistungen auf einem bestimmten Markt anzubieten.[13])

Bei Zugrundelegung dieses funktionalen Verständnisses kommt es folglich im Wesentlichen auf die **Teilnahme am Wirtschaftsverkehr**, nicht hingegen auf die **Rechtsform** der wirtschaftlichen Einheit oder deren **Eigentümerstruktur** an: Die Art 81 f EGV unterscheiden nicht zwischen privaten und öffentlichen Unternehmen. Die Wettbewerbsregeln sind daher gleichermaßen auf private Unternehmen als auch auf Unternehmen der öffentlichen Hand (das sind solche, auf die der Mitgliedstaat einen beherrschenden Einfluss ausüben kann)[14]) anzuwenden,[15]) unabhängig davon, ob die wirtschaftliche Tätigkeit der öffentlichen Hand durch einen

---

[11]) Siehe zB EuGH 19. 1. 1994 Rs C-364/92, *Eurocontrol*, Slg 1994, I-43, Rz 15 ff; EuGH 11. 12. 1997 Rs C-55/96, *Job Centre*, Slg 1997, I-7119, Rz 23 ff und ausführlich hierzu *Emmerich* in *Immenga/Mestmäcker*, EG-Wettbewerbsrecht I (1997), Art 85 Abs 1 EGV, Rz 14 f; *Bunte* in *Langen/Bunte* I⁹, Art 81 EGV, Rz 5 ff; vgl zum GWB *Bunte* in *Langen/Bunte* I⁹, § 1 GWB, Rz 13.

[12]) EuGH 23. 4. 1991 Rs C-41/90, *Höfner und Elser*, Slg 1991, I-1979, Rz 21; EuGH 16. 11. 1995 Rs C-244/94, *Fédération française des sociétés d'assurance u. a.*, Slg 1995, I-4013, Rz 14; EuGH 11. 12. 1997 Rs C-55/96, *Job Centre, Job Centre II*, Slg 1997, I-7119, Rz 21; EuGH 19. 2. 2002 Rs C-309/99, *J. C. J. Wouters u.a.*, Rz 46 (noch nicht in der amtlichen Sammlung veröffentlicht; abrufbar unter *www.curia.eu.int*).

[13]) EuGH 16. 5. 1987 Rs 118/85, *Kommission/Italien*, Slg 1987, 2599, Rz 7 sowie EuGH 18. 6. 1998 Rs C-35/96, *Kommission/Italien*, Slg 1998, I-3851, Rz 36.

[14]) Vgl Art 2 der Richtlinie 80/723/EWG der Kommission vom 25. 6. 1980 über die Transparenz der finanziellen Beziehungen zwischen den Mitgliedstaaten und den öffentlichen Unternehmen sowie über die finanzielle Transparenz innerhalb bestimmter Unternehmen, ABlEG 1980 Nr L 195/35 idF ABlEG 2000 Nr L 193/75.

[15]) Siehe *Badura*, Das öffentliche Unternehmen im europäischen Binnenmarkt, ZGR 1997, 291 ff; *Mestmäcker*, Staat und Unternehmen im Europäischen Gemeinschaftsrecht – Zur Bedeutung von Art 90 EWGV, RabelsZ 52 (1988), 526 ff; *Emmerich* in *Immenga/Mestmäcker*, EG-Wettbewerbsrecht I, Art 85 Abs 1 EGV, Rz 27 ff; *Bunte* in *Langen/Bunte* I⁹, Art 81 EGV, Rz 8; beachte jüngst *Lange*, Kartellrechtlicher Unternehmensbegriff und staatliches Wirtschaftshandeln in Europa, WuW 2002, 953 ff. Dies ergibt sich insb auch aus der Existenz der Ausnahmebestimmungen des Art 86 EGV für bestimmte öffentliche Unternehmen (Abs 1, Abs 2 Satz 1), die keinen Sinn machen würden, wenn der Vertrag nicht von der grundsätzlichen Anwendbarkeit der Wettbewerbsregeln auf öffentliche Unternehmen ausginge; vgl *Emmerich* in *Immenga/Mestmäcker*, EG-Wettbewerbsrecht I, Art 85 Abs 1 EGV, Rz 27 mwN.

Unternehmensträger in privatrechtlicher oder öffentlich-rechtlicher Rechtsform ausgeübt wird.[16] Daher wurden die Wettbewerbsregeln zB auch auf öffentlich-rechtliche Verbände, in denen die Unternehmen eines Marktes zusammengefasst sind – wie jüngst die Niederländische Rechtsanwaltskammer (als Unternehmensvereinigung iSv Art 81 Abs 1 EGV)[17] – angewendet (vorausgesetzt die Tätigkeit dieser Verbände ist als wirtschaftliche zu qualifizieren).

Hingegen unterliegt eine Tätigkeit nicht den Wettbewerbsregeln des EGV, wenn ihr Gegenstand **keinen Bezug zum Wirtschaftsleben** aufweist[18] oder mit der **Ausübung hoheitlicher Befugnisse** zusammenhängt.[19]

1.2. Mit Dienstleistungen von allgemeinem wirtschaftlichen Interesse betraute Unternehmen

Art 86 EGV regelt die Frage des Anwendungsbereichs der Wettbewerbsvorschriften auf öffentliche Unternehmen und Unternehmen, denen die Mitgliedstaaten besondere Rechte oder Aufgaben zugewiesen haben. Abs 1 enthält eine Verpflichtung der Mitgliedstaaten in Bezug auf öffentliche Unternehmen und auf Unternehmen, denen sie besondere oder ausschließliche Rechte gewähren, keine dem EGV widersprechende Maßnahmen zu treffen oder beizubehalten.

Nach Art 86 Abs 2 EGV gelten die Vorschriften des Gemeinschaftsvertrags (und damit auch die Wettbewerbsvorschriften) grundsätzlich auch für solche Unternehmen, die mit Dienstleistungen von allgemeinem wirtschaftlichem Interesse betraut sind. Dies vorbehaltlich nur dann, soweit die Anwendung dieser Vorschriften nicht die Erfüllung der ihnen übertragenen besonderen Aufgabe verhindert, wobei jedoch die Entwicklung des Handels nicht in einem Ausmaß beeinträchtigt werden darf, das dem Interesse der Gemeinschaft zuwiderläuft. In der folgenden Darstellung sollen die wesentlichsten Tatbestandsmerkmale des Art 86 Abs 2 EGV anhand der Rechtsprechung des EuGH kurz erläutert werden.

---

[16] *Emmerich* in *Immenga/Mestmäcker*, EG-Wettbewerbsrecht I (1997), Art 85 Abs 1 EGV, Rz 28 ff.

[17] Vgl EuGH 19. 2. 2002 Rs C-309/99, *J. C. J. Wouters u.a.*, Rz 56 ff, Rz 71 (noch nicht in der amtlichen Sammlung veröffentlicht; abrufbar unter *www.curia.eu.int*), mit der Begründung, dass die Rechtsanwaltskammer ein Organ zur Regelung eines Berufes ist, dessen Ausübung eine wirtschaftliche Tätigkeit darstellt.

[18] EuGH 17. 2. 1993 Rs C-159/91 und C-160/91, *Poucet und Pistre*, Slg 1993, I-637, Rz 18 f (Verwaltung der öffentlichen Aufgabe der sozialen Sicherheit).

[19] EuGH 19. 1. 1994 Rs C-364/92, *SAT Fluggesellschaft*, Slg 1994, I-43, Rz 30 (Kontrolle und Überwachung des Luftraums und die Gebühreneinhebung durch eine internationale Organisation); EuGH 18. 3. 1997 Rs C-343/95, *Diego Calì & Figli*, Slg 1997, I-1547, Rz 22 f (Überwachungstätigkeit zur Bekämpfung der Umweltverschmutzung im Meeresbereich und die damit verbundene Gebühreneinhebung).

1.1.1. Wirtschaftliche Tätigkeit von allgemeinem Interesse

Erfasst sind solche **wirtschaftliche Tätigkeiten**, die von den Mitgliedstaaten im **öffentlichen Interesse** in Dienst genommen werden.[20]) Ein **allgemeines Interesse** iSd Art 86 Abs 2 EGV liegt vor, wenn das wirtschaftliche Verhalten der Unternehmen einem rechtsverbindlich festgelegten Zweck dient und sie zur Erfüllung dieses besonderen Zweckes auch dann verpflichtet sein sollen, wenn ihr unternehmerisches Eigeninteresse dem entgegenstehen würde.[21])

1.1.2. Betrauung durch Hoheitsakt

Das Tatbestandsmerkmal der „**Betrauung**" mit Dienstleistungen von allgemeinem wirtschaftlichem Interesse setzt einen **Hoheitsakt** der öffentlichen Gewalt voraus.[22]) Dabei verlangt Art 86 Abs 2 EGV nicht notwendigerweise eine staatliche Rechtsvorschrift.[23]) Der Hoheitsakt kann auch in einer bloßen **öffentlich-rechtlichen Konzession** bestehen[24]) oder in Konzessionen, die erteilt wurden, um die Verpflichtungen zu konkretisieren, die Unternehmen auferlegt sind, welche durch Gesetz mit einer Dienstleistung von allgemeinem wirtschaftlichem Interesse betraut sind.[25])

1.1.3. Aufgabenverhinderung durch Anwendung der Wettbewerbsregeln

Weitere Voraussetzung dieses Sondertatbestands ist, dass die Anwendung der Wettbewerbsregeln den betrauten Unternehmen die **Erfüllung der übertragenen besonderen Aufgabe verhindern** würde. Dies ist nicht im Sinne einer Gefährdung der Existenz, der Wirtschaftlichkeit oder des finanziellen Gleichgewichts des Unternehmens durch die Anwendung der Wettbewerbsregeln zu verstehen.[26]) Vielmehr ist es für die Anwendung des Art 86 Abs 2 EGV ausreichend, wenn ohne die staatlich eingeräumten Ausschließlichkeits- oder Sonderrechte die Erfüllung der dem Unternehmen übertragenen besonderen Pflichten gefährdet wäre oder wenn die Beibehaltung dieser Rechte erforderlich ist, um ihrem Inhaber die

---

[20]) Der Begriff der Dienstleistung ist in einem weiteren Sinn gefasst als die Dienstleistungsdefinition des Art 50 EGV, da er auch die Herstellung und Verteilung von anderen Gütern erfasst; vgl *Mestmäcker* in *Immenga/Mestmäcker*, EG-Wettbewerbsrecht I, Art 90 Abs 2 EGV, Rz 42.

[21]) *Mestmäcker* aaO, Rz 43 mwN.

[22]) EuGH 21. 3. 1974 Rs 127/73, *BRT II*, Slg 1974, 313, Rz 20; EuGH 11. 4. 1989 Rs 66/86, *Ahmed Saeed Flugreisen und Silver Line Reisebüro*, Slg 1989, 803, Rz 55.

[23]) EuGH 23. 10. 1997 Rs C-159/94, *Kommission/Frankreich*, Slg 1997, I-5815, Rz 66.

[24]) EuGH 27. 4. 1994 Rs C-393/92, *Almelo*, Slg 1994, I-1477, Rz 47.

[25]) EuGH 23. 10. 1997 Rs C-159/94, *Kommission/Frankreich*, Slg 1997, I-5815, Rz 66.

[26]) EuGH 23. 10. 1997 Rs C-159/94, *Kommission/Frankreich*, Slg 1997, I-5815, Rz 59 und 95; EuGH 12. 9. 2000 Rs C-180/98 bis C-184/98, *Pavlov*, Slg 2000, I-6451, Rz 107.

Erfüllung seiner Aufgaben zu wirtschaftlich tragbaren Bedingungen zu ermöglichen.[27])

1.1.4. Judikaturbeispiele

Beispiele aus der Judikatur des Gerichtshofes für Einrichtungen und Aufgaben, die in den Anwendungsbereich von Art 86 Abs 2 EGV fallen, sind Fernsehanstalten, denen eine Aufgabe zur Erbringung öffentlicher Versorgungsdienstleistungen übertragen worden ist,[28]) Verkehrsunternehmen, die zum Betrieb unrentabler Linien verpflichtet sind,[29]) Elektrizitätsversorgungsunternehmen,[30]) ein mit der Verwaltung eines Zusatzrentensystems betrauter Fonds, der im Rentensystem eines Mitgliedstaats eine wesentliche soziale Funktion erfüllt,[31]) der Betrieb von öffentlichen Telekommunikationsnetzen,[32]) die Verteilung von Postsendungen im gesamten staatlichen Hoheitsgebiet,[33]) die Bewirtschaftung bestimmter Abfälle zwecks Beseitigung eines Umweltproblems[34] sowie ein Dienst für Hafenmanöver von Schiffen (Fest- und Losmachen), der aus Gründen der öffentlichen Sicherheit eingerichtet worden ist.[35])

Hingegen hat der Gerichtshof die Anwendbarkeit des Art 86 Abs 2 EGV bei Hafenarbeiten ohne spezifische Merkmale,[36]) für Banken,[37]) Urheberrechtsgesell-

---

[27]) EuGH 12. 9. 2000 Rs C-180/98 bis C-184/98, *Pavlov*, Slg 2000, I-6451, Rz 107; vgl noch zur früheren Rsp: EuGH 30. 4. 1974 Rs 155/73, *Sacchi*, Slg 1974, 409, Rz 15; EuGH 3. 10. 1985 Rs 311/84, *CBEM*, Slg 1985, 3261, Rz 17; EuGH 23. 4. 1991 Rs C-41/90, *Höfner und Elser*, Slg 1991, I-1979, Rz 24; EuGH 18. 6. 1991 Rs C-260/89, *ERT*, Slg 1991, I-2925, Rz 33 (Nachweiserfordernis der Unvereinbarkeit der Anwendung der Wettbewerbsregeln mit der Erfüllung der besonderen Aufgabe des Unternehmens).

[28]) EuGH 30. 4. 1974 Rs 155/73, *Sacchi*, Slg 1974, 409, Rz 13 ff.

[29]) EuGH 11. 4. 1989 Rs 66/86, *Ahmed Saeed Flugreisen und Silver Line Reisebüro*, Slg 1989, 803, Rz 55.

[30]) EuGH 27. 4. 1994 Rs C-393/92, *Almelo*, Slg 1994, I-1477, Rz 48; EuGH 23. 10. 1997 Rs C-157/94, *Kommission/Niederlande*, Slg 1997, I-5699, Rz 41.

[31]) EuGH 21. 9. 1999 Rs C-67/96, *Albany*, Slg 1999, I-5751, Rz 105.

[32]) EuGH 13. 12. 1991 Rs C-18/88, *GB-Inno-BM*, Slg 1991, I-5941, Rz 16; EuGH 27. 10. 1993 Rs C-69/91, *Decoster*, Slg 1993, I-5335, Rz 15; EuGH 27. 10. 1993 Rs C-92/91, *Taillandier*, Slg 1993, I-5383, Rz 14.

[33]) EuGH 19. 5. 1993 Rs C-320/91, *Corbeau*, Slg 1993, I-2533, Rz 15.

[34]) EuGH 23. 5. 2000 Rs C-209/98, *Sydhavnens Sten & Grus*, Slg 2000, I-3743, Rz 75.

[35]) EuGH 18. 6. 1998 Rs C-266/96, *Corsica Ferries France*, Slg 1998, I-3949, Rz 45 und 60.

[36]) EuGH 10. 12. 1991 Rs C-179/90, *Merci convenzionali porto di Genova*, Slg 1991, I 5889, Rz 27; EuGH 17. 7. 1997 Rs C-242/95, *GT-Link*, Slg 1997, I-4449, Rz 52 und 53.

[37]) Vgl insb EuGH 14. 7. 1981 Rs 172/80, *Züchner – Bayerische Vereinsbank AG*, Slg 1981, 2021, Rz 7 ff; siehe auch Kommission 10. 12. 1984 IV/30.717, *Einheitliche eurocheques*, ABlEG 1985 Nr L 35/43, Rz 29. Hingegen erfüllen Kreditinstitute dann keine unternehmerische Tätigkeit, wenn sie nicht wirtschaftliche Aktivitäten für die öffentliche Hand wahrnehmen, sondern als öffentlich-rechtliche Pflicht- und Monopolanstalten hoheitlich handeln (vgl EuGH 18. 6. 1975 Rs 94/74, *Ente Nazionale per la Cellulosa*, Slg 1975, 699, Rz 33/35) wie etwa bei von Notenbanken den Kreditinstituten zwangsweise auferlegten Maßnahmen; vgl Kommission, XI. Bericht über die Wettbewerbspolitik (1981), Rz 61.

schaften[38]) sowie für bestimmte, vom allgemeinen Postdienst trennbare Dienstleistungen[39]) verneint.

2. Zusammenschlusskontrolle

Zunächst könnte die Gründung einer Projektgesellschaft zur Teilnahme an einem Vergabeverfahren als Zusammenschluss mehrerer Unternehmen in den Anwendungsbereich der Fusionskontrollverordnung fallen bzw nach den §§ 41 ff des österreichischen KartG zu prüfen sein. Für die Abgrenzung des europäischen vom nationalen Fusionskontrollrecht ist das Erreichen bestimmter Umsatzschwellen der am Zusammenschluss beteiligten (und mit diesen verbundenen) Unternehmen maßgeblich (Art 1 Abs 2 und 3 FKVO; § 42a Abs 2 KartG). Je nachdem, welches der Fusionskontrollregimes nach der Umsatzschwellenberechnung zur Anwendung kommt, ist der Zusammenschluss entweder bei der Europäischen Kommission in Brüssel oder beim Kartellgericht in Wien anzumelden. Der „Vorteil" einer Qualifikation des Vorhabens als Zusammenschluss im Gegensatz zu einem Kartell liegt in den geringeren Anforderungen der materiellen Beurteilung[40]) als auch in verfahrensrechtlichen Aspekten.[41])

Die fusionskontrollrechtlichen Regelungen finden nur dann Anwendung, wenn ein „Zusammenschluss" eine **Strukturveränderung** bei den beteiligten Unternehmen bewirkt.[42]) Handlungen, die eine Koordinierung des Wettbewerbsverhaltens unabhängig bleibender Unternehmen bezwecken oder bewirken, sollen damit aus dem Anwendungsbereich der FKVO ausgeschlossen werden. Da die meisten Projektgesellschaften als Gesellschaft bürgerlichen Rechts konstruiert sind, die zur Abwicklung eines einzigen Auftrags gebildet wurden, liegt in diesen Fällen keine Strukturveränderung der beteiligten Unternehmen vor, weshalb ein konzentrativer

---

[38]) EuGH 27. 3. 1974 Rs127/73, *BRT/SABAM und Fonior*, Slg 1974, 313, Rz 23.

[39]) EuGH 19. 5. 1993 Rs C-320/91, *Corbeau*, Slg 1993, I-2533, Rz 19.

[40]) Während ein Zusammenschluss erst bei Erreichung der Marktbeherrschungsschwelle untersagt werden kann, reicht hingegen im Rahmen der Verhaltenskontrolle bereits eine spürbare Wettbewerbsbeeinträchtigung aus.

[41]) Das Verfahren nach der FKVO unterliegt einer festgelegten, kürzeren Verfahrensdauer: Art 10 Abs 3 FKVO sieht vor, dass Unvereinbarkeitsentscheidungen mit dem Gemeinsamen Markt innerhalb einer Frist von höchstens vier Monaten nach der Einleitung des Verfahrens zu erlassen sind. Ähnliches gilt für die Beurteilung nach dem KartG: Verfahrensrechtlich müssen im Falle eines Zusammenschlusses iSd § 42 Abs 2 KartG die Amtsparteien binnen vier Wochen ab Zustellung der Anmeldung einen Prüfungsantrag stellen (§ 42 lit b Abs 1 KartG). Widrigenfalls hat das Kartellgericht eine Bestätigung auszustellen. Eine Untersagung kann nur binnen fünf Monaten nach dem Einlangen der Anmeldung vorgenommen werden (§ 42 lit b Abs 5 KartG). Hingegen ist das Verfahren einer Kartellgenehmigung unbefristet; die Genehmigung eines Kartells ist auf höchstens 5 Jahre beschränkt (§ 24 Abs 1 KartG), bei Vorliegen der Voraussetzungen des § 24 Abs 2 KartG hat das Kartellgericht die Genehmigung zu verlängern, sofern ein darauf gerichteter Antrag gestellt wurde.

[42]) Vgl den 23. Erwägungsgrund der FKVO.

Tatbestand („Zusammenschluss") und damit die Anwendung der FKVO (beziehungsweise der §§ 41 ff KartG) regelmäßig nicht in Betracht kommt.[43])

Anderes ist hingegen zu überlegen, wenn die Tätigkeit der Projektgesellschaft nicht nur auf ein konkretes Projekt beschränkt ist oder sie neben der Errichtung auch langfristig mit der Verwertung des abzuwickelnden Auftrags betraut ist. In derartigen Fällen ist die Zusammenarbeit der beteiligten Unternehmen dahin gehend strukturiert, dass eine gemeinsame Gesellschaft (zumeist GmbH) errichtet wird, an der die Gründerunternehmen paritätisch beteiligt sind. Dadurch könnte der Zusammenschlusstatbestand der Gründung eines Gemeinschaftsunternehmens erfüllt werden (vgl Art 3 Abs 2 FKVO sowie für das KartG § 41 Abs 2, der für den Begriff des Gemeinschaftsunternehmens an die europarechtliche Vorlage anknüpft)[44]).

2.1. Gründung eines Gemeinschaftsunternehmens

Voraussetzung, dass ein Gemeinschaftsunternehmen in den Anwendungsbereich der FKVO fällt und damit als (die Struktur der Unternehmen ändernder) Zusammenschluss zu behandeln ist, ist die **Vollfunktionsfähigkeit des Gemeinschaftsunternehmens**. Maßgebliche Kriterien hierfür sind nach der Mitteilung der Kommission über den Begriff des Vollfunktionsgemeinschaftsunternehmens[45]) die **gemeinsame Kontrolle** sowie eine **Änderung der Struktur der Unternehmen**

---

[43]) Siehe insb auch *Karollus/Artmann*, wbl 2001, 454 f. In dem Beschluss vom 11. 8. 1994, 1 Kt 331/94-4, 2 f (unveröffentlicht; zitiert nach *Wessely*, Das Recht der Fusionskontrolle und Medienfusionskontrolle [1995], FN 351) hielt das Kartellgericht fest, dass eine ARGE, die zwar nicht auf die Ausführung eines einzigen Auftrags beschränkt war, jedoch weder über eigene Betriebsmittel noch über eigenes Personal verfügte, sondern die zur Auftragserfüllung erforderlichen Leistungen von ihren Gesellschaftern übernahm, nicht als (strukturänderndes) Vollfunktionsunternehmen zu qualifizieren sei; zudem spreche die fehlende Rechtspersönlichkeit der ARGE (GesBR) gegen das Vorliegen einer selbstständigen wirtschaftlichen Einheit (zum Begriff der selbständigen wirtschaftlichen Einheit siehe unten 2.1.2). Im Gegensatz zu der Rsp des Kartellgerichts ist mE die Frage einer Strukturveränderung nicht anhand der Rechtspersönlichkeit des Unternehmensträgers zu beurteilen; vielmehr ist die wirtschaftliche Integration marktbezogener Ressourcen zur Abwicklung von Aufträgen in die ARGE ausschlaggebend. Die Frage der Zurechenbarkeit der Ressourcen wäre dabei nicht an formalrechtlichen Standards, wie zB der Übertragung formalrechtlicher Eigentümerpositionen von den beteiligten Unternehmungen auf die ARGE zu messen, sondern ob über die „eingebrachten" Ressourcen – losgelöst vom Willen des zur Verfügung stellenden Unternehmens – zur Zweckerreichung gemeinschaftlich verfügt werden kann. Im Ergebnis wird somit die Vollfunktionsfähigkeit einer ARGE nicht an ihrer fehlenden Rechtspersönlichkeit, sondern aufgrund mangelnder eigenständiger marktbezogener Tätigkeit (als bloß „verlängerter Arm" der Gründer) scheitern.

[44]) So ausdrücklich die EB 1096, BlgNR XVIII. GP, 20.

[45]) Mitteilung der Kommission über den Begriff des Vollfunktionsgemeinschaftsunternehmens nach der Verordnung (EWG) Nr 4064/89 des Rates über die Kontrolle von Unternehmenszusammenschlüssen, ABlEG 1998 Nr C 66/1; im Folgenden kurz: Mitteilung Vollfunktionsgemeinschaftsunternehmen.

(was bei Vorliegen der so genannten Vollfunktionseigenschaft des Gemeinschaftsunternehmens angenommen wird).

2.1.1. Gemeinsame Kontrolle

Von einer **gemeinsamen Kontrolle** iSd VO spricht man, wenn die Gründer bei Entscheidungen über die Tätigkeit des Gemeinschaftsunternehmens aufeinander angewiesen sind, wenn also ein Unternehmen jeweils die Aktionen des anderen blockieren kann. Das ist der Fall, wenn zwei Gründerunternehmen mit jeweils 50 % beteiligt sind oder beiden beherrschenden Unternehmen das Recht zukommt, die gleiche Zahl von Mitgliedern in die Entscheidungsgremien des Gemeinschaftsunternehmens zu entsenden.[46])

Bei **Minderheitsbeteiligungen** ist darauf abzustellen, ob sich aus bestimmten Umständen eine Mitkontrolle ergibt. Gemeinsame Kontrolle liegt zB dann vor, wenn dem Minderheitsgesellschafter aufgrund der Satzung oder einer Vereinbarung der Mutterunternehmen **Vetorechte** gegen wesentliche strategische Entscheidungen (Besetzung der Unternehmensleitung und Finanzplanung, Geschäftsplan, Investitionspolitik) eingeräumt werden oder wenn die Minderheitsgesellschafter zusammen eine Stimmrechtsmehrheit haben und bei der Ausübung der Stimmrechte gemeinsam handeln.[47])

Ist etwa im Rahmen einer Projektgesellschaft ein Finanzunternehmen mit geringerer Beteiligung als die übrigen Gründer involviert (zB 20 %, während die anderen Partner zu jeweils 40 % an dem Gemeinschaftsunternehmen beteiligt sind), kann nicht aufgrund des Anscheins einer bloß finanziellen statt einer unternehmerischen Beteiligung (Art 3 Abs 5 lit c FKVO) ohne weiteres das Vorliegen einer gemeinsamen Kontrolle ausgeschlossen werden.[48]) Vielmehr ist auch hier zu prüfen, ob die Möglichkeit besteht, die Entscheidungen der anderen zu blockieren (zB bei erforderlicher Einstimmigkeit). Unter Umständen ist das Finanzunternehmen auf den Bereich, der durch das Gemeinschaftsunternehmen ausgeübt werden soll, spezialisiert. Dann hätte die Bank nicht nur die Möglichkeit, einen entscheidenden Einfluss auf die unternehmerische Tätigkeit des Gemeinschaftsunternehmens auszuüben, sondern auch das Interesse, das Wettbewerbsverhalten des Gemeinschaftsunternehmens mitzubestimmen und nicht nur den Wert ihrer Investition zu erhalten.

2.1.2. Vollfunktionseigenschaft

Fraglich wird jedoch in den meisten Fällen sein, ob der gegründeten Projektgesellschaft auch eine „**Vollfunktionseigenschaft**" zukommt. Dies würde vorausset-

---

[46]) Mitteilung der Kommission über den Begriff des Zusammenschlusses nach der Verordnung (EWG) Nr 4064/89 des Rates über die Kontrolle von Unternehmenszusammenschlüssen, ABlEG 1998 Nr C 66/5, Rz 20; im Folgenden kurz Zusammenschlussmitteilung.

[47]) Vgl im Einzelnen die Zusammenschlussmitteilung, Rz 18 ff; vgl auch *Wessely*, Medienfusionskontrolle, 88 f.

[48]) Beachte hierzu Kommission 29. 10. 1993 IV/M.330, *McCormick/CPC/Rabobank/Ostmann*, Rz 12 ff.

zen, dass das Gemeinschaftsunternehmen in der Lage sein muss, **dauerhaft** als **selbstständiger Anbieter** und **Nachfrager** am Markt aufzutreten.[49])

a) Selbstständige wirtschaftliche Einheit

Ob das Gemeinschaftsunternehmen als selbstständige wirtschaftliche Einheit zu qualifizieren ist, ist hauptsächlich danach zu beurteilen, ob das Gemeinschaftsunternehmen aufgrund seiner sachlichen und personellen Ausstattung in der Lage ist, die Funktionen auf dem Markt auszuüben, die auch von anderen Unternehmen in diesem Markt wahrgenommen werden. Deshalb muss das Gemeinschaftsunternehmen über ein sich dem Tagesgeschäft widmendes Management und ausreichende Ressourcen wie finanzielle Mittel, Personal, materielle und immaterielle Vermögenswerte verfügen, um im Rahmen der dem Gemeinschaftsunternehmen zugrunde liegenden Vereinbarung langfristig seine Tätigkeiten ausüben zu können.[50])

Damit wird im Wesentlichen ein **Vergleichsmaßstab** aufgestellt, der sich auf das typische Unternehmen auf dem entsprechenden Markt bezieht.[51]) Bei der geforderten **Selbstständigkeit** muss es sich um eine marktbezogene Selbstständigkeit und nicht gesellschaftsrechtliche (gründerbezogene) handeln: Das Gemeinschaftsunternehmen muss am Markt die jeweils spezifischen Unternehmensfunktionen ausüben und aufgrund einer marktspezifischen Ausstattung tatsächlich lebensfähig sein.[52])

---

[49]) Im Schrifttum wird die Tauglichkeit des Vollfunktionskriteriums zur Abgrenzung zwischen Zusammenschluss- und Verhaltenskontrolle weitgehend kritisiert; auch aus praktischer Sicht ergeben sich bei der Beurteilung oft Schwierigkeiten, da die Kommission in ihren Entscheidungen oft formelartig die Anwendbarkeit der FKVO begründet, ohne dass dies im Einzelnen nachvollziehbar wäre; siehe zur (teils) heftigen Kritik in der Literatur *Bischke*, Die Unterscheidung zwischen konzentrativen Unternehmensverbindungen im europäischen Recht gegen Wettbewerbsbeschränkungen (1997), 74 f; *Pohlmann*, Der Unternehmensverbund im Europäischen Kartellrecht (1999), 210 ff; *Reiser*, Joint Ventures in der Europäischen Fusionskontrolle (2002), 50 f; *Schnipper*, Die Doppelkontrolle von Gemeinschaftsunternehmen im Europäischen Fusionskontrollrecht (2002), 123 ff.

[50]) Kommission, Mitteilung Vollfunktionsgemeinschaftsunternehmen, Rz 12.

[51]) Siehe *Pohlmann*, Unternehmensverbund, 211. Dass dem Gemeinschaftsunternehmen alle notwendigen Ressourcen für seine Tätigkeit zur Verfügung stehen müssen, kommt an dieser Stelle nur klarstellende Bedeutung zu, ergibt sich doch bereits aus dem Tatbestandsmerkmal des Kontrollerwerbs in Art 3 Abs 1 lit b FKVO, dass es sich bei dem Kontrollobjekt um ein „Unternehmen" handeln muss, also um eine Gesamtheit von Mitteln, mit denen ein wirtschaftlicher Zweck verfolgt wird. Verfügt das Gemeinschaftsunternehmen bereits über keine Ressourcen im oben genannten Sinne, so können auch die Mütter keine Kontrolle über ein „Unternehmen" erlangen; vgl dazu *Pohlmann*, Unternehmensverbund, 212, 215; *dieselbe*, Die Vorschläge der Europäischen Kommission zu einer Änderung der Fusionskontrollverordnung, EWS 1997, 181 ff, 185; *dieselbe*, GWB-Novelle: Der neue Zusammenschlusstatbestand des Fusionskontrollrechts, DWir 1998, 397 ff, 399; zustimmend *Schnipper*, Doppelkontrolle, 125 f.

[52]) Vgl dazu *Mälzer*, Die Stellung von Gemeinschaftsunternehmen im europäischen Wettbewerbsrecht, WuW 1992, 705 ff, 711 f; *Stockenhuber*, Europäische Fusionskontrolle (1995) 141 ff; *Lohse*, Gemeinschaftsunternehmen nach Inkrafttreten der Fusionskontrollverordnung, ZHR 159 (1995), 164 ff, 171 ff; *Wessely*, Medienfusionskontrolle, 89; *Immenga* in *Immenga/Mestmäcker*, EG-Wettbewerbsrecht I, Art 3 FKVO, Rz 79 ff.

Übernimmt hingegen ein Gemeinschaftsunternehmen nur eine **bestimmte Funktion** innerhalb der Geschäftstätigkeit der Muttergesellschaften und hat es dabei **keinen Zugang zum Markt**, so handelt es sich nicht um ein Vollfunktionsgemeinschaftsunternehmen. Dies ist dann der Fall, wenn ein Gemeinschaftsunternehmen im Wesentlichen auf den Vertrieb bzw den Verkauf der Erzeugnisse der Muttergesellschaften beschränkt und damit überwiegend als Verkaufsagentur tätig ist.[53] Ist demnach das Gemeinschaftsunternehmen auf die **Legung eines Angebotes** und im Falle des Zuschlages auf die **Abwicklung des ausgeschriebenen Projektes beschränkt**, so verfügt das Gemeinschaftsunternehmen weder über eine Eigenständigkeit auf den Beschaffungsmärkten noch tritt es wie jedes andere Unternehmen selbstständig am Markt auf.[54] In diesem Fall kommt eine Prüfung nach fusionskontrollrechtlichen Vorschriften nicht in Betracht. Anders sind jedoch – wie oben bereits angedeutet – die Fälle zu behandeln, in denen die Projektgesellschaft auch die Abwicklung weiterer Projekte plant (etwa um die erlangten Kenntnisse der Zusammenarbeit auch bei weiteren Aufträgen zu nutzen) oder sie nach der Errichtung auch langfristig mit dem Betrieb des Projekts betraut ist.

b) Dauer

Die FKVO geht davon aus, dass nur **auf Dauer** angelegte Vollfunktionsgemeinschaftsunternehmen eine Veränderung in der Struktur der beteiligten Unternehmen bewirken. Die Kommission nimmt dann eine dauerhafte Einrichtung an, wenn das Gemeinschaftsunternehmen dazu bestimmt und in der Lage ist, seine Tätigkeiten zeitlich unbegrenzt, zumindest aber langfristig auszuüben.[55] Ein Indiz für die Einräumung einer langfristigen unternehmerischen Perspektive durch die Gründer ist die **Ausstattung des Gemeinschaftsunternehmens** mit **finanziellen, materiellen und immateriellen Vermögenswerten**,[56] die auf ein nicht bloß vorübergehendes oder gar kurzzeitiges Engagement schließen lassen.

Die Kommission interpretiert dabei Art 3 Abs 2 FKVO dahin gehend, dass erst ab einer **bestimmten Existenzdauer** des Gemeinschaftsunternehmens von einer Strukturänderung auszugehen ist. In der Verwaltungspraxis der Kommission hat sich diesbezüglich ein Zeitrahmen von **fünf Jahren** herauskristallisiert.[57] Ist eine bestimmte Dauer des Gemeinschaftsunternehmens festgelegt, so geht alleine deshalb die Vollfunktionseigenschaft nicht verloren, sofern diese Frist ausreichend lange ist, um eine dauerhafte Strukturveränderung herbeizuführen, oder wenn die

---

[53] Kommission, Mitteilung Vollfunktionsgemeinschaftsunternehmen, Rz 11 ff.
[54] *Karollus/Artmann*, wbl 2001, 455.
[55] Vgl Kommission, Mitteilung Vollfunktionsgemeinschaftsunternehmen, Rz 12.
[56] Kommission, Mitteilung Vollfunktionsgemeinschaftsunternehmen, Rz 12.
[57] Kommission 6. 5. 1998 IV/M.970, *TKS/ITW Signode/Titan*, ABlEG 1998 Nr L 316/33, Rz 10; die im Zusammenschlussfall vom 28. 3. 1994 IV/M.425, *Banco Santander/British Telecommunications*, vereinbarte Dauer des Gemeinschaftsunternehmens von drei Jahren hielt die Kommission hingegen für unzureichend (vgl Rz 21).

Vereinbarung vorsieht, dass auch nach diesem Zeitraum das Gemeinschaftsunternehmen fortbestehen kann.[58])

Dieses Erfordernis eines (Mindest-)Tätigkeitszeitraumes mag zweifelhaft erscheinen, da bei anderen Formen des Kontrollerwerbs, wie etwa dem Anteilserwerb, auch nicht im Vorhinein auf eine bestimmte Bestehensdauer abgestellt wird. Vielmehr wird bei einem über 50 % liegenden Erwerb der Geschäftsanteile ein längerfristiges unternehmerisches Interesse und damit eine „dauerhafte" Strukturänderung vermutet. Die Fusionskontrolle kennt hier auch nur eng begrenzte Ausnahmen für vorübergehende Beteiligungen, zB von Finanzunternehmen an Nichtbanken im Rahmen der typischen Bankgeschäfte, wo die Gesellschaftsanteile alsbald an die Auftraggeber oder Kunden weitergeleitet werden (vgl Art 3 Abs 5 FKVO; § 42e KartG).[59]) *Pohlmann* vertritt daher die Auffassung, dass Art 3 Abs 2 FKVO nun keine bestimmte Existenzdauer des Gemeinschaftsunternehmens normiert, sondern vielmehr festsetzt, dass das Gemeinschaftsunternehmen „während der Dauer seines Bestehens" alle Funktionen einer selbstständigen wirtschaftlichen Einheit erfüllen muss, damit ein Zusammenschlusstatbestand vorliegt.[60]) Dies ist im Hinblick auf die den anderen Zusammenschlusstatbeständen zugrunde liegende Wertungsentscheidung, die (lediglich) eine Prognose eines längerfristigen Engagements beinhaltet, konsequent, zumal auch ein kurzfristiges Engagement im Rahmen eines Vollfunktionsgemeinschaftsunternehmens zu nachhaltigen Wettbewerbsschädigungen führen kann (zB bei Monopolstellung). Daher sollte auch in diesen Fällen der Kommission eine Prüfungsbefugnis des Zusammenschlusses eröffnet bzw von dieser wahrgenommen werden.

Ist der Bestand eines Gemeinschaftsunternehmens kürzer als geplant, zB wenn ein auf unbestimmte Dauer angelegtes gemeinschaftliches Unterfangen nach zwei Jahren scheitert, so stellt sowohl die Gründung des Vollfunktionsgemeinschaftsunternehmens – zB durch Veräußerung von 50 % der Anteile eines bestehenden Unternehmens – einen Zusammenschlusstatbestand dar, wie auch der Rückerwerb dieser Anteile.[61])

Im Fall von **Projektgesellschaften** ist die Dauerhaftigkeit eines Gemeinschaftsunternehmens dann zu verneinen, wenn es „für ein bestimmtes Vorhaben wie etwa den Bau eines Kraftwerkes gegründet, nach Abschluss des Baus jedoch nicht mehr am Betrieb dieses Kraftwerks beteiligt sein wird".[62]) Hingegen stellt sich die Frage einer dauerhaften Einrichtung insbesondere beim Betreibermodell, wenn sich die Gründer also nicht mit dem Zeitpunkt der Fertigstellung der Errichtungsarbeiten von dem gemeinsamen Projekt zurückziehen, sondern darüber hinaus über das Ge-

---

[58]) Kommission, Mitteilung Vollfunktionsgemeinschaftsunternehmen, Rz 15.
[59]) Dazu *Duursma*, Fusionskontrolle bei Banken (1999), 89 ff bzw 95 ff.
[60]) *Pohlmann*, Unternehmensverbund, 215.
[61]) Vgl den Zusammenschlussfall Kommission 20. 8. 1997 IV/M.966, *Philips/Lucent Technologies*, Tz 20, wo innerhalb Jahre nach Gründung des Gemeinschaftsunternehmens der Rückerwerb der Anteile genehmigt wurde (vgl Kommission 6. 1. 1999 IV/M.1358, *Philips/Lucent Technologies*).
[62]) Kommission, Mitteilung Vollfunktionsgemeinschaftsunternehmen, Rz 15.

meinschaftsunternehmen die Verwertung des Projekts wahrnehmen. Daher bejahte die Kommission in der Entscheidung *Flughafen Berlin (II)* die Dauerhaftigkeit des gegründeten Gemeinschaftsunternehmens, da mit der Errichtung des Flughafens Ziel des gesamten Projekts auch der **langfristige Betrieb** desselben war.[63])

Ist der Gesellschaftsvertrag auf unbestimmte Dauer abgeschlossen, so ergibt sich daraus nicht automatisch die Dauerhaftigkeit der Einrichtung. Eine derartige Ausgestaltung kann vielmehr auch für die mit der Abwicklung eines einzigen Auftrags betrauten Projektgesellschaften Notwendigkeit sein – wäre doch die gesellschaftsrechtliche Alternative eine Befristung, die eine „zwingende Auflösung" und damit Liquidation der Gesellschaft nach Fristablauf bedeuten würde. Für die Frage der langfristigen Verwertung ist daher insbesondere zu untersuchen, für welchen Zeitraum Kündigungsmöglichkeiten des Auftraggebers gegenüber der Projektgesellschaft bestehen oder vereinbarte Abtretungsanbote an der Gesellschaft durch den Auftraggeber wahrgenommen werden können.

2.1.3. Keine Koordinierung des Wettbewerbsverhaltens

Das Gemeinschaftsunternehmen darf nicht zu einer Koordinierung der wirtschaftlichen Verhaltensweise zwischen den Beteiligten führen. Eine Koordinierung ist jedenfalls dann auszuschließen, wenn in dem Gemeinschaftsunternehmen die bisherigen Tätigkeiten der Gründer zusammengefasst werden, die Gründer also vollständig aus dem auf das Gemeinschaftsunternehmen übertragenen Arbeitsgebiet ausscheiden. Hingegen lässt sich beim Tätigbleiben des Gemeinschaftsunternehmens im Markt der Gründer eine Koordinierung des Wettbewerbsverhaltens vermuten. Werden durch das Gemeinschaftsunternehmen neue Tätigkeiten in vor- oder nachgelagerten oder in benachbarten Märkten der Gründer wahrgenommen, so ist darauf abzustellen, inwieweit wettbewerbliche Wechselwirkungen zwischen den Müttern und dem Gemeinschaftsunternehmen bestehen.[64])

2.2. Anmerkungen zur materiellen Prüfung des Zusammenschlusses

Gegenstand der materiellen Prüfung des Zusammenschlusses ist, ob durch den Erwerb der gemeinsamen Kontrolle eine **beherrschende Stellung** auf einem relevanten Markt begründet oder verstärkt wird, durch die wirksamer Wettbewerb erheblich behindert würde.[65])

---

[63]) Kommission 5. 2. 2001 IV/M.2262, *Flughafen Berlin (II)*, Rz 11.

[64]) Siehe zu diesem Problemkreis generell die fallgruppenartige Darstellung in der Bekanntmachung der Kommission über die Unterscheidung zwischen konzentrativen und kooperativen Gemeinschaftsunternehmen nach der Verordnung Nr 4064/89 des Rates vom 30. 12. 1989 über die Kontrolle von Unternehmenszusammenschlüssen, AblEG 1994 Nr C 385/1, Rz 17 ff; abgedruckt bei *Gugerbauer*, Handbuch zur Fusionskontrolle (1995), 279 ff. Beachte dazu *Reiser*, Joint Ventures, 113 ff sowie *Schnipper*, Doppelkontrolle, 170 ff.

[65]) Dies ist insb anhand von Marktanteilen, der wirtschaftlichen Macht bzw Finanzkraft der beteiligten Unternehmen, der bestehenden rechtlichen oder tatsächlichen Marktzutrittsschranken etc zu beurteilen (vgl den Kriterienkatalog des Art 2 Abs 1 lit b FKVO). Siehe jüngst *Rösler*, Der Begriff der marktbeherrschenden Stellung in der europäischen Fusionskontrolle, NZG 2000, 857 ff; *Reiser*, Joint Ventures, 76 ff.

Nicht im Rahmen eines Zusammenschlusskontrollverfahrens ist die **Rechtmäßigkeit** des dem Zusammenschluss vorausgehenden **Vergabeverfahrens** zu beurteilen. Diese Frage richtet sich allein nach den anwendbaren vergabe- oder kartellrechtlichen Vorschriften.[66])

Ebenso steht die Frage eines **möglicherweise negativen künftigen Marktverhaltens des Betreiberkonsortiums** (im Fall *Berliner Flughafen II* bezog sich dies auf eine befürchtete Einhebung erhöhter Start- und Landegebühren) nicht in Zusammenhang mit der fusionskontrollrechtlichen Prüfung des Zusammenschlusses. Es ist jedoch festzuhalten, dass das Betreiberkonsortium gegebenenfalls insoweit dem Missbrauchsverbot nach Art 82 EGV sowie nach nationalem Kartellrecht (vgl §§ 34 f KartG) unterliegt.[67]) Soweit die bisherigen öffentlichen Eigentümer, zB durch öffentlich-rechtliche Genehmigungsentscheidungen, daran mitwirken, dass dem Betreiberkonsortium zusätzliche Finanzmittel in Form erhöhter Gebühren oder Investitionsbeiträge zufließen, könnte dies auch den Regeln über staatliche Beihilfen unterliegen.[68])

3. Kartellverbot

3.1. Problemabgrenzung

Nach Art 81 EGV sind Vereinbarungen zwischen Unternehmen, Beschlüsse von Unternehmensvereinigungen und aufeinander abgestimmte Verhaltensweisen mit dem Gemeinsamen Markt unvereinbar und verboten, wenn sie den Handel zwischen Mitgliedstaaten zu beeinträchtigen geeignet sind und eine Verhinderung, Einschränkung oder Verfälschung des Wettbewerbs innerhalb des Gemeinsamen Marktes bezwecken oder bewirken (beachte diesbezüglich aus nationaler Sicht § 10 ff KartG).

Die kartellrechtliche Problematik, die sich aus der Teilnahme einer Bieter- oder Arbeitsgemeinschaft an einem öffentlichen Ausschreibungsverfahren ergibt, resultiert nun im Wesentlichen aus dem Umstand, dass derartige Kooperationsvereinbarungen in der Regel die Verpflichtung der einzelnen Unternehmen enthalten, für die konkrete Ausschreibung kein selbstständiges Angebot zu legen und mit anderen Unternehmen nicht zusammenzuarbeiten. Durch das damit verbundene Ausscheiden eines (potenziellen) Anbieters wird der sensible Wettbewerb auf Ausschreibungsmärkten beeinträchtigt und damit der Zweck des durchgeführten Vergabeverfahrens, die Ermittlung des Bestbieters, konterkariert.

---

[66]) Kommission 5. 2. 2001 IV/M.2262, *Flughafen Berlin (II)*, Rz 25.
[67]) Kommission 5. 2. 2001 IV/M.2262, *Flughafen Berlin (II)*, Rz 26.
[68]) Kommission 5. 2. 2001 IV/M.2262, *Flughafen Berlin (II)*, aaO.

Daraus ergibt sich zunächst, dass Kooperationen im Rahmen von Vergabeverfahren dann unbedenklich sind,

– wenn der Auftraggeber selbst das **Erfordernis einer Kooperation in seiner Ausschreibung** vorsieht (etwa aufgrund der Größe oder Komplexität des zu vergebenden Auftrags, um eine Risikostreuung zu erzielen oder um aus mittelstandspolitischen Gründen Klein- und Mittelbetriebe zu fördern); hier bedarf es keines Schutzes des Ausschreibungsmarktes, da die Einschränkung des Wettbewerbs nicht auf eine Absprache unter den Mitgliedern zurückzuführen ist, sondern auf dem Auftrag beruht,[69] oder

– wenn es sich um **Gemeinschaften zwischen Nichtwettbewerbern** handelt, da hier die Zahl der Anbieter nicht verringert sondern erhöht wird: Erst durch das Zusammenwirken verschiedenartiger Unternehmen, von denen jedes einzelne aufgrund seiner fachlichen Ausrichtung einen bestimmten Beitrag leisten kann, wird die Teilnahme an einem Ausschreibungsverfahren ermöglicht und so mit einem zusätzlichen Angebot für ein Mehr an Wettbewerb gesorgt.[70]

In diesen Fällen ist der Zweck der Zusammenarbeit auf das konkrete PPP-Projekt zu beschränken, damit kein kartellrechtlich relevanter Tatbestand vorliegt.[71] Es dürfen daher den Beteiligten keine Beschränkungen im Hinblick auf künftige Tätigkeiten auferlegt werden (vgl auch unten 3.3.). Widrigenfalls verstößt die Gemeinschaft gegen das Kartellverbot, was eine Freistellung unter den Voraussetzungen des Art 81 Abs 3 EGV nicht ausschließt.[72]

Problematisch ist hingegen die Beurteilung von Gemeinschaften **gleichartiger Unternehmen**, also solcher, die in aktuellem oder potenziellem Wettbewerb miteinander stehen. Die Anzahl der Anbieter könnte durch eine derartige Kooperation sinken, insbesondere wenn die Parteien die Unzulässigkeit von Mehrfachlegungen vereinbaren. Dabei ist anzumerken, dass die europäischen Vergaberichtlinien von einer **grundsätzlichen Zulässigkeit von Arbeits- und Bietergemeinschaften** ausgehen.[73] Das österreichische BVergG trägt diesem Umstand insoweit Rech-

---

[69] Vgl *Lutz*, Die Arbeitsgemeinschaft und das Gesetz gegen Wettbewerbsbeschränkungen, NJW 1960, 1833 ff, 1835; siehe weiters *Aicher*, Wettbewerbsrechtliche Probleme der Bau-ARGE, in *Krejci* (Hrsg), Das Recht der Arbeitsgemeinschaften in der Bauwirtschaft (1979), 191 ff, 223 mwN; *Immenga*, DB 1984, 391.

[70] Siehe beispielsweise *Bunte* in *Langen/Bunte* I^9, § 1 GWB, Rz 308.

[71] Beachte Kommission 24. 10. 1988 IV/32.437/8, *Eurotunnel*, ABlEG 1988 Nr L 311/36.

[72] *Karollus/Artmann*, wbl 2001, 458; siehe zu der Freistellung für Arbeitsgemeinschaften nach dem österreichischen KartG unten 3.3.

[73] Vgl Art 18 der Richtlinie 93/36/EWG des Rates vom 14. 6. 1993 über die Koordinierung der Verfahren zur Vergabe öffentlicher Lieferaufträge, ABlEG 1993 Nr L 199/1 idF ABlEG 1997 Nr L 328/1; Art 26 der Richtlinie 92/50/EWG des Rates vom 18. 6. 1992 über die Koordinierung der Verfahren zur Vergabe öffentlicher Dienstleistungsaufträge, ABlEG 1992 Nr L 209/1 idF ABlEG 1997 Nr L 328/1; Art 33 der Richtlinie 93/38/EWG des Rates vom 14. 6. 1993 zur Koordinierung der Auftragsvergabe durch Auftraggeber im Bereich der Wasser-, Energie- und Verkehrsversorgung sowie im Telekommunikationssektor, ABlEG 1993 Nr L 199/84 idF ABlEG 1998 Nr L 101/1.

nung, als § 30 Abs 2 BVergG ausdrücklich normiert, dass Arbeitsgemeinschaften und Bietergemeinschaften Angebote einreichen können. Die Grenzen der Zulässigkeit sollen im Folgenden konkretisiert werden.

3.2. Bieter- und Arbeitsgemeinschaften zwischen Wettbewerbern
3.2.1. Grundsätzliches

Eine Vereinbarung konkurrierender Unternehmen, sich gemeinschaftlich an einer Ausschreibung zu beteiligen, kann dann gegen das Kartellverbot verstoßen, wenn sie geeignet ist, die Marktverhältnisse durch Beschränkung des Wettbewerbs spürbar zu beeinflussen.

Unstreitig ist, dass eine Beeinträchtigung des Wettbewerbs wegen fehlender individueller Wettbewerbsfähigkeit ausgeschlossen ist, also keines der beteiligten Unternehmen Leistung hätte **allein erbringen** können. Das wird nicht nur bei unzureichenden technischen oder personellen Kapazitäten angenommen, sondern auch dann, wenn es dem einzelnen Unternehmen an Erfahrung bzw Spezialkenntnissen fehlt, oder der Auftraggeber einem einzelnen auftretenden Anbieter den Auftrag nicht erteilen würde.[74])

Zudem sieht die (deutsche) Kartellrechtspraxis Bietergemeinschaften als zulässig an, die zwar über die erforderlichen Kapazitäten verfügen, aber erst die Arbeitsgemeinschaft sie in die Lage versetzt, ein **Erfolg versprechendes Angebot** abzugeben[75]); Beispiel: mehrere kleine örtliche Bauunternehmen können im Verhältnis zu einem Unternehmen, das sich an einer Ausschreibung beteiligen will, nur dann ein hinreichend preisgünstiges Angebot abgeben, wenn sie, um Lohnkosten zu sparen, ihre Maschinenparks für diesen Auftrag zusammenlegen.[76])

Vergleichbare Kriterien finden sich auch in den von der Kommission verabschiedeten „Leitlinien zur Anwendbarkeit von Art 81 EGV auf Vereinbarungen über horizontale Zusammenarbeit",[77]) die den Unternehmen eine wertvolle – wenn auch nicht rechtsverbindliche – Orientierungshilfe für die kartellrechtliche Beurteilung von Kooperationsvereinbarungen zur Verfügung stellt. Demnach kann eine Vereinbarung den Wettbewerb dann nicht beschränken, wenn zwischen den Parteien kein Wettbewerb in Bezug auf die von der Vereinbarung erfassten Produkte oder Dienstleistungen besteht.[78]) Eine spezifische Anwendung dieses Grundsatzes wären Konsortialvereinbarungen, die den beteiligten Unternehmen erlauben, sich an Ausschreibungen zu beteiligen, deren Anforderungen sie einzelnen nicht erfül-

---

[74]) ZB *Maasch*, ZHR 150 (1986) 658 mwN.
[75]) Siehe zB *Lutz*, NJW 1960, 1835; *Immenga*, DB 1984, 387; *Maasch*, ZHR 150 (1986) 658 f sowie *Bunte* in *Langen/Bunte* I⁹, § 1 GWB, Rz 309.
[76]) Kooperationsfibel (Zwischenbetriebliche Zusammenarbeit im Rahmen des Gesetzes gegen Wettbewerbsbeschränkungen), Veröffentlichung des BMWi, Neuauflage März 1976, 30, zitiert nach *Immenga*, DB 1984, 387.
[77]) AB1EG 2001 Nr C 3/2 (im Folgenden kurz: Leitlinien horizontale Zusammenarbeit).
[78]) Kommission, Leitlinien horizontale Zusammenarbeit, Rz 143.

len könnten, sodass sie kein Angebot abgeben könnten. Da sie somit keine potenziellen Wettbewerber in Bezug auf die Ausschreibung sind, liegt keine Beschränkung des Wettbewerbs vor.[79]) Eine Wettbewerbsbeschränkung liegt auch dann nicht vor, wenn die Unternehmen erst durch die Bildung der Gemeinschaft in die Lage versetzt werden, ein Erfolg versprechendes Angebot abzugeben.[80])

3.2.2. Selbstständige Legung eines Erfolg versprechenden Angebots
a) Beurteilungsmaßstab

Die Fähigkeit zur selbstständigen Beteiligung an einer Ausschreibung ist anhand der vorhandenen Kapazitäten, finanziellen Voraussetzungen des Unternehmens und dessen Spezialkenntnissen zu beurteilen.[81]) Ausschlaggebend ist also, ob das Unternehmen den ausgeschriebenen Auftrag auf Grund seiner sachlichen und personellen Ressourcen innerhalb des vorgegebenen Zeitrahmens erbringen kann, wobei auf die Beurteilung aus der Sicht ex ante abzustellen ist.[82])

In der Entscheidung des BGH „*Bauvorhaben Schramberg*"[83]) hatte der BGH den Zusammenschluss mehrerer Zweigniederlassungen von Großunternehmen gegen die örtlichen mittleren Betriebe zu beurteilen und festgestellt, dass die Anwendbarkeit des § 1 GWB trotz der objektiv möglichen selbstständigen Auftragsausführung entfalle, wenn ein Unternehmen aufgrund seiner Vorkalkulation zu der Überzeugung gelange, dass ein eigenständiges Auftreten nicht sinnvoll sei. Dieses Abstellen auf subjektive Wertungen der Kartellbeteiligten ist in der Literatur auf heftige Kritik gestoßen,[84]) da somit die Anwendbarkeit des Kartellverbots von Entscheidungskomponenten abhängig gemacht werde, die im Belieben der beteiligten Unternehmen liegen, wodurch der Nachweis eines Kartellrechtsverstoßes unmöglich gemacht werde.[85]) Zudem sei es nicht Schutzzweck des GWB, jedem Unternehmen durch die Ermöglichung kollektiver Konkurrenzfähigkeit auch von vornherein den Zuschlag sichern zu wollen.[86])

---

[79]) Kommission, Leitlinien horizontale Zusammenarbeit, aaO; vgl zudem Rz 24 (1. Spiegelstrich); siehe weiters auch zur diesbezüglich vergleichbaren Entscheidungspraxis des BGH die Entscheidung vom 13. 12. 1983, *Bauvorhaben Schramberg*, WuW/E BGH 2050 sowie BGH 13. 8. 1994, *Arbeitsgemeinschaft Rheinausbau II*, WuW/E BGH 2945.

[80]) So noch die Bekanntmachung der Kommission über Vereinbarungen, Beschlüsse und aufeinander abgestimmten Verhaltensweisen, die eine zwischenbetriebliche Zusammenarbeit betreffen, AblEG 1968 Nr C 75/3, berichtigt in AblEG 1968 Nr C 93/14, die zwar durch die Leitlinien über die horizontale Zusammenarbeit ersetzt wurde, auf die jedoch insoweit zurückgegriffen werden kann; siehe *Karollus/Artmann*, wbl 2001, 457.

[81]) *Immenga*, DB 1984, 392.

[82]) *Karollus/Artmann*, wbl 2001, 457 f.

[83]) BGH 13. 12. 1983, *Bauvorhaben Schramberg*, WuW/E BGH 2050.

[84]) Vgl insb *Maasch*, ZHR 150 (1986) 659, insb 673 ff, 677, 685.

[85]) *Emmerich*, Kartellrecht[8] (1999) 50.

[86]) *Maasch*, ZHR 150 (1986) 659.

Zutreffend haben *Karollus/Artmann* diesbezüglich dargelegt, dass subjektive Einschätzungen objektivierbar sind, indem man auf die Nachvollziehbarkeit des unternehmerischen Handelns im Sinne seiner wirtschaftlichen Vernunft abstellt.[87]) Dabei sind neben den dem Unternehmen zur Verfügung stehenden Kapazitäten auch betriebswirtschaftliche Gesichtspunkte zu berücksichtigen. Bei der Beurteilung kann nicht alleine darauf abgestellt werden, dass ein Unternehmen mit einem einzigen Auftrag seine gesamte Kapazität belegt. Es muss daher schon genügen, wenn der betreffende Auftrag einen erheblichen Teil der Gesamtkapazität ausfüllt und dies mit anderen bereits bestehenden oder in Folge weiterer erwarteter Aufträge (bei denen etwa ebenfalls schon jetzt eine Ausschreibung läuft) einzuplanenden Liefer- bzw Leistungsverpflichtungen kollidiert.[88]) Eine allenfalls geforderte Gesamtauslastung würde zudem dazu führen, dass die einzelnen Beteiligten nicht in der Lage wären, sich an anderen Ausschreibungen oder Projekten zu beteiligen, was zu einer Verringerung des Wettbewerbs auf diesen Ausschreibungsmärkten führt.[89])

b) Vereinbarung von Wettbewerbsverboten

Wie bereits dargelegt, könnte eine wettbewerbsbeeinträchtigende Kooperation dann anzunehmen sein, wenn sich Unternehmen beteiligen, deren Kapazitäten, technische Einrichtungen und fachlichen Kenntnisse ausreichen, den **Auftrag selbstständig auszuführen**. Ist dies der Fall, so dürfen sich die in einer Gemeinschaft zusammengeschlossenen Unternehmen nicht der Möglichkeit begeben, durch ein eigenständiges Angebot gegenüber der Marktgegenseite zum Geschäftsabschluss zu gelangen. Daher sind diejenigen Kooperationsverträge wettbewerbsbeschränkend, die für ihre Mitglieder ein **Wettbewerbsverbot** vorsehen[90]) (zumal dies auch indiziert, dass eine Anbotslegung eines Beteiligten einzeln oder gemeinsam mit anderen Unternehmen außerhalb der Arbeitsgemeinschaft möglich wäre).[91]) Aber auch bei Fehlen einer ausdrücklichen Wettbewerbsklausel könnte sich durch die Begründung einer GesBR ein aus der Treuepflicht resultierendes Wettbewerbsverbot ergeben,[92]) das die Beteiligten an einer eigenständigen Ange-

---

[87]) *Karollus/Artmann*, wbl 2001, 457.
[88]) *Karollus/Artmann*, wbl 2001, 460, ausführlich 456 ff.
[89]) *Karollus/Artmann*, wbl 2001, 458.
[90]) *Immenga* in *Immenga/Mestmäcker*, GWB, Gesetz gegen Wettbewerbsbeschränkungen, Kommentar³ (2001), § 1 GWB, Rz 368.
[91]) Vgl BGH 24. 6. 1980, *Fertigbeton II*, WuW/E BGH 1732, 1734; *Immenga*, DB 1984, 392 mwN; *Bunte* in *Langen/Bunte* I⁹, § 1 GWB, Rz 311. Die Vereinbarung eines Wettbewerbsverbotes würde somit eine dahin gehende Argumentation, dass die einzelnen Unternehmen der Arbeitsgemeinschaft nicht über die notwendigen Ressourcen verfügen, die für die Erfüllung der konkreten Aufgabe notwendig sind, die Zusammenarbeit also erforderlich und daher nicht wettbewerbsbeschränkend ist, konterkarieren.
[92]) *Immenga* in *Immenga/Mestmäcker*, GWB³, § 1 GWB, Rz 368; *Maasch*, ZHR 150 (1986) 671 mwN.

botslegung hindert. Im deutschen Schrifttum wird daher die Ansicht vertreten, dass Arbeitsgemeinschaften konkurrierender Unternehmen ihren wettbewerbsbeschränkenden Charakter nur dann verlieren, wenn das Wettbewerbsverbot im Vertrag ausdrücklich abbedungen wird.[93])

3.3. Exkurs: Freistellung für Arbeitsgemeinschaften im österreichischen Kartellgesetz

Für den Anwendungsbereich des österreichischen Kartellrechts ist darauf hinzuweisen, dass Arbeitsgemeinschaften aufgrund der **Durchführungsverordnung zu § 17 KartG**[94]) ausgenommen sind (§ 1 Z 1 lit c DVO), sofern die Bildung einer Arbeitsgemeinschaft auf die gemeinsame Ausführung eines bestimmten Auftrags begrenzt ist.

In diesem Zusammenhang wird unter Hinweis auf die deutsche Literatur vertreten, dass das KartG (trotz § 1 Z 1 lit c DVO) auch auf Arbeitsgemeinschaften zwischen Wettbewerbern anzuwenden ist, soferne nicht expressis verbis jedes Wettbewerbsverbot ausgeschlossen ist.[95]) Dies scheint insoweit fragwürdig, da einerseits das deutsche GWB keine derartige Ausnahmebestimmung kennt und der Wortlaut des § 1 Z 1 lit c DVO keine Einschränkung auf Nichtwettbewerber vorsieht: Damit würde bei dieser Betrachtungsweise der Ausnahmebestimmung jeglicher Anwendungsbereich genommen, zumal durch eine Arbeitsgemeinschaft zwischen Nichtwettbewerbern eine nach dem KartG verpönte Beschränkung des Wettbewerbs weder beabsichtigt noch tatsächlich bewirkt wird (vgl auch oben 3.1).

Allerdings könnte der Wortlaut insoweit eine restriktive Interpretation der Kartellrechtsimmunität von Arbeitsgemeinschaften nahe legen, als die Arbeitsgemeinschaft dann dem KartG nicht unterliegt, wenn ein Bieter den Auftrag erhalten hat und erst in diesem Zeitpunkt mit anderen zur Ausführung des Projekts eine Arbeitsgemeinschaft bildet.[96]) Aber auch hier würde dann der Ausnahmebestimmung des § 1 Z 1 lit c DVO nur deklarativer Charakter zukommen, da die an einer späteren Arbeitsgemeinschaft beteiligten Unternehmen im Verhältnis zum Auftraggeber des konkreten Projekts zum Zeitpunkt der Bildung der Arbeitsgemeinschaft in keinem Wettbewerbsverhältnis mehr stehen.[97])

Aus dem Zweck des KartG, volkswirtschaftliche wünschenswerte Produktivitätssteigerungen (auch) durch zwischenbetriebliche Zusammenarbeiten zu fördern, lässt sich vielmehr schließen, dass der Fall einer als Anbieter auftretenden Arbeitsgemeinschaft grundsätzlich vom Anwendungsbereich der DVO erfasst sein und damit kartellrechtsimmun gestellt werden soll, zumal hiermit produktivi-

---

[93]) *Immenga* in *Immenga/Mestmäcker*, GWB³, § 1 GWB, Rz 368.
[94]) Verordnung des Bundesministers für Justiz vom 6. 4. 1989 zur Durchführung des § 17 des Kartellgesetzes 1988, BGBl 1989/185 (kurz: DVO).
[95]) *Gugerbauer*, Kommentar zum Kartellgesetz² (1994), § 10 KartG, Rz 23.
[96]) *Aicher* in *Krejci*, Arbeitsgemeinschaften, 199.
[97]) *Aicher* in *Krejci*, Arbeitsgemeinschaften, aaO.

tätssteigernde Wirkungen gewiss verbunden sein können.[98]) Voraussetzung ist jedoch, dass die Arbeitsgemeinschaft auf ein bestimmtes Projekt beschränkt ist (siehe bereits oben 3.1). Damit sind etwa „Rahmenverträge", welche die Zusammenarbeit zwischen den Beteiligten für künftig abzuwickelnde Projekte regeln sollen, nicht von der Ausnahmebestimmung erfasst. Gleichsam fällt der gemeinsame Betrieb des Projekts im Rahmen eines Betreibermodells nicht unter die Durchführungsverordnung, da lit c die Ausnahme auf die Ausführung eines bestimmten („Bau")Auftrags beschränkt und nicht die darüber hinaus gehende Verwertung miteinbezieht.

Zu beachten ist jedoch, dass die Verordnungsermächtigung des § 17 KartG durch die Kartellgesetznovelle 2002 (BGBl I Nr 62/2002) dahingehend geändert wurde, dass nunmehr das Wort „insbesondere" in Abs 2 entfällt, weshalb offen ist, ob die Verordnungsermächtigung damit nun ausdrücklich auf die in § 17 Abs 2 KartG enthaltenen Fälle beschränkt ist, wobei aber gerade Arbeitsgemeinschaften nicht aufgezählt sind. Es ließe sich daher argumentieren, dass mit der Novelle die Änderung von einer demonstrativen Aufzählung von Freistellungstatbeständen in eine taxative erfolgte und daher die Freistellungsermächtigung für Arbeitsgemeinschaften weggefallen ist, weshalb die DVO für diesen Bereich invalidiert und letztlich vom Verfassungsgerichtshof im Rahmen einer Verordnungsprüfung aufgehoben werden müsste.[99]) ME ist jedoch davon auszugehen, dass Abs 1 des § 17 KartG die grundsätzliche Ermächtigung zur Freistellung einer „zwischenbetrieblichen Zusammenarbeit" enthält, die durch die folgenden Aufzählungen in Abs 2, 2a und 3 lediglich konkretisiert, nicht jedoch abschließend geregelt wird.

4. Ergebnisse

Überblicksartig lassen sich die oben dargelegten kartellrechtlichen Problemkreise zur Beurteilung von Projektgesellschaften, die zur Erfüllung im öffentlichen Interesse gelegener Aufgaben gegründet werden, wie folgt zusammenfassen:
– Das Kartellrecht macht keinen Unterschied zwischen öffentlichen und privaten Unternehmen; beide sind gleichermaßen Adressaten der nationalen sowie europäischen kartellrechtlichen Bestimmungen. Eine ausdrückliche Ausnahmebestimmung sieht der EGV für mit Dienstleistungen von allgemeinem wirtschaftlichem Interesse betraute Unternehmen vor.

---

[98]) Siehe *Aicher* in *Krejci*, Arbeitsgemeinschaften, 199 f, 220.
[99]) Die Notwendigkeit einer gesonderten Verordnungsaufhebung ergibt sich dabei mE zunächst aus dem Umstand der Rechtssicherheit (beachte auch die Gültigkeit und Anwendbarkeit einer inhaltlich fehlerhaften, aber rechtmäßig kundgemachten Norm aufgrund des Fehlerkalküls), letztlich auch aber aus daraus, dass nicht die gesamte Verordnungsermächtigung aufgehoben sondern nur eingeschränkt wurde, weshalb die „Herzog-Mantel-Theorie" (Geltungsverlust ipso iure) nicht zur Anwendung gelangt; vgl dazu *Walter/Mayer*, Bundesverfassungsrecht[9] (2000), Rz 598.

- Ein nach der FKVO bzw den §§ 41 KartG zu beurteilender Zusammenschlusstatbestand bei der Gründung einer Projektgesellschaft zwecks gemeinschaftlicher Angebotslegung mehrerer Unternehmen an einem Ausschreibungsverfahren kommt in seltenen Fällen dann in Betracht, wenn die Projektgesellschaft langfristig mit dem Betrieb des Projekts nach Abschluss der Bauarbeiten betraut ist.
- Arbeits- und Bietergemeinschaften sind dann aus der Sicht des Kartellverbots unbedenklich, wenn es sich bei den beteiligten Unternehmen um Nichtwettbewerber handelt oder der Auftraggeber selbst die Kooperation in seinen Ausschreibungsbedingungen vorsieht. Im Falle der Beteiligung aktueller oder potenzieller Wettbewerber ist darauf abzustellen, ob eine Erfolg versprechende eigenständige Angebotslegung eines Beteiligten möglich wäre.
- Arbeitsgemeinschaften, die auf ein bestimmtes Projekt beschränkt sind, sind nach dem österreichischen KartG aufgrund der Ausnahmebestimmung des § 1 Abs 1 lit c DVO zu § 17 KartG kartellrechtsimmun (strittig).

Rechtliche Rahmenbedingungen für Schienen- und Straßenprojekte

Maria Lang

Inhalt
1. Gemeinschaftsrecht
   1.1. Grundsätze
   1.2. Transeuropäische Netze
      1.2.1. Grundlagen
      1.2.2. Leitlinien
      1.2.3. TEN-Zuschüsse
   1.3. Eisenbahnen
      1.3.1. Liberalisierung des Eisenbahnmarktes
      1.3.2. Nutzung der Eisenbahninfrastruktur
      1.3.3. Infrastrukturbetreiber und Eisenbahnunternehmen
      1.3.4. Zuweisung von Fahrwegkapazität
      1.3.5. Entgelt
   1.4. Straßen
      1.4.1. Marktzugang
      1.4.2. Straßenbenutzungsgebühren
2. Innerstaatliche Vorschriften
   2.1. Eisenbahnen
      2.1.1. Hochleistungsstrecken
      2.1.2. Planung, Bau und Übergabe von Hochleistungsstrecken
      2.1.3. Konzessionen und Genehmigungen nach dem EisenbahnG
      2.1.4. Finanzierung und Nutzung der Schieneninfrastruktur
   2.2. Straßen
      2.2.1. Bundesstraßen
      2.2.3. Bundesstraßen-Maut
      2.2.4. Sonstige Straßen

Dieser Beitrag enthält eine Zusammenfassung wesentlicher Rahmenbedingungen im Zusammenhang mit Infrastrukturprojekten im Verkehrsbereich, die sich aus dem Gemeinschaftsrecht und nationalen Rechtsvorschriften ergeben. Nicht berücksichtigt werden rechtliche Rahmenbedingungen auf dem Gebiet des Vergaberechtes und des Beihilfenrechtes einschließlich der Verpflichtungen des öffentlichen Dienstes im Schienen- und Straßenverkehr, die in anderen Beiträgen behandelt werden.

1. Gemeinschaftsrecht

1.1. Grundsätze

Gemäß Artikel 3 EGV idF des Vertrages von Maastricht vom November 1993 gehört die gemeinsame Politik auf dem Gebiet des Verkehrs zu den grundlegenden Elementen der Europäischen Gemeinschaft und des Binnenmarktes. In Art 70 bis 80 EGV in der konsolidierten Fassung des Vertrages von Amsterdam (ex Art 74 bis 84) wird der Rahmen für die Umsetzung dieser gemeinsamen Politik abgesteckt. Die Gemeinschaft hat Maßnahmen zu ergreifen, um den Binnenmarkt zu verwirklichen, ua durch Liberalisierung des Marktzuganges und durch Verbesserung der Verkehrssicherheit. Art 71 (ex Art 75) EGV schafft die Grundlage für Regelungen, die der Förderung der Leistungsfähigkeit der Verkehrsabwicklung zwischen den Mitgliedstaaten sowie von und nach Drittstaaten und der Minderung der dafür aufzuwendenden volkswirtschaftlichen Kosten dienen.

Art 154 bis 156 (ex Art 129b bis 129d) EGV enthalten zusätzliche Regelungen über Transeuropäische Netze (TEN), die mit dem Vertrag von Maastricht in Kraft getreten sind. Die Gemeinschaft trägt zum Auf- und Ausbau transeuropäischer Netze bei und erstellt Leitlinien und kann auch Zuschüsse gewähren. Art 251 (ex Art 189b) EGV sieht für den gesamten Verkehrssektor das Verfahren der Mitentscheidung vor.

Eine zusammenfassende Darstellung der Grundlagen enthält ein von der Generaldirektion Verkehr herausgegebener Leitfaden.[1]) Aufschluss über die Zielsetzungen der Kommission geben mehrere Weißbücher[2]) zum Bereich Verkehr:

Weißbuch 1996[3])

Im Juli 1996 hat die Kommission ein Weißbuch mit dem Titel „Eine Strategie zur Revitalisierung der Eisenbahn in der Gemeinschaft" vorgelegt. Das Weißbuch zielt auf die Schaffung einer neuen Art von Eisenbahnen, die in erster Linie auf die Befriedigung der Kundenwünsche ausgerichtete Unternehmen sind. Zur Revitalisierung der Eisenbahn wird ein Vierstufen-Plan vorgeschlagen:

– Trennung der finanziellen Verantwortlichkeit von Staat und Eisenbahngesellschaft
– Gewährleistung gemeinwohlrelevanter Leistungen durch den Abschluss öffentlicher Dienstleistungsverträge
– Engere Zusammenarbeit zur Integration der Infrastrukturen, Koordinierung, Harmonisierung
– Schaffung eines Netzes von Eisenbahnfreeway-Korridoren, auf denen offener Fahrwegzugang für den Schienengüterverkehr und mithin in der Regel Vorrang vor anderem Schienenverkehr besteht.[4])

Weißbuch 1998[5])

1998 hat die Kommission ein Weißbuch mit dem Titel „Faire Preise für die Infrastrukturbenutzung: Ein abgestuftes Konzept für einen Gemeinschaftsrahmen für

---

[1]) Leitfaden „Der gemeinschaftliche Besitzstand im Bereich Verkehr", 1999. Der Leitfaden soll das Verständnis der Rechtsvorschriften der Gemeinschaft im Bereich Verkehr erleichtern (Vorwort, Punkt 1).
[2]) Weißbücher enthalten Vorschläge für ein Tätigwerden der Gemeinschaft in bestimmten Bereichen und dienen dazu, diese Bereiche zu entwickeln.
[3]) Eine Strategie zur Revitalisierung der Eisenbahn in der Gemeinschaft, KOM (96) 421, Juli 1996.
[4]) Zum Maßnahmenzeitplan der Kommission siehe Weißbuch 1996, 44 f.
[5]) Faire Preise für die Infrastrukturbenutzung: Ein abgestuftes Konzept für einen Gemeinschaftsrahmen für Verkehrs-Infrastrukturgebühren in der EU, KOM (98) 466, Juli 1998.

Verkehrs-Infrastrukturgebühren in der EU" vorgelegt. Darin stellt sie fest, dass in der Gemeinschaft für die Eisenbahninfrastruktur 9 verschiedene Entgeltsysteme mit einem Kostendeckungsgrad von 0 bis 100 % bestehen. Die Kommission strebt eine schrittweise Harmonisierung der Grundsätze der Gebührenberechnung für alle wichtigen gewerblichen Verkehrsarten an. Die Gebührensysteme sollen auf das Verursacherprinzip gestützt werden, sodass alle Nutzer von Verkehrsinfrastruktur für die von ihnen verursachten Kosten bezahlen. Das Gebührensystem soll zu einer effizienteren Infrastrukturnutzung führen und die Bereitstellung notwendiger neuer Infrastruktur fördern. Das Konzept beinhaltet auch eine Harmonisierung der unterschiedlichen Steuer- und Abgabensysteme auf diesem Gebiet. Zum Straßenverkehr strebt die Kommission eine umfassende Regelung zur Anlastung der Wegekosten für schwere Nutzfahrzeuge und den gewerblichen Personenverkehr an.

Weißbuch 2001[6])

2001 hat die Kommission ein Weißbuch mit dem Titel „Die europäische Verkehrspolitik bis 2010: Weichenstellungen für die Zukunft" vorgelegt. Das Weißbuch enthält Vorschläge für 60 Maßnahmen auf Gemeinschaftsebene, die ua auf die Verbesserung des Straßenverkehrs und die Wiederbelebung des Schienenverkehrs abzielen.

Die Kommission hält fest, dass es zur Wiederbelebung des Schienenverkehrs des Wettbewerbs zwischen den Eisenbahngesellschaften bedarf. Vordringliche Aufgabe sei die Öffnung der Märkte, und zwar sowohl im internationalen Güterverkehr als auch bei der Kabotage auf nationalen Märkten und schrittweise auch im internationalen Personenverkehr. Die Kommission schlägt eine Änderung der Leitlinien für Transeuropäische Netze[7]) zur Konzentration auf die Beseitigung von Engpässen im Eisenbahnsektor und den Ausbau wichtiger Verkehrswege vor. Zum Straßenverkehr kündigt die Kommission Maßnahmen zum Schutz der Verkehrsunternehmer gegenüber den Verladern und Maßnahmen auf dem Gebiet der sozial- und arbeitsrechtlichen Vorschriften an. Als neues vorrangiges Projekt nennt die Kommission ua den osteuropäischen Hochgeschwindigkeitszug (Bau und Ausbau der Bahnstrecke Strecke Stuttgart-München-Salzburg/Linz-Wien für den Hochgeschwindigkeitspersonenverkehr).

Die Regeln für Finanzhilfen sollen geändert werden, damit die Gemeinschaft einen Beitrag in Höhe von 20 % der Gesamtkosten zu grenzüberschreitenden Eisenbahnprojekten leisten kann. Für 2004 wird ein Vorschlag der Kommission zur umfassenden Änderung des transeuropäischen Netzes angekündigt. Es sollte ermöglicht werden, dass für Investitionen in neue Infrastruktur in dem ganzen betroffenen Gebiet oder auf den möglichen Ausweichstrecken Maut- oder Benüt-

---

[6]) Die europäische Verkehrspolitik bis 2010: Weichenstellungen für die Zukunft, KOM (2001) 370, September 2001.

[7]) Entscheidung Nr 1692/96/EG des Europäischen Parlamentes und des Rates vom 23. Juli 1996 über gemeinschaftliche Leitlinien für den Ausbau eines transeuropäischen Verkehrsnetzes, Amtsblatt L 228 vom 9. 9. 1996.

zungsgebühren eingehoben werden (zB Abgabe auf LKW zur Finanzierung von Eisenbahnvorhaben).

Die Kommission hofft, mit neuen Verfahren bei der Auftragsvergabe das Privatkapital stärker an der Finanzierung von Infrastrukturen interessieren zu können. Neue vergaberechtliche Vorschriften sollen die Beteiligung des Privatsektors zum frühestmöglichen Zeitpunkt der Projektentwicklung sowie eine größere Rechtssicherheit ermöglichen.

1.2. Transeuropäische Netze

1.2.1. Grundlagen

Seit Jahren bemüht sich die Kommission um eine umfassende Politik für transeuropäische Verkehrsnetze. Durch den Vertrag von Maastricht wurden die Art 154 bis 156 (ex Art 129b bis 129d) über Transeuropäische Netze (TEN) in den EG-Vertrag eingefügt und damit eine besondere Rechtsgrundlage geschaffen.

Nach Art 154 (ex Art 129b) EGV trägt die Gemeinschaft in den Bereichen Verkehrsinfrastruktur, Telekommunikations- und Energieinfrastruktur zum Auf- und Ausbau transeuropäischer Netze bei. Die Gemeinschaft erstellt Leitlinien, in denen die Ziele, die Prioritäten und die Grundzüge der in Betracht gezogenen Aktionen erfasst werden, und die der Feststellung von Vorhaben von gemeinsamem Interesse dienen sollen. Die Kommission führt die notwendigen Aktionen durch, um die Interoperabilität der Netze zu gewährleisten.

Die Gemeinschaft kann die finanziellen Anstrengungen der Mitgliedstaaten für von ihnen finanzierte Vorhaben, die als im gemeinsamen Interesse liegend ausgewiesen wurden, unterstützen, insbesondere in Form von Durchführbarkeitsstudien, Anleihebürgschaften oder Zinszuschüssen. Die Gemeinschaft kann auch über den Kohäsionsfonds zu spezifischen Vorhaben finanziell beitragen.

1.2.2. Leitlinien

1996 haben der Rat und das Europäische Parlament auf Vorschlag der Kommission auf Grundlage des Art 129d EGV (Art 154) gemeinschaftliche Leitlinien für den Aufbau eines transeuropäischen Verkehrsnetzes angenommen.[8]

Die Leitlinien regeln Ziele, Prioritäten und Grundzüge im Bereich transeuropäischer Verkehrsnetze. Sie behandeln auch die Bereiche Verkehrsmanagement und Verkehrssteuerungssysteme. Die Leitlinien sollen auch die Beteiligung des privaten Sektors erleichtern.[9] Die Leitlinien sind alle 5 Jahre den wirtschaftlichen und technologischen Entwicklungen im Verkehrssektor anzupassen.[10]

---

[8] Entscheidung Nr 1692/96/EG des Europäischen Parlamentes und des Rates vom 23. Juli 1996 über gemeinschaftliche Leitlinien für den Ausbau eines transeuropäischen Verkehrsnetzes, Amtsblatt L 228 vom 9. 9. 1996.

[9] Art 1 Abs 2 der Entscheidung Nr 1692/96/EG.

[10] Art 21 der Entscheidung Nr 1692/96/EG. Das Weißbuch 2001 ist auch als Überprüfungsbericht zu den Leitlinien zu verstehen, siehe dazu FN 6.

Im Zeithorizont bis 2010 soll schrittweise das transeuropäische Verkehrsnetz durch Integration von Land-, See- und Luftverkehrsinfrastrukturnetzen hergestellt werden. Das Netz soll ua einen auf Dauer tragbaren Personen- und Güterverkehr sicherstellen, zur Verwirklichung des Wettbewerbsziels der Gemeinschaft beitragen, den Benutzern eine qualitativ hochwertige Infrastruktur zu möglichst vertretbaren wirtschaftlichen Bedingungen anbieten und eine optimale Nutzung der vorhandenen Kapazitäten gestatten.[11] Vorrang haben ua Schaffung und Ausbau von Haupt- und Zwischenverbindungen, um Engpässe zur beseitigen, Lücken zu schließen und Fernverkehrsverbindungen zu ergänzen.[12]

Die Leitlinien bilden die Grundlage für Vorhaben von gemeinsamem Interesse, die eine schrittweise Integration der Netze auf europäischer Ebene ermöglichen sollen. Die finanzielle Beteiligung der Mitgliedstaaten oder der Gemeinschaft wird dadurch jedoch nicht präjudiziert.[13] Vorhaben von gemeinsamem Interesse werden allgemein definiert. Der Anhang III der Leitlinien weist 14 Vorhaben von gemeinsamen Interesse auf, die der Europäische Rat zu Schwerpunktprojekten erhoben hat. Zu diesen Vorhaben gehört ua der Hochgeschwindigkeitszug Nord – Süd, der auch die Brenner-Achse Verona – München beinhaltet.

Im Oktober 2001 hat die Kommission einen Vorschlag zur Änderung der Leitlinien vorgelegt.[14] Grundlage für diesen Vorschlag ist das Weißbuch 2001. Die Überprüfung der Leitlinien sollte nach den Vorschlägen der Kommission darauf abzielen, die in dem Netz bereits vorhersehbaren oder bestehenden Engpässe zu beseitigen, ohne neue Streckenführungen hinzuzufügen.[15] Als neue Prioritäten werden ua Maßnahmen zum Ausbau eines schienengebundenen Güterverkehrsnetzes und zur Integration des Luft- und Schienenverkehrs vorgeschlagen. In die Liste der vorrangigen Projekte soll das Osteuropa-Projekt Hochgeschwindigkeitszug/kombinierter Verkehr Stuttgart – München – Salzburg/Linz – Wien aufgenommen werden. Die Fertigstellung ist für 2012 vorgesehen, ein großer Teil soll aber bereits 2006 realisiert werden.

1.2.3. TEN-Zuschüsse

Von besonderem Interesse im Zusammenhang mit PPP-Modellen sind die durch Verordnung geregelten Grundregeln für die Gewährung von Gemeinschaftszuschüssen.[16] Diese Verordnung betrifft Vorhaben von gemeinsamem Interesse, die

---

[11] Art 2 der Entscheidung Nr 1692/96/EG.
[12] Art 5 der Entscheidung Nr 1692/96/EG.
[13] Art 1 Abs 2 der Entscheidung Nr 1692/96/EG.
[14] Vorschlag für eine Entscheidung des Europäischen Parlaments und des Rates zur Änderung der Entscheidung Nr 1692/96/EG über gemeinschaftliche Leitlinien für den Aufbau eines transeuropäischen Verkehrsnetzes, 2001/0229(COD).
[15] Weißbuch „Die europäische Verkehrspolitik bis 2010: Weichenstellungen für die Zukunft", Einleitung, 3.
[16] Verordnung (EG) Nr 2236/95 des Rates vom 18. September 1995 über die Grundregeln für die Gewährung von Gemeinschaftszuschüssen für transeuropäische Netze, Amtsblatt L 228 vom 23. 9. 1995, geändert durch die Verordnung (EG) Nr 1655/1999 des Europäischen Parlaments und des Rates vom 19. Juli 1999, ABlEG Nr L 197 vom 29. 7. 1999.

in den gemeinschaftlichen Leitlinien[17]) ausgewiesen sind. Maßgebend für die Unterstützung ist, inwieweit sie zu den in Artikel 154 (ex Art 129b) des Vertrages genannten Zielen (zB Verbund und Interoperabilität, Zugang zu den Netzen) und zu den sonstigen Zielen und Prioritäten beitragen, die in den Leitlinien enthalten sind.

Der Gemeinschaftszuschuss wird für Vorhaben gewährt, die potentiell wirtschaftlich lebensfähig sind und deren finanzielle Rentabilität als unzureichend angesehen wird. Der Gesamtbetrag des Gemeinschaftszuschusses darf 10 % der gesamten Investitionssumme nicht übersteigen, bei Studien kann der Zuschuss maximal 50 % betragen. Die umfangreichen Änderungen im Jahr 1999 verfolgten ua das Ziel, öffentlich-private Partnerschaften durch Zuschüsse zur Bildung von Risikokapital zu erleichtern. Das Weißbuch 2001 schlägt eine Änderung der Regeln über Finanzhilfen vor, damit die Gemeinschaft bei grenzüberschreitenden Eisenbahnprojekten einen Beitrag in Höhe von 20 % der Gesamtkosten leisten kann.[18])

1.3. Eisenbahnen

1.3.1. Liberalisierung des Eisenbahnmarktes

Der erste Schritt zur Liberalisierung des Eisenbahnmarktes wurde 1991 unternommen: Nach der Richtlinie 91/440/EWG[19]) über die Entwicklung der Eisenbahnunternehmen werden Eisenbahnunternehmen und internationalen Gruppierungen von Eisenbahnunternehmen bestimmte Zugangsrechte zur Schieneninfrastruktur gegen Benutzungsentgelt garantiert. Die Modalitäten zur Festsetzung des Benutzungsentgelts sollten durch die Mitgliedstaaten geregelt werden. Ziel dieser Richtlinie ist die Liberalisierung des Eisenbahnmarktes. Der Betrieb der Infrastruktur ist vom Eisenbahnbetrieb zu trennen, zumindest in der Rechnungsführung. Geschäftsführung, interne Kontrolle und Verwaltung der Eisenbahnunternehmungen müssen vom Staat unabhängig sein. Die Richtlinie garantiert Eisenbahnunternehmen und internationalen Gruppierungen von Eisenbahnunternehmen bestimmte Zugangsrechte im grenzüberschreitenden Schienenverkehr.

Die Richtlinie 91/440/EWG wurde 2001 geändert, die Umsetzung der neuen Regelungen muss bis 15. März 2003 erfolgen. Die Richtlinie 2001/12/EG sieht die Öffnung des Transeuropäischen Schienengüterverkehrsnetzes für grenzüberschreitende Güterverkehrsdienste im Jahr 2003 vor, als weiteren Schritt der Marktintegration die Öffnung der einzelstaatlichen Schienenfrachtmärkte bis 2008. Weiters wird nunmehr auch für Infrastrukturbetreiber die Unabhängigkeit vom Staat verlangt.[20])

---

[17]) Entscheidung 1692/96 über gemeinschaftliche Leitlinien für den Ausbau eines transeuropäischen Verkehrsnetzes, siehe FN 8.

[18]) Weißbuch „Die europäische Verkehrspolitik bis 2010: Weichenstellungen für die Zukunft", Einleitung, 16.

[19]) Richtlinie 91/440/EWG des Rates vom 29. Juli 1991 zur Entwicklung der Eisenbahnunternehmen der Gemeinschaft, ABlEG Nr L 237 vom 24. 8. 1991.

[20]) Richtlinie 2001/12/EG des Europäischen Parlamentes und des Rates vom 26. Februar 2001 zur Änderung der Richtlinie 91/440/EWG des Rates zur Entwicklung der Eisenbahnunternehmen der Gemeinschaft, ABlEG Nr L 75 vom 15. 3. 2001.

1995 wurden gemeinsame Kriterien für die Erteilung von Genehmigungen an Eisenbahnunternehmen festgelegt, die gleiche Bedingungen für die Eisenbahnunternehmen schaffen sollen. Genehmigungen werden innerhalb der Gemeinschaft gegenseitig anerkannt. Die Eisenbahnunternehmen müssen Anforderungen betreffend Zuverlässigkeit, finanzielle Leistungsfähigkeit und fachliche Eignung erfüllen und ausreichend versichert sein.[21])

Mehrere Richtlinien betreffen die Interoperabilität. Gegenstand der Richtlinien sind vor allem die Schnittstellen der Anlagen des Hochgeschwindigkeitszugsystems und der Anlagen des konventionellen Eisenbahnsystems.[22]) Das transeuropäische Hochgeschwindigkeitssystem, die Teilsysteme und Komponenten müssen den sie betreffenden grundlegenden Sicherheitsanforderungen entsprechen. Für bestimmte Teilbereiche sollen technische Spezifikationen für die Interoperabilität (TSI) ausgearbeitet werden. Entsprechend dem new approach erfolgt die Ausarbeitung im Auftrag der Kommission durch ein Gremium (AEIF), in dem Infrastrukturbetreiber, Eisenbahnunternehmen und die Industrie vertreten sind. Für die Eisenbahnanlagen muss eine Konformitätserklärung abgegeben werden.

1.3.2. Nutzung der Eisenbahninfrastruktur

Der Zugang zur Infrastruktur wurde 2001 neu geregelt.[23]) Die neue Richtlinie 2001/14/EG ist von den Mitgliedstaaten bis zum 15. März 2003 umzusetzen. Die neue Richtlinie 2001/14/EG regelt die Grundsätze und Verfahren zur Zuweisung von Fahrwegkapazitäten und zur Festlegung der Wegeentgelte mit dem Ziel, allen Eisenbahnunternehmen einen gleichen und nichtdiskriminierenden Zugang zur Eisenbahninfrastruktur zu verschaffen und einen fairen Wettbewerb bei der Erbrin-

---

[21]) Richtlinie 95/18/EG des Rates vom 9. Juni 1995 über die Erteilung von Genehmigungen an Eisenbahnunternehmen, Amtsblatt L 143 vom 27. 6. 1995, geändert durch die Richtlinie 2001/13/EG des Europäischen Parlaments und des Rates vom 26. Februar 2001 zur Änderung der Richtlinie 95/18/EG des Rates über die Erteilung von Genehmigungen an Eisenbahnunternehmungen, ABlEG Nr L 75 vom 15. 3. 2001.

[22]) Richtlinie 96/48/EG des Rates vom 23. Juli 1996 über die Interoperabilität des transeuropäischen Hochgeschwindigkeitssystems, ABlEG Nr L 235 vom 17. 9. 1996 idF der Berichtigung Amtsblatt L 262 vom 16. 10. 1996; Richtlinie 2001/16/EG des Europäischen Parlaments und des Rates vom 19. März 2001 über die Interoperabilität des konventionellen transeuropäischen Eisenbahnsystems, Amtsblatt L 110 vom 20. 4. 2001; Empfehlung der Kommission vom 21. März 2001 zu den Parametern für das transeuropäische Hochgeschwindigkeitsbahnsystem gem Art 5 Abs 3 Buchstabe b) der Richtlinie 96/48/EG, ABlEG Nr L 100 vom 11. 4. 2001. Auch im Bereich des konventionellen Eisenbahnsystems sollen europäische technische Spezifikationen ausgearbeitet werden, und zwar nach einem Stufenplan beginnend mit April 2004. Die Richtlinie ist bis April 2003 umzusetzen.

[23]) Die Richtlinie 95/19/EG des Rates vom 19. Juni 1995 über die Zuweisung von Fahrwegkapazitäten der Eisenbahn und die Berechnung von Wegentgelten, ABlEG Nr L 143 vom 27. 6. 1995, wurde ersetzt durch die Richtlinie 2001/14/EG des Europäischen Parlaments und des Rates vom 26. Februar 2001 über die Zuweisung von Fahrwegkapazitäten der Eisenbahn, die Erhebung von Entgelten für die Nutzung von Eisenbahninfrastruktur und die Sicherheitsbescheinigung.

gung der Eisenbahnverkehrsleistungen zu ermöglichen. Den Betreibern der Infrastruktur soll größere Flexibilität bei der Zuweisung der Fahrwegkapazitäten eingeräumt werden, um eine effiziente Nutzung des Schienennetzes zu ermöglichen. Um Transparenz und einen nichtdiskriminierenden Zugang zu den Eisenbahnfahrwegen für alle Eisenbahnunternehmen sicherzustellen, sind alle für die Wahrnehmung der Zugangsrechte benötigten Informationen in den Schienen-Nutzungsbedingungen zu veröffentlichen. Die Entgelt- und Kapazitätszuweisungsregelungen sollen den Betreibern der Eisenbahninfrastruktur einen Anreiz geben, die Nutzung der Fahrwege zu optimieren. Den Betreibern der Infrastruktur sollen Anreize geboten werden, entsprechende Investitionen zu tätigen, wo diese wirtschaftlich sinnvoll sind.

Diese Richtlinie gilt für den inländischen und den grenzüberschreitenden Eisenbahnverkehr. Ausgeschlossen werden können bestimmte regionale Fahrwege.

Die Mitgliedstaaten müssen eine Regulierungsstelle einrichten, die von den Infrastrukturbetreibern, den entgelterhebenden Stellen, den Zuweisungsstellen und den Antragstellern unabhängig ist. Diese Regulierungsstelle ist zuständig für Beschwerden ua über die Schienennetz-Nutzungsbedingungen, die Entgeltregelung oder die Höhe der Wegeentgelte. Die Regulierungsstelle trifft verbindliche Entscheidungen, die gerichtlich nachprüfbar sein müssen.[24]

Mehrere Verordnungen regeln die Normalisierung der Konten, die Kostenrechnung und die Vergleichbarkeit der Rechnungsführung von Eisenbahnunternehmen. Ziel der Verordnungen ist ua die Ermittlung der Lasten und Vorteile der Eisenbahnunternehmen und der finanzielle Ausleich der sich aus der Ermittlung ergebenen Lasten und Vorteile und die Förderung der Zusammenarbeit der Eisenbahnunternehmen durch Harmonisierung der Grundsätze der Kostenrechnung. Diese Verordnungen legen ua Regeln für die Rechnungsführung und für die Jahresrechnung fest.[25]

1.3.3. Infrastrukturbetreiber und Eisenbahnunternehmen

Die Richtlinien unterscheiden zwischen Eisenbahnunternehmen und Infrastrukturbetreibern. Eisenbahnunternehmen sind Unternehmen, deren Haupttätigkeit im Erbringen von Eisenbahnverkehrsleistungen zur Beförderung von Gütern oder Personen besteht.[26] Infrastrukturbetreiber ist eine Einrichtung oder ein Unternehmen, die bzw das insbesondere für die Einrichtung und die Unterhaltung der Fahr-

---

[24] Art 30 der Richtlinie 2001/14/EG.

[25] Verordnung (EWG) Nr 1192/69 des Rates vom 26. Juni 1969 über gemeinsame Regeln für die Normalisierung der Konten der Eisenbahnunternehmen, ABlEG Nr L 156 vom 28. 6. 1969. Die Richtlinie 2001/14/EG ersetzt die Verordnung (EWG) Nr 2830/77 des Rates vom 12. Dezember 1977 über Maßnahmen zur Herstellung der Vergleichbarkeit der Rechnungsführung und der Jahresrechnung von Eisenbahnunternehmen, ABlEG Nr L 334 vom 24. 12. 1977, und die Verordnung (EWG) Nr 2183/78 des Rates vom 19. September 1978 zur Festlegung einheitlicher Grundsätze für die Kostenrechnung der Eisenbahnunternehmen, ABlEG Nr L 258 vom 21. 9. 1978.

[26] Art 3 der Richtlinie 91/440/EWG.

wege der Eisenbahn zuständig ist. Dies kann auch den Betrieb von Steuerungs- und Sicherheitssystemes einschließen. Mit den bei einem Netz oder einem Teilnetz wahrzunehmenden Aufgaben des Betreibers der Infrastruktur können verschiedene Einrichtungen oder Unternehmen betraut werden.[27]

Zur Eisenbahninfrastruktur zählen die Verkehrswege und festen Anlagen, die für den Fahrzeugverkehr und die Verkehrssicherheit notwendig sind, zB Bahnkörper, Oberbau, Übergänge, Signalanlagen, Stromleitungen. Bahnhöfe und Parkhäuser zählen nicht zur Infrastruktur, sondern zum Verkehrsbereich.[28]

Der Betrieb der Infrastruktur ist vom Eisenbahnbetrieb zu trennen, zumindest in der Rechnungsführung, eine Quersubventionierung ist verboten. Infrastruktur und Erbringung von Verkehrsleistungen können in organisatorisch voneinander getrennten Unternehmensbereichen innerhalb desselben Unternehmens ausgeübt werden.[29] Geschäftsführung, interne Kontrolle und Verwaltung der Eisenbahnunternehmen müssen vom Staat unabhängig sein. Betreiber der Infrastruktur müssen so gestellt sein, dass ihre Unabhängigkeit vom Staat gewährleistet ist und sie die Möglichkeit haben, ihre internen Angelegenheiten selbst zu regeln.[30]

Die Verantwortung für die Entwicklung der Eisenbahninfrastruktur verbleibt weiterhin bei den Mitgliedstaaten, eine Ausgliederung ist nicht erforderlich. Die Mitgliedsstaaten können dem Infrastrukturunternehmen Mittel insbesondere für Neuinvestitionen zuweisen, die in angemessenem Verhältnis zu den Aufgaben, der Größe und dem Finanzbedarf stehen.[31] Im Interesse der Kostenwahrheit und des gleichen Marktzugangs müssen die Infrastrukturkosten grundsätzlich über Benützungsentgelte abgedeckt werden.[32] Die Aufwendungen im Bereich der Verkehrsleistungen sind durch Einnahmen des Eisenbahnunternehmens durch Personen- und Güterverkehr zu decken, dazu zählen auch Abgeltungen für gemeinwirtschaftliche Leistungen.[33]

Die Mitgliedsstaaten müssen dem Betreiber der Infrastruktur ermöglichen, die verfügbare Fahrwegkapazität zu vermarkten und so effektiv wie möglich zu nutzen.[34] Die Wegeentgelte für die Nutzung der Fahrwege sind an den Infrastrukturbetreiber zu entrichten, dem sie zur Finanzierung seiner Unternehmenstätigkeit dienen.[35]

Der Infrastrukturbetreiber muss nach Konsultation mit den Beteiligten Schienennetz-Nutzungsbedingungen erstellen, die zu veröffentlichen und gegen Zahlung einer Gebühr zur Verfügung zu stellen sind. Diese Schienennetz-Nutzungsbe-

---

[27] Art 3 der Richtlinie 91/440/EWG idF 2001/12/EG.
[28] *Gutknecht*, Privatisierung und Unternehmenspolitik, ÖZW 1997, 97.
[29] Art 6 der Richtlinie 91/440/EWG idF 2001/12/EG.
[30] Art 4 der Richtlinie 91/440/EWG idF 2001/12/EG.
[31] Art 7 der Richtlinie 91/440/EWG.
[32] Art 6 der Richtlinie 2001/14/EG.
[33] *Gutknecht*, ÖZW 1997, 97.
[34] Art 1 Abs 1 der Richtlinie 2001/14/EG.
[35] Art 7 Abs 1 der Richtlinie 2001/14/EG.

dingungen enthalten ua Informationen über den Fahrweg, die Zugangsbedingungen, die Entgeltgrundsätze und Tarife sowie das Antrags- und Zuweisungsverfahren.[36]) Der Inhalt der Schienennetz-Nutzungsbedingungen ist im Anhang I der Richtlinie 2001/14/EG im Detail geregelt.

1.3.4. Zuweisung von Fahrwegkapazität

Eisenbahnunternehmen haben Anspruch auf das „Mindestzugangspaket unter Ausschluss jeder Diskriminierung.[37] Beinhaltet ist insbesondere Nutzung der Fahrwegkapazität, von Weichen und Abzweigungen, die Zugsteuerung, Signalisierung etc. Die Fahrwegkapazität wird vom Infrastrukturbetreiber einem Eisenbahnunternehmen zugewiesen. Ist der Infrastrukturbetreiber nicht unabhängig von Eisenbahnunternehmen, so muss die Zuweisung durch eine unabhängige Stelle wahrgenommen werden.[38]) Die zugewiesene Fahrwegkapazität ist nicht auf ein anderes Eisenbahnunternehmen übertragbar.[39]) Die Zuweisung erfolgt grundsätzlich für eine Netzfahrplanperiode, es können aber Rahmenverträge mit einer Laufzeit von grundsätzlich 5 Jahren abgeschlossen werden.[40]) Die Mitgliedstaaten können Rahmenregelungen für die Zuweisung erlassen.[41])

1.3.5. Entgelt

Vorgesehen ist ein System leistungsabhängiger Engeltregelungen mit dem Ziel einer Minimierung von Störungen und einer Erhöhung der Leistungen des Schienennetzes.[42]) Die Mitgliedstaaten müssen eine Entgeltrahmenregelung schaffen. Die konkreten Entgeltregeln werden durch die Mitgliedstaaten oder durch den Infrastrukturbetreiber festgelegt. Die Berechnung des Entgelts und die Erhebung des Entgelt erfolgt durch den Infrastrukturbetreiber. Ist der Infrastrukturbetreiber nicht unabhängig von Eisenbahnunternehmen, so muss die Berechnung des Entgelts durch eine unabhängige Stelle wahrgenommen werden.[43])

Ein Infrastrukturbetreiber muss in seinem gesamten Netz dieselben Grundsätze der Entgeltbemessung anwenden. Eine Ausnahme von diesem Grundsatz gilt für höhere Entgelte im Zusammenhang mit spezifischen Investitionsvorhaben. Die Anwendung der Entgeltregelung muss zu gleichwertigen und nichtdiskriminierenden Entgelten für unterschiedliche Eisenbahnunternehmen führen. Die tatsächlich

---

[36]) Art 2 lit j und Art 3 der Richtlinie 2001/14/EG.
[37]) Art 5 der Richtlinie 2001/14/EG. Das Mindestzugangspaket wird im Anhang II der Richtlinie 2001/14/EG näher beschrieben.
[38]) Art 14 Abs 2 der Richtlinie 2001/14/EG.
[39]) Art 13 Abs 1 der Richtlinie 2001/14/EG.
[40]) Art 2 lit f, Art 13 Abs 2, Art 17 der Richtlinie 2001/14/EG.
[41]) Art 14 der Richtlinie 2001/14/EG.
[42]) Art 11 der Richtlinie 2001/14/EG.
[43]) Art 4 Abs 1 und 2 der Richtlinie 2001/14/EG.

erhobenen Entgelte müssen den in den Schienennetz-Nutzungsbedingungen vorgesehenen Regeln entsprechen.[44])

Die Einnahmen des Infrastrukturbetreibers aus Wegeentgelten, dem Gewinn aus anderen wirtschaftlichen Tätigkeiten und der staatlichen Finanzierung sollen die Fahrwegausgaben unter normalen geschäftlichen Umständen und über einen angemessenen Zeitraum zumindest ausgleichen.[45]) Der Mitgliedstaat kann vom Infrastrukturbetreiber verlangen, seine Einnahmen und Ausgaben ohne staatliche Mittel auszugleichen.[46])

Nach den Erwägungsgründen der Richtlinie 2001/14/EG sind Investitionen in die Eisenbahninfrastruktur wünschenswert und sollten Wegeentgeltregelungen den Betreibern der Infrastruktur Anreize geben, entsprechende Investitionen zu tätigen, wo diese wirtschaftlich sinnvoll sind.[47]) Die Berücksichtigung von Investitionen bei Festsetzung der Wegeentgelte ist allerdings nur beschränkt möglich. Die Richtlinie 2001/14/EG gibt als Ziel an, Wegeentgelte in der Höhe der Kosten festzulegen, die unmittelbar aufgrund des Zugbetriebes anfallen.[48]) Das Entgelt für das Mindestzugangspaket ist in Höhe der Kosten festzulegen, die unmittelbar aufgrund des Zugbetriebs anfallen.[49])

Von diesem Grundsatz bestehen folgende Ausnahmen:

a) Es kann ein Entgeltbestandteil vorgesehen werden, der die Knappheit der Fahrwegkapazität in Zeiten der Überlastung widerspiegelt.[50])
b) Unter bestimmten Voraussetzungen können auch umweltbezogene Kosten angelastet werden.[51])
c) Zur vollen Deckung der dem Infrastrukturbetreiber entstehenden Kosten kann ein Mitgliedstaat Aufschläge erheben, wobei folgende Voraussetzungen und Beschränkungen gelten:[52])
   – Der Markt kann dies tragen.
   – Die Einhebung erfolgt aufgrund effizienter, transparenter und nichtdiskriminierender Grundsätze.
   – Es ist bestmögliche Wettbewerbsfähigkeit zu gewährleisten.
d) Im Zusammenhang mit spezifischen Investitionsvorhaben können höhere Entgelte auf Basis der langfristigen Kosten festgelegt werden, wobei folgende Voraussetzungen und Beschränkungen gelten:[53])

---

[44]) Art 4 Abs 4 und 5 der Richtlinie 2001/14/EG.
[45]) Art 6 Abs 1 der Richtlinie 2001/14/EG.
[46]) Art 6 Abs 1 der Richtlinie 2001/14/EG.
[47]) Erwägungsgrund 34 der Richtlinie 2001/14/EG.
[48]) Erwägungsgrund 38 der Richtlinie 2001/14/EG.
[49]) Art 6 Abs 3 der Richtlinie 2001/14/EG.
[50]) Art 7 Abs 4 der Richtlinie 2001/14/EG.
[51]) Art 7 Abs 4 der Richtlinie 2001/14/EG.
[52]) Art 8 Abs 1 der Richtlinie 2001/14/EG.
[53]) Art 8 Abs 2 der Richtlinie 2001/14/EG.

- Es geht um ein künftiges Investitionsvorhaben oder um ein Vorhaben, das spätestens 15 Jahre vor Inkrafttreten der Richtlinie (also 1986) abgeschlossen wurde.
- Das Vorhaben bewirkt eine Steigerung der Effizienz und/oder der Kostenwirksamkeit.
- Das Vorhaben könnte sonst nicht durchgeführt werden.

e) Unter bestimmten Voraussetzungen sind Nachlässe zulässig.[54])

f) Zeitlich begrenzt kann ein Ausgleich dafür vorgesehen werden, dass bei konkurrierenden Verkehrsträgern nachweisbar Umweltkosten, Kosten für Unfälle und Infrastrukturkosten nicht angelastet werden.[55])

1.4. Straßen

1.4.1. Marktzugang

Im grenzüberschreitenden Güterkraftverkehr soll der Marktzugang nach den Grundsätzen des freien Dienstleistungsverkehrs, der Nichtdiskriminierung und der Gleichheit der Wettbewerbsbedingugnen zwischen den Transportunternehmen der Gemeinschaft gewährleistet werden. Transportunternehmen können eine gemeinschaftliche Transportlizenz erhalten und haben unbeschränkten Zugang zum grenzüberschreitenden Güterkraftverkehrsmarkt der Mitgliedstaaten.[56]) Der Zugang zu den nationalen Güterkraftverkehrsmärkten wurde stufenweise ermöglicht. Es werden Kabotagefahrten zugelassen, das sind innerstaatliche Beförderungen, die von Transportunternehmen mit Fahrzeugen durchgeführt werden, die in einem anderen Mitgliedstaat registriert sind. Ausnahmen bestehen für den Werkverkehr.[57]) Flexibilisierung in der Abwicklung des Güterverkehrs sollen Regelungen über das Anmieten von Fahrzeugen ohne Fahrer für Beförderungen im Güterverkehr ermöglichen.[58])

---

[54]) Art 9 der Richtlinie 2001/14/EG.

[55]) Art 10 der Richtlinie 2001/14/EG.

[56]) Verordnung (EWG) Nr 881/92 des Rates vom 26. März 1992 über den Marktzugang zur Beförderung von Gütern auf der Straße in der Gemeinschaft von oder nach dem Gebiet eines Mitgliedstaates oder im Transit durch das Gebiet eines oder mehrerer Mitgliedstaaten, ABlEG Nr L 95 vom 9. 4. 1992.

[57]) Verordnung (EWG) Nr 3118/93 des Rates vom 25. Oktober 1993 zur Festlegung der Bedingungen für die Zulassung von Verkehrsunternehmen zum Güterkraftverkehr innerhalb eines Mitgliedstaates, in dem sie nicht ansässig sind, ABlEG Nr L 279 vom 12. 11. 1993; Verordnung (EG) Nr 192/94 der Kommission vom 8. April 1994 zur Festlegung der Einzelheiten der Anwendung der Verordnung (EWG) Nr 3118/93 des Rates auf Unternehmen, die die Beförderung von Gütern mit Kraftfahrzeugen im Werkverkehr durchführen, ABlEG Nr L 92 vom 9. 4. 1994; Verordnung (EG) Nr 3315/94 des Rates vom 22. 12. 1994 zur Änderung der Verordnung (EWG) Nr 3118/93 zur Festlegung der Bedingungen für die Zulassung von Verkehrsunternehmen zum Güterkraftverkehr innerhalb eines Mitgliedstaats, in dem sie nicht ansässig sind, ABlEG Nr L 350 vom 31. 12. 1994.

[58]) Richtlinie 84/647/EWG des Rates vom 19. Dezember 1984 über die Verwendung von ohne Fahrer gemieteten Fahrzeugen im Güterkraftverkehr, ABlEG Nr L 335 vom 22. 12. 1984.

Zum Marktzugang im Bereich des Personenverkehrs bestehen ebenfalls mehrere Richtlinien und Verordnungen.[59] Beförderungen im grenzüberschreitenden Personenverkehr mit Kraftomnibussen sind aufgrund einer gemeinschaftlichen Genehmigung zulässig. Keiner Genehmigung bedürfen der Gelegenheitsverkehr, Sonderformen des Linienverkehrs und der Werkverkehr. Zugelassen sind Kabotagebeförderungen für Sonderformen des Linineverkehrs, für den Gelegenheitsverkehr und im regelmäßigen grenzüberschreitenden Verkehrsdienst.

1.4.2. Straßenbenutzungsgebühren

Das Gemeinschaftsrecht lässt Nutzungsentgelte für die Straßenbenutzung ausdrücklich zu. Die Richtlinie 93/89/EWG über die Besteuerung von Kraftfahrzeugen sowie die Erhebung von Maut- und Benutzungsgebühren[60] hatte zum Ziel, Wettbewerbsverzerrungen zwischen Verkehrsunternehmen durch Harmonisierung der Abgabensysteme und die Einführung gerechter Mechanismen für die Anlastung der Wegekosten zu beseitigen. Diese Richtlinie erfasste den Verkehr mit Kraftfahrzeugen, die für den Güterkraftverkehr bestimmt sind und deren zulässiges Gesamtgewicht mindestens 12 Tonnen beträgt, auf Autobahnen und ähnlichen Straßen. Der EuGH hat diese Richtlinie am 5. 7. 1995 aufgrund von Verfahrensfehlern für nichtig erklärt. Sie behielt aber Gültigkeit bis zur Neuregelung.

1999 erfolgte eine Neuregelung.[61] Maut- und Benutzungsgebühren werden in der Richtlinie 1999/62/EG für die Benutzung bestimmter Verkehrswege durch Schwerfahrzeuge vorgesehen. Mautgebühr ist eine für die Benutzung eines bestimmten Abschnittes einer Autobahn zu leistende Zahlung, die sich nach der zurückgelegten Wegstrecke und dem Fahrzeugtyp richtet. Benutzungsgebühr ist eine Zahlung, die während eines bestimmten Zeitraumes zur Benutzung eines Autobahnnetzes berechtigt. Maut- und Benutzungsgebühren dürfen für die Benutzung von Autobahnen, autobahnähnlichen Straßen, Brücken, Tunnel und Gebirgspässen erhoben werden.[62] Für andere Verkehrswege dürfen Maut- und Benutzungsgebühren nach Anhörung der Kommission erhoben werden, zB wenn Sicherheitsgründe dies rechtfertigen.

---

[59] Verordnung (EWG) Nr 684/92 des Rates vom 16. März 1992 zur Einführung gemeinsamer Regeln für den grenzüberschreitenden Personenverkehr mit Kraftomnibussen, ABlEG Nr L 74 vom 20. 3. 1992, geändert durch die Verordnung (EG) Nr 11/98 des Rates vom 11. September 1997 über die Bedingungen für die Zulassung von Verkehrsunternehmern zum Personenkraftverkehr innerhalb eines Mitgliedstaats, in dem sie nicht ansässig sind, ABlEG Nr L 4 vom 8. 1. 1998.

[60] Richtlinie 93/89/EWG des Rates vom 25. Oktober 1993 über die Besteuerung von Kraftfahrzeugen sowie die Erhebung von Maut- und Benutzungsgebühren für bestimmte Verkehrswege, ABlEG Nr L 279 vom 12. 11. 1993.

[61] Wegekostenrichtlinie bzw LKW-Eurovignetten-Richtlinie; Richtlinie 1999/62/EG über die Erhebung von Gebühren für die Benutzung bestimmter Verkehrswege durch schwere Nutzfahrzeuge, ABlEG Nr L 187 vom 20. 7. 1999.

[62] Art 7 Abs 2 lit a der Richtlinie 1999/62/EG.

Maut- und Benutzungsgebühren dürfen nicht gleichzeitig erhoben werden, außer für Brücken, Tunnel und Gebirgspässe. Es wird ein Höchstbetrag für die Benutzungsgebühren festgelegt.[63] Mautgebühren müssen sich an den Kosten für Bau, Betrieb und weiteren Ausbau des betreffenden Verkehrswegenetzes orientieren.[64] Für in ihrem Hoheitsgebiet zugelassene Kraftfahrzeuge können die Mitgliedstaaten Jahresgebühren einheben.

Maut und Benutzungsgebühren dürfen nicht zu einer unterschiedlichen Behandlung aufgrund der Staatsangehörigkeit des Verkehrsunternehmers bzw des Ausgangs- oder Zielpunktes des Verkehrs führen.[65]

2. Innerstaatliche Vorschriften
2.1. Eisenbahnen
2.1.1. Hochleistungsstrecken

Die Errichtung von Eisenbahn-Hochleistungsstrecken wurde 1989 durch das Hochleistungsstreckengesetz (HlG) geregelt.[66] Spezielle Gesetzesbestimmungen für Hochleistungsstrecken sollen eine überregionale Gesamtabstimmung unter Anhörung der berührten Gebietskörperschaften bzw der Bevölkerung sowie eine möglichst wirtschaftliche und zügige Durchführung der Planungs- und Bauarbeiten mit einer auf die Dimension der Projekte abgestellten Ablauforganisation ermöglichen.[67]

Die Bundesregierung kann durch Verordnung bestehende oder geplante Eisenbahnen (Strecken oder Streckenteile einschließlich der notwendigen Eisenbahnanlagen) zu Hochleistungsstrecken erklären (§ 1 HlG).[68] Für Hochleistungsstrecken erfolgt vor den eisenbahnrechtlichen Verwaltungsverfahren die Trassenfestlegung durch den Bundesminister für Verkehr, Innovation und Technologie in Verordnungsform nach einem besonderen Anhörungsverfahren (§§ 3 ff HlG).

---

[63] Art 7 Abs 7 der Richtlinie 1999/62/EG.
[64] Art 7 Abs 9 der Richtlinie 1999/62/EG.
[65] Art 7 Abs 4 der Richtlinie 1999/62/EG.
[66] Hochleistungsstreckengesetz, BGBl Nr 1989/135, zuletzt geändert durch BGBl I Nr 2000/32; zur Brennerstrecke erfolgte eine Sonderregelung im Bundesgesetz zur Errichtung einer Brenner Eisenbahn GmbH (im Folgenden kurz: BEG-BG), BGBl Nr 1995/502, zuletzt geändert durch BGBl I Nr 1999/81.
[67] Allgemeiner Teil der Erläuterungen des Ausschussberichtes, 873 BlgNR XVII. GP.
[68] Siehe Verordnung des Bundesministers für Wissenschaft und Verkehr, BGBl Nr 1989/405 idF BGBl Nr 1990/107, 1990/539, 1996/450, II Nr 1999/307. Diese Verordnung enthält zB den viergleisigen Ausbau des Streckenabschnittes St. Pölten – Wels und den Infrastrukturterminal Werndorf. Die Brenner Eisenbahn-Übertragungsverordnung, BGBl II Nr 1997/335, zuletzt geändert durch BGBl II Nr 1999/423, regelt die Hochleistungsstrecke Staatsgrenze Kufstein – Innsbruck – Staatsgrenze Brenner (Brenner Basistunnel).

Zur Realisierung von Eisenbahnhochleistungsstreckenvorhaben wurden Gesellschaften des Bundes eingerichtet, und zwar die Eisenbahn-Hochleistungsstrecken-AG (HLAG) und die Brenner Eisenbahn GmbH.[69] Das Grundkapital der HLAG ist zu 100 % dem Bund vorbehalten. Die Anteile an der Brenner Eisenbahn GmbH sind dem Bund zu mindestens 51 % vorbehalten. Die HLAG und die Brenner Eisenbahn GmbH sind berechtigt, sich an einer Europäischen Wirtschaftlichen Interessenvereinigung (EWIV) oder an sonstigen Gesellschaften als Gesellschafter oder Aktionär zu beteiligen, wenn dies für die Planung oder den Bau von Hochleistungsstrecken zweckmäßig ist. Die HLAG und die Brenner Eisenbahn GmbH gelten als Eisenbahnunternehmen und bedürfen keiner Konzession nach dem Eisenbahngesetz.[70]

2.1.2. Planung, Bau und Übergabe von Hochleistungsstrecken

Planung und Bau einer Hochleistungsstrecke werden durch Verordnung des Bundesministers für Verkehr, Innovation und Technologie an die Bau- und Errichtungsgesellschaft HLAG bzw Brenner Eisenbahn GmbH übertragen. Die Übertragungsverordnung hat einen Bauzeit- und Kostenrahmen zu enthalten. Vor Übertragung des Baus an die HLAG muss ein Beschluss der Bundesregierung über das gemeinwirtschaftliche Interesse an der vorgesehenen Übertragung vorliegen.[71] Der zuständige Bundesminister kann nunmehr die HLAG zur Planung und zum Bau einer Hochleistungsstrecke für Dritte ermächtigen, wenn dies zweckmäßig und wirtschaftlich ist und glaubhaft gemacht wird, dass für den Bau die Kostentragung auf rechtsgeschäftlicher Basis mit Dritten sichergestellt ist.[72] Ist die Mitwirkung der ÖBB an der Planung oder am Bau erforderlich, so ist dies in einem Kooperationsvertrag zwischen HLAG und ÖBB zu regeln. Der Bund hat der HLAG die Kosten der Planung und des Baus der übertragenen Strecken zu ersetzen, soweit diese Kosten nicht von Dritten getragen werden.[73]

Die HLAG kann ÖBB-Eisenbahninfrastruktur-Grundstücke ohne Entschädigung benützen, wenn die Hochleistungsstrecke nach Abschluss des Baus der ÖBB zur Erhaltung und zum Betrieb übergeben wird, wird die Strecke an einen Dritten übergeben, ist eine Entschädigung zu entrichten. Sonstige für Planung oder Bau erforderliche Grundstücke der ÖBB oder des Bundes sind der HLAG gegen Entgelt zur Nutzung zu überlassen. Weitere erforderliche Grundstücke hat die HLAG auf ihre Kosten im Namen der ÖBB zu erwerben. Im Zusammenhang mit der Beteiligung Dritter an der Finanzierung kann der zuständige Bundesminister durch Verordnung festlegen, dass die HLAG diese Grundstücke auf ihre Kosten im

---

[69] Zur Errichtung der HLAG siehe § 7 HlG, zur Errichtung der Brenner Eisenbahn GmbH siehe das Bundesgesetz BGBl Nr 1995/502.
[70] § 10 HlG, § 5 des Bundesgesetzes zur Errichtung einer Brenner Eisenbahn GmbH.
[71] § 8 HlG; Gleiches gilt für die Übertragung des Baus der Hochleistungsstrecke Kufstein-Innsbruck-Brenner an die Brenner Eisenbahn GmbH (§ 3).
[72] § 8a HlG, Gleiches gilt für die Brenner Eisenbahn GmbH, siehe § 3a.
[73] § 11 HlG, Gleiches gilt für die Brenner Eisenbahn GmbH, siehe § 4.

Namen der Schieneninfrastrukturfinanzierungs-GmbH (SCHIG) zu erwerben hat.[74])

Für notwendige Enteignungen für Hochleistungsstrecken gelten Sonderbestimmungen: Der Landeshauptmann hat im Enteignungsbescheid die Höhe der Entschädigung unter Setzung einer angemessenen Leistungsfrist festzusetzen (§ 6 HlG). Gegen die Festsetzung der Höhe ist keine Berufung zulässig, beide Teile können die Entscheidung des Bezirksgerichtes begehren. Das gerichtliche Verfahren hindert den Vollzug der Enteignung nicht, sofern der vom Landeshauptmann festgesetzte Entschädigungsbetrag geleistet oder erlegt wurde. Enteignungen zugunsten der HLAG sind nach dem Eisenbahnenteignungsgesetz möglich. Enteignungen zugunsten der SCHIG sind nicht möglich, weil es sich nicht um ein Eisenbahnunternehmen handelt. Im Zusammenhang mit der Beteiligung Dritter hat ein Erwerb im Wege der Enteignung daher im Namen und auf Kosten der HLAG zur erfolgen, nach Verwirklichung des Enteignungszwecks sind die Grundstücke dann unentgeltlich ins Eigentum der SCHIG zu übertragen.[75])

Nach Abschluss des Baus hat die HLAG bzw die Brenner Eisenbahn GmbH die Strecke den ÖBB zum Betrieb und zur Erhaltung zu übergeben. Wenn dies für den Abschluss eines Vertrages über die Beteiligung Dritter an der Finanzierung geboten ist, kann der zuständige Bundesminister durch Verordnung festlegen, dass die Strecke nach Abschluss des Baus nicht der ÖBB, sondern der Schieneninfrastrukturfinanzierungs-GmbH (SCHIG) zu übergeben ist.[76])

Vorgesehen ist auch die Möglichkeit, dass eine Strecke aufgrund einer Übertragungsverordnung durch die HLAG geplant und/oder gebaut wird, dann aber einem Dritten die Konzession nach § 14 Eisenbahngesetz zum Bau und Betrieb dieser Hochleistungsstrecke verliehen wird. In diesem Fall ist die Übertragungsverordnung aufzuheben und hat die HLAG dem Dritten die Strecke oder die bis zu diesem Zeitpunkt erbrachten Leistungen sowie erworbenen Rechte und Pflichten zu übergeben, wenn der Dritte in die Rechte und Pflichten eintritt und die bisherigen Kosten ersetzt. In einem Vertrag über die Beteiligung des Dritten kann zur Kostentragung auch anderes vereinbart werden, also ein anderer Anteil an den Kosten vereinbart werden.[77])

PPP-Modelle sind seit der Novelle 1999 vorgesehen: Schwerpunkt der Änderung im Jahr 1999 war die Ermöglichung von Modellen einer Drittbeteiligung. Insbesondere ging es um eine neue Form der Finanzierung von Hochleistungsstrecken durch Beteiligung Dritter an den Kosten (Public-Private-Partnership-Modelle). Derartige Regelungen sollten laut Erläuterungen sowohl für in Frage kommende derzeitige als auch für neue Vorhaben gelten.[78])

---

[74]) § 13 HlG.
[75]) § 13 Abs 2 HlG; für die Brenner Eisenbahn GmbH ist keine Sonderregelung über die Enteignung vorgesehen.
[76]) § 14 HlG; Gleiches gilt für die Brenner Eisenbahn GmbH, siehe § 7a.
[77]) § 14 HlG; Gleiches gilt für die Brenner Eisenbahn GmbH, siehe § 7a.
[78]) Novelle zum Hochleistungsstreckengesetz und zum Bundesgesetz über die Errichtung einer Brenner Eisenbahn GmbH; siehe Erläuterungen zur Regierungsvorlage, 1644 BlgNR XX. GP.

Bei Beteiligung Dritter plant und baut die HLAG für den Dritten. Die Hochleistungsstrecke wird nach Abschluss des Baus der Schieneninfrastrukturfinanzierungs-GmbH (SCHIG) übergeben, die den Vertrag mit dem Dritten abschließt. Die HLAG erwirbt die erforderlichen Grundstücke für die SCHIG.

2.1.3. Konzessionen und Genehmigungen nach dem EisenbahnG

Für Bau und Betrieb einer öffentlichen Eisenbahn (das ist eine für den allgemeinen Verkehr bestimmte Eisenbahn) sind eine Konzession, eine eisenbahnrechtliche Baugenehmigung und eine Betriebsbewilligung erforderlich.[79])

Im Konzessionsverfahren ist glaubhaft zu machen, dass die geplante Eisenbahn den öffentlichen Interessen dient und ist anzugeben, wie die erforderlichen Geldmittel beschafft werden. Seit der Novelle 1996 sind zur Ermöglichung neuer Konzessions- und Finanzierungsmodelle auch eingeschränkte Konzessionen für bloße Eisenbahn-Infrastrukturunternehmen oder für Eisenbahn-Verkehrsunternehmen möglich. Dem Antrag ist eine Wirtschaftlichkeitsberechnung mit Verkehrsschätzung und ein Betriebsprogramm anzuschließen. Konzessionen werden befristet vergeben, eine Verlängerung ist möglich, zeitliche Obergrenzen bestehen nicht. Für den Fall des Erlöschens der Konzessionist ein Heimfallrecht des Bundes vorgesehen.

Für den Bau von neuen Eisenbahnanlagen ist ein eisenbahnrechtliche Baugenehmigung erforderlich. Soweit die Betriebsbewilligung nicht bereits mit der Baugenehmigung erteilt wird, ist eine gesonderte Betriebsbewilligung zu beantragen.

2.1.4. Finanzierung und Nutzung der Schieneninfrastruktur

Der Abschnitt IVa des Eisenbahngesetzes betrifft die Regulierung des Schienenverkehrsmarktes. Eisenbahninfrastrukturunternehmen haben Zugang zur Schieneninfrastruktur gegen Benutzungsentgelt zu gestatten. Zugangsberechtigt sind auch Eisenbahnverkehrsunternehmen und internationale Gruppierungen.[80]) Das Benützungsentgelt wird durch Verordnung des zuständigen Bundesministers näher geregelt. Zugang und Benützungsentgelt unterliegen der Wettbewerbsaufsicht durch die Schienen-Control Komission.

Zur Finanzierung der Investitionen in die Schieneninfrastruktur wurde die Schieneninfrastrukturfinanzierungs-Gesellschaft mbH (SCHIG) gegründet.[81]) Deren Anteile sind zumindest zu 51 % dem Bund vorbehalten. Aufgabe der SCHIG ist die Finanzierung von Infrastrukturinvestitionen und die Mitwirkung an und der Abschluss von Verträgen mit Dritten über die Mitfinanzierung, Errichtung bzw Verwertung von Schieneninfrastruktur. Die SCHIG ist zur Finanzierung der Planung und des Baus von Hochleistungsstrecken verpflichtet, die der

---

[79]) Eisenbahngesetz 1957, BGBl Nr 1957/60, zuletzt geändert durch BGBl I Nr 2002/67.
[80]) §§ 56 und 57 des Eisenbahngesetzes.
[81]) Schieneninfrastrukturfinanzierungsgesetz (SCHIG), BGBl Nr 1996/201, zuletzt geändert durch BGBl I Nr 2002/32.

HLAG bzw der Brenner Eisenbahn GmbH übertragen wurden. Die SCHIG hat der HLAG die notwendigen Mittel aufgrund der vom Bundesminister für Verkehr und vom Bundesminister für Finanzen genehmigten Bauzeit- und Kostenpläne nach Bedarf zuzuweisen. Die Kosten der Finanzierung der Hochleistungsstrecken trägt der Bund, für Kredite, Darlehen und Anleihen etc. haftet die Republik Österreich.

2.2. Straßen

2.2.1. Bundesstraßen

Das Bundesstraßengesetz unterschied bisher zwischen Bundesstraßen A (Autobahnen), Bundesstraßen S (Bundesschnellstraßen) und Bundesstraßen B. Mit 1. 4. 2002 wurden die Bundesstraßen B in die Zuständigkeit der Länder übertragen.[82] Das Eigentum an den Bundesstraßen B ist von Gesetzes wegen auf die Bundesländer übergegangen. Die Länder erhalten einen Zweckzuschuss des Bundes in Höhe des bisherigen Bau- und Erhaltungsbudgets. Die verbleibenden Bundesstraßen A und S werden als Mautstrecken von der Autobahnen- und Schnellstraßen-Finanzierungsaktiengesellschaft (ASFINAG) betreut.

Die Bundesstraßen stehen im Eigentum des Bundes. Die der Erhaltung und Beaufsichtigung der Bundesstraßen dienenden Grundstücke wurden ins Eigentum der ASFINAG übertragen.[83] Bau und Erhaltung der Bundesstraßen erfolgen grundsätzlich aus Bundesmitteln, es können aber unter bestimmten Voraussetzungen Unternehmen Beiträge für Mehrkosten oder Sondernutzungen auferlegt werden.[84] Für Herstellung, Erhaltung und Umgestaltung von Bundesstraßen kann eine Enteignung gegen Entschädigung erfolgen, über die Enteignung entscheidet der Landeshauptmann in erster Instanz, der Verkehrsminister in zweiter Instanz.[85]

Der ASFINAG, einer Aktiengesellschaft mit 100%iger Beteiligung des Bundes, wurde das Fruchtgenussrecht an Bundesstraßen eingeräumt. Gemäß § 2 ASFINAG-Ermächtigungsgesetz 1997[86] hat der Bundesminister für Finanzen der ASFINAG das Recht der Fruchtnießung an den bestehenden und künftig zu errichtenden Bundesstraßen A (Bundesautobahnen) durch einen mit der ASFINAG abzuschließenden Vertrag mit Wirksamkeit zum 1.1.1997 zu übertragen. Die ASFI-

---

[82] Bundesgesetz über die Auflassung und Übertragung von Bundesstraßen (Bundesstraßen-Übertragungsgesetz), BGBl I Nr 2002/50; § 2 des Bundesstraßengesetzes, BGBl Nr 1971/286, zuletzt geändert durch BGBl I 2002/50.
[83] § 6 des Bundesstraßen-Übertragungsgesetzes; siehe auch AB 1023 BlgNR XXI. GP, Erläuterung zu Art 5.
[84] § 10 des Bundesstraßengesetzes.
[85] §§ 17 bis 20 des Bundesstraßengesetzes.
[86] Art I des Infrastrukturfinanzierungsgesetzes BGBl I Nr 113/1997; Zum Fruchtgenussrecht siehe *M. Gruber*, Überlegungen zum Fruchtgenussrecht der ASFINAG an Autobahnen, bbl 2002, 9; weiters *Stolzlechner/Kostal*, Das Bundesstraßenfinanzierungsgesetz 1996, ZVR 1999 H 5A, 1.

NAG hat dieses Fruchtgenussrecht durch Unterfertigung des Vertrages erworben, eine Einverleibung im Grundbuch war nicht erforderlich. Die ASFINAG hat für die Einräumung des Fruchtgenussrechtes das gesetzlich geregelte Entgelt zu leisten.

Mit dem ASFINAG-Ermächtigungsgesetz 1997 hat der Bund seine Anteile an den Bundesstraßengesellschaften Alpen Straßen AG (ASAG) und Österreichische Autobahnen- und Schnellstraßen AG (ÖSAG) in die ASFINAG eingebracht, die nunmehr über eine Mehrheitsbeteiligung in diesen Gesellschaften verfügt. Der Unternehmenszweck der ASFINAG wurde erweitert, sodass sie ua für Finanzierung, Planung, Bau und Erhaltung des mautpflichtigen Bundesstraßennetzes und die Einhebung von Mauten und Benutzungsentgelten zuständig ist, somit nicht mehr auf die Finanzierung beschränkt ist, sondern als Bundesstraßenplanungs- und Bundesstraßenbaugesellschaft konzipiert ist.[87]) Die ASFINAG erwirbt die erforderlichen Liegenschaften im Auftrag und Namen und auf Rechnung des Bundes.[88]

2.2.3. Bundesstraßen-Maut

Mit dem Strukturanpassungsgesetz 1996 wurde die Finanzierung des hochrangigen Bundesstraßennetzes grundlegend geändert: Das Bundesstraßenfinanzierungsgesetz enthält die Vorschreibung eines allgemeinen Straßenbenützungsentgelts für die Benutzung des hochrangigen Bundesstraßennetzes, wobei die Mittel für Bundesstraßenbaumaßnahmen zweckgewidmet sind. Die Einhebung wurde bei Einführung den Bundesstraßengesellschaften (ASAG, ÖSAG) übertragen. 1997 hat der Bund der ASFINAG das Recht übertragen, von den Nutzern der ihr übertragenen Straßen Benutzungsgebühren einzuheben.[89])

Das Straßenbenutzungsentgelt wird durch das Bundesstraßen-Mautgesetz 2002 neu geregelt, dieses Bundesgesetz tritt mit 1. 1. 2003 in Kraft.[90]) Dieses Bundesgesetz schafft die Voraussetzungen zur Einführung der fahrleistungsabhängigen Maut für Schwerfahrzeuge (LKW-Maut) und übernimmt die bestehenden Regelungen über die zeitabhängige Maut (Vignette) aus dem Bundesstraßenfinanzierungsgesetz. Die Maut ist keine Abgabe, sondern ein nach privatrechtilchen Grundsätzen zu beurteilendes Engelt für die Benützung von Straßen.[91]) Grundsätzlich ist das gesamte Bundesstraßennetz (Bundesstraßen A und S) mautpflichtig, soweit nicht eine Ausnahme durch Verordnung festgelegt wird.

---

[87]) *Stolzlechner/Kostal*, Das Bundesstraßenfinanzierungsgesetz 1996, ZVR 1999 H 5A, 1.
[88]) § 11 ASFINAG-Ermächtigungsgesetz.
[89]) § 6 ASFINAG-Ermächtigungsgesetz; Bundesstraßenfinanzierungsgesetz BGBl Nr 201/1996. Zu den budget- und europapolitischen Zielsetzungen siehe *Stolzlechner/Kostal*, ZVR 1999 H 5A, 1.
[90]) Bundesgesetz über die Mauteinhebung auf Bundesstraßen (Bundesstraßen-Mautgesetz 2002), BGBl I Nr 2002/109.
[91]) Siehe Erläuterungen zur Regierungsvorlage 1139 BlgNR XXI. GP, Allgemeiner Teil, mit Literatur- und Judikaturhinweisen.

Mautgläubiger ist entweder der Bund oder die ASFINAG – soweit ihr das Fruchtgenussrecht eingeräumt wurde.[92])

Maut- und Benutzungsgebühren werden im Namen und auf Rechnung der AS-FINAG eingehoben. Die ASFINAG kann dieses Recht mit Zustimmung des Bundesministers für Finanzen auf Dritte übertragen.[93])

2.2.4. Sonstige Straßen

Die bisherigen Bundesstraßen B und die Landesstraßen werden von den Ländern verwaltet. Die Landes-Straßengesetze sehen ebenfalls die Möglichkeit einer Enteignung für den Bau einer öffentlichen Straße vor. Öffentliche Straßen sind Straßen, die dem Gemeingebrauch gewidmet werden bzw. an denen Gemeingebrauch besteht. Die Einhebung von Benutzungsentgelt ist grundsätzlich zulässig und wird auch in mehreren Ländern durch Landesgesetz geregelt.[94])

---

[92]) § 3 Bundesstraßen-Mautgesetz.
[93]) § 6 ASFINAG-Ermächtigungsgesetz.
[94]) *Prantl*, Private Entgelteinhebung auf öffentlichen Straßen, ZfV 1994, 405.

UNCITRAL Legislative Guide on Privately Financed Infrastructure Projects

Meinhard Lukas

Inhalt
1. Entstehungsgeschichte
2. Rechtsnatur und Struktur des Guide
   2.1. Abgrenzung von Abkommen und Modellgesetzen
   2.2. Anwendungsbereich des Guide
3. Terminologie
4. Die Empfehlungen im Überblick
   4.1. Gliederung
   4.2. Gesetzliche Rahmenbedingungen für PFI-Projekte
      4.2.1. Allgemeine Grundsätze
      4.2.2. Verfassungsrechtliche Fragen
      4.2.3. Zuständigkeitsvorschriften
      4.2.4. Zweck und Reichweite der Konzession
      4.2.5. Koordinierung der zuständigen staatlichen Stellen
      4.2.6. Regulierungsbehörde
      4.2.7. Verfahren
   4.3. Projektrisken und staatliche Unterstützung
      4.3.1. Projektrisken
      4.3.2. Staatliche Unterstützung
   4.4. Auswahl des Konzessionärs – Vergaberecht
      4.4.1. Vergleich mit der europäischen/österreichischen Rechtslage
      4.4.2. Notwendigkeit spezifischer vergaberechtlicher Vorschriften
   4.5. Errichtung und Betrieb der Anlage
      4.5.1. Besondere Bedeutung der Projektvereinbarung
      4.5.2. Struktur des Konzessionärs/Projektunternehmens
      4.5.3. Sachenrechtliche Stellung der Parteien
      4.5.4. Finanzielle Vereinbarungen
      4.5.5. Sicherungsrechte
      4.5.6. Übertragung der Konzession
      4.5.7. Bauarbeiten
      4.5.8. Betrieb der Anlagen
      4.5.9. Subverträge des Konzessionärs
      4.5.10. Allgemeine vertragliche Bestimmungen
   4.6. Dauer, Verlängerung und Auflösung der Projektvereinbarung
      4.6.1. Konzessionsdauer
      4.6.2. Verlängerung der Konzession
      4.6.3. Vorzeitige Auflösung der Projektvereinbarung
      4.6.4. Rechtsfolgen bei Beendigung der Projektvereinbarung
   4.7. Streitschlichtung
5. Weitere Entwicklung

1. Entstehungsgeschichte

Bereits im Jahr 1992 lenkte die United Nations Commission of International Trade Law (UNCITRAL) ihr Augenmerk auf Kooperationen des privaten mit dem öffentlichen Sektor. Anlässlich eines Kongresses in New York wurde der Vorschlag gemacht, die Kommission solle ihr Tätigkeitsgebiet auf *build-operate-transfer projects* („BOT-Projekte") erstrecken.[1]) Damit sind öffentliche Infrastrukturprojekte angesprochen, die durch eine spezifische Beteiligung privater Investoren gekennzeichnet sind: Eine staatliche Einrichtung betraut ein Unternehmen (Unternehmenskonsortium) mit der Finanzierung und Errichtung bestimmter Anlagen im Rahmen eines Infrastrukturprojektes („build"). Im Gegenzug wird dem Investor das Recht eingeräumt, das Projekt eine bestimmte Zeit hindurch zu betreiben („operate"). Nach Ablauf der vereinbarten Zeit hat er dann das Projekt der staatlichen Einrichtung zu überlassen („transfer").

Schon vor der UNCITRAL-Initiative haben derartige Kooperationsmodelle das Interesse der Vereinten Nationen gefunden. So hat die United Nations Industrial Development Organization (UNIDO) bereits zu Beginn der Neunzigerjahre begonnen, *Guidelines for Infrastructure Development through Build-Operate-Transfer (BOT) Projects* auszuarbeiten. Die diesbezüglichen Aktivitäten hat das UNCITRAL-Sekretariat zunächst im Rahmen eines Monitoring-Prozesses genau verfolgt. Im Rahmen dieses Prozesses hat sich das Sekretariat zugleich auch einen Überblick über jene nationalen Rechtsordnungen verschafft, die BOT-Projekte bereits einer eigenständigen gesetzlichen Regelung unterzogen haben. Im Zuge dieser Tätigkeit ist das Sekretariat zur Überzeugung gelangt, dass BOT-Projekte oftmals erhebliche volkswirtschaftliche Vorteile mit sich bringen:[2])

„Among these benefits is that, since direct funds from the public budget are not required, the government will experience reduced pressure of public borrowing. Private sector financing also generally allows for the transfer of the financial, industrial and other risks to the private sector. Furthermore, since the project is built and, during the concession period, operated by the project company, the government gains the benefit of private sector expertise in operating and managing such projects."

Zugleich entspricht es freilich der Erfahrung zahlreicher Staaten, dass für die erfolgreiche Implementierung von BOT-Projekten spezifische gesetzliche Grundlagen erforderlich sind. So bedürfen derartige Projekte entsprechender Rahmenbedingungen, die das Vertrauen potentieller – nationaler sowie ausländischer – Investoren fördern.[3])

Nachdem die UNIDO im Jahr 1996 die *Guidelines for Infrastructure Development through Build-Operate-Transfer Projects* fertiggestellt und publiziert hatte,[4]) beschloss UNCITRAL, Staaten bei der Entwicklung bzw Modernisierung der gesetzlichen Rahmenbedingungen für BOT-Projekte zu unterstützen. Anlässlich der Kommissionssitzung vom 28. 5. bis 14. 6. 1996 wurde entschieden, zum Thema BOT-Projekte einen umfassenden Legislative Guide, also eine an die nationalen

---

[1]) Vgl Note by the Secretariat, 19 May 1994, A/CN.9/399.
[2]) Vgl dazu Note by the Secretariat, 3 March 1995, A/CN.9/414 para 4.
[3]) Note by the Secretariat, 3 March 1995, A/CN.9/414 para 5.
[4]) United Nations Industrial Government Organization (prepared by the UNIDO Investment and Technology Promotion Division, Technology Service, under the supervision of *José de Caldas*), Guidelines for Infrastructure Development through Build-Operate-Transfer (BOT) Projects (Wien 1996).

Gesetzgeber gerichtete Leitlinie auszuarbeiten.[5]) Ihrer Konzeption nach ist die Leitlinie als Ergänzung, nicht als Konkurrenz zu den von der UNIDO erarbeiteten Guidelines gedacht. Schließlich finden sich in den UNIDO-Guidelines keine Empfehlungen, die sich unmittelbar mit Fragen der Gesetzgebung beschäftigen. Gerade diese Lücke soll durch den UNCITRAL-Guide geschlossen werden:

„Given its universal representation and its record in preparing trade law texts, there was general agreement that UNCITRAL was the appropriate body to undertake such work, due attention being paid to the need to avoid possible duplication of work being done by other organizations."[6])

Bereits zu Beginn der Arbeiten am Guide hat sich gezeigt, dass eine Beschränkung seines Anwendungsbereiches auf BOT-Projekte den unterschiedlichen Erscheinungsformen der Beteiligung privater Investoren an Infrastrukturprojekten nicht gerecht wird. Wenn auch die Wortkombination build-operate-transfer zum Teil als umfassender Begriff für unterschiedliche Kooperationsmodelle von Privaten mit der öffentlichen Hand bei Infrastrukturprojekten verwendet wird, bezeichnet sie in ihrer eigentlichen Bedeutung lediglich eine von mehreren Kooperationsformen.[7]) BOO-, BOOT-, BOLT- oder BRT-Projekte[8]) wären demnach nicht erfasst. Im Interesse eines möglichst breiten Ansatzes wurde daher vom Sekretariat als Titel für die Leitlinie „*Legislative Guide on Privately Financed Infrastructure*" vorgeschlagen.[9]) Dieser Vorschlag hat bereits 1997 die Zustimmung der Kommission gefunden.[10])

Nach weiteren drei Jahren intensiver Tätigkeit hat schließlich UNCITRAL in ihrer im Jahr 2000 abgehaltenen 55. Sitzung die Arbeit am Guide abgeschlossen und den damals vorliegenden Text mit seinen Empfehlungen und Anmerkungen nach einer neuerlichen Revision angenommen.[11]) Zudem wurde die Publikation dieses Textes unter dem Titel „UNCITRAL Legislative Guide on Privately Financed Infrastructure Projects" in Auftrag gegeben und das Sekretariat ersucht, den Guide Regierungen und anderen interessierten Institutionen zu übermitteln. Schließlich sprach die Kommission an alle Staaten die Empfehlung aus, dem Guide bei der Einführung oder Novellierung gesetzlicher Bestimmungen zur Regelung von PFI-Projekten entsprechende Beachtung zu schenken. Der Guide ist in allen Amtssprachen der UNO (Englisch, Französisch, Spanisch, Russisch, Arabisch und Chinesisch) erhältlich.[12])

---

[5]) Report of the United Nations Commission on International Trade Law on the work of its twenty-ninth session 28 May – 14 June 1996, General Assembly Official Records Fifty-first Session Supplement No 17 (A/51/17) para 225 ff.
[6]) AaO para 228.
[7]) Siehe dazu bereits oben.
[8]) Vgl dazu gleich unten.
[9]) Vgl Report of the Secretary-General, 18 December 1996, A/CN.9/438.
[10]) Report of the United Nations Commission on International Trade Law on the work of its thirtieth session 12 – 30 May 1997, General Assembly Official Records Fifty-second Session Supplement No. 17 (A/52/17) FN 16.
[11]) Siehe Report of the United Nations Commission on International Trade Law on the work of its thirty-third session 12 June – 7 July 2000, General Assembly Official Records Fifty-fifth Session Supplement No 17 (A/55/17) para 372 ff.
[12]) Sowohl der Guide als auch die in diesem Beitrag zitierten Protokolle sind im Internet unter der Adresse www.uncitral.org verfügbar. Die Empfehlungen sind im Anhang zu diesem Beitrag abgedruckt.

2. Rechtsnatur und Struktur des Guide

2.1. Abgrenzung von Abkommen und Modellgesetzen

Zahlreiche von UNCITRAL betreute Projekte münden in internationale Abkommen. Zu erwähnen ist hier vor allem die Convention on International Sale of Goods (CISG),[13]) die als UN-Kaufrecht auch Bestandteil der österreichischen Rechtsordnung wurde[14]) und zwischenzeitig für den Bereich des internationalen Warenverkehrs nicht nur hierzulande erhebliche Bedeutung erlangt hat.[15]) *Lurger* spricht in diesem Zusammenhang sogar von einem „Erfolgsmodell der Privatrechtsvereinheitlichung".[16]) Nach verschiedenen anderen Abkommen hat UNCITRAL zuletzt eine gerade auch aus österreichischer Sicht interessante Konvention zum internationalen Zessionsrecht (United Nations Convention on Assignment of Receivables in International Trade) fertiggestellt.[17])

Da die Vorbereitung von völkerrechtlich verpflichtenden Abkommen in aller Regel mit einem enormen zeitlichen und finanziellen Aufwand verbunden ist, bedient sich UNCITRAL zunehmend auch anderer Instrumente. Zu erwähnen ist hier zunächst einmal das Instrument des Modellgesetzes (model law). Es handelt sich dabei um einen vollständig ausgearbeiteten Gesetzestext, der so konzipiert ist, dass er von nationalen Gesetzgebern ohne weiteres als innerstaatliches Recht erlassen werden kann. Mangels Abkommens besteht allerdings naturgemäß keine völkerrechtliche Verpflichtung zur Berücksichtigung des Modellgesetzes durch die nationalen Gesetzgeber. Ein entsprechender Rechtsvereinheitlichungseffekt tritt demnach durch die Ausarbeitung eines Modellgesetzes nur dann ein, wenn entsprechend viele Staaten das Modellgesetz als innerstaatlich gültiges Recht erlassen. UNCITRAL hat zu ganz unterschiedlichen Themen derartige model laws erarbeitet, nämlich auf dem Gebiet der Schiedsgerichtsbarkeit,[18]) des internationalen Überweisungsverkehrs,[19]) des Vergaberechts,[20]) des

---

[13]) Zur Geschichte dieses Abkommens vgl nur *Karollus*, UN-Kaufrecht (1991), 2 ff.

[14]) BGBl 1988/96.

[15]) Neben der Convention on International Sale of Goods ist Österreich noch Mitglied folgender von UNCITRAL betreuter Konventionen: Convention on the Recognition and Enforcement of Foreign Arbitral Awards (Übereinkommen über die Anerkennung und Vollstreckung ausländischer Schiedssprüche, BGBl 1961/200), United Nations Convention on the Carriage of Goods by Sea (Übereinkommen der Vereinten Nationen über die Beförderung von Gütern auf See, BGBl 1993/836).

[16]) JBl 2002, 750.

[17]) Vgl dazu *Lukas*, Auf dem Weg zu einem internationalen Zessionsrecht?, ÖBA 2000, 501 ff; *denselben*, Die Stellung des Schuldners in der geplanten UNCITRAL-Zessionskonvention, ÖBA 2001, 453 ff; *Vogt/Kremslehner*, Die UNCITRAL-Konvention über internationale Forderungsabtretungen und Bemerkungen aus österreichischer Sicht, ecolex 2000, 190 ff.

[18]) UNCITRAL Model Law on International Commercial Arbitration (1985).

[19]) UNCITRAL Model Law on International Credit Transfers (1992).

[20]) UNCITRAL Model Law on Procurement of Goods, Construction and Services (1994).

E-Commerce,[21]) des internationalen Konkursrechts[22]) und der elektronischen Signatur[23]).

Ganz ähnliche Zwecke wie das Modellgesetz verfolgt das Instrument des Legislative Guide. Er richtet sich mit seinen Empfehlungen an die nationalen Gesetzgeber und ist – mangels völkerrechtlicher Vereinbarung – ebenso wenig bindend wie Modellgesetze. Ein Legislative Guide unterscheidet sich von einem Modellgesetz allerdings dadurch, dass er keine ausformulierten Bestimmungen enthält, die Bestandteil einer nationalen Rechtsordnung sein könnten, sondern lediglich Empfehlungen, was bei der Erlassung solcher Regeln zu berücksichtigen ist. Demnach ist ein Legislative Guide ein Ratgeber für den nationalen Gesetzgeber zu einem bestimmten Themengebiet.

So enthält auch der vorliegende Legislative Guide on Privately Financed Infrastructure Projects ein ganzes Bündel solcher Empfehlungen („legislative recommendations"). Ihr Ziel ist es, einen Beitrag zur Entwicklung gesetzlicher Rahmenbedingungen für PFI-Projekte zu leisten. Insgesamt enthält der Guide 71 Empfehlungen. Im Anschluss daran finden sich ausführliche Erläuterungen zu den finanziellen, gesetzgeberischen und politischen Aspekten der einzelnen Empfehlungen. Im Vorwort zum Guide wird der Leser nachdrücklich aufgefordert, die Empfehlungen jeweils gemeinsam mit den einschlägigen Erläuterungen zu lesen. Nur dadurch bekommt der Leser das zum Verständnis der Empfehlungen notwendige Hintergrundwissen.[24]) Für das Verständnis der einzelnen Empfehlungen sind diese Erläuterungen überaus bedeutsam.

2.2. Anwendungsbereich des Guide

Im Guide ist ausdrücklich festgehalten, dass er sich an gesetzgebende Körperschaften richtet.[25]) An eine Hilfestellung für Vertragsverfasser im Bereich von PFI-Projekten ist dagegen nicht gedacht.[26]) Dessen ungeachtet werden im Guide Fragen der Vertragsgestaltung erörtert. So finden sich etwa in Kapitel IV bezüglich Errichtung und Betrieb von Infrastruktur nicht nur Überlegungen zu den diesbezüglichen gesetzlichen Rahmenbedingungen, sondern auch zur Projektvereinbarung. Und auch Kapitel V trägt naturgemäß Fragen der Vertragsgestaltung Rechnung, wenn hier zur Dauer, der Verlängerung und der Beendigung von Projektvereinbarungen Stellung genommen wird. Die diesbezüglichen Ausführungen verfolgen allerdings den Zweck, dem nationalen Gesetzgeber den diesbezüglichen Regelungsbedarf aufzuzeigen.

---

[21]) UNCITRAL Model Law on Electronic Commerce (1996).
[22]) UNCITRAL Model Law on Cross-Border Insolvency (1997).
[23]) UNCITRAL Model Law on Electronic Signatures (2001).
[24]) Guide XI.
[25]) Guide 3 (para 7).
[26]) Dennoch erweist sich der Guide gerade auch aus Sicht eines Vertragsverfassers als überaus lesenswert, weil er den Blick für Probleme schärft, die sich bei Implementierung und Abwicklung eines PFI-Projektes ergeben können und daher jedenfalls einer vertraglichen Regelung bedürfen.

Inhaltlich zielt der Guide auf Infrastrukturprojekte, die einen Investor zur Errichtung, Wiederherstellung oder Erweiterung bestimmter Infrastruktur verpflichten und ihm zugleich das Recht einräumen, den Kunden oder dem Auftraggeber für die Nutzung der Infrastruktur ein Entgelt in Rechnung zu stellen. Obwohl es im Zusammenhang mit solchen Projekten auch zur Privatisierung öffentlicher Aufgaben kommen kann, betrifft der Guide selbst derartige Privatisierungsmaßnahmen nur dann, wenn sie sich auf die Entwicklung und den Betrieb öffentlicher Infrastruktur beziehen. Überdies sind vom Anwendungsbereich des Guide auch Projekte im Zusammenhang mit der Gewinnung natürlicher Ressourcen (zB Öl oder Gas) ausgenommen, selbst wenn derartige Projekte auf Grundlage einer Konzession ausgeführt werden, die von einem öffentlichen Auftraggeber vergeben wird.

3. Terminologie

Zum besseren Verständnis der Empfehlungen werden im Guide die verwendeten Begriffe näher erläutert.[27] Die diesbezüglichen Ausführungen sind durchaus über den Guide hinaus bedeutsam. Schließlich herrscht gerade im Zusammenhang mit PFI-Projekten eine erhebliche Begriffsverwirrung. Ein und derselbe Begriff wird nicht selten zur Beschreibung ganz unterschiedlicher Phänomene verwendet. Andere Termini werden teils eng und teils ganz weit verstanden, wie das Beispiel BOT zeigt.[28] Der Guide könnte demnach einen maßgeblichen Beitrag zu einer einheitlichen Terminologie im Zusammenhang mit PFI-Projekten leisten. Schließlich waren an seiner Entstehung Experten aus der ganzen Welt beteiligt, die im Guide (notwendigerweise) zu einem einheitlichen Sprachgebrauch gefunden haben.

Im Rahmen der terminologischen Erläuterungen wird zunächst den Begriffen „public infrastructur" und „public services" besonderes Augenmerk geschenkt.[29] Schließlich ist der Anwendungsbereich des Guide prinzipiell auf öffentliche Infrastruktur und damit zusammenhängende öffentliche Dienstleistungen beschränkt. „Public infrastructure" bezeichnet *physische* Einrichtungen, die der Allgemeinheit dienen. In diesem Zusammenhang werden im Guide Anlagen aus dem Bereich der Energiewirtschaft, der Telekommunikation, der Wasseraufbereitung, der Abfallverwertung und des öffentlichen Verkehrs beispielhaft erwähnt.

Als besonders problematisch wird die Grenzziehung zwischen öffentlicher und privater Infrastruktur gesehen.[30] So stehen in verschiedenen Ländern bestimmte Einrichtungen – etwa Flughäfen – zwar in Privateigentum, zugleich unterliegen sie aber einer entsprechenden gesetzlichen Regulierung oder sind Gegenstand einer Vereinbarung mit der zuständigen staatlichen Stelle. Der Guide nimmt davon Abstand, hier besondere Leitlinien zur Grenzziehung vorzugeben. Dies wird damit

---

[27]) Guide 3 ff (para 9 – 20).
[28]) Siehe oben.
[29]) Guide 3 f (para 10, 12).
[30]) Guide 4 (para 11).

begründet, dass jeder einzelne Staat diese Abgrenzung nach seinen eigenen spezifischen Bedürfnissen vorzunehmen hat.

Bereits im Rahmen der Begriffsbestimmungen wird sowohl der Konzession („concession") als auch der Projektvereinbarung („project agreement") entsprechender Raum eingeräumt. Bezüglich der Konzession wird im Guide darauf verwiesen, dass in vielen Ländern ein staatliches Monopol oder zumindest eine spezifische Regelung für öffentliche Dienste besteht.[31]) Wo dies der Fall ist, bedarf die Erbringung eines öffentlichen Dienstes durch Private in aller Regel einer Autorisierung durch die zuständige staatliche Stelle. In den nationalen Rechtsordnungen finden sich für einen solchen Autorisierungsakt unterschiedliche Begriffe, die freilich zum Teil auch für unterschiedliche Autorisierungsvarianten stehen. Allgemein gebräuchlich sind Begriffe wie „concession", „franchise", „licence" oder „lease". Soweit der Guide von Konzession („concession") spricht, ist dies möglichst weit zu verstehen. Anders als in verschiedenen nationalen Rechtsordnungen wird also dieser Begriff im Guide nicht als spezifischer Terminus technicus eingesetzt.

Unter Projektvereinbarung („project agreement") versteht der Guide die Vereinbarung zwischen dem Auftraggeber und dem mit dem Projekt betrauten Investor, in der die Bedingungen für die Errichtung bzw Modernisierung, den Betrieb und die Erhaltung der Infrastruktur geregelt sind.[32]) In manchen nationalen Rechtsordnungen werden hiefür auch die Begriffe „concession agreement" oder „concession contract" verwendet.

Jenes Unternehmen, das ein Infrastrukturprojekt aufgrund einer von einem öffentlichen Auftraggeber vergebenen Konzession ausführt, wird als Konzessionär („concessionaire") bezeichnet. Der Begriff Projektunternehmen („project company") bezieht sich dagegen speziell auf einen unabhängigen Rechtsträger, der eigens gegründet wird, um ein spezifisches Projekt auszuführen.[33])

Der breite Anwendungsbereich des Guide wird deutlich, wenn man einen Blick auf die Begriffsbestimmungen für all jene Projekttypen wirft, die vom Guide erfasst werden.[34]) So bezieht sich der Guide auf die unterschiedlichen Varianten und Sonderformen von *build-operate-transfer* (BOT) wie etwa auch auf *build-transfer-operate* (BTO). Der Begriff BTO wird verwendet, um herauszustreichen, dass bei diesem Projekttyp die Anlage bereits unmittelbar nach ihrer Errichtung dem Auftraggeber zufällt. Der Konzessionär hat hier also von Anfang an jedenfalls nur das Recht, die Anlage eine bestimmte Zeit hindurch zu betreiben. *Build-rent-operate-transfer* (BROT) und *build-lease-operate-transfer* (BLOT) sind weitere Sonderformen von BOT-Projekten. Der Konzessionär tritt hier nicht nur als Betreiber der Anlage auf, er ist vielmehr auch ihr Mieter. Von build-own-operate-transfer-Projekten (BOOT) spricht der Guide dagegen dann, wenn der Konzessionär Finanzierung, Errichtung, Betrieb und Erhaltung einer Infrastruktureinrichtung übernommen hat und ihm zugleich das Recht zusteht, von den Benützern Gebühren und

---

[31]) Guide 4 (para 13).
[32]) Guide 4 (para 14).
[33]) Guide 5 (para 15).
[34]) Vgl Guide 5 f (para 19).

sonstige Entgelte einzuheben. Die Besonderheit von BOOT besteht darin, dass dem privaten Investor die Infrastruktureinrichtung samt allen Vermögenswerten bis zur Übertragung an den Auftraggeber (nach Ablauf der Konzession) gehört. BOOT steht demnach im Gegensatz zu BTO. Build-own-operate-Projekte (BOO) verschaffen dem Konzessionär eine noch stärkere Rechtsstellung. Hier trifft den Konzessionär nicht einmal nach Projektende die Pflicht, dem Auftraggeber die Einrichtung zu übertragen.

Während die bisher genannten Begriffe vor allem auf Unterschiede im Zusammenhang mit der Eigentümerstellung Rücksicht nehmen, zielen andere Ausdrücke primär auf die Pflichten des Konzessionärs.[35]) Trifft ihn etwa die Pflicht, eine Anlage zu renovieren oder zu erneuern, ist demgemäss von *refurbish-operate-transfer* (ROT) oder *refurbish-own-operate* (ROO) bzw von *modernize-operate-transfer* (MOT) oder von *modernize-own-operate* (MOO) die Rede. Der Begriff *design-build-finance-operate* (DBFO) bringt schließlich zum Ausdruck, dass der Konzessionär nicht nur für Errichtung und Finanzierung, sondern auch für Planung und Entwicklung der Anlage verantwortlich ist.

4. Die Empfehlungen im Überblick
4.1. Gliederung

Die Empfehlungen gliedern sich in sechs Kapitel. Im ersten Kapitel werden die erforderlichen gesetzlichen Rahmenbedingungen für PFI-Projekte abgesteckt (Empfehlungen 1–11). Die Empfehlungen im zweiten Kapitel widmen sich den Projektrisiken und einer allfälligen staatlichen Unterstützung zugunsten des Konzessionärs (Empfehlungen 12–13). Besondere Bedeutung kommt dem dritten Kapitel zu. Es befasst sich mit der Auswahl des Konzessionärs und damit vergaberechtlichen Fragen (Empfehlungen 14–39). Die Empfehlungen im vierten Kapitel beziehen sich auf Errichtung und Betrieb der Infrastruktur. In diesem Zusammenhang sind auch die vertraglichen Vereinbarungen angesprochen (Empfehlungen 40–60). Das fünfte Kapitel betrifft Dauer, Ausweitung und Beendigung der Projektvereinbarung (Empfehlungen 61–68). Die Empfehlungen im sechsten Kapitel widmen sich schließlich der Schlichtung allfälliger Streitigkeiten (Empfehlungen 69–71).

4.2. Gesetzliche Rahmenbedingungen für PFI-Projekte
4.2.1. Allgemeine Grundsätze

Bereits die erste Empfehlung des Guide verdient aus Sicht von Staaten wie Österreich, die über keine spezifischen Bestimmungen für PFI-Projekte verfügen, besondere Beachtung. Nach Ansicht von UNICITRAL ist die Einführung entsprechender gesetzlicher Rahmenbedingungen eine Grundvoraussetzung, um eine ausreichende Zahl von privaten Investoren für Infrastrukturprojekte zu finden.[36]) Ziel

---
[35]) Vgl Guide 6 (para 20).
[36]) Guide 23 (para 1).

einschlägiger verfassungsrechtlicher und (einfach)gesetzlicher Bestimmungen muss es nämlich sein, Transparenz und Fairness bei PFI-Projekten zu gewährleisten. Überdies ist deren langfristiger Bestand gesetzlich abzusichern. Unzweckmäßige Hindernisse für die Beteiligung des privaten Sektors an der Entwicklung und dem Betrieb von Infrastruktur gilt es zu beseitigen (*Empfehlung 1*).

Die gesetzlichen Bestimmungen müssen es potentiellen Investoren ermöglichen, die Kosten und Risken ihres Investments abzuschätzen. Nur dann sind sie in der Lage, auf Grundlage einer entsprechenden Kostenrechnung knapp kalkulierte Angebote zu unterbreiten.[37] Diesem Aspekt kommt dann ganz besondere Bedeutung zu, wenn auch ausländische Investoren angesprochen werden sollen, zumal diese oftmals mit der Praxis des betreffenden Landes bei der Vergabe von Infrastrukturprojekten nicht vertraut sind.

Wenn im Guide von den nationalen Gesetzgebern Fairness bei der Regelung von PFI-Projekten eingemahnt wird, ist damit ein angemessener Interessenausgleich zwischen staatlicher Einrichtung, privatem Investor und den Benutzern der Anlage gemeint.[38] Dabei sind die Rentabilitätserwartungen auf Investorenseite, das Recht der Kunden auf eine gut funktionierende Infrastruktur und schließlich die umfassende Verantwortung der Regierung in Infrastruktur- und Budgetangelegenheiten zu berücksichtigen. Angesichts des ganz unterschiedlichen Kräfteverhältnisses der Beteiligten ist hier der nationale Gesetzgeber aufgerufen, dem privatautonomen Gestaltungsspielraum Grenzen zu setzen.

Eine weitere Aufgabe des nationalen Gesetzgebers sieht UNCITRAL darin, den dauerhaften Bestand von Infrastrukturprojekten sicherzustellen.[39] Unangemessene Vereinbarungen über Betrieb und Erhaltung von Infrastruktur beeinträchtigen in allen Infrastrukturbereichen die Effizienz, verschlechtern die Qualität des angebotenen Service und ziehen oft auch eine Kostensteigerung für die Benutzer nach sich. Dem ist durch entsprechende gesetzliche Bestimmungen vorzubeugen. In diesem Zusammenhang ist auch zu entscheiden, ob die Erbringung öffentlicher Dienstleistungen auf einer Monopol- oder einer Wettbewerbsbasis erfolgen soll. Naturgemäß kann die Zulassung von Wettbewerb dazu beitragen, die Gesamtkosten zu senken und die Schaffung von Hilfs- und Zusatzeinrichtungen für wesentliche Dienste zu fördern. So entspricht es der Erfahrung der Kommission, dass die Zulassung von Wettbewerb die Produktivität von Infrastrukturprojekten gesteigert und die Kundenorientierung verbessert hat.[40]

4.2.2. Verfassungsrechtliche Fragen

In zahlreichen Staaten stoßen PFI-Projekte derzeit auf unüberwindliche verfassungsrechtliche Hindernisse.[41] So verpflichtet in zahlreichen Ländern das Verfassungsrecht die staatlichen Organe, für die Bereitstellung der erforderlichen Infra-

---

[37] Guide 23 f (para 4).
[38] Guide 24 (para 5).
[39] Guide 24 (para 6).
[40] Guide aaO.
[41] Vgl dazu Guide 24 f (para 7).

struktur zu sorgen. Teilweise geht die staatliche Verantwortung so weit, dass Errichtung und Betrieb von Infrastruktur unmittelbar dem Staat oder zumindest staatlichen Unternehmen vorbehalten wird. Eine Beteiligung privater Investoren ist dann ausgeschlossen. In manchen Ländern beziehen sich derartige Beschränkungen auch nur auf Ausländer. In anderen Ländern lässt die Verfassung zwar eine Beteiligung privater Investoren an Infrastrukturprojekten prinzipiell zu, zugleich ist aber der Staat verpflichtet, sich an Unternehmen in bestimmtem Umfang zu beteiligen, die Infrastruktur zur Verfügung stellen. Hindernisse für PFI-Projekte können sich auch daraus ergeben, dass in manchen Staaten die Verfassung Privateigentum und sonstige dingliche Rechte an Infrastruktur ausschließt.[42])

Gesetzgebungsvorhaben auf dem Gebiet von PFI haben also auf die verfassungsrechtliche Problematik unbedingt Bedacht zu nehmen.[43]) Soweit Staaten private Investitionen in Infrastrukturprojekte fördern wollen, gilt es, das Verfassungsrecht auf allfällige Schranken zu untersuchen. In diesem Zusammenhang ist zu berücksichtigen, dass auch eine aus dem Verfassungsrecht resultierende Rechtsunsicherheit geeignet sein kann, potentielle Investoren von ihrer geplanten Beteiligung abzuhalten.

4.2.3. Zuständigkeitsvorschriften

Für das Vertrauen von Investoren ist es oftmals wesentlich, einem staatlichen Partner gegenüberzustehen, der von Gesetzes wegen zur Vergabe bestimmter Infrastrukturprojekte autorisiert ist.[44]) Demnach soll sich aus dem nationalen Recht ergeben, welche staatlichen Stellen zur Vergabe von Konzessionen für PFI-Projekte und zum Abschluss der Projektvereinbarung befugt sind (*Empfehlung 2*). Aus den gesetzlichen Vorschriften sollte sich auch ableiten lassen, wer berechtigt ist, die Projektvereinbarung namens der zuständigen staatlichen Stelle abzuschließen.[45])

4.2.4. Zweck und Reichweite der Konzession

Bei Gesetzgebungsakten ist zu berücksichtigen, dass sich PFI-Projekte sowohl auf Errichtung und Betrieb neuer Infrastruktur als auch auf Erhaltung, Erneuerung, Erweiterung und den Betrieb bestehender Infrastruktureinrichtungen beziehen können (*Empfehlung 3*). Darauf ist bei den gesetzlichen Rahmenbedingungen für die Vergabe von Konzessionen entsprechend Rücksicht zu nehmen. Überdies soll sich aus dem Gesetz auch ergeben, für welche Sektoren und Infrastrukturtypen die Vergabe einer Konzession in Frage kommt (*Empfehlung 4*).

Regelungsbedürftig ist weiters die Frage, ob sich eine Konzession auf das gesamte Staatsgebiet erstreckt oder regional beschränkt ist. In diesem Zusammenhang ist auch festzulegen, ob mit der Konzession ein exklusives Recht verbunden

---

[42]) Guide 25 (para 9); siehe dazu auch unten.
[43]) Guide 25 (para 8).
[44]) Guide 26 (para 15).
[45]) Guide 27 (para 17).

ist oder ob weitere Konzessionen vergeben werden können (*Empfehlung 5*). Hier wird freilich im Guide ein flexibler Ansatz vorgeschlagen:[46])

„Rather than excluding or prescribing exclusive concessions, it may be preferable for the law to authorize the grant of exclusive concessions when it is deemed to be in the public interest, such as in cases where the exclusivity is justified for the purpose of ensuring the technical or economical viability of the project."

Die zuständige staatliche Stelle soll allerdings verpflichtet werden, noch vor dem Vergabeverfahren die Gründe für eine exklusive Konzession offen zu legen. Zudem wird auch erwogen, die Frage der Exklusivität unterschiedlich zu regeln, je nachdem welcher Sektor betroffen ist.[47])

4.2.5. Koordinierung der zuständigen staatlichen Stellen

Von der Aufgabenverteilung innerhalb eines Staatsgefüges hängt es ab, ob PFI-Projekte in die Zuständigkeit unterschiedlicher staatlicher Organe fallen. Man denke etwa einerseits an die gewerberechtliche Genehmigung für Errichtung und Betrieb der Anlage und andererseits an den Abschluss der Projektvereinbarung. Soweit ein ausländischer Investor auf den Plan tritt, sind überdies möglicherweise zoll- und devisenrechtliche Genehmigungen erforderlich.

Vor diesem Hintergrund sieht UNCITRAL einen Koordinierungsbedarf: Es gilt institutionelle Mechanismen zu entwickeln, um die Tätigkeit all jener staatlichen Organe zu koordinieren, die bei der Implementierung eines PFI-Projektes für die Erteilung von Genehmigungen, der Vergabe von Lizenzen oder sonstige Autorisierungsakte zuständig sind (*Empfehlung 6*). Im Idealfall lässt sich auf gesetzlicher Ebene eine zentrale Stelle etablieren, der eine Gesamtzuständigkeit zukommt.[48]) Soweit dem unüberbrückbare verfassungsrechtliche Hindernisse entgegenstehen – aus österreichischer Sicht sei hier nur die Kompetenzverteilung in Art 10 ff B-VG erwähnt –, hat der Gesetzgeber Alternativkonzepte vorzusehen. Soweit etwa eine Regierung nicht selbst imstande ist, die erforderlichen Genehmigungen zu erteilen, könnte sie zumindest verpflichtet werden, den potentiellen Investor bei der Erlangung notwendiger Bewilligungen mit Rat und Tat zu unterstützen.[49])

4.2.6. Regulierungsbehörde

Der Guide setzt sich auch mit der Frage auseinander, welche Anforderungen jene Stelle erfüllen soll, die mit der Regulierung von PFI-Projekten betraut wird. Dabei spielt die Unabhängigkeit dieser Einrichtung eine ganz entscheidende Rolle. Um Interessenkonflikte a priori zu vermeiden, soll sie selbst keine Infrastrukturleistungen erbringen (*Empfehlung 7*). Überdies ist ihre Autonomie in einer Weise abzusichern, dass sie ihre Entscheidungen ohne politische Einflussnahme und ohne Druck durch Betreiber bereits bestehender Infrastrukturanlagen treffen kann

---

[46]) Guide 28 (para 22).
[47]) Guide aaO.
[48]) Guide 29 (para 24).
[49]) Guide 30 (para 29).

(*Empfehlung 8*). Angesichts dieser beiden Empfehlungen ist überaus zweifelhaft, ob die Regierung (das fachlich zuständige Ministerium) eines Staates in Frage kommt, um als Regulierungsbehörde zu fungieren. Dass der Guide dazu dennoch keine eindeutige Aussage enthält,[50]) dürfte auf den Widerstand einzelner Staaten in der Kommission zurückzuführen sein.

4.2.7. Verfahren

Für die Tätigkeit der Regulierungsbehörde sind Verfahrensvorschriften vorzusehen. Deren Ziel muss ein transparentes und objektives Verfahren sein. Im Interesse der Transparenz ist eine Veröffentlichung der Verfahrensvorschriften erforderlich. Die Regulierungsbehörde ist zu verpflichten, ihre Entscheidungen zu begründen und sie auch Parteien mit einem entsprechenden Interesse zugänglich zu machen (*Empfehlung 9*).

Da bei Verfahren vor einer Regulierungsbehörde oftmals auch Interessen Außenstehender (etwa Mitbewerber, Nutzer der Infrastruktur) betroffen sind, wird im Guide auch erwogen, solchen Personen im Rahmen des Verfahrens Gehör zu verschaffen. In diesem Zusammenhang wird an öffentliche Hearings, die Möglichkeit zu schriftlichen Stellungnahmen oder auch die Einrichtung von Beiräten gedacht, die sich aus betroffenen Personen zusammensetzen.[51])

Im Zuge eines fairen Verfahrens muss dem (potentiellen) Konzessionär selbstverständlich die Möglichkeit eingeräumt werden, die Entscheidung der Regulierungsbehörde überprüfen zu lassen. Der nationale Gesetzgeber muss also ein transparentes Rechtsmittelverfahren vorsehen, an dessen Ende die Entscheidung einer unabhängigen und unbefangenen Instanz, etwa eines Gerichtes steht (*Empfehlung 10*).

Nach Ansicht von UNCITRAL empfiehlt es sich überdies, im Rahmen der verfahrensrechtlichen Bestimmungen auch Konflikte zwischen Konzessionären zu bedenken. Hier ist vor allem an Streitigkeiten zwischen konkurrierenden Konzessionären (etwa zwischen zwei Mobilfunkbetreibern) und zwischen Konzessionären unterschiedlicher Segmente desselben Sektors gedacht.[52]) Betrifft ein solcher Konflikt die behauptete Verletzung von Vorschriften, die den maßgeblichen Sektor regeln, sollte von Gesetzes wegen ein Mechanismus zur Streitschlichtung vorgesehen sein (*Empfehlung 11*). Schiedsvereinbarungen erscheinen der Kommission nicht als zweckmäßig:[53])

„Even where it would be possible to establish a contractual mechanism, the host country may have an interest that disputes involving certain issues (for example, conditions of access to a given infrastructure network) be settled by a specific body in order to ensure consistency in the application of the relevant rules."

---

[50]) Vgl Guide 32 f (para 36 ff).
[51]) Guide 35 (para 48).
[52]) Vgl Guide 36 (para 51).
[53]) Guide 36 (para 52).

Hier wird im Guide vor allem eine Streitschlichtung durch die Regulierungsbehörde erwogen. Die Anrufung der ordentlichen Gerichte soll den Parteien dennoch offen stehen, wobei für diesen Fall vom Gesetzgeber zu entscheiden ist, inwieweit einer Entscheidung der Regulierungsbehörde Bindungswirkung zukommt.[54])

4.3. Projektrisken und staatliche Unterstützung

4.3.1. Projektrisken

PFI-Projekte bringen ganz unterschiedliche Risken mit sich. Hier sind höhere Gewalt, politische Risken, Risken im Zusammenhang mit Errichtung und Betrieb der Anlage, wirtschaftliche Risken sowie finanzielle Risken einschließlich eines allfälligen Wechselkursrisikos zu nennen.[55]) Der Risikoverteilung („risk allocation") im Rahmen der Projektvereinbarung kommt daher bei PFI-Projekten entscheidende Bedeutung zu. Diesem Umstand soll auch die nationale Rechtsordnung Rechnung tragen, indem sie einer vertraglichen Risikoverteilung keine Schranken setzt, soweit die Vereinbarung den Bedürfnissen des Projektes entspricht (*Empfehlung 12*).

In den Erläuterungen zu dieser Empfehlung finden sich nähere Ausführungen, nach welchen Kriterien die Parteien einer Projektvereinbarung die Risikoverteilung vornehmen sollten.[56]) Demnach gilt der Grundsatz, dass spezifische Risken von der Partei zu tragen sind, die das Risiko am besten abschätzen, kontrollieren und begrenzen kann. Dabei ist zu berücksichtigen, ob einer Partei Sicherungsinstrumente zur Verfügung stehen. Dies führt zur Frage, welche Partei – auch unter Kostengesichtspunkten – eher in der Lage ist, ein Risiko zu diversifizieren oder minimieren. Außerdem darf nicht übersehen werden, dass eine Partei möglicherweise finanziell gar nicht in der Lage ist, die Konsequenzen zu tragen, wenn sich ein Risiko verwirklicht.

Im Guide wird in diesem Zusammenhang abschließend eingeräumt, dass in der Praxis oftmals ein ganz anderer Faktor den Ausschlag bei der Risikoverteilung gibt, nämlich das Kräfteverhältnis der Parteien bei den Vertragsverhandlungen. Angesichts dieser sicher zutreffenden Beobachtung drängt sich freilich die Frage auf, ob nicht doch einer privatautonomen Ausgestaltung der Risikoverteilung zwischen den Parteien gesetzliche Grenzen zu setzen sind.

4.3.2. Staatliche Unterstützung

Teilweise hängt die Beteiligung privater Investoren an Infrastrukturprojekten von einer spezifischen staatlichen Unterstützung ab. Soweit der Guide auf eine solche Unterstützung („government support") Bezug nimmt, ist dies in finanzieller und wirtschaftlicher Hinsicht zu verstehen. Gedacht ist hier an finanzielle Garantien, staatliche Darlehen, Subventionen, Umsatzgarantien, Steuerbefreiungen etc.

---

[54]) Vgl Guide 36 (para 53).
[55]) Zu den möglichen Risken vgl eingehend UNIDO BOT Guidelines; Guide 39 ff (para 11 ff).
[56]) Guide 42 ff (para 21 ff).

UNCITRAL hat zu diesen Formen staatlicher Unterstützung prinzipiell keine ablehnende Haltung eingenommen. Im Guide wird lediglich empfohlen, klar gesetzlich zu regeln, von welcher staatlichen Stelle eine solche Unterstützung gewährt werden darf und worin diese Unterstützung bestehen kann (*Empfehlung 13*).

4.4. Auswahl des Konzessionärs – Vergaberecht
4.4.1. Vergleich mit der europäischen/österreichischen Rechtslage

Von besonderem Interesse aus österreichischer Sicht erweist sich das Kapitel über die Auswahl des Konzessionärs. So wird im Guide nachdrücklich empfohlen, für die Auswahl des Konzessionärs ein nach Wettbewerbsgesichtspunkten konzipiertes Vergabeverfahren gesetzlich vorzusehen (*Empfehlung 14*). Ausnahmen davon soll der Gesetzgeber nur in ganz besonders gelagerten Fällen zulassen, die überdies gesetzlich exakt einzugrenzen sind (*Empfehlung 28*). Damit findet sich UNCITRAL im Einklang mit der UNIDO und auch der Weltbank.[57] Sowohl in den von der UNIDO verfassten BOT Guidelines als auch in den von der Weltbank erstellten Guidelines zur Vergabe von Krediten durch die International Bank for Reconstruction and Development (IBRD) und die International Development Association (IDA) findet sich jeweils eine ganz vergleichbare Empfehlung.

Dies ist deswegen bemerkenswert, weil sich für PFI-Projekte sowohl im europäischen als auch im österreichischen Vergaberecht verschiedene Freiräume auftun.[58] Bekanntlich hängt hierzulande die vergaberechtliche Behandlung von PFI-Projekten entscheidend davon ab, ob die Beauftragung des privaten Investors als Bauauftrag, Baukonzession, Dienstleistungsauftrag oder Dienstleistungskonzession zu qualifizieren ist. So waren Dienstleistungskonzessionen aus dem BVergG 1997 überhaupt zur Gänze ausgenommen. Insofern ist es durch das BVergG 2002 zwar zu einer Änderung gekommen. Gem § 16 Abs 2 und § 17 Abs 2 BVergG 2002 kommen auf Dienstleistungskonzessionen die Bestimmungen des 1. Teils (§§ 1 – 20) sowie die §§ 21 und 44 BVergG 2002 zur Anwendung. Dies bedeutet, dass bei der Vergabe von Dienstleistungskonzessionen nach nunmehr geltendem österreichischen Recht zwar immerhin bestimmte materiellrechtliche Vorgaben zu berücksichtigen sind. „Das vergabespezifische Rechtsschutzsystem wird jedoch für diese Leistungsvergaben in toto nicht für anwendbar erklärt".[59] Ganz anders stellt sich die Rechtslage für die Vergabe von Baukonzessionen dar. Gem § 107 BVergG 2002 hat sie prinzipiell nach den Verfahrensvorschriften des BVergG 2002 zu erfolgen, wenn auch der Auftraggeber unter den Vergabeverfahren frei wählen kann. Entscheidend ist aber vor allem, dass die Rechtsschutzbestimmungen des 5. Teils bei der Vergabe von Baukonzessionen vollinhaltlich greifen.

---

[57]) Auf beide Institutionen wird im Guide auch verwiesen, aaO 61 (para 1).
[58]) Vgl dazu *Gölles*, Vergabe von Konzessions- und PPP-Modellen nach dem BVergG 2002, ZVB 202, 232 ff; *K. Dullinger/J.P. Gruber*, Dienstleistungskonzessionen bei der Vergabe öffentlicher Aufträge, JBl 2002, 19 ff.
[59]) RV 1087 BlgNR 21. GP 18.

Die Sonderbehandlung der Dienstleistungskonzession im österreichischen Vergaberecht ist vor dem Hintergrund der europäischen Rechtslage zu sehen. So sind Dienstleistungskonzessionen von den Vergaberichtlinien, insbesondere der Dienstleistungsrichtlinie,[60]) anerkanntermaßen nicht erfasst.[61]) Aus zentralen Bestimmungen des EG-Vertrages (insb Art 12, 28 – 30 und 43 – 55) und den daraus vom EuGH abgeleiteten Prinzipien ergibt sich allerdings, dass auch bei der Vergabe von Dienstleistungskonzessionen bestimmte Grundsätze (Gleichbehandlung, Transparenz, Verhältnismäßigkeit, gegenseitige Anerkennung) zu beachten sind.[62]) Dem trägt nun im österreichischen Recht § 21 BVergG 2002 Rechnung, der – wie schon erwähnt – gerade auch auf Dienstleistungskonzessionen anwendbar ist. Nach dieser Bestimmung sind Aufträge über Leistungen unter Beachtung der gemeinschaftsrechtlichen Grundfreiheiten sowie des Diskriminierungsverbots entsprechend den Grundsätzen des freien und lauteren Wettbewerbs und der Gleichbehandlung aller Bewerber und Bieter an befugte, leistungsfähige und zuverlässige Unternehmer zu angemessenen Preisen zu vergeben.

Insofern besteht also selbst im Fall der Dienstleistungskonzession doch ein Gleichklang mit Empfehlung 14 im Guide. Gerade im Lichte der weiteren UNCITRAL-Empfehlungen zur Konzessionsvergabe erscheint aber die österreichische – ebenso wie die europäische – Regelung dennoch als unzureichend. Schließlich verpflichtet sie den Auftraggeber lediglich dazu, im Zusammenhang mit der Auswahl des Konzessionärs sehr allgemein gehaltene Grundsätze zu beachten. Besondere Verfahrensvorschriften hat er nicht zu beachten. Demgegenüber wird im Guide empfohlen, das Verfahren zur Vergabe einer Konzession relativ detailliert gesetzlich festzulegen. So finden sich hier Empfehlungen zur Regelung der Vorauswahl der Bieter (*Empfehlungen 15–17*), der Einholung der endgültigen Angebote (*Empfehlungen 18 f*), des erforderlichen Inhalts dieser Angebote (*Empfehlung 20*), der nachträglichen Änderung von Angeboten (*Empfehlung 21*), der Entgegennahme, der Öffnung, des Vergleichs, und der Auswertung der Angebote (*Empfehlung 24 f*) sowie der abschließenden Vertragsverhandlungen mit dem Bestbieter (*Empfehlung 26 f*). Empfehlungen zur Behandlung unaufgefordert eingebrachter Anbote (*Empfehlungen 30–35*) sowie zum Thema Geheimhaltung (*Empfehlung 36*) runden die umfangreichen vergabespezifischen Ausführungen im Guide ab. Nicht unerwähnt bleiben soll schließlich, dass UNCITRAL zum Schutz übergangener Bieter die gesetzliche Anordnung eines Nachprüfungsverfahrens empfiehlt (*Empfehlung 39*). Hier wird allerdings kein spezielles Verfahren vorgeschlagen, sondern auf in der jeweiligen Rechtsordnung bereits bestehende Instrumente verwiesen.

---

[60]) Richtlinie 92/50/EWG des Rates vom 18. Juni 1992 über die Koordinierung der Verfahren zur Vergabe öffentlicher Dienstleistungsaufträge (Dienstleistungsrichtlinie), ABl 1992 L 209/1.

[61]) Vgl insb EuGH 7. 12. 2000 Rs C-324/98, *Telaustria und Telefonadress*, Slg 2000, I-10745.

[62]) Vgl dazu eingehend die Mitteilung der Europäischen Kommission zu Auslegungsfragen im Bereich Konzessionen im Gemeinschaftsrecht vom 29. 4. 2000, ABl 2000 C 121/2.

4.4.2. Notwendigkeit spezifischer vergaberechtlicher Vorschriften

Die vergaberechtlichen Empfehlungen im Guide orientieren sich am UNCITRAL Model Law on Procurement of Goods, Construction and Services. Dieses Modellgesetz zur öffentlichen Auftragsvergabe wurde von der Kommission bereits bei ihrer 27. Sitzung im Jahr 1994 in seiner endgültigen Fassung angenommen[63]) und lag daher bereits zu Beginn der Arbeiten am Legislative Guide on PFI Projects vor. Da allerdings PFI-Projekte im Modellgesetz noch keine besondere Berücksichtigung gefunden haben, waren aus Sicht von UNCITRAL für den Guide Zusatzüberlegungen anzustellen. So hat sich bei der Erarbeitung der Empfehlungen gezeigt, dass sich allgemeine Bestimmungen zur öffentlichen Auftragsvergabe nur teilweise auf die Vergabe von Konzessionen bei PFI-Projekten übertragen lassen.[64])

Beispielhaft erwähnt sei hier nur die Regelung der Auswahlkriterien. Die eingelangten Angebote sind nicht nur in technischer Hinsicht einer subtilen Beurteilung zu unterziehen (siehe *Empfehlung 22*). Sie erfordern auch eine überaus differenzierte Beurteilung in finanzieller und wirtschaftlicher Hinsicht. Schließlich besteht bei PFI-Projekten die Gegenleistung für die Errichtung der Infrastruktur oftmals nicht (primär) in der Bezahlung eines Entgeltes durch den Auftraggeber. Vielmehr wird dem Konzessionär ein Nutzungsrecht eingeräumt, das von ihm in unterschiedlicher Weise verwertet werden kann (siehe *Empfehlung 23*). Bei der Beurteilung der Angebote ist daher auch zu berücksichtigen, in welcher Weise und zu welchen Bedingungen die Bieter die angestrebte Konzession zu Geld machen möchten:

„For projects in which the concessionaire's income is expected to consist primarily of tolls, fees or charges paid by the customers or users of the infrastructure facility, the assessment and comparison of the financial elements of the final proposals is typically based on the present value of the proposed tolls, fees, rentals and other charges over the concession period according to the prescribed minimum design and performance standards".[65])

Auch an einem anderen Beispiel zeigt sich, dass neben den allgemeinen Vergabevorschriften für PFI-Projekte Spezialregeln erforderlich sind. Aufgrund der Komplexität solcher Projekte ist es in der Regel nicht möglich, bereits dann den

---

[63]) Im Jahr 1993 hat UNCITRAL anlässlich ihrer 26. Sitzung zunächst lediglich ein Model Law on Procurement of Goods and Construction vorgelegt (Annex I to the Report of UNCITRAL on the Work of its twenty-seventh session, General Assembly Official Records Forty-eighth Session, Supplement No. 17 [A/48/17]). Die Vergabe von Dienstleistungen wurde zunächst noch nicht berücksichtigt, weil hier nach Ansicht der Kommission zum Teil andere Gesichtspunkte maßgeblich sind als bei der Vergabe von Liefer- und Bauaufträgen. Bereits im Zuge der 27. Sitzung der Kommission wurden dann aber Modellbestimmungen für die Vergabe von Dienstleistungen erarbeitet und das Model Law entsprechend ergänzt. Schließlich wurde das nun vorliegende Model Law on Procurement of Goods, Construction and Services angenommen; vgl Report of the United Nations Commission on International Trade Law on the work of its twenty-seventh session, General Assembly Official Records Forty-ninth Session Supplement No. 17 (A/49/17).

[64]) Vgl Guide 61 (para 3).

[65]) Guide 83 (para 75).

Zuschlag zu erteilen, wenn der Bestbieter feststeht. Vielmehr sind dann noch abschließende Verhandlungen („final negotiations") zwischen Bestbieter und Auftraggeber unter Einbindung jener Banken erforderlich, die das Investment des Bestbieters finanzieren. Schließlich werden die Banken ihr Engagement oftmals davon abhängig machen, dass der Auftraggeber bestimmten Sicherungskonstruktionen die erforderliche Zustimmung erteilt. Solche Verhandlungen sind aber in aller Regel erst dann sinnvoll, wenn der Bestbieter feststeht. Dementsprechend geht der Guide von der Notwendigkeit solcher final negotiations aus.[66]) Zugleich warnt aber UNCITRAL vor den evidenten Risken einer solchen Vorgangsweise. So besteht die Gefahr, dass sich Auftraggeber und Bestbieter im Zuge der abschließenden Verhandlungen auf Vertragsbedingungen einigen, die vom Anbot des Bestbieters maßgeblich abweichen. Im Hinblick darauf wird im Guide empfohlen, den Auftraggeber gesetzlich zu verpflichten, spätestens in der abschließenden Einladung zur Anbotstellung jene Punkte festzulegen, die keinesfalls verhandelbar sind (*Empfehlung 26*). Den Erläuterungen zu dieser Empfehlung lässt sich entnehmen, dass dem Auftraggeber nur ein geringer Spielraum für abschließende Verhandlungen mit dem Bestbieter bleiben soll:[67])

„The final negotiations should be limited to fixing the final details of the transaction documentation and satisfying the reasonable requirements of the selected bidder's lenders. One particular problem faced by contracting authorities is the danger that the negotiations with the selected bidder might lead to pressures to amend, to the detriment of the Government or the consumers, the price or risk allocation originally contained in the proposal. Changes in essential elements of the proposal should not be permitted, as they may distort the assumptions on the basis of which the proposals were submitted and rated. Therefore, the negotiations at this stage may not concern those terms of the contract which were deemed not negotiable in the final request for proposals (...). The risk of reopening commercial terms at this late stage could be further minimized by insisting that the selected bidder's lenders indicate their comfort with the risk allocation embodied in their bid at a stage where there is competition among bidders."

4.5. Errichtung und Betrieb der Anlage

4.5.1. Besondere Bedeutung der Projektvereinbarung

Die Projektvereinbarung zwischen Auftraggeber und Konzessionär regelt sowohl Reichweite und Zweck des Projekts als auch die Rechte und Pflichten der Parteien. Sie enthält die Details zur Projektumsetzung und legt die Bedingungen für den Betrieb der Anlage bzw die Erbringung der maßgeblichen Dienstleistung fest. Die Qualität der vom Konzessionär zu erbringenden Leistung hängt demnach entscheidend vom Inhalt der Projektvereinbarung ab. Da seine Leistung in der Schaffung von Infrastruktur besteht, tangiert der Inhalt der Vereinbarung unmittel-

---

[66]) Vgl dagegen Art 35 f UNCITRAL Model Law on Procurement of Goods, Construction and Services oder etwa §§ 99, 101 f BVergG 2002.

[67]) Guide 86 (para 83).

bar das öffentliche Interesse. Schließlich werden Äquivalenzstörungen zu Lasten des Auftraggebers meist direkt die Allgemeinheit treffen. Dem ist bei der gesetzlichen Regelung von PFI-Projekten Rechnung zu tragen.

Vor diesem Hintergrund wird im Guide empfohlen, jene Punkte gesetzlich festzulegen, die in der Projektvereinbarung jedenfalls zu regeln sind (*Empfehlung 40*). Um die Wirksamkeit einer solchen Regelung abzusichern, ist hier selbstverständlich auch auf das IPR Bedacht zu nehmen. Hat der Konzessionär seinen Sitz im Ausland, könnte die Anwendung allgemeiner IPR-Regeln (etwa Art 3 f EVÜ) dazu führen, dass die Projektvereinbarung nach ausländischem Recht zu beurteilen ist. Man denke hier nur an Rechtswahlvereinbarungen. Projektvereinbarungen sollen daher dem Recht des Gaststaates („host country") unterstellt werden. Damit ist jener Staat gemeint, in dem der Auftraggeber seinen Sitz hat (*Empfehlung 41*).

4.5.2. Struktur des Konzessionärs/Projektunternehmens

In seinen weiteren Empfehlungen listet der Guide zahlreiche Fragen auf, die einer Regelung in der Projektvereinbarung bedürfen. Sie betreffen zunächst die Struktur des Konzessionärs. So soll dem Auftraggeber von Gesetzes wegen die Möglichkeit eingeräumt werden, den ausgewählten Bieter vertraglich zu binden, dass er zur Abwicklung des Projekts ein selbständiges Unternehmen (Projektunternehmen) mit Sitz im Gaststaat gründet (*Empfehlung 42*). Diese Konstruktion hat aus Sicht des betreffenden Staates den Vorteil, dass die gesamte Projektabwicklung jedenfalls seinem Recht untersteht.[68])

Überdies wird regelmäßig ein öffentliches Interesse daran bestehen, dass auf Auftragnehmerseite das erforderliche Kapital vorhanden ist. Demgemäss soll die Projektvereinbarung das Mindestkapital des Projektunternehmens festlegen (*Empfehlung 43*). Schließlich bedarf das Projektunternehmen einer entsprechenden Eigenkapitalbasis, um seine Verpflichtungen erfüllen zu können. Aus Sicht von UNCITRAL erscheint es allerdings nicht zweckmäßig, eine bestimmte Relation zwischen Eigenkapital und Fremdkapital gesetzlich vorzuschreiben, weil sich hier von Projekt zu Projekt naturgemäß Unterschiede ergeben können.[69])

Abgesehen von Fragen der Kapitalisierung wird der Auftraggeber oftmals auch daran interessiert sein, auf die Satzung des Projektunternehmens Einfluss zu nehmen. So mag es im Interesse der Transparenz des Projektunternehmens zweckmäßig sein, wenn es seinen Unternehmensgegenstand auf das konkrete Projekt beschränkt. Demnach soll die Projektvereinbarung auch auf die Satzung des Projektunternehmens entsprechend Bezug nehmen.

4.5.3. Sachenrechtliche Stellung der Parteien

Schon im Interesse der finanzierenden Banken darf kein Zweifel bestehen, wem die vom Projekt betroffenen Vermögensgegenstände gehören. Demnach hat die Projektvereinbarung nicht nur die (obligatorischen) Rechte und Pflichten der Parteien, sondern auch ihre sachenrechtliche Stellung zu erfassen. Aus der Vereinba-

---

[68]) Guide 106 (para 14).
[69]) Guide 107 (para 15).

rung muss sich demnach ergeben, welche Vermögensgegenstände Eigentum des Konzessionärs sind. Soll der Konzessionär diese Gegenstände bei Projektende dem Auftraggeber übertragen, ist auch dies bereits in der Projektvereinbarung zu regeln. Gleiches gilt für ein Vorkaufsrecht des Auftraggebers (*Empfehlung 44*).

Manche PFI-Projekte betreffen nicht nur das Eigentum von Konzessionär bzw Auftraggeber. Für die Durchführung eines Projektes (zB im Bereich Straßenbau) kann der Konzessionär auf die Inanspruchnahme des Eigentums dritter Personen angewiesen sein. In einem solchen Fall soll die Projektvereinbarung den Auftraggeber zumindest verpflichten, am Erwerb der erforderlichen Rechte mitzuwirken, soweit ihn hier nicht ohnedies eine Alleinverantwortung trifft. Überdies sind entsprechende gesetzliche Vorkehrungen zu treffen, die Enteignungen zugunsten des Konzessionärs ermöglichen (*Empfehlung 45*).

4.5.4. Finanzielle Vereinbarungen

Die Einhebung von Gebühren stellt oftmals die Haupteinnahmequelle des Konzessionärs dar. Die Gebühren müssen demnach eine bestimmte Höhe erreichen, damit ein ausreichender projektspezifischer cash flow sichergestellt ist. Umgekehrt besteht naturgemäß ein öffentliches Interesse, dass die Gebühren für die Nutzung von Infrastruktur nicht zu hoch ausfallen. Aufgabe des Gesetzgebers ist es nun, durch Schaffung entsprechender Rahmenbedingungen einen Ausgleich zwischen diesen gegenläufigen Interessen herzustellen.

Zunächst ist sicherzustellen, dass die Einhebung von Gebühren durch den Konzessionär auf keine prinzipiellen gesetzlichen Hindernisse stößt (*Empfehlung 46*). Nach Einschätzung von UNCITRAL ist nämlich derzeit in zahlreichen Rechtsordnungen die Vorschreibung von Gebühren für die Nutzung von Infrastruktur nur staatlichen Stellen erlaubt.[70]) Dies stellt für die Implementierung von Infrastrukturprojekten oftmals ein unüberwindliches Risiko dar.

Sowohl im Interesse der späteren Benutzer der geplanten Anlagen als auch im Interesse des Konzessionärs soll bereits die Projektvereinbarung Mechanismen und Formeln für eine laufende Anpassung der Gebühr vorsehen. Die Erlassung einschlägiger gesetzlicher Vorschriften erscheint aus Sicht von UNCITRAL dagegen nicht unbedingt erforderlich. Soweit sich allerdings ein Staat für eine externe Kontrolle der Gebührenvorschreibung durch eine Regulierungsbehörde entscheidet, ist es geboten, die Prüfungsparameter gesetzlich vorzugeben (*Empfehlung 47*). In diesem Zusammenhang werden im Guide auch zwei anerkannte Prüfungsmethoden dargestellt, nämlich die „Rate-of-return"-Methode und die „Price-cap"-Methode.[71])

Schließlich wird im Guide auch noch empfohlen, in besonders gelagerten Fällen Direktzahlungen des Auftraggebers an den Konzessionär zuzulassen (*Empfehlung 48*). Solche Zahlungen können vorgesehen sein, um den Benutzern der Anlage die Zahlung von Gebühren überhaupt zu ersparen. Zum Teil erfolgen Direktzahlungen des Auftraggebers aber auch ergänzend zu den Zahlungen der Benut-

---

[70]) Vgl Guide 113 (para 37).
[71]) Guide 114 ff (para 40 ff).

zer.[72]) Direktzahlungen spielen vor allem bei Straßenprojekten eine große Rolle. Sie erfolgen hier oftmals nach einem Mechanismus, der zwischenzeitig gemeinhin als Schattenmaut („shadow tolling") bezeichnet wird: Die Zahlungen des Auftraggebers an den Konzessionär erfolgen anstelle oder zusätzlich zu einer von den Straßenbenutzern zu zahlenden Maut. Die Höhe der Direktzahlung hängt also von der Zahl der Benutzer ab. Für ein solches Konzept mögen unterschiedliche Gründe ausschlaggebend sein:[73])

„Shadow toll schemes may be used to address risks that are specific to transportation projects, in particular the risk of lower-than-expected traffic levels (...). Furthermore, shadow toll schemes may be politically more acceptable than direct tolls, for example, where it is feared that the introduction of toll payments on public roads may give rise to protests by road users."

Neben der Vereinbarung von Direktzahlungen soll es dem Auftraggeber (bzw anderen staatlichen Stellen) auch offen stehen, in bestimmtem Umfang Kaufverpflichtungen („purchase commitments") gegenüber dem Konzessionär einzugehen. Derartige Verpflichtungen spielen dort eine Rolle, wo es im Rahmen von PFI-Projekten zu einer Produktion kommt (etwa bei Kraftwerken). Der Auftraggeber verpflichtet sich hier oftmals, Güter und Dienstleistungen zu einem vereinbarten Entgelt abzunehmen, sobald sie ihm vom Konzessionär angeboten werden. In diesem Zusammenhang spricht man auch von „off-take agreements".[74])

4.5.5. Sicherungsrechte

Da der Konzessionär verpflichtet ist, die für das Projekt erforderlichen Mittel aufzubringen, soll er auch die Möglichkeit haben, zur Besicherung der dafür notwendigen Kredite Vermögenswerte einzusetzen, die unmittelbar mit dem Projekt in Zusammenhang stehen (*Empfehlung 49*). Hier kommt zunächst einmal die Verpfändung der Anteile am Projektunternehmen in Betracht. Soweit freilich das nationale Recht eine Übertragung der Konzession ohne Zustimmung des Auftraggebers verbietet, wird oft auch eine Verpfändung der Unternehmensanteile ausgeschlossen sein. Schließlich bringt sie aus Sicht des Auftraggebers das Risiko mit sich, dass es beim Projektunternehmen zu einem Eigentümerwechsel kommt. Dennoch rät UNCITRAL, die Anteilsverpfändung gesetzlich zu ermöglichen:[75])

„It should be noted, however, that security over the shares of the project company is commonly required by lenders in project finance transactions and that general prohibitions on the establishment of such security may limit the project company's ability to raise funding for the project."

Auch die Verpfändung der Konzession selbst sieht der Guide als zweckmäßiges Sicherungsinstrument an.[76]) Sie kann die Verpfändung einzelner Vermögensgegenstände überflüssig machen. Überdies kommt sie dort als alternatives Sicherungs-

---

[72]) Vgl Guide 116 f (para 48 f).
[73]) Guide 117 (para 48).
[74]) Vgl Guide 117 (para 50).
[75]) Guide 122 (para 61).
[76]) Guide 117 f (para 50 f).

instrument in Betracht, wo eine Verpfändung körperlicher Sachen an der nationalen Privatrechtsordnung – also etwa an der Geltung des Faustpfandprinzips – scheitert. Da allerdings eine Übertragung der Konzession meist der Zustimmung des Auftraggebers bedarf, sind auch ihrer Verpfändung Grenzen gesetzt. In manchen Privatrechtsordnungen hat man hier einen Ausweg gefunden, indem ein spezieller Pfandrechtstypus etabliert wurde. Dieses Sicherungsrecht erfasst zwar nicht die Konzession selbst, aber alle aus ihr erfließenden Rechte („public works concession mortgage" bzw „pledge of public work concession"). Der österreichische Jurist fühlt sich bei dieser Konstruktion unweigerlich an die Übertragung des Fruchtgenussrechts „der Ausübung nach" erinnert.[77]) Ein restriktiverer Zugang findet sich in manchen Common Law Rechtsordnungen. Hier werden die aus der Konzession resultierenden Rechte danach unterschieden, ob sie die konzessionsabhängige Ausübung bestimmter Tätigkeiten („public rights") oder finanzielle Ansprüche („private rights") betreffen. Das Sicherungsrecht erfasst lediglich die private rights.

Dies führt zum nächsten Sicherungsinstrument, nämlich der Verpfändung der Erlöse aus der Nutzung der Konzession: Der Konzessionär tritt vorweg – meist in Form einer Globalzession – die Ansprüche aus den (gegenwärtigen und künftigen) Verträgen mit seinen Kunden an die finanzierenden Banken zur Besicherung der gewährten Kredite ab. Die Zahlungen der Kunden erfolgen dann auf ein Treuhandkonto, das dem Zugriff der finanzierenden Banken offen steht.[78]) Diese Sicherungskonstruktion ist meist eine Grundbedingung für Kreditvergaben. Ihrer Wirksamkeit dürfen daher keine gesetzlichen Hindernisse entgegenstehen, wenn ein Staat an der erfolgreichen Implementierung von PFI-Projekten interessiert ist.[79]) Dieser Anforderung entspricht die österreichische Rechtsordnung nur sehr bedingt, wenn man die Rechtsunsicherheit im Zusammenhang mit den Publizitätsanforderungen bei der Sicherungszession bedenkt.[80]) Solange keine gesicherte Rechtsprechung vorliegt, wie der Zessionsvermerk in den Geschäftsbüchern des Zedenten tatsächlich vorzunehmen ist, stellt die Sicherungsabtretung in Österreich eine nur beschränkt taugliche Sicherheit dar.

Zur Besicherung von Krediten werden bei PFI-Projekten selbstverständlich auch immer wieder die Anlagen bzw Anlagenteile herangezogen. Die Verpfändung von Anlagen ist allerdings problematisch, soweit sie dem Auftraggeber gehören und damit im öffentlichen Eigentum stehen. In zahlreichen Rechtsordnungen ist eine Verpfändung öffentlichen Eigentums nämlich überhaupt ausgeschlossen oder unterliegt zumindest erheblichen Beschränkungen.[81]) Derartige Beschränkungen

---

[77]) Vgl *Hofmann* in *Rummel*, ABGB³ § 509 Rz 1.
[78]) Vgl Guide 120 f (para 58).
[79]) Vgl Guide 121 (para 60).
[80]) Vgl *Ertl* in *Rummel*, ABGB³ § 1392 Rz 3.
[81]) In Österreich ist entscheidend, ob Anlagen bloß als Staats- bzw Gemeindeeigentum oder als öffentliches Gut zu qualifizieren sind. Dient die Anlage dem bestimmungsgemäßen unmittelbaren Gebrauch durch jedermann (Gemeingebrauch), ist sie öffentliches Gut (zB Straßen). Diesfalls sind privatrechtliche Verfügungen nicht möglich, soweit sie den Gemeingebrauch nicht beeinträchtigen (vgl nur *Spielbüchler* in *Rummel*, ABGB³ § 287 Rz 4). Liegt dagegen keine Bindung durch Gemeingebrauch vor, bestehen kaum Beschränkungen. Bei Gemeinden und öffentlichen Anstalten sind der Exekution Grenzen

sind aus Sicht von UNCITRAL durchaus akzeptabel und stellen auch kein unüberwindliches Risiko für PFI-Projekte dar.[82]) Überdies wird im Guide darauf hingewiesen, dass neben der Verpfändung einer Anlage selbst ja auch die Verpfändung eines diesbezüglichen Nutzungsrechts in Frage kommt.

4.5.6. Übertragung der Konzession

Die Vergabe einer Konzession erfolgt unter anderem auch im Hinblick auf spezifische Qualifikationen des Konzessionärs. Daher soll die Übertragung der Konzession auf einen Dritten von der Zustimmung des Auftraggebers abhängen. Es empfiehlt sich daher, die Voraussetzungen für eine Übertragung in der Projektvereinbarung näher zu regeln. In diesem Zusammenhang werden jedenfalls zwei Punkte eine entscheidende Rolle spielen: zum einen die Bereitschaft und Eignung des Dritten, alle Pflichten aus der Projektvereinbarung zu übernehmen, und zum anderen die erforderliche Qualifikation des Dritten (*Empfehlung 50*). Vergleichbare Überlegungen sind auch anzustellen wenn sich der beherrschende Einfluss beim Projektunternehmen ändert (*Empfehlung 51*).

4.5.7. Bauarbeiten

Während bei der Errichtung von Infrastrukturanlagen normalerweise die öffentliche Hand als Bauherr auftritt, kommt diese Rolle bei PFI-Projekten typischerweise dem Konzessionär zu. Im Hinblick darauf soll die Projektvereinbarung regeln, in welcher Weise der Auftraggeber in die Bauabwicklung eingebunden wird. Dabei sind folgende Instrumente zu erwägen: Prüfungsrecht und Zustimmungsvorbehalt des Auftraggebers bei den Bauplänen, Überwachungsrecht des Auftraggebers bei der Bauabwicklung, Festlegung bestimmter Voraussetzungen für Planabweichungen sowie eine Einbindung des Auftraggebers bei der Abnahme des Bauwerks (*Empfehlung 52*).

4.5.8. Betrieb der Anlagen

Nicht nur die Bauabwicklung, sondern auch der Betrieb der Anlage bedarf selbstverständlich einer entsprechenden Regelung in der Projektvereinbarung. Die Festlegung der einschlägigen Pflichten des Auftraggebers hat unter Wahrung des öffentlichen Interesses zu erfolgen (*Empfehlung 53*). So muss nicht nur eine entsprechende Kontinuität gewährleistet sein. Es muss überdies sichergestellt sein, dass der Betrieb den aktuellen Bedürfnissen der Kunden laufend angepasst wird.

---

gesetzt. Nach § 15 EO kann gegen eine Gemeinde oder gegen eine durch Ausspruch einer Verwaltungsbehörde als öffentlich und gemeinnützig erklärte Anstalt die Exekution zum Zwecke der Hereinbringung von Geldforderungen nur in Ansehung solcher Vermögensbestandteile bewilligt werden, welche ohne Beeinträchtigung der durch die Gemeinde oder die Anstalt zu wahrenden öffentlichen Interessen zur Befriedigung des Gläubigers verwendet werden können. Diese Beschränkung besteht allerdings dann nicht, wenn die Verwirklichung eines vertragsmäßigen Pfandrechtes zur Diskussion steht. Demnach unterliegt auch die Verpfändung des Eigentums von Gemeinden und öffentlichen Anstalten keinen Beschränkungen.

[82]) Vgl Guide 119 (para 54 f).

In der Projektvereinbarung ist auch darauf Bedacht zu nehmen, dass der Konzessionär seine Dienste allen Kunden gegenüber zu im Wesentlichen gleichen Bedingungen anbietet (Diskriminierungsverbot). Neben den Kunden soll aber auch anderen Diensteanbietern der Zugang zu den Anlagen des Konzessionärs offen stehen. Man denke hier an Infrastrukturnetze (zB Schienennetz oder Energieleitungsnetz), die von unterschiedlichen Unternehmen betrieben werden.

In der Projektvereinbarung soll auch festgehalten werden, auf welche Weise der Konzessionär dem Auftraggeber über den laufenden Betrieb zu berichten hat. Überdies sind Überwachungsprozesse und sonstige Maßnahmen vorzusehen, die sicherstellen, dass der Konzessionär seine Leistungen entsprechend den gesetzlichen Vorgaben und der vertraglichen Vereinbarung erbringt (*Empfehlung 54*).

Dem Konzessionär soll umgekehrt das Recht zustehen, an die Kunden gerichtete Benutzungsbedingungen festzulegen, die allerdings der Zustimmung des Auftraggebers oder einer externen Regulierungsbehörde bedürfen (*Empfehlung 55*).

4.5.9. Subverträge des Konzessionärs

Es mag zweckmäßig sein, wenn sich der Auftraggeber in der Projektvereinbarung das Recht vorbehält, wesentliche projektspezifische Verträge des Konzessionärs mit dritten Parteien zu prüfen und zu genehmigen. Hier denkt UNCITRAL vor allem auch an Verträge des Projektunternehmens mit seinen Gesellschaftern. Der Auftraggeber soll seine Zustimmung allerdings nur dann verweigern können, wenn Verträge der Projektvereinbarung oder (in gravierender Weise) dem öffentlichen Interesse zuwiderlaufen (*Empfehlung 56*).

Dem Konzessionär und seinen Vertragspartnern soll es allerdings frei stehen, im Rahmen ihrer Rechtsbeziehungen Rechtswahlvereinbarungen zu treffen. Derartigen Vereinbarungen sind nur dort Grenzen gesetzt, wo sie der öffentlichen Ordnung (ordre public) des Gastlandes widersprechen (*Empfehlung 57*).

4.5.10. Allgemeine vertragliche Bestimmungen

Die Projektvereinbarung soll schließlich auch noch einen ganzen Katalog von allgemeinen Bestimmungen enthalten. Sie betreffen vom Konzessionär zu erbringende Betriebsgarantien und von ihm abzuschließende Versicherungen, Ausgleichszahlungen des Auftraggebers bei einer Änderung der politischen und wirtschaftlichen Rahmenbedingungen sowie unterschiedliche Haftungsfragen (*Empfehlung 58*).

Im Rahmen der Projektvereinbarung gilt es überdies den Fall zu bedenken, dass eine zeitweise Übernahme des Betriebs der Anlage durch den Auftraggeber erforderlich sein kann, wenn es zu einer wesentlichen Vertragsverletzung durch den Konzessionär kommt. Die Projektvereinbarung soll die diesbezüglichen Voraussetzungen festlegen (*Empfehlung 59*).

Kommt es infolge einer wesentlichen Vertragsverletzung des Konzessionärs zu einer Auflösung der Projektvereinbarung, sind vitale Interessen der Kreditgeber betroffen.[83]) Schließlich hängt die Rückzahlung der Kredite von den Einnahmen

---

[83]) Vgl Guide 148 (para 147).

ab, die aus der Verwertung der Konzession erzielt werden. Und auch der Auftraggeber ist selbstverständlich daran interessiert, dass es zu einer ordnungsgemäßen Projektabwicklung kommt. Die demnach für Auftraggeber und Kreditgeber nachteilige Auflösung der Projektvereinbarung lässt sich vermeiden, wenn anstelle des vertragsbrüchigen Konzessionärs ein neuer Konzessionär in die bestehende Vereinbarung eintritt. Ausgehend von dieser Überlegung wird im Guide empfohlen, den Auftraggeber zu einer spezifischen Vereinbarung mit den Kreditgebern zu legitimieren (*Empfehlung 60*). Sie soll die Kreditgeber unter bestimmten Umständen dazu berechtigen, einen neuen Konzessionär namhaft zu machen, der anstelle des bisherigen Konzessionärs die bestehende Projektvereinbarung erfüllt. Voraussetzung dafür ist, dass Gründe vorliegen, die den Auftraggeber zu einer Aufkündigung der Projektvereinbarung berechtigen. Der Vertragseintritt des neuen Konzessionärs soll überdies von der Zustimmung des Auftraggebers abhängig gemacht werden. Ein neuerliches Vergabeverfahren würde dagegen oftmals zuviel Zeit in Anspruch nehmen, um die – auch im öffentlichen Interesse gelegene – rasche Fortsetzung des Betriebs zu gewährleisten. Dem ist in vergaberechtlicher Hinsicht durch eine entsprechende Ausnahmebestimmung Rechnung zu tragen.[84] Zudem sollen die Vertragsverfasser dazu angehalten werden, die Vereinbarung zwischen Auftraggeber und Kreditgeber entsprechend sorgfältig auszugestalten:[85]

„The agreement between the contracting authority and the lenders should, inter alia, specify the following: the circumstances in which the lenders are permitted to substitute a new concessionaire; the procedures for the substitution of the concessionaire; the grounds for refusal by the contracting authority of a proposed substitute; and the obligations of the lenders to maintain the service at the same standards and on the same terms as required by the project agreement."

4.6. Dauer, Verlängerung und Auflösung der Projektvereinbarung
4.6.1. Konzessionsdauer

In manchen Staaten ist die Geltungsdauer von Infrastrukturkonzessionen gesetzlich beschränkt. Dabei muss keine absolute Schranke vorgesehen sein. Das Gesetz kann auch nur bestimmte Parameter vorgeben, aus denen für den Einzelfall die Höchstdauer individuell zu ermitteln ist. Maßgebliche Gesichtspunkte sind unter anderem die Gesamthöhe der Investitionen des Konzessionärs und die übliche Amortisationsdauer für die errichteten Anlagen.

Unabhängig davon, ob das Gesetz eine Höchstdauer für Konzessionen vorgibt, soll jedenfalls die Projektvereinbarung eine klare Regelung zur Geltungsdauer der Konzession enthalten (*Empfehlung 61*). Dabei wird darauf zu achten sein, dass dem Konzessionär genügend Zeit bleibt, bei ordnungsmäßiger Betriebsführung die getätigten Investitionen wieder hereinzubringen und einen entsprechenden Gewinn zu erzielen.[86] Der Konzessionär ist dann nicht zwingend darauf angewiesen, dass es zu einer Verlängerung der Projektvereinbarung kommt.

---

[84] Vgl Guide 149 (para 149 f).
[85] Guide 149 (para 150).
[86] Vgl Guide 152 (para 7).

4.6.2. Verlängerung der Konzession

Im Guide wird denn auch empfohlen, eine Verlängerung der Konzession nur ausnahmsweise zuzulassen und von gesetzlich exakt vorzugebenden Voraussetzungen abhängig zu machen (*Empfehlung 62*). Im Regelfall soll es nicht zu einer Konzessionsverlängerung, sondern zu einem neuen Ausschreibungsverfahren kommen. Dies mag auch den Anreiz für den Konzessionär erhöhen, seinen Verpflichtungen bestmöglich nachzukommen, um dann nach Ablauf der Konzession neuerlich den Zuschlag zu erhalten.

Üblicherweise kommt es erst dann zu einem neuen Ausschreibungsverfahren, wenn die Konzession endet bzw ihr Ende kurz bevor steht. Wird allerdings eine Konzession für eine sehr lange Periode (zB 99 Jahre) vergeben, mag zugleich vorgesehen sein, dass sich der Konzessionär in periodischen Abständen (zB alle 10 oder 15 Jahre) in neuerlichen Ausschreibungsverfahren behaupten muss. In diesem Zusammenhang hat sich in manchen Staaten ein ausgefeiltes System entwickelt:[87])

„(…) the first rebidding occurs before the concessionaire has fully recouped its investments. As an incentive to the incumbent operator, some laws provide that the concessionaire may be given preference over other bidders in the award of subsequent concessions for the same activity. However, the concessionaire may have rights to compensation if it does not win the next bidding round, in which case all or part of the bidding proceeds may revert to the incumbent concessionaire. Requiring that the winning bidder should pay off the incumbent concessionaire for any property rights and for the investment not yet recovered reduces the longer-term risk faced by investors and lenders and provides them a valuable exit option."

4.6.3. Vorzeitige Auflösung der Projektvereinbarung

Der Guide widmet sich selbstverständlich nicht nur Fragen der Verlängerung, sondern auch der vorzeitigen Auflösung der Projektvereinbarung. Dem Auftraggeber soll ein außerordentliches Kündigungsrecht zustehen, sobald – etwa infolge Insolvenz oder einer wesentlichen Vertragsverletzung des Konzessionärs – nicht mehr davon ausgegangen werden kann, dass der Konzessionär fähig und willens ist, seine Verpflichtungen zu erfüllen (*Empfehlung 63*). Ein vorzeitiges Auflösungsrecht des Konzessionärs soll aber auch dann gegeben sein, wenn es das öffentliche Interesse erfordert. Dieses Recht ist allerdings von Kompensationszahlungen durch den Auftraggeber abhängig zu machen, da es anderenfalls zu einer unerträglichen Beeinträchtigung der Interessen des Konzessionärs und seiner Kreditgeber kommen würde.[88])

Ebenso wie dem Auftraggeber soll selbstverständlich auch dem Konzessionär ein außerordentlichen Kündigungsrechts zustehen, wenn er mit einer wesentlichen Vertragsverletzung konfrontiert ist (*Empfehlung 64*). Der Konzessionär soll aber auch dann zur vorzeitigen Vertragsauflösung berechtigt sein, wenn die Erfüllung seiner Verpflichtungen durch Umstände wesentlich erschwert wird, die der Sphäre des Auftraggebers zuzurechnen sind. Eine Auflösung kommt allerdings dann nicht

---

[87]) Guide 152 (para 7).
[88]) Vgl Guide 158 f (para 27).

in Betracht, wenn der Vertrag für derartige Fälle ohnedies einen Anpassungsmechanismus vorsieht.

Ein Auflösungsgrund soll weiters auch dann gegeben sein, wenn die Erfüllung der Pflichten einer Vertragspartei zufällig unmöglich wird, wobei hier nach der Textierung der Empfehlung offenbar (bloß) an ein vorzeitiges Auflösungsrecht des Schuldners (!) der unmöglichen Leistung gedacht ist (*Empfehlung 65*). Dem Gläubiger soll dagegen dieses Recht nur zukommen, wenn es in der Projektvereinbarung vorgesehen ist.[89])

Der Guide bedenkt schließlich auch noch den Fall der einvernehmlichen vorzeitigen Auflösung. Sie soll den Parteien jedenfalls offen stehen. In den Erläuterungen wird allerdings eingeräumt, dass eine einvernehmliche Auflösung in zahlreichen Staaten nur dann zulässig ist, wenn sie von einer Aufsichtsbehörde genehmigt wird.[90])

4.6.4. Rechtsfolgen bei Beendigung der Projektvereinbarung

Unabhängig davon, ob die Projektvereinbarung durch vorzeitige Vertragsauflösung oder Zeitablauf endet, ist der Konzessionär infolge der Beendigung in aller Regel verpflichtet, dem Auftraggeber oder einem neuen Konzessionär verschiedene Vermögensgegenstände zu überlassen. Meist steht ihm dafür eine Ausgleichszahlung zu. Darauf ist in der Projektvereinbarung Bedacht zu nehmen. Aus ihr sollen sich die Kriterien ergeben, um die dem Konzessionär zustehenden Ausgleichszahlungen berechnen zu können (*Empfehlung 66*).

Im Falle einer vorzeitigen Vertragsauflösung wird der Konzessionär oftmals weder seine Investitionen hereingebracht noch seine Kreditverbindlichkeiten erfüllt haben, von einem Profit ganz zu schweigen. Aber auch für den Auftraggeber bringt eine vorzeitige Auflösung meist erhebliche Nachteile mit sich. Man denke nur an zusätzliche Kosten, die sich aus der Fertigstellung von Anlagen durch ein Drittunternehmen ergeben. Ein Zusatzaufwand entsteht auch, wenn nun der Auftraggeber selbst bestimmte Dienstleistungen anbieten muss. Im Hinblick darauf empfiehlt es sich, in der Projektvereinbarung die Rechtsfolgen einer vorzeitigen Vertragsauflösung im Detail zu regeln (*Empfehlung 67*). Hier gilt es, sowohl eine Kompensation für erbrachte Leistungen als auch für erlittene Nachteile zu bedenken. Die diesbezüglichen Erläuterungen im Guide[91]) sind nicht nur für gesetzgebende Organe, sondern auch für Vertragsverfasser äußerst illustrativ.

Nach (außerordentlicher oder ordentlicher) Beendigung der Projektvereinbarung muss der Auftraggeber in der Lage sein, die Anlage selbst zu betreiben. Dem ist bereits in der Projektvereinbarung durch Festschreibung entsprechender Pflichten des Auftraggebers Rechnung zu tragen. Solche Pflichten mögen die Weitergabe des projektspezifischen Know How's, die Einschulung des Personals des Auftraggebers und auch Serviceleistungen durch den Konzessionär nach Beendigung der Projektvereinbarung betreffen (*Empfehlung 68*).

---

[89]) Vgl Guide 160 f (para 34).
[90]) Vgl Guide 161 (para 35).
[91]) 164 ff (para 43 ff).

4.7. Streitschlichtung

Der Guide widmet sich abschließend auch noch Fragen der Streitschlichtung. Er spricht sich dagegen aus, den Parteien der Projektvereinbarung bei der Wahl von Streitvermeidungs- und Schlichtungsverfahren Grenzen zu setzen.[92]) Ihnen soll es demnach auch freistehen, sich für ein bestimmtes Schiedsverfahren zu entscheiden (*Empfehlung 69*). Gleiches muss dann selbstverständlich auch für die Vertragsbeziehungen zwischen dem Konzessionär und seinen Kreditgebern sowie seinen Subunternehmern gelten (*Empfehlung 70*). Das Verhältnis des Konzessionärs zu seinen Kunden bedarf dagegen einer gesonderten Betrachtung. Hier kann es im Kundeninteresse geboten sein, der Privatautonomie Grenzen zu setzen. UNCITRAL erwägt in diesem Zusammenhang eine gesetzliche Verpflichtung des Konzessionärs, in seinem Bereich ein einfaches und wirksames Verfahren zur Behandlung von Ansprüchen seiner Kunden zu etablieren (*Empfehlung 71*). Daneben soll den Kunden aber selbstverständlich auch der Gang zum Gericht offen stehen.[93])

5. Weitere Entwicklung

Bereits bei Beendigung der Arbeiten am Guide wurde in der Kommission erwogen, ergänzend zum Guide ein Modellgesetz für PFI-Projekte auszuarbeiten. Anlässlich ihrer 34. Sitzung hat UNCITRAL diesen Vorschlag aufgegriffen.[94]) Für die zeitaufwendige und kostenintensive Ausarbeitung eines umfassenden Modellgesetzes hat sich zwar keine Mehrheit gefunden. Es wurde allerdings beschlossen, ein ganzes Bündel von gesetzlichen Modellvorschriften auszuarbeiten, die wesentliche Aspekte von PFI-Projekten betreffen. Anhand dieser Vorschriften soll sich zeigen, wie sich die Empfehlungen im Guide in die gesetzgeberische Praxis umsetzen lassen.

Noch in der 34. Sitzung hat die Kommission eine Arbeitsgruppe eingesetzt (Working Group I), um einen Entwurf mit den gewünschten Modellbestimmungen auszuarbeiten.[95]) Diese Arbeitsgruppe hat ihre Arbeit bereits abgeschlossen. Der von ihr vorgelegte Entwurf[96]) wurde von UNCITRAL im Rahmen ihrer 36. Sitzung (30. 6.–11. 7. 2003, Wien) mit einigen Änderungen angenommen. Die „Model Legislative Provisions on Privately Financed Infrastructure Projects" können im Internet unter der Adresse www.uncitral.org abgerufen werden.

---

[92]) Zu Streitigkeiten zwischen konkurrierenden Konzessionären siehe dagegen oben.
[93]) Vgl Guide 188 (para 44).
[94]) Vgl Report of the United Nations Commission on International Trade Law on the work of its thirty-fourth session 28 June -13 July 1996, General Assembly Official Records Fifty-sixth Session Supplement No 17 (A/56/17) para 360 ff.
[95]) Der Arbeitsgruppe hat auch der Verfasser dieses Beitrages angehört.
[96]) Dieser Entwurf findet sich im Anhang zum Report of the Working Group on Privately Financed Infrastructure Projects on the work of its fifth session (Vienna, 9-13 September 2002), A/CN.9/521.

Anhang

Consolidated legislative recommendations

For host countries wishing to promote privately financed infrastructure projects it is recommended that the following principles be implemented by the law:

I. General legislative and institutional framework

Constitutional, legislative and institutional framework

Recommendation 1. The constitutional, legislative and institutional framework for the implementation of privately financed infrastructure projects should ensure transparency, fairness, and the long-term sustainability of projects. Undesirable restrictions on private sector participation in infrastructure development and operation should be eliminated.

Scope of authority to award concessions

Recommendation 2. The law should identify the public authorities of the host country (including, as appropriate, national, provincial and local authorities) that are empowered to award concessions and enter into agreements for the implementation of privately financed infrastructure projects.

Recommendation 3. Privately financed infrastructure projects may include concessions for the construction and operation of new infrastructure facilities and systems or the maintenance, modernization, expansion and operation of existing infrastructure facilities and systems.

Recommendation 4. The law should identify the sectors or types of infrastructure in respect of which concessions may be granted.

Recommendation 5. The law should specify the extent to which a concession might extend to the entire region under the jurisdiction of the respective contracting authority, to a geographical subdivision thereof or to a discrete project, and whether it might be awarded with or without exclusivity, as appropriate, in accordance with rules and principles of law, statutory provisions, regulations and policies applying to the sector concerned. Contracting authorities might be jointly empowered to award concessions beyond a single jurisdiction.

Administrative coordination

Recommendation 6. Institutional mechanisms should be established to coordinate the activities of the public authorities responsible for issuing approvals, licences, permits or authorizations required for the implementation of privately financed infrastructure projects in accordance with statutory or regulatory provisions on the construction and operation of infrastructure facilities of the type concerned.

Authority to regulate infrastructure services

Recommendation 7. The authority to regulate infrastructure services should not be entrusted to entities that directly or indirectly provide infrastructure services.

Recommendation 8. Regulatory competence should be entrusted to functionally independent bodies with a level of autonomy sufficient to ensure that their decisions are taken without political interference or inappropriate pressures from infrastructure operators and public service providers.

Recommendation 9. The rules governing regulatory procedures should be made public. Regulatory decisions should state the reasons on which they are based and should be accessible to interested parties through publication or other means.

Recommendation 10. The law should establish transparent procedures whereby the concessionaire may request a review of regulatory decisions by an independent and impartial body, which may include court review, and should set forth the grounds on which such a review may be based.

Recommendation 11. Where appropriate, special procedures should be established for handling disputes among public service providers concerning alleged violations of laws and regulations governing the relevant sector.

II. Project risks and government support
Project risks and risk allocation

Recommendation 12. No unnecessary statutory or regulatory limitations should be placed upon the contracting authority's ability to agree on an allocation of risks that is suited to the needs of the project.

Government support

Recommendation 13. The law should clearly state which public authorities of the host country may provide financial or economic support to the implementation of privately financed infrastructure projects and which types of support they are authorized to provide.

III. Selection of the concessionaire
General considerations

Recommendation 14. The law should provide for the selection of the concessionaire through transparent and efficient competitive procedures adapted to the particular needs of privately financed infrastructure projects.

Pre-selection of bidders

Recommendation 15. The bidders should demonstrate that they meet the pre-selection criteria that the contracting authority considers appropriate for the particular project, including:
(a) Adequate professional and technical qualifications, human resources, equipment and other physical facilities as necessary to carry out all the phases of the project, namely, engineering, construction, operation and maintenance;
(b) Sufficient ability to manage the financial aspects of the project and capability to sustain the financing requirements for the engineering, construction and operational phases of the project;
(c) Appropriate managerial and organizational capability, reliability and experience, including previous experience in operating public infrastructure.

Recommendation 16. The bidders should be allowed to form consortia to submit proposals, provided that each member of a pre-selected consortium may participate, either directly or through subsidiary companies, in only one bidding consortium.

Recommendation 17. The contracting authority should draw up a short list of the pre-selected bidders that will subsequently be invited to submit proposals upon completion of the pre-selection phase.

Procedures for requesting proposals

Single-stage and two-stage procedures for requesting proposals

Recommendation 18. Upon completion of the pre-selection proceedings, the contracting authority should request the pre-selected bidders to submit final proposals.

Recommendation 19. Notwithstanding the above, the contracting authority may use a two-stage procedure to request proposals from pre-selected bidders when it is not feasible for it to formulate project specifications or performance indicators and contractual terms in a manner sufficiently detailed and precise to permit final proposals to be formulated. Where a two-stage procedure is used, the following provisions should apply:

(a) The contracting authority should first call upon the pre-selected bidders to submit proposals relating to output specifications and other characteristics of the project as well as to the proposed contractual terms;

(b) The contracting authority may convene a meeting of bidders to clarify questions concerning the initial request for proposals;

(c) Following examination of the proposals received, the contracting authority may review and, as appropriate, revise the initial project specifications and contractual terms prior to issuing a final request for proposals.

Content of the final request for proposals

Recommendation 20. The final request for proposals should include at least the following:

(a) General information as may be required by the bidders in order to prepare and submit their proposals;

(b) Project specifications and performance indicators, as appropriate, including the contracting authority's requirements regarding safety and security standards and environmental protection;

(c) The contractual terms proposed by the contracting authority;

(d) The criteria for evaluating the proposals, the relative weight to be accorded to each such criterion and the manner in which the criteria are to be applied in the evaluation of proposals.

Clarifications and modifications

Recommendation 21. The contracting authority may, whether on its own initiative or as a result of a request for clarification by a bidder, modify the final request for proposals by issuing addenda at a reasonable time prior to the deadline for submission of proposals.

Evaluation criteria

Recommendation 22. The criteria for the evaluation and comparison of the technical proposals should concern the effectiveness of the proposal submitted by the bidder in meeting the needs of the contracting authority, including the following:

(a) Technical soundness;
(b) Operational feasibility;
(c) Quality of services and measures to ensure their continuity;
(d) Social and economic development potential offered by the proposals.

Recommendation 23. The criteria for the evaluation and comparison of the financial and commercial proposals may include, as appropriate:

(a) The present value of the proposed tolls, fees, unit prices and other charges over the concession period;
(b) The present value of the proposed direct payments by the contracting authority, if any;
(c) The costs for design and construction activities, annual operation and maintenance costs, present value of capital costs and operating and maintenance costs;
(d) The extent of financial support, if any, expected from the Government;
(e) Soundness of the proposed financial arrangements;
(f) The extent of acceptance of the proposed contractual terms.

Submission, opening, comparison and evaluation of proposals

Recommendation 24. The contracting authority may establish thresholds with respect to quality, technical, financial and commercial aspects to be reflected in the proposals in accordance with the criteria set out in the request for proposals. Proposals that fail to achieve the thresholds should be regarded as non-responsive.

Recommendation 25. Whether or not it has followed a pre-selection process, the contracting authority may retain the right to require the bidders to demonstrate their qualifications again in accordance with criteria and procedures set forth in the request for proposals or the pre-selection documents, as appropriate. Where a pre-selection process has been followed, the criteria should be the same as those used in the pre-selection proceedings.

Final negotiations and project award

Recommendation 26. The contracting authority should rank all responsive proposals on the basis of the evaluation criteria set forth in the request for proposals and invite for final negotiation of the project agreement the bidder that has attained the best rating. Final negotiations may not concern those terms of the contract which were stated as non-negotiable in the final request for proposals.

Recommendation 27. If it becomes apparent to the contracting authority that the negotiations with the bidder invited will not result in a project agreement, the contracting authority should inform that bidder that it is terminating the negotiations and then invite for negotiations the other bidders on the basis of their ranking until it arrives at a project agreement or rejects all remaining proposals.

Concession award without competitive procedures

Recommendation 28. The law should set forth the exceptional circumstances under which the contracting authority may be authorized to award a concession without using competitive procedures, such as:

(a) When there is an urgent need for ensuring continuity in the provision of the service and engaging in a competitive selection procedure would therefore be impractical;

(b) In case of projects of short duration and with an anticipated initial investment value not exceeding a specified low amount;

(c) Reasons of national defence or national security;

(d) Cases where there is only one source capable of providing the required service (for example, because it requires the use of patented technology or unique know-how);

(e) In case of unsolicited proposals of the type referred to in legislative recommendations 34 and 35;

(f) When an invitation to the pre-selection proceedings or a request for proposals has been issued but no applications or proposals were submitted or all proposals failed to meet the evaluation criteria set forth in the request for proposals, and if, in the judgement of the contracting authority, issuing a new request for proposals would be unlikely to result in a project award;

(g) Other cases where the higher authority authorizes such an exception for compelling reasons of public interest.

Recommendation 29. The law may require that the following procedures be observed for the award of a concession without competitive procedures:

(a) The contracting authority should publish a notice of its intention to award a concession for the implementation for the proposed project and should engage in negotiations with as many companies judged capable of carrying out the project as circumstances permit;

(b) Offers should be evaluated and ranked according to the evaluation criteria established by the contracting authority;

(c) Except for the situation referred to in recommendation 28 (c), the contracting authority should cause a notice of the concession award to be published, disclosing the specific circumstances and reasons for the award of the concession without competitive procedures.

Unsolicited proposals

Recommendation 30. By way of exception to the selection procedures described in legislative recommendations 14–27, the contracting authority may be authorized to handle unsolicited proposals pursuant to specific procedures established by the law for handling unsolicited proposals, provided that such proposals do not relate to a project for which selection procedures have been initiated or announced by the contracting authority.

Procedures for determining the admissibility of unsolicited proposals

Recommendation 31. Following receipt and preliminary examination of an unsolicited proposal, the contracting authority should inform the proponent, within a reasonably short period, whether or not there is a potential public interest in the project. If the project is found to be in the public interest, the contracting authority should invite the proponent to submit a formal proposal in sufficient detail to allow the contracting authority to make a proper evaluation of the concept or technology and determine whether the proposal meets the conditions set forth in the law and is likely to be successfully implemented at the scale of the proposed project.

Recommendation 32. The proponent should retain title to all documents submitted throughout the procedure and those documents should be returned to it in the event that the proposal is rejected.

Procedures for handling unsolicited proposals that do not involve proprietary-concepts or technology

Recommendation 33. The contracting authority should initiate competitive selection procedures under recommendations 14–27 above if it is found that the envisaged output of the project can be achieved without the use of a process, design, methodology or engineering concept for which the author of the unsolicited proposal possesses exclusive rights or if the proposed concept or technology is not truly unique or new. The author of the unsolicited proposal should be invited to participate in such proceedings and may be given a premium for submitting the proposal.

Procedures for handling unsolicited proposals involving proprietary conceptsor technology

Recommendation 34. If it appears that the envisaged output of the project cannot be achieved without using a process, design, methodology or engineering concept for which the author of the unsolicited proposal possesses exclusive rights, the contracting authority should seek to obtain elements of comparison for the unsolicited proposal. For that purpose, the contracting authority should publish a description of the essential output elements of the proposal with an invitation for other interested parties to submit alternative or comparable proposals within a certain reasonable period.

Recommendation 35. The contracting authority may engage in negotiations with the author of the unsolicited proposal if no alternative proposals are received, subject to approval by a higher authority. If alternative proposals are submitted, the contracting authority should invite all the proponents to negotiations in accordance with the provisions of legislative recommendation 29 (a)–(c).

Confidentiality

Recommendation 36. Negotiations between the contracting authority and bidders should be confidential and one party to the negotiations should not reveal to any other person any technical, price or other commercial information relating to the negotiations without the consent of the other party.

Notice of project award

Recommendation 37. The contracting authority should cause a notice of the award of the project to be published. The notice should identify the concessionaire and include a summary of the essential terms of the project agreement.

Record of selection and award proceedings

Recommendation 38. The contracting authority should keep an appropriate record of key information pertaining to the selection and award proceedings. The law should set forth the requirements for public access.

Review procedures

Recommendation 39. Bidders who claim to have suffered, or who may suffer, loss or injury owing to a breach of a duty imposed on the contracting authority by the law may seek review of the contracting authority's acts in accordance with the laws of the host country.

IV. Construction and operation of infrastructure: legislative framework and project agreement

General provisions on the project agreement

Recommendation 40. The law might identify the core terms to be provided in the project agreement, which may include those terms referred to in recommendations 41-68 below.

Recommendation 41. Unless otherwise provided, the project agreement should be governed by the law of the host country.

Organization of the concessionaire

Recommendation 42. The contracting authority should have the option to require that the selected bidders establish an independent legal entity with a seat in the country.

Recommendation 43. The project agreement should specify the minimum capital of the project company and the procedures for obtaining the approval by the contracting authority of the statutes and by-laws of the project company and fundamental changes therein.

The project site, assets and easements

Recommendation 44. The project agreement should specify, as appropriate, which assets will be public property and which assets will be the private property of the concessionaire. The project agreement should identify which assets the concessionaire is required to transfer to the contracting authority or to a new concessionaire upon expiry or termination of the project agreement; which assets the contracting authority, at its option, may purchase from the concessionaire; and which assets the concessionaire may freely remove or dispose of upon expiry or termination of the project agreement.

Recommendation 45. The contracting authority should assist the concessionaire in obtaining such rights related to the project site as necessary for the operation, construction and maintenance of the facility. The law might empower the concessionaire to enter upon, transit through, do work or fix installations upon property of third parties, as required for the construction, operation and maintenance of the facility.

Financial arrangements

Recommendation 46. The law should enable the concessionaire to collect tariffs or user fees for the use of the facility or the services it provides. The project agreement should provide for methods and formulas for the adjustment of those tariffs or user fees.

Recommendation 47. Where the tariffs or fees charged by the concessionaire are subject to external control by a regulatory body, the law should set forth the mechanisms for periodic and extraordinary revisions of the tariff adjustment formulas.

Recommendation 48. The contracting authority should have the power, where appropriate, to agree to make direct payments to the concessionaire as a substitute for, or in addition to, service charges to be paid by the users or to enter into commitments for the purchase of fixed quantities of goods or services.

Security interests

Recommendation 49. The concessionaire should be responsible for raising the funds required to construct and operate the infrastructure facility and, for that purpose, should have the right to secure any financing required for the project with a security interest in any of its property, with a pledge of shares of the project company, with a pledge of the proceeds and receivables arising out of the concession, or with other suitable security, without prejudice to any rule of law that might prohibit the creation of security interests in public property.

Assignment of the concession

Recommendation 50. The concession should not be assigned to third parties without the consent of the contracting authority. The project agreement should set forth the conditions under which the contracting authority might give its consent to an assignment of the concession, including the acceptance by the new concessionaire of all obligations under the project agreement and evidence of the new concessionaire's technical and financial capability as necessary for providing the service.

Transfer of controlling interest in the project company

Recommendation 51. The transfer of a controlling interest in a concessionaire company may require the consent of the contracting authority, unless otherwise provided.

Construction works

Recommendation 52. The project agreement should set forth the procedures for the review and approval of construction plans and specifications by the contracting authority, the contracting authority's right to monitor the construction of, or improvements to, the infrastructure facility, the conditions under which the contracting authority may order variations in respect of construction specifications and the procedures for testing and final inspection, approval and acceptance of the facility, its equipment and appurtenances.

Operation of infrastructure

Recommendation 53. The project agreement should set forth, as appropriate, the extent of the concessionaire's obligations to ensure:

(a) The adaptation of the service so as to meet the actual demand for the service;
(b) The continuity of the service;
(c) The availability of the service under essentially the same conditions to all users;
(d) The non-discriminatory access, as appropriate, of other service providers to any public infrastructure network operated by the concessionaire.

Recommendation 54. The project agreement should set forth:

(a) The extent of the concessionaire's obligation to provide the contracting authority or a regulatory body, as appropriate, with reports and other information on its operations;
(b) The procedures for monitoring the concessionaire's performance and for taking such reasonable actions as the contracting authority or a regulatory body may find appropriate, to ensure that the infrastructure facility is properly operated and the services are provided in accordance with the applicable legal and contractual requirements.

Recommendation 55. The concessionaire should have the right to issue and enforce rules governing the use of the facility, subject to the approval of the contracting authority or a regulatory body.

General contractual arrangements

Recommendation 56. The contracting authority may reserve the right to review and approve major contracts to be entered into by the concessionaire, in particular contracts with the concessionaire's own shareholders or related persons. The contracting authority's approval should not normally be withheld except where the contracts contain provisions inconsistent with the project agreement or manifestly contrary to the public interest or to mandatory rules of a public law nature.

Recommendation 57. The concessionaire and its lenders, insurers and other contracting partners should be free to choose the applicable law to govern their contractual relations, except where such a choice would violate the host country's public policy.

Recommendation 58. The project agreement should set forth:

(a) The forms, duration and amounts of the guarantees of performance that the concessionaire may be required to provide in connection with the construction and the operation of the facility;

(b) The insurance policies that the concessionaire may be required to maintain;

(c) The compensation to which the concessionaire may be entitled following the occurrence of legislative changes or other changes in the economic or financial conditions that render the performance of the obligation substantially more onerous than originally foreseen. The project agreement should further provide mechanisms for revising the terms of the project agreement following the occurrence of any such changes;

(d) The extent to which either party may be exempt from liability for failure or delay in complying with any obligation under the project agreement owing to circumstances beyond their reasonable control;

(e) Remedies available to the contracting authority and the concessionaire in the event of default by the other party.

Recommendation 59. The project agreement should set forth the circumstances under which the contracting authority may temporarily take over the operation of the facility for the purpose of ensuring the effective and uninterrupted delivery of the service in the event of serious failure by the concessionaire to perform its obligations.

Recommendation 60. The contracting authority should be authorized to enter into agreements with the lenders providing for the appointment, with the consent of the contracting authority, of a new concessionaire to perform under the existing project agreement if the concessionaire seriously fails to deliver the service required or if other specified events occur that could justify the termination of the project agreement.

V. Duration, extension and termination of the project agreement

Duration and extension of the project agreement

Recommendation 61. The duration of the concession should be specified in the project agreement.

Recommendation 62. The term of the concession should not be extended, except for those circumstances specified in the law, such as:

(a) Completion delay or interruption of operation due to the occurrence of circumstances beyond either party's reasonable control;

(b) Project suspension brought about by acts of the contracting authority or other public authorities;

(c) To allow the concessionaire to recover additional costs arising from requirements of the contracting authority not originally foreseen in the project agreement that the concessionaire would not be able to recover during the normal term of the project agreement.

Termination of the project agreement

Termination by the contracting authority

Recommendation 63. The contracting authority should have the right to terminate the project agreement:
(a) In the event that it can no longer be reasonably expected that the concessionaire will be able or willing to perform its obligations, owing to insolvency, serious breach or otherwise;
(b) For reasons of public interest, subject to payment of compensation to the concessionaire.

Termination by the concessionaire

Recommendation 64. The concessionaire should have the right to terminate the project agreement under exceptional circumstances specified in the law, such as:
(a) In the event of serious breach by the contracting authority or other public authority of their obligations under the project agreement;
(b) In the event that the concessionaire's performance is rendered substantially more onerous as a result of variation orders or other acts of the contracting authority, unforeseen changes in conditions or acts of other public authorities and that the parties have failed to agree on an appropriate revision of the project agreement.

Termination by either party

Recommendation 65. Either party should have the right to terminate the project agreement in the event that the performance of its obligations is rendered impossible by the occurrence of circumstances beyond either party's reasonable control. The parties should also have the right to terminate the project agreement by mutual consent.

Consequences of expiry or termination of the project agreement

Transfer of assets to the contracting authority or to a new concessionaire

Recommendation 66. The project agreement should lay down the criteria for establishing, as appropriate, the compensation to which the concessionaire may be entitled in respect of assets transferred to the contracting authority or to a new concessionaire or purchased by the contracting authority upon expiry or termination of the project agreement.

Financial arrangements upon termination

Recommendation 67. The project agreement should stipulate how compensation due to either party in the event of termination of the project agreement is to be calculated, providing, where appropriate, for compensation for the fair value of works performed under the project agreement, and for losses, including lost profits.

Wind-up and transitional measures

Recommendation 68. The project agreement should set out, as appropriate, the rights and obligations of the parties with respect to:

(a) The transfer of technology required for the operation of the facility;
(b) The training of the contracting authority's personnel or of a successor concessionaire in the operation and maintenance of the facility;
(c) The provision, by the concessionaire, of operation and maintenance services and the supply of spare parts, if required, for a reasonable period after the transfer of the facility to the contracting authority or to a successor concessionaire.

VI. Settlement of disputes Disputes between the contracting authority and the concessionaire

Recommendation 69. The contracting authority should be free to agree to dispute settlement mechanisms regarded by the parties as best suited to the needs of the project.

Disputes between project promoters and between the concessionaire and its lenders, contractors and suppliers

Recommendation 70. The concessionaire and the project promoters should be free to choose the appropriate mechanisms for settling commercial disputes among the project promoters, or disputes between the concessionaire and its lenders, contractors, suppliers and other business partners.

Disputes involving customers or users of the infrastructure facility

Recommendation 71. The concessionaire may be required to make available simplified and efficient mechanisms for handling claims submitted by its customers or users of the infrastructure facility.

International Models

Bruce Lawrence

Table of Contents
1. Overview of PPP/PFI in the UK
    1.1. What are "PFI/PPP" projects in the UK?
        1.1.1. Structure
        1.1.2. The use of private capital for public projects
        1.1.3. The procurement of services leaving the risks of ownership and operation of the asset with the private sector
        1.1.4. Value for Money
    1.2. Brief History of the PFI/PPP
    1.3. Some Facts and Figures
2. Current Issues in the UK
    2.1. EU Developments
    2.2. Bundling
    2.3. Government Regulation
    2.4. Trade Unions
    2.5. Refinancing
3. Some examples of the development of PFI/PPP Internationally
    3.1. Ireland
    3.2. Japan
    3.3. South Africa
    3.4. Portugal

1. Overview of PPP/PFI in the UK

1.1. What are "PFI/PPP" projects in the UK?

"PFI" stands for the "Private Finance Initiative". The main characteristic of a PFI project is that it shifts the emphasis from the public sector's procurement of an asset to the procurement of a facility within which it can provide public services. The PFI seeks to address a situation where public assets are looked at as an end in themselves, rather than as the means for delivery of better public services. Thus, instead of the public sector procuring a school building, it is procuring the facilities within which the public sector can carry out its function of educating children. PFI projects are therefore primarily concerned with the purchase of services by the public sector.

PFI projects can take a variety of forms but the most common are Design, Build Finance and Operate (or DBFO) projects, in which the private sector finances provision of a capital asset and provides services in relation to the asset (usually some combination of hard and soft facilities management services). The public sector pays a periodic charge (called "The Unitary Charge" or the "Availability Payment") for the use of the asset and the provision of the services, which reflects the availability of the asset and the quantity and quality of services provided.

Another form PFI projects take are Concession Agreements where the private sector finances builds and operates an asset but recoups its costs by charges to the end user. An example of such a project is the Second Severn Crossing bridge between England and Wales, which relies on tolls from the public to generate income for the operators. This type of project can also be a "hybrid" in that charges are paid by the public sector, but based on the amount of usage by end-users, for example by using shadow tolls on a road project as a means of calculating the final payment.

PPP (Public Private Partnerships) projects are a further refinement of the PFI. They are, as their name suggests, concerned with the development of a relationship between the public and private sectors to allow services provided by public sector assets to be sold to wider markets which may be to the private sector or other public sector bodies. They may take a variety of forms such as government owned contractor-operated arrangements, privatisations, outsourcing or alliances. Another variant is joint ventures where there is a mix of public subsidy and end user contribution. Examples include urban regeneration projects and light rail schemes, where the income recouped from the end-user would be insufficient to cover the installation costs.

The main features of PFI/PPP projects in the UK are:

1.1.1. Structure

The private sector participant in a PFI project is traditionally a non-recourse special purpose vehicle ("SPV") established specifically for the project concerned. The disciplines imposed by the project finance structure are considered to generate the greatest efficiency and the model most appropriate in the context of the risks/rewards offered by the PFI. Consequently, the SPV will sub-contract the construction and operation of the facility ensuring that no residual risk remains with the SPV. They are either assumed by the subcontractors or remain with the public sector.

Finance is usually provided from a mixture of equity from shareholders, debt from banks and other financial institutions and insurance in respect of insurable risks borne by the SPV. Increasingly, however, bond financing is being used in place of debt financing on projects in excess of £75m.

1.1.2. The use of private capital for public projects

The need to up-grade existing public services particularly in the health, education and transport sectors but without increasing the balance of payments deficit was a major driver for PFI/PPP projects throughout the 1990's. The use of private rather than public capital to fund the costs of infrastructure improvements necessary for the provision of public services was a factor in controlling and subsequently improving the UK's balance of payments.

1.1.3. The procurement of services leaving the risks of ownership and operation of the asset with the private sector

In theory the public sector pays only for the services provided whilst the private sector is free to use whatever means it wishes to provide the services. The reality is somewhat different from both the public sector and private sector perspective as shown by two examples:

– The Payment Mechanism provides that the public sector pays only if the services provided are available. There are detailed provisions as to the quantity, quality and timing for the provision of services with other detailed provisions providing for payment deductions if the services fail to meet the required criteria. However, in practice lenders require that the public sector at least pays the amount necessary to service the debt which usually means that deductions are limited to only 20%-30% of the Availability Charge. The public sector will therefore be paying for services which are inadequately provided and in some projects when the services are not available for a short period of time.
– By taking the risk of ownership and operation of the asset the private sector determines the nature of the asset which is required to meet the output requirements of the private sector. As the private sector has a 25/30 year concession period (and sometimes up to 99 years) the theory is that it will build a durable asset which minimizes maintenance costs and plans for the whole life costing of assets and facilities thereby controlling costs and increasing profits. In practice particularly in the health, prison, courts and defence sectors the public sector have been prescriptive as to the design and construction of the asset thereby preventing the private sector from maximising potential savings.

1.1.4. Value for Money

One of the principle drivers of the PFI/PPP is to achieve **value for money** for the public sector. Even though financing costs for the private sector are higher than those for the public sector, it is perceived that the PFI/PPP offer better **value for money** for the public sector through its transfer of risks to the private sector. The Institute of Public Policy Research has reported that the macro economic arguments used to justify the PFI/PPP projects have little weight and do not justify the use of private over public finance. It is therefore critical that **value for money** for the benefit of the public sector is shown by transferring risks from the public sector to the private sector in PFI/PPP projects in the UK.

However, a balance has to be found. Transfer of risks to the private sector must be weighed against the increase of the project cost charged by the private sector for taking risks which the public sector ultimately pays for through the Availability Charge. Therefore, risks are usually taken by the party which is best able to manage them and mitigate their consequences.

Affordability – the public sector must be able to pay the costs of the provision of the services if fully available. The public sector must guard against requiring services which it is unable to afford. In the early days of PFI/PPP this frequently occurred causing projects to fail and a lack of confidence in public sector managers by their counterparts in the private sector.

1.2. Brief History of the PFI/PPP

The PFI was formerly launched in 1992 by the Conservative Chancellor of the Exchequer, Norman Lamont. The use of private sector funds for public projects had been on the UK Government's agenda since the 1980s but the Ryrie Rules which set out the basis on which such funds could be used were quite restrictive.

There had been considerable success in using private sector capital on major private sector infrastructure projects such as the construction of the Channel Tunnel (awarded in 1985), the Dartford Bridge Crossing (awarded in 1987) and the Second Severn Crossing (awarded in 1990). The then Conservative Government, faced with a weak economy, a large balance of payments deficit (which it was seeking to reduce particularly to facilitate compliance with the convergence criteria for monetary union), a construction industry pressing for more public sector work and a need to increase and upgrade publicly owned buildings and facilities but without the public funds to do so, believed the PFI was a panacea.

To encourage the use of the PFI by public bodies the government set up the Private Finance Panel in 1993 and in 1994 the government announced that capital projects would not be approved unless the PFI option had been tested. Public capital was to be reserved for areas where private finance was inappropriate or would not produce **value for money**. However problems arose as a flood of projects came on to the market and it was difficult for the private sector to focus its limited bidding resources on a multitude of projects. There were concerns regarding the **vires** of the procuring authorities which prevented all but a handful of projects reaching financial close.

On coming into office in May 1997 the Labour Government abolished the requirement for universal PFI testing of projects and established a priority list of significant projects which have since been tested for their suitability for the PFI.

The new government asked Sir Malcolm Bates, a member of the Private Finance Panel to conduct a review of the PFI. His report made 29 recommendations which were adopted by the government in June 1997. The principle recommendations were:

– Abolition of the Private Finance Panel and its replacement with the Treasury Task Force ("TTF"). The role of the TTF was to work with departments to identify suitable PFI projects, publish guidance, policy statements, technical notes and cases studies of completed projects, and to monitor projects to ensure their deliverability within agreed timescales;
– There should be increased standardisation of the process;
– Training for public officials should be provided so that the public sector is on more equal terms with the private sector;
– Bid costs should be minimised.

The government commissioned a second report by Sir Malcolm Bates in November 1998 which was published in March 1999. One result of this review has been the disbanding of the TTF and the establishment of Partnership UK ("PUK") a public/private partnership which is 49% government owned. PUK is empowered to invest equity into projects in certain circumstances, to fund the bid costs, and provide assistance and support to the public sector bodies throughout the procurement process.

The Labour Government despite internal political opposition has become a strong advocate of the PFI and other forms of public/private partnership. The PFI is now being encouraged in all sectors of government departments and local authorities, and for the provision of a wide variety of services ranging from IT, street lighting, transport, new hospitals and schools to the provision of helicopter training facilities for the Ministry of Defence.

1.3. Some Facts and Figures

After a slow start, as of April 2002, there have now been over 400 signed projects with a capital value in excess of GBP 25bn. In addition there are over p 100 projects with preferred partners appointed with a capital value of GBP 4bn and more than 100 projects which are short listed with a capital value of almost GBP 5bn. The most active department in terms of the number of projects signed has been the Department of Health with over 100 signed projects but the former Department of Environment, Transport and the Regions (now the Department for Transport, Local Government and the Regions) has the largest capital value of signed projects at almost GBP 12 billion.

2. Current Issues in the UK

There are a number of issues which have implications on the future direction and role of the PFI/PPP and some of these are considered below.

2.1. EU Developments

Another major issue for the PFI/PPP relates to the Public Procurement Rules ("PPR"). The procurement of goods, services and supplies by public authorities within the EU is regulated by European directives and the implementing regulations in the UK. They apply to projects procured through the PFI/PPP.

The regulations and directives are complex and certain principles such as those of non-discrimination, transparency, proportionality and mutuality apply in the application of the regulations and directives. There are threshold values which apply in respect of the procurement of works and services but as the thresholds are fairly low GBP 3,861,932 (EUR 6,242,028) for public works contracts and GBP 154,477 (EUR 249,681) for public service contracts (April 2002 figures), in the case of most PFI/PPP contracts it would be clear that the threshold would be exceeded and the regulations would apply. Difficulty also arises in that PFI/PPP contracts frequently have elements of both works and services and which of the regulations apply is frequently unclear. However, there is authority that a mixed contract should be treated as a service contract where the works are merely "incidental" to the main object of the agreement.[1])

When regulations apply the procuring authority must comply with one of the prescribed procurement procedures which are the open, restricted or negotiated procedures. The negotiated procedure is designed to be used only in specific circumstances and is to be the exception rather than the rule. Nevertheless, from the earliest days of the PFI/PPP the negotiated procedure has been used as it allowed the public sector to maintain competitive pressure on the bidders to a fairly advanced stage of the bidding process but then importantly allowed after the selection of a preferred bidder, further negotiation with the preferred bidder before the contract award.

---

[1]) ECJ C-331/92, *Gestion Hotelera Internacional SA v Communidad Autonoma de Canarias* [1994], ECR I-1329.

In May 2000 the European Commission produced a draft directive to revise procurements. These proposals have been reviewed by the European Council Working Group and European Parliament and considered by the various Member States. It is anticipated that the proposals once finalised will be implemented some time in 2002. The Commission appears to take the view that the appropriate procurement route is by use of the restricted procedure. However, the restricted procedure requires completed bids against a fixed specification and without negotiations. Using the restricted procedure for PFI projects is likely to prevent innovation and fine-tuning of the scope and terms of the project. The Commission challenged the UK Government over the use of the negotiated procedure on the Pimlico School PFI project and the Ipswich Airport Scheme both of which were subsequently abandoned in 2001.

The Commission has therefore proposed a new procedure called "Competitive Dialogue". Competitive Dialogue would permit the procuring authority to request outline proposals and enter into a dialogue with potential bidders as part of the qualification process to establish the specification for the contract. The proposals would be taken into account in deciding who to invite to tender. The opportunity for dialogue is more limited than under the existing negotiated procedure as the dialogue is restricted to that period between submission of outline proposals and the establishment of the final specification. Negotiations thereafter on fundamental aspects of the contract, price in particular, would not be permitted. The problem is that use of Competitive Dialogue will require more bidders to be involved in an expensive tendering procedure for longer periods with reduced odds of being awarded a contract than under the existing negotiated procedure. The private sector is concerned that it will face higher bid costs, with less chance of being appointed the preferred bidder. With this in mind the UK Government has argued with the Commission that the use of the negotiated procedure is justified. It is understood that the issue is likely to be resolved in the European Court of Justice.

The European Commission introduced proposals in February 2002 for a Regulation on action by Member States concerning public service requirements and the award of public service contracts in passenger transport by rail, road and inland waterway pursuant to Article 250(2) of the EC Treaty.

It is beyond the scope of this paper to consider in detail the proposals but it is worth giving an example of why these proposals raise concerns in the UK by briefly considering the proposed Articles 6(c) and 17.

Article 6(c) limits public service contracts to 8 years for bus services and 15 years for rail and inland waterway services. Article 17 relates to public service contracts awarded before the Regulation comes into force and states that they **"may last for the period laid down in the contract, provided that this is finite and reasonable"**.

A number of transport PFI/PPP projects in existence in the UK have contracts which last from 45 to 99 years. The long project terms were in part, to make the projects financially viable. These projects will be at risk if the word **"reasonable"** in Article 17 is viewed in the context of the much shorter contract duration of 15 years proposed by Article 6(c).

If these projects are invalidated before their contractual expiry the public sector could be liable to make substantial compensation payments to the private sector.

Furthermore, it is difficult to see how projects would be financially viable under a 15 year project term when a very large initial capital outlay is required with only a short period available to recover costs.

A further cause of concern has arisen as those involved in the UK PFI/PPP market await the UK Governments response to the European Court of Justice decision in the Alcatel case.[2] This case raised issues regarding which remedies would be available when a contract award is challenged. The UK Government was asked by the European Commission over 2 years ago to explain how it proposed to have the ECJ decision reflected in the UK's national law.

The Alcatel case concerns a contract awarded under the Public Supply Directive on a project for automatic data transmission on Austrian motorways. Losers challenged the award almost immediately. Under Austrian law the contract comes in to effect as soon as the letter notifying the award is received by the supplier. The only power the court had in the event of finding for the challengers was to award damages. The ECJ was asked to decide whether this situation, which was allowed under the Public Supply Directive, was actually compatible with the Compliance Directive. The court also considered whether member states had to ensure that the decisions of the contracting authorities prior to contract conclusion were open to review.

The ECJ concluded that EC members must ensure that if a contracting authority's award decision, prior to contract conclusion was subject to review, then it could be set aside. The EC asked Members States to tell them how they intended to put this in to effect.

In the UK bid protest is little known unlike the United States and increasingly in Europe. The UK Government is considering two options. The first is to allow a UK court to set aside contracts even after award within a short time period (10 – 15 days) if an unhappy loosing bidder successfully challenges the award. The other option is to have a two stage process where a mandatory cooling-off period is introduced between award and conclusion. Challenges could be made before contract conclusion but after conclusion the current situation, whereby only damages could be awarded would continue.

The problem is that the first option would upset project funders as it increases uncertainty and, therefore, risk. The second option looks unlikely to generate any additional challenges in the UK of itself. The concern is who would take the burden of the risk of a successful challenge? The banks certainly will not and the private sector views with dismay the likely delay and increased bid costs that will result whichever option is selected.

2.2. Bundling

One of the difficulties encountered in the UK was due to the use of a project finance structure, PFI/PPP projects needed a capital cost of GBP 10-15m to make projects financially viable due to the high commitment fees and costs required to

---

[2] ECJ Case C-81/98, *Alcatel Austria AG and Others v Bundesministerium für Wissenschaft und Verkehr* [1999], ECR I-7671.

bring a project to financial close. This excluded a large number of potential projects particularly in the education sector.

To address this problem the UK Government introduced the concept of bundling school projects together. Instead of having one school project which would not be financially viable schools are now bundled to spread the up-front costs. As of April 2002, 38 school projects have been signed in England with a total capital value of GBP 1bn, covering 373 schools. A further 33 school projects covering 281 schools are being negotiated.

The largest bundling project to date is Glasgow County Council's GBP 250m Grouped Schools project which reached financial close in July 2001. The deal is worth GBP 1.2bn over the project's 30 year lifespan and will result in all of Glasgow's 29 secondary schools being either rebuilt or extensively refurbished. The European Investment Bank (EIB) has lent GBP 105m to the project company as part of the senior debt.

The use of bundling projects is now being considered in the health, local authority and transport sectors.

2.3. Government Regulation

Since the inception of the PFI/PPP, the private sector has been concerned with the ability of the public sector to provide the necessary degree of standardisation, quick deal flow and technical expertise to warrant the high bid costs which entering into the PFI/PPP market place necessitate. By setting up TTF (now PUK) and teams of civil servants in each major department with specialist knowledge of the PFI process the government has gone a long way to address these concerns.

However, more recently a different concern has arisen. In 2001 the government set up the Office of Government Commerce ("OGC"). The OGC was set up to save the taxpayer £1 billion in government spending by negotiating better deals. The main stay of the plan is the Gateway Review Process through which over 100 PFI/PPP projects will be put through in 2002 alone. At the same time, PUK was established by the government to accelerate the development, procurement and implementation of PFI/PPP's. However, the private sector run the risk when negotiating a project that not only are they negotiating with the procuring authority but also with OGC, PUK and the procuring authorities own departmental PFI unit. Whether this will facilitate or hamper the quick deal flow the private sector requires has yet to be determined.

Another issue for the private sector is the shareholding of PUK. In March 2001 51% of PUK's shares were sold to the private sector, mostly to major players in the PFI market. Concerns have been expressed as to conflicts of interest arising, and to whom its ultimate loyalty lies, the public sector or the private sector and if the private sector which part of the private sector. Again, these fears may be unfounded but those involved in the PFI market are interested in the future role of PUK.

In December 2001 PUK published its draft update to the **Standardisation of PFI Contracts** guidance on behalf of the Treasury. The draft which is currently out for consultation has caused considerable concerns amongst the private sector.

In particular PUK propose that for termination compensation procedures the public sector would be allowed to terminate projects without compensating lenders. This proposal if implemented could prove fatal to UK PFI/PPPs. An alternative proposal that the public sector would be able to delay compensation payments by 6 months or pay by instalments at a Guilt-level rate of interest also caused criticism.

Other concerns have been raised in respect of financial issues such as funding competitions and bank commitment letters. The concern of the private sector with regard to funding competitions is the additional time that this will add to the procurement process and the involvement of the public sector with such a process when generally there is not the expertise available in sufficient depth to manage the process with the large number of projects which are currently proceeding. One particular aspect of the funding competition issue is that it is also being proposed that competition extend to third party equity which does not take in to account the time and effort taken by equity providers in preparing the bids.

Responses to the consultation are awaited and it will be interesting to see the extent to which the concerns of the private sector are reflected in the final guidance issued.

2.4. Trade Unions

The Labour Government support of the PFI/PPP is in sharp contradiction with many of its own supporters. Almost 100 Labour MPs opposed the part privatisation of the Air Traffic Control in the House of Commons in the biggest backbench rebellion of the last parliament. The Trade Union Unison has condemned the spread of PPP's and has passed a motion to look at industrial action in NHS Trusts. Indeed, the Dudley Group of Hospitals PFI project completed in 2001 was against the background of a series of strikes of Unison members, which made it the longest strike in the National Health Service (NHS) history. Their concerns were bed reductions and being required to leave the NHS and be employed by the private sector.

The British Medical Association conference attacked the idea of privately run fast track surgery centres and the Royal College of Nursing also expressed reservations over "creeping privatisation" in the health service at its annual conference. The main concern centred around the role of the private sector in the National Health Service.

To address some of these concerns, the Department of Health has now approved plans that will ensure all NHS support staff (non-clinical staff) remain public sector employees but are managed by the private sector. The proposal, known as the Retention of Employment (REM) model will ensure that thousands of catering, cleaning, portering, security and laundry staff will remain employed by the NHS rather than being contracted out to the private sector.

The private sector's response to the proposal was that it is **fundamentally flawed for all parties involved in the NHS.**" Nevertheless three trial projects are proceeding on the basis of REM with the private sector showing no signs that it is pulling out. The private sector may not like that its control over those employees of the NHS who are providing private sector services has been greatly diminished but it is getting on with the job.

In the local authorities sector the GMB union is urging local authorities to hold local referendums over PFI/PPP projects. Local authorities are being urged to use Clause 141 of the Local Government Act 1972 to test if the Government has a mandate from the people for the privatisation of local services.

2.5. Refinancing

Refinancing usually occurs once the initial stages of a project have been completed and the project risk profile improves. For example, where a project requires initial construction work with the private sector taking the risk on say, ground conditions, completion date and cost overruns, once the construction work has been completed and the operations phase has commenced, there is less risk in the project which allows a consortium to obtain better terms on its loans by replacing equity with debt. This can lead to the private sector obtaining large gains unless it was part of the original agreement that such gains were to be shared with the public sector. Many of the earliest PFI/PPP deals did not contain "clawback" provisions which set out the split between the public and private sector of gains to be realised on a refinancing. Such gains can be large, for example, in the case of the **Fazakerly Prison PFI project** when a refinancing occurred in 1999 the consortium apparently received a windfall of GBP 10.7m.

Where clawback provisions have been agreed they have varied from 60:40 to 90:10 both in favour of the private sector. The OGC has recently issued interim guidelines recommending a sharing ratio of 50:50. The private sector are looking for at least a 70:30 ratio in their favour.

The private sector argue that as they are taking the risks on the project it is only fair that they should be entitled to reap the rewards. However, the Public Accounts Committee of the House of Commons and the National Audit Office have both been critical of the "windfall profits" which the private sector have been able to gain on those completed projects without clawback provisions or where the clawback provisions have allowed only a small percentage of the gain to be shared with the public sector. The problem relates principally to the earliest PFI deals and it is hoped that a compromise can be reached. In respect of more recent deals, clawback provisions have become fairly standardised and therefore less open to criticism by public sector watchdogs. However, it may be that in the future there will be a market for re-financing and securitisation of entire portfolios of projects which may, if substantial gains are realised, cause further public criticism of the PFI/PPP process. A recognition by the public sector that risk capital deserves reward and a recognition by the private sector that excess windfall profits may bring the PFI/PPP process into disrepute should lead to a compromise satisfactory to both parties.

3. Some examples of the development of PFI/PPP Internationally

The development of PFI/PPP in the UK earlier than other countries is due to a number of factors which are prevalent in the UK:
- the presence of a highly sophisticated banking and insurance sector who are keen to bear sensible risks attached to large projects

- Anglo Saxon countries have developed contractual experience in project financing based principally on a projects bankability, that is, whether the income generated by the project in the course of its execution is capable of covering the initial costs and yielding profits
- the UK economy is largely deregulated and there is a belief that the market will be able to regulate itself better if left to its own devices. There has been little legislative intervention and there are no constrains on conduct deriving from administrative law
- the success of the project is dependent exclusively on the contractual arrangements between the parties.

In view of the above it is no surprise that PFI/PPP has developed internationally quickest in those countries which show those features referred to above with Australia and Ireland being the most notable examples.

Those countries which have some or all of the following features are likely to find it more difficult to develop PFI/PPP within their own countries:
- a complex system for monitoring public expenditure tied to a Constitution and administrative procedures which require budgetary planning for short timescales which hampers the introduction of innovative solutions due to a lack of time
- a high degree of regulation and use of prescriptive procedures which prevent the necessary flexibility which PFI/PPP projects require to flourish
- under developed banking and insurance sectors lacking experience in backing large sophisticated projects over a long time period or in sectors with which they are not familiar
- state intervention and the lack of incentives to private sector entrepreneurs

Set out below is a brief review of 4 countries, Ireland, Japan, South Africa and Portugal who have been active to a greater or lesser extent in the development of their own PFI/PPP markets with varying degrees of success.

3.1. Ireland

The Irish Government in the early part of 1998 appointed consultants to examine and assess the scope for PFI/PPP projects within Ireland. Following publication of the consultants' report the Irish Government in June 1999 endorsed a PPP approach for public capital projects in Ireland with an initial concentration on economic infrastructure projects.

The pilot projects were concentrated in sectors such as transport and environmental services and included projects in the roads sector, bridges, light rail, solid waste disposal, water treatment and educational schemes. The key criteria selection were long term value for money and their priority at national level with the focus on risk transfer and output specification.

The implementation of the pilot programme for PPP's has become an important element in the Irish National Development Plan for the period 2000-2006. There is, therefore, a very strong political will at the top of the Irish Government to proceed with PFI/PPP projects generally and government departments were directed to overcome obstacles than prevent projects from proceeding.

Ireland has embraced as its template the model outlined in this paper for UK PFI/PPP projects and to a very considerable extent the documentation developed in the UK. Many with experience of PFI/PPP projects in the UK are also involved in project in Ireland.

Some examples of projects currently proceeding in Ireland are:
- A EUR 6bn underground system for Dublin with the first phrase scheduled for completion in 2007.
- EUR 154m programme for the delivery of primary schools.
- The LUAS Concession contract a light rail link between the centre of Dublin and its airport.
- Cork Music School which has a development value of EUR 45m.
- The National Maritime College in Country Cork a DBFO contract with a value of approximately EUR 75m.
- In excess of 10 separate road projects with varying capital values all in excess of EUR 50m.

There are many other PFI/PPP projects proceeding in Ireland and to-date Ireland appears to have avoided some of the issues discussed earlier which are raising concerns in the UK.

3.2. Japan

In July 1999 the PFI Act (Law No 117 of 1999) was enacted in Japan and came in to operation in September 1999. The Act on its own did not enable the government to promote and implement PFI in Japan as it required secondary legislation to fully implement the PFI/PPP process.

The Act also obliges both central and local government to use PFI whenever possible in cases where it is expected that the private sector can manage public facilities more efficiently and effectively than the public sector. The onus lies with the Prime Minister after appropriate consultation to determine the **basic policies** to implement any individual PFI project. The Act addresses:
- the selection of a project suitable for the PFI;
- the selection of a private entity to perform the task specified in the project;
- the means to ensure the proper and reliable implementation of the project including clear identification of the responsibilities of a private entity; and
- legal and taxation requirements and financial support.

The basic policies were determined and published by the Prime Minister on 13 March 2000 and set out detailed policies applicable to any PFI project for which the central government agencies will act as the managing agency. Local government are to adhere to the PFI Act and the basic policies.

One of the most important support measures provided by the Act is the exception it makes to the 5 year restriction on central governments debt repayment. When the procedure for PFI is followed, it will be extended to up to 30 years and for local government PFI/PPP projects there will be no restrictions. An amendment has now been made to the PFI Act whereby the private sector are able to rent land and buildings owned by central government for terms longer than the 1 one year term previously allowed. Most importantly, the longer leases can also be assigned to funders as security.

Local government bodies have been very active in exploring the possibilities of using PFI/PPP principally due to their financial difficulties.

The development of PFI/PPP in Japan has not been easy. Japan does not possess the infrastructure necessary in order for PFI to be easily managed, and it lacks the number of lawyers, accountants and consultants required. Large and complex contract documents are rare in Japan and the Japanese Government is not accustomed to trusting important tasks to the private sector. However, due to the current Japanese recession the government has taken steps to reform the legal system and to increase the number of lawyers and widen their expertise and Japanese banks are evolving new products to meet the criteria for PFI/PPP projects.

Japan has been extensively studying the success of PFI/PPP in the UK as it believes it will benefit from the basic aspects of UK PFI/PPP such as value for money, risk allocation, project finance and contract based procurement.

Since the introduction of the PFI Act 24 projects have reached financial close with a further 50 in procurement. However, most of these schemes are of a small scale and bear little resemblance to UK PFI/PPP projects. As an indication of how central PFI/PPP is to Japan in its efforts to control public spending its House of Representatives is dealing with a project to build and manage the residential building for the Houses' members following a recommendation by the Japanese Council on economic and fiscal policy. The Japanese are also looking at a variety of sectors in which to implement PFI/PPP although health related projects are expected to make a significant proportion.

The political debate over the merits of PFI in Japan now appears to have been won and the Koizumi Government appears to have the necessary political will to take substantial projects forward. The Japanese Government is proposing to instigate a major infrastructure programme using PFI/PPP projects. It is envisaged that there will be up to 300 substantial PFI/PPP projects coming to the market in Japan in the short term.

The further development of PFI/PPP in Japan will be dependent upon how strong is the political will continuing to support the process and the implementation of the necessary political, financial and legal changes required to facilitate its growth.

3.3. South Africa

South Africa has also been active in developing its PFI/PPP market since the late 1990s. There has been considerable dialogue between the UK Government and the South African Government with the UK Government providing templates for both the main procurement of the project and also the procurement of advisers.

The development process has not been without its difficulties, one of the main causes of concern being the enactment of the Municipal Systems Act on 1 March 2001.

The new Act means the Government will be able to set bills for water projects and tariffs for toll roads and investors are angry that the South African Government will therefore be able to decide the rate of their return on investments. The South African Government passed the Act to protect consumers from excess charges which can occur when there is a monopoly service provider. The private sector in South Africa are greatly concerned as the legislation is vague and there is no way to predict when it will happen or what its effect will be and it believes that there are other ways of establishing certainty over PFI/PPP agreements to afford protection of the public. The private sector are in discussions with the South African Government to try and find a way through the problem.

It is unfortunate because South Africa has been active in the PFI/PPP market with over 50 projects at local and provincial council level and a number of substantial road projects having reached financial close. For example, the N3 highway between Johannesburg and Durban is one of the major road projects which have reached financial close with a concession being granted to expand and manage its 418 kilometres for 30 years with a capital value of £570m. A further road project between Johannesburg and the port of Maputo in neighbouring Mozambique is also planned.

There have also been a number of prison and sewage projects and a hospital project which have reached financial close.

However, confidence in the South African Government's commitment to PFI/PPP projects has been eroded by the Act and this needs to be rebuilt to continue the development of PFI/PPP projects in South Africa.

3.4. Portugal

Portugal's development of PFI/PPP projects has been almost exclusively in the road sector. As long ago as December 1998 the West Road project reached financial close in a concession agreement worth approximately GBP 550m. Since then Portugal has proceeded with using the PFI/PPP process to grant concessions across its motorway network but it has been somewhat reluctant to expand its development of PFI/PPP to other sectors.

The reasons are unclear why development in to other sectors has not occurred but it may be that the economic and social drivers which lead to the development of PFI/PPP projects in the UK and other countries may not be as strong in Portugal.

The UK model for PFI/PPP projects whilst suited to the UK and other countries with an Anglo-Saxon background is unlikely to be the best model to take forward the development of PFI/PPP in those countries with different economic, political and social structures who will no doubt develops their own models best suited to their requirements.

Praktische Anwendung
von Public Private Partnerships

Praktische Anwendungen von Public Private Partnerships bei Abwasser

Bernhard Sagmeister

Inhalt
1. Aktueller Stand in Österreich
2. Motive zur Privatisierung
3. Kriterien für die Modellauswahl und Entscheidungsweg
4. Beraterrolle
5. Voraussetzungen vor dem Start
6. Zukunftstrends

1. Aktueller Stand in Österreich

Public Private Partnerships (PPP) als spezifische Kooperation zwischen öffentlichen Institutionen und privaten Unternehmen sind sowohl in Österreich als auch auf gesamteuropäischer Ebene seit einiger Zeit verstärkt von Interesse. Zwei komplementäre Faktoren haben im Wesentlichen dieses Interesse forciert:
– Geringere Finanzierungsspielräume in den öffentlichen Haushalten (hohe Verschuldung und internationale Steuerkonkurrenz).
– Vertiefung der europäischen Integration und Globalisierung der Märkte erfordern ein schnelleres Wachsen der Infrastrukturdienstleistungen (Verkehrs- und Kommunikationsverbindungen).

Trotz dieser Randbedingungen, die eine Entscheidung für PPPs begünstigen, können wir heute nur auf wenige jüngere praktische Beispiele blicken, was den europäischen Raum (mit Ausnahme von England und Frankreich) mit seiner Vielzahl von Infrastrukturprojekten betrifft. Auf Österreich alleine bezogen sieht diese Bilanz noch viel schlechter aus. Mit Ausnahme von manchen Entsorgungsdienstleistungen wie zB der Abfallwirtschaft gibt es so gut wie keinen Infrastrukturbereich, der mit PPPs mit hohem Privatisierungsgrad aufwarten könnte. Das liegt sicherlich auch an der langen Tradition des öffentlichen Charakters von Infrastrukturaufgaben und der erst kurzen Diskussion von PPPs in Österreich sowie der etwas längeren Vorbereitungszeit für die Implementierung. Der Hauptgrund für den geringen Umsetzungsgrad liegt jedoch in der mangelnden Überzeugung bzw. der mangelnden Motivation der Entscheidungsträger. Auf Bundesebene haben zwar viele Politiker die Chancen und Vorteile von PPPs erkannt und versuchen diese legistisch und auch bei Einzelaufgabenstellungen zu unterstützen. Demgegenüber zeigen aber manche Interessensgruppen offen Vorbehalte, da Sie beispielsweise um Beschäftigungssituation versus Kapitalismus sowie öffentliche und Bürgerinteressen versus konsumentenfeindliches Oligopol fürchten.

Auf Landes- und Gemeindeebene heruntergebrochen werden diese Vorbehalte noch mit Machtverlust und Angst vor Konkurrenzdruck auf andere bzw. parallele öffentliche Einrichtungen (Benchmark) erweitert.

Somit werden trotz des für die nächsten 10 Jahre geschätzten Investitionspotenzials von EUR 10 Mrd. im Bereich der kommunalen Ver- und Entsorgungsinfrastruktur nur einzelne PPP-Projekte in der Siedlungswasserwirtschaft durchgeführt.

Um in der Siedlungswasserwirtschaft und in anderen Bereichen PPP-Modelle in Österreich erfolgreich etablieren zu können, sind folgende Faktoren entscheidend:
- Versachlichung der Diskussion über PPP, um Vorurteile abzubauen und zur Erhöhung des Informationsstandes.
- Einheitliche politische Willensbildung.
- Klare übergeordnete Zielsetzungen.
- Stabilität von politisch-rechtlichen Rahmenbedingungen.

2. Motive zur Privatisierung

Die Voraussetzung für eine Privatisierungsdiskussion ist im Wesentlichen vom Denken der Entscheidungsträger („Stimmungsmacher") abhängig. In allen bekannten Fällen sind die politischen Befürworter von privatwirtschaftlichen Organisationsformen Personen, die aus der Wirtschaft kommen oder selbständig einen Wirtschaftsbetrieb führen. Politische Entscheidungsträger, die der öffentlichen Verwaltung zuzurechnen sind, treten in der Diskussion als „Bremser" auf. Zumeist aus Angst vor Neuem und/oder aus Angst vor Machtverlust.

Ausnahmen stellen nur Fälle dar, die in der Privatisierung den Ausweg aus langjährigen schwierigen politischen Diskussionen im Zusammenhang mit einer öffentlichen Dienstleistung suchen. Weiters wird manchmal fälschlicherweise im Zusammenhang mit einer Privatisierung auch die Möglichkeit der Budgetsanierung (Verkauf von bestehenden Anlagen) in Form von versteckten Steuern bzw. nochmaligen Gebühren gesehen. In Einzelfällen stehen unter den Befürwortern auch persönliche wirtschaftliche Interessen im Vordergrund.

Die häufigsten Motive sind:
- Keine geeigneten Personalressourcen in der öffentlichen Verwaltung.
- Kostengünstige, rasche und optimale Realisierung.
- Mangelndes Vertrauen in konventionelle Vorgehensweisen bei Projekten (unterschiedliche Untersuchungen zu verschiedenen Zeitpunkten ergeben jeweils hohe Kostenschätzungen mit zum Teil erheblichen Unterschieden).
- Einkauf von privatem Know-how.
- Herausnehmen aus schwieriger politischer Diskussion.
- Budgetsanierung.

Der Widerstand wird hauptsächlich von Vertretern der klassischen öffentlichen Verwaltung getragen. Dabei zeigt sich ein starkes Gefälle entsprechend der hoheitlichen Organisation in Österreich (Bundesvertreter zeigen geringere Ressentiments als Landes- oder Gemeindevertreter). Die vorgebrachten Negativargumente stammen selten aus praktischen Erfahrungen. Vielmehr werden vermutete Negativeinflüsse vorgebracht.

Die häufigsten Negativargumente bzw die dahinter stehenden Motive sind:
- Privater will auf Kosten der Bürger Gewinn erwirtschaften. Nachhaltigkeit der Anlagen ist nicht sichergestellt.
- Verlust von politischem Einfluss, wobei das Abtreten von Verantwortung zumeist positiv gesehen wird (Delegation von Verantwortung versus Machtdelegation).
- Angst vor Benchmarking.

3. Kriterien für die Modellauswahl und Entscheidungsweg

Zu den Hauptkriterien zählen jedenfalls die Beziehung zwischen Kapitalintensität und Ertragserwartungen sowie die Beherrschbarkeit der jeweiligen Risikozuteilung zwischen öffentlichem Auftraggeber und dem privaten Unternehmen.

Weiters sind folgende wesentliche Faktoren von Bedeutung:
- Motivation des öffentlichen Auftraggebers für eine Privatisierung.
- Klare Projektabgrenzung als Voraussetzung für die kommerzielle Finanzierbarkeit.
- Feasibility Study mit Bewertung technischer Alternativen und dem Kostenrahmen für die Investition, langfristige Marktabschätzung, Simulationsrechnung für wesentliche Risiken wie z.B. Zinsänderungen, Ermittlung des nachhaltigen Cashflows (Wirtschaftlichkeit muss für PPP sprechen; erst Effizienzsteigerungen rechtfertigen den Schritt zur Privatisierung).

4. Beraterrolle

Grundsätzlich sollte die Kooperation zwischen Öffentlich und Privat sehr früh beginnen. Bein DBFO (design build finance operate) beginnt die Zusammenarbeit zumeist bereits in der Konzeptionsphase. Dadurch kann die Projektgestaltung wesentlich verbessert werden, da schon zu Beginn auf einen vernünftigen Risiko- und Interessenausgleich geachtet wird. Problematisch ist diese Vorgehensweise jedoch in Hinblick auf Wettbewerbsgrundsätze und in Hinblick auf das Vergaberecht. Die Leistung selbst sollte ja jedenfalls öffentlich ausgeschrieben werden, sodass ein frühzeitiger Dialog mit einem potentiellen Bieter zu Wettbewerbsvorteilen führt.

Abhilfe schafft hier nur ein funktionierender Beratermarkt, der selbst kein Betreiberinteresse zeigt. Der Berater hat dabei die Aufgabe, den öffentlichen Auftraggeber bei der Modellauswahl zu beraten, alle Grundlagen für eine Ausschreibung bereitzustellen und für einen fairen und optimalen Wettbewerb zu sorgen.

5. Voraussetzungen vor dem Start

Neben der Klärung der technischen und wirtschaftlichen Vorgaben ist die politische Absicherung, die Absicherung gegenüber Genehmigungsbehörden und die Öffentlichkeitsarbeit bei PPPs von größerer Bedeutung als bei konventionellen Projektumsetzungen. Zum einen ist die Projektvorbereitung wesentliche detaillierter durchzuführen und bedingt daher eine frühzeitige Einbindung aller – auch erst in späten Phasen – auftretenden Beteiligten und zum anderen bedingen diese umfangreichen Vorarbeiten aus wirtschaftlicher Sicht eine größere Umsetzungswahrscheinlichkeit.

Bewährt hat sich die Etablierung einer Projektgruppe, bestehend aus Vertretern des öffentlichen Auftraggebers (möglichst überparteilich) und von technischen, rechtlichen und wirtschaftlichen Experten des Beraters. Dazu müssen fallweise Experten der Genehmigungsbehörden hinzugezogen werden, so dass diese durchaus gestaltend auf das Projekt einwirken.

6. Zukunftstrends

Nach unserer Einschätzung gibt es aufgrund der langjährigen österreichischen Tradition in der konventionellen öffentlichen Umsetzung von Infrastrukturprojekten aus heutiger Sicht nur wenig Platz für privatwirtschaftliche Organisationsformen. Demnach wird sich die Zahl der Privatisierungsmodelle in Österreich ohne besondere Unterstützung in den nächsten 5 bis 10 Jahren nur geringfügig erhöhen. Um die Gesamtaufgabe „Infrastrukturinvestitionen" jedoch optimal voranbringen zu können, erscheint eine stärkere Unterstützung von Privatisierungsüberlegungen bedeutend. Die optimale Umsetzung der Infrastrukturaufgaben kann durch Schaffung einer Organisationsvielfalt wesentlich verstärkt werden. Dadurch wird im Sinne von Benchmarks die Konkurrenz zur konventionellen Vorgehensweise vergrößert. Zukünftig größere Potenziale liegen hauptsächlich in der Privatisierung der Betriebsführung.

Die Privatisierung von öffentlichen Infrastrukturaufgaben hat auch hohe Bedeutung für österreichische Anbieter auf dem osteuropäischen Markt. Für den Markteintritt ist es notwendig, Referenzprojekte vorweisen zu können. Aus vielen Einzelkontakten ist uns bekannt, dass potenzielle Anbieter vor allem deshalb an konkreten Umsetzungen in Österreich interessiert sind.

Ein Defizit findet sich im fehlenden bzw. mangelnden österreichischen Beratermarkt. Als Berater treten häufig jene Vertreter auf, die sich in der konventionellen Vorgehensweise etabliert haben und in diesem Bereich hauptsächlich tätig sind (Interessen sind zu vielfältig und stehen in Konkurrenz).

Um privatwirtschaftliche Organisationsmodelle in Österreich als Ergänzung zu den etablierten Modellen stärker zu verankern, ist es notwendig, diese besonders zu unterstützen. Dazu können folgende Instrumentarien bzw. Maßnahmen Anwendung finden:

– Breite Information gegenüber den möglichen Auftraggebern und weitere Versachlichung der Diskussion (die spezifischen Vor- und Nachteile gegenüber der konventionellen Vorgehensweise sollen möglichst wertneutral diskutiert werden).
– Unterstützung von Einzelprojekten (Sonderförderungen bzw. Beratungsleistungen zur Verfügung stellen). Damit können Beispiele aufgezeigt werden und Referenzen für heimische exportorientierte Unternehmen geschaffen werden.
– Unterstützungen zum Aufbau eines neutralen Beratermarktes (im Interesse der potenziellen Projektträger).
– Rechtsunsicherheiten bei Genehmigungsbehörden beseitigen.
– Stärkerer Kostendruck durch Aufbau eines Benchmark-Systems.

Praktische Umsetzung eines PPP-Modells in der Abfallwirtschaft

Gert Schweiger/Heidrun Sölkner

Inhalt
1. Einleitung
2. Begriff PPP
3. Charakteristika eines PPP-Modells
   3.1. Merkmale eines PPP-Modells
   3.2. Ziel eines PPP-Modells
4. Entsorgungsmodelle – Arten der Zusammenarbeit
   4.1. Öffentlich rechtliche Modelle
   4.2. Privatrechtliche Modelle
      4.2.1. Formelle Privatisierung
      4.2.2. Materielle Privatisierung
5. Praktische Umsetzung eines PPP-Modells in der Abfallwirtschaft
6. Zusammenfassung

1. Einleitung

In einer am Kreislaufgedanken orientierten Umweltpolitik wird der Aufgabe der Abfallwirtschaft verstärktes Interesse zuerkannt. Die Wirtschaft ist aufgrund ihres Know-hows in der Lage, ressourcenschonende Wirtschaftskreisläufe einzurichten und zu betreiben. Entsorgungsaufgaben müssen ökonomisch effizient und technologisch wie organisatorisch auf hohem Niveau gelöst werden. Durch die Konzentration der öffentlichen Hand auf hoheitliche Aufgaben geht der Trend verstärkt zu partnerschaftlichen Lösungen im Bereich öffentlich-rechtlicher Entsorgungsaufgaben.[1] Der Markt verändert sich; die Liberalisierung ist auch in der Abfallwirtschaft nicht mehr aufzuhalten.[2] Der Anschluss- und Benutzungszwang wird in absehbarer Zeit fallen![3]

2. Begriff PPP

Der Begriff Public Private Partnership ist ein Import aus den USA. Es geht dabei um partnerschaftliche Kooperationen zwischen öffentlicher und privater Hand zur bestmöglichen Aufgabenerfüllung. PPP bedeutet nichts anderes als die Wahrnehmung öffentlicher (hoheitlicher) Aufgaben einerseits, dh jene, die dem Markt nicht zur Gänze überlassen werden können und marktwirtschaftlichem Handeln andererseits. Denn würde der Staat die Erfüllung seiner hoheitlichen Aufgaben nicht wahrnehmen, so wäre in der Gesellschaft eine Unterversorgung die

---

[1] *Metzmann*, Privatisierung in der Entsorgungswirtschaft, bvse-recyconsult GmbH 2000, 4.

[2] *Körner*, Neue Wege in der Abfallwirtschaft, BDE 2000, 91.

[3] *Stöver*, Public-Privat-Partnership Abfallwirtschaft im Wettbewerb, Frankfurter Entsorgungs- und Service GmbH 2001, 13.

Folge.[4]) Es gibt wohl keine wirtschaftspolitische Diskussion, wo nicht Befürworter und Gegner der Privatisierung auch vor dem Hintergrund ideologischer Ansichten die unterschiedlichen Standpunkte darlegen.

Die öffentliche Hand als Unternehmer ist insofern unter Druck geraten, da vor allem im Hinblick auf die Vorteile der Marktkräfte der Bürger Wahlmöglichkeiten einfordert und ein Höchstmaß an Flexibilität, auch für öffentliche Unternehmungen Geltung hat.[5])

Für diese Leistungserbringung hebt die öffentliche Hand bzw. die Kommune Gebühren ein. Die Höhe der Einnahmen deckt heutzutage aber kaum noch die mit der Leistungserbringung verbundenen Kosten ab. Dieser Tatbestand führt häufig dazu, dass sich Kommunen für eine Partnerschaft mit einem Privaten entscheiden, ohne sich dabei aber ihrer Pflicht – Wahrnehmung einer hoheitlichen Aufgabe – zu entbinden. Durch privatwirtschaftliche Managementmethoden und Organisationsformen ergeben sich Spielräume für eine effiziente und dienstleistungsorientierte Aufgabenerfüllung mit teilweiser Gebührenstabilität.

Wahrnehmung übergeordneter Ziele und Wirtschaftlichkeit sind kein Widerspruch, wenn es gelingt, beides durch ein PPP zu verbinden.

3. Charakteristika eines PPP-Modells

3.1. Merkmale eines PPP-Modells

- Wahrnehmung öffentliche Aufgabenerfüllung.
- Kooperation aufgrund von Synergieeffekten.
- Art der institutionellen Ausprägung[6]) (Organisationsform, Beteiligung etc).

3.2. Ziel eines PPP-Modells

Public Private Partnership stellt keine Form des Ausverkaufs eines öffentlichen Teilbereichs dar, – wie dies häufig mit dem Wort „Privatisierung" assoziiert wird – sondern basiert auf einer langfristigen Zusammenarbeit zwischen einem privaten Unternehmen und der öffentlichen Hand. Ziel solch einer Zusammenarbeit ist die gegenseitige Nutzung von wirtschaftlichen Synergieeffekten auf lange Sicht.

4. Entsorgungsmodelle – Arten der Zusammenarbeit

4.1. Öffentlich-rechtliche Modelle

- Regiebetrieb
- Eigenbetrieb
- Zweckverband

---

[4]) *Smekal*, Private Public Partnership, MUT 2001, 4.
[5]) *Prischl*, Privatisierung kommunaler Entsorgungsleistungen – Ja oder nein?, Gutwinski Verwertungs- und Entsorgungstag 2000, 91.
[6]) *Semkal*, MUT 2001, 4.

4.2. Privatrechtliche Modelle

Allgemein kommen zwei verschiedene Umsetzungsstrategien in Betracht:

4.2.1. Formelle Privatisierung

Bei der formellen Privatisierung verbleibt die Aufgabe bei der Kommune. Privatisierung bedeutet hier nur, dass die Kommune privatrechtlich organisierte Gesellschaften mit der Erbringung bestimmter Dienstleistungen beauftragt.[7]

Die kommunalen Aufgaben werden beispielsweise von einer Gesellschaft der Kommune wahrgenommen (zB Stadtwerke AG).

4.2.2. Materielle Privatisierung

Bei der materiellen Privatisierung überträgt die Kommune entweder die Aufgabe als solche oder aber die Erfüllung der Aufgaben an Private. Das Leistungsspektrum der Kommune wird tatsächlich und rechtlich verringert. Eine (öffentliche) Aufgabe geht auf Dauer oder für bestimmte Zeit zur privatwirtschaftlichen Erledigung in den privaten Sektor über.[8] Für eine „Dienstleistungsprivatisierung" durch Drittbeauftragung sind folgende Organisationsmodelle denkbar:

a) **Vertragsmodell – klassische Drittbeauftragung:** Kommune beauftragt ein Privatunternehmen mit der Durchführung von kommunalen Dienstleistungen. Die Gebührenhoheit liegt beim Auftraggeber.

b) **Betreibermodell:** Die Kommune beauftragt ein Privatunternehmen mit der Planung, Errichtung oder dem Betrieb von div Anlagen (zB Altstoffsammelzentrum, Deponie...). Der Private betreibt diese Anlage auf eigenes Risiko.

c) **Gesellschaftsmodelle – Kooperationsmodell (PPP):** Kommunen gründen zusammen mit einem Privatunternehmen ein Gemeinschaftsunternehmen, das mit der Durchführung der kommunalen Dienstleistungen betraut wird.[9]

In den letzten Jahren sehr oft zitiert als Public Private Partnership.

Gesellschaftsmodelle verstehen sich als Partnerschaft zwischen öffentlicher Hand und privatwirtschaftlicher Dynamik (PPP).

---

[7] *Weidemann*, Kreislaufwirtschaft – Ein Leitfaden zur Privatisierung der Abfallwirtschaft und zur Einbeziehung Privater in die kommunale Abfallentsorgung, BMWi – Bundesministerium für Wirtschaft Nr 452 1998, 37.

[8] *Weidemann*, aaO.

[9] *Weidemann*, Kreislaufwirtschaft, 44.

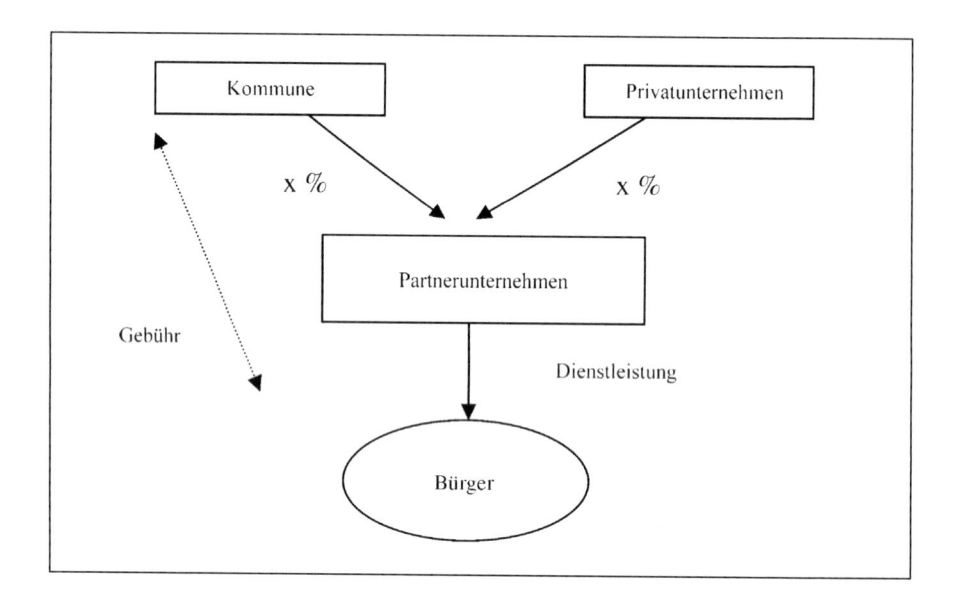

```
┌─────────────────────────────────────────────────────┐
│   ┌──────────────┐              ┌──────────────────┐│
│   │   Kommune    │              │ Privatunternehmen││
│   └──────┬───────┘              └────────┬─────────┘│
│     ▲    │                               │          │
│     ┊   x %                             x %         │
│     ┊    ▼                               ▼          │
│     ┊  ┌────────────────────────────────────┐       │
│     ┊  │      Partnerunternehmen            │       │
│  Gebühr└───────────────┬────────────────────┘       │
│     ┊                  │                            │
│     ┊                  │   Dienstleistung           │
│     ▼                  ▼                            │
│                    ┌─────────┐                      │
│                    │  Bürger │                      │
│                    └─────────┘                      │
└─────────────────────────────────────────────────────┘
```

5. Praktische Umsetzung eines PPP-Modells in der Abfallwirtschaft

Saubermacher ist seit mehr als 20 Jahren in der Abfallwirtschaft tätig und kann langjährige Erfahrungen in Partnerschaften mit Gemeinden vorweisen. Diese Erfahrungen reichen in die 90er Jahre zurück mit der Gründung des Hartberger Saubermachers 1992, mit dem Mürztaler Saubermacher 1997, dem Mödlinger Saubermacher 1999 und seit 1. 7. 2001 die Partnerschaft mit der Stadt Villach.

Moderne Managementmethoden und Organisationsformen sollen Spielräume für effizientes Entscheiden und Handeln erweitern. Die Aufgabe von Partnerschaften zwischen öffentlicher und privater Hand besteht in einer weitgehenden Stabilisierung staatlicher Haushalte, verbunden mit einer Verbesserung der Qualität öffentlicher Leistungsangebote.

Bestehende Strukturen werden beibehalten und nicht zerschlagen. Das spezifische Know-how des privaten Unternehmens (im Bereich Sammlung, Verwertung, neue Dienstleistungen) gekoppelt mit dem fundierten Wissen der Kommune vor Ort, ermöglichen eine optimale Nutzung der daraus resultierenden Synergieeffekte und eine damit verbundene Stärkung und Ausweitung der Partnerschaft. Ziel ist eine langfristige Zusammenarbeit und nicht kurzfristige Nutzenoptimierung.

Ausgangspunkt dieser Partnerschaft ist die Gründung einer gemeinsamen Gesellschaft, die künftige Tätigkeiten der öffentlichen Hand im Bereich der Abfallwirtschaft wahrnimmt und sonstige damit verbundene Aufgaben zu erfüllen hat.

Dieser Weg der Zusammenarbeit mit einem privaten Unternehmen schafft für die öffentliche Hand zusätzliche Synergieeffekte, die insbesondere aus folgenden Vorteilen resultieren:

- bestmögliche Einkaufskonditionen (Fuhrpark, Behälter, etc).
- Geschäftsfelderweiterung (nicht nur die BürgerInnen sind Kunden, sondern auch Industrie-, Gewerbe und Handelsbetriebe).
- Sicherung und Stärkung der Betriebe vor Ort (rasche und logistisch sinnvolle Entsorgung vor Ort).
- voller Zugriff auf alle Servicestellen eines Privatunternehmens (Miteinbindung in Marketingaktivitäten, in die Einkaufsentscheidungen, Rechtsberatung).

6. Zusammenfassung

Zusammenfassend können folgende für die öffentliche Hand erwachsende Vorteile aus der partnerschaftlichen Zusammenarbeit mit Privaten festgehalten werden:

- **Frühzeitige Information der Kommune über Entwicklungen des Marktes,** daher Wettbewerbsfähigkeit durch Optimierung der Abläufe
- **Weit verzweigtes Branchennetz,** daher optimale Kundennähe
- **Vertriebs-Know-how,** daher Innovationskraft und aktive Mitgestaltung des Marktes
- **Erfahrung in Aufbereitung und Verwertung,** daher nachhaltiger Gewinn durch optimierte Wertschöpfung in den Stoffstromketten
- **Erfahrung in gewerblicher und industrieller Entsorgung,** daher Produktivitätssteigerung verbunden mit Arbeitsplatzsicherung
- **Budgetentlastung auf lange Sicht** durch Gewinnausschüttungen, durch relative Gebührenstabilität, durch Verkaufs- und Mieteinnahmen.[10]

---

[10]) *Stöver*, Public-Private-Partnership-Abfallwirtschaft, Frankfurter Entsorgungs- und Service GmbH 2001, 12 f.

Praktische Anwendungen von Public Private Partnerships im Gesundheitswesen

Walter Troger

Inhalt

1. PPP im Gesundheitswesen
2. Angewandte PPP-Modelle der VAMED im Gesundheitswesen
   2.1. Privates Totalunternehmermodell
   2.2. Dienstleistungskonzessionsmodell
   2.3. Mietvertragsmodell
   2.4. Bauauftrags- und Konzessionsmodell
3. Ausblick

Bedingt durch die sich aus der Deckelung des Gesundheitsbudgets in Österreich ergebenden Finanzierungsprobleme der Abgangsdeckungen sind PPP-Modelle Möglichkeiten, den geänderten Rahmenbedingungen Rechnung zu tragen.

1. PPP im Gesundheitswesen

– Das PPP-Modell im Gesundheitswesen wird in den USA und Großbritannien erfolgreich eingesetzt. Deutschland ist am Beginn des Einsatzes von PPP-Modellen im Gesundheitswesen.
– Im österreichischen und deutschen Gesundheitswesen stellen Krankenanstalten einen zentralen Bereich der Versorgung dar.
– Der Gesundheitssektor ist ein wichtiger Bereich, in dem Public Private Partnership-Modelle (PPP-Modelle) realisiert werden können.
– Das europäische Gesundheitswesen ist mittel- und langfristig schwer finanzierbar. Es können durch Anwendung von PPP-Modellen Möglichkeiten geschaffen werden, den Versorgungsauftrag langfristig zu sichern.
– In der Praxis hat sich gezeigt, dass „Krankenhäuser" mit privatem Management und öffentlichem Leistungsauftrag effizient und effektiv betrieben werden.

2. Angewandte PPP-Modelle der VAMED im Gesundheitswesen

2.1. Privates Totalunternehmermodell

Ausgangssituation ist die Errichtung eines A.Ö. Krankenhauses, zB in der Steiermark, durch ein PPP-Modell, wobei der Rechtsträger des Krankenhauses kein öffentlicher Auftraggeber ist. Der private Rechtsträger des Krankenhauses plant als Ersatz für das bestehende, technisch und baulich veraltete Krankenhaus einen Neubau an einem neuen Standort.

Zur Realisierung dieses Projektes gründen die VAMED Standortentwicklung und Engineering GmbH & CO KG (im Folgenden kurz ,,,VAMED" genannt), die

Steiermärkische Krankenanstaltengesellschaft m.b.H. (im Folgenden kurz „KAGes" genannt) und der private Rechtsträger des Krankenhauses in Form einer PPP eine Projektträgergesellschaft mit dem besonderen Gesellschaftszweck der Projektentwicklung, des Financial Engineerings, der Planung, der Errichtung und optional des Facility Managements des Neubaues des A.Ö. Krankenhauses. Die Vergabe zur Errichtung des Krankenhauses an die Projektträgergesellschaft bedarf keiner den EU-Vergaberichtlinien und dem Steiermärkischen Vergabegesetz unterliegenden öffentlichen EU-weiten Ausschreibung, da der Rechtsträger des A.Ö. Krankenhauses ein privater Rechtsträger ist.

Die vom privaten Rechtsträger mit der Projektträgergesellschaft zur Verwirklichung des Projektes abzuschließende Rahmenvereinbarung sollte folgende wesentliche Inhalte aufweisen:

– Der private Rechtsträger tritt als Bauherr auf und beauftragt die Projektträgergesellschaft als Werkunternehmer (Totalunternehmer).
– Leistungsgegenstände sind die Projektentwicklung, die Planung, Errichtung, das Financial Engineering und das Facility Management (optional).
– Die Leistungen sind umsatzsteuerpflichtig.
– Teilleistungen und Ratenzahlungen sind möglich.

Die Finanzierung der Errichtung erfolgt bis zu 50 % durch die Europäische Investitionsbank (EIB). Der verbleibende Teil kann im Rahmen einer EU-weiten Ausschreibung vergeben werden. Die Leistungsentgelte werden im Wesentlichen durch die Leistungsorientierte Krankenanstaltenfinanzierung (LKF) sichergestellt und dienen der überwiegenden Abdeckung der Investitions- und der Betriebskosten. Das Land Steiermark übernimmt in weiterer Folge einen gewissen Prozentsatz des jährlichen Gesamtabganges.

2.2. Dienstleistungskonzessionsmodell

Die Errichtung und die Betreibung eines A.Ö. Krankenhauses auf der Basis einer Dienstleistungskonzession, zB in NÖ, beruht auf den Prämissen des PPP-Ansatzes.

Bei dem Dienstleistungskonzessionsmodell erfolgt die Abwicklung des Projektes in Form eines PPP-Modelles, bei dem ein kompetenter, privater Partner, der in Form einer öffentlichen Ausschreibung ermittelt wird und der für die Errichtung und Betreibung des Krankenhauses zuständige öffentliche Rechtsträger (Bundesland NÖ oder Gemeinde in NÖ) eine Projektträgergesellschaft (Mehrheitsbeteiligung des öffentlichen Rechtsträgers, Minderheitsbeteiligung des privaten Partners) mit dem besonderen Gesellschaftszweck der Projektentwicklung, der Finanzierung, der Planung, der Errichtung und der Betriebsführung eines allgemeinen öffentlichen Krankenhauses gründen.

Zwischen dem Rechtsträger der Krankenanstalt und der Projektträgergesellschaft wird ein Dienstleistungskonzessionsvertrag abgeschlossen, bei dem die Gegenleistungen für die von der Projektträgergesellschaft in eigenem Namen und auf eigenes Risiko übernommenen Aufgaben im Recht zur Nutzung der Krankenanstalt besteht. Die Projektentwicklung, die Finanzierung, die Planung, die Errichtung und die Betriebsführung erfolgt durch die Projektträgergesellschaft. Die Personalhoheit über das Krankenhauspersonal verbleibt beim Rechtsträger der Krankenanstalt.

Der Dienstleistungskonzessionsvertrag unterliegt nicht dem EU-Vergaberegime[1]). Dennoch müssen für die Vergabe der Dienstleistungskonzession und die Hereinnahme des privaten Partners Grundregeln in Form einer öffentlichen Ausschreibung eingehalten werden.

2.3. Mietvertragsmodell

Abwicklung des Projektes in Form eines PPP-Modelles, bei dem der für die Errichtung und Betreibung des Krankenhauses zuständige Rechtsträger in Form einer In-house Vergabe eine von ihm beherrschte Projektträgergesellschaft mit dem besonderen Gesellschaftszweck der Projektentwicklung, der Finanzierung, der Planung, der Errichtung und allenfalls der Betriebsführung eines A.Ö. Krankenhauses beauftragt. Sowohl der für die Errichtung und Betreibung des Krankenhauses zuständige Rechtsträger, als auch die zur Verwirklichung des Projektes zu gründende Projektträgergesellschaft sind öffentliche Auftraggeber im Sinne der EU-Vergaberichtlinien. An der Projektträgergesellschaft kann sich ein privater Partner, der in Form einer öffentlichen Ausschreibung ermittelt wird, mit weniger als 50 % beteiligen. Zwischen dem Rechtsträger und der Projektträgergesellschaft wird ein Mietvertrag abgeschlossen, mit welchem von der Vermieterin (Projektträgergesellschaft) das nach den Vorgaben des Mieters als für die Errichtung und Betreibung des Krankenhauses zuständigen Rechtsträgers in eigenem Namen und auf eigenes Risiko errichtete Krankenhaus an diesen vermietet wird. Da die Projektträgergesellschaft selbst ein öffentlicher Auftraggeber ist, unterliegt die Vergabe von Subaufträgen zur Errichtung und Betriebsführung des Krankenhauses den EU-Vergaberichtlinien und den österreichischen Vergabegesetzen.

2.4. Bauauftrags- und Konzessionsmodell

Abwicklung des Projektes in Form eines PPP-Modelles, bei dem der Rechtsträger der Krankenanstalt der zu errichtenden und betreibenden Krankenanstalt in einem EU-weiten Verhandlungsverfahren die für die Errichtung und Betreibung des Krankenhauses erforderlichen Leistungen (Bauaufträge, Dienstleistungen, Dienstleistungskonzessionen) gemeinsam ausschreibt und die für die Errichtung und Betreibung des Krankenhauses erforderlichen Aufträge an den Bestbieter des Verhandlungsverfahrens vergibt. Die Teilnehmer des Verhandlungsverfahrens müssen sich als Voraussetzung für die Teilnahme am Verhandlungsverfahren verpflichten, im Falle der Erteilung des Zuschlages eine private Projektträgergesellschaft zur Durchführung der Errichtung und Betreibung des Krankenhauses in eigenem Namen und auf eigenes Risiko im Sinne der Ausschreibungsunterlagen zu

---

[1]) Vgl EUGH 7. 12. 2000 Rs C-324/98, *Telaustria und Telefonadress*, Slg 2000, I-10745.

gründen. Da die für die Errichtung und Betreibung des Krankenhauses erforderlichen Leistungen (Bauaufträge, Dienstleistungen, Dienstleistungskonzessionen) an den Bestbieter des Verhandlungsverfahrens vergeben wurde, unterliegen die von der privaten Projektträgergesellschaft erteilten Aufträge zur Verwirklichung des Projektes nicht dem EU-Vergaberegime und den österreichischen Vergabegesetzen.

3. Ausblick

– Die Weichen für moderne Finanzierungs- und Betriebskonzepte für Projekte im Gesundheitswesen werden vor allem international bereits gestellt.
– Zur nachhaltigen Finanzierung des Gesundheitswesens sind Kooperationen mit privaten Investoren oder privaten Betreibern unabdingbar.
– Pilotprojekte in anderen Ländern haben gezeigt, dass das PPP-Modell prinzipiell für den Gesundheitsbereich funktioniert.
– Gerade durch die Verschränkung von öffentlichen mit privaten Unternehmen (Einbringung des strategischen Know-hows) wird die Qualität der Leistungserbringung verbessert.
– Eindämmung der Kostenexplosion in Österreich durch Einführung der „Leistungsorientierten Krankenanstaltenfinanzierung" (LKF) mit der Gesundheitsreform 1997.
– Die LKF-Finanzierung dient als Grundlage für PPP-Modelle, da sie die Leistungen der Krankenhäusern mit dem Entgelt (Einnahmen) in Beziehung stellt.